国家社会科学基金项目成果(18BJY112)

国家社科基金丛书
GUOJIA SHEKE JIJIN CONGSHU

企业家精神赋能
高质量发展：
制度演化的逻辑

Entrepreneurship Empowers High-quality Development：
The Logic of Institutional Evolution

高 波 等著

人民出版社

策划编辑：郑海燕
封面设计：石笑梦
版式设计：胡欣欣
责任校对：周晓东

图书在版编目（CIP）数据

企业家精神赋能高质量发展 ：制度演化的逻辑 ／ 高波等著.
北京 ：人民出版社，2025. 6. -- ISBN 978－7－01－027260－3

Ⅰ. F272. 91；F061. 3

中国国家版本馆 CIP 数据核字第 20256NC605 号

企业家精神赋能高质量发展：制度演化的逻辑
QIYEJIA JINGSHEN FUNENG GAOZHILIANG FAZHAN：ZHIDU YANHUA DE LUOJI

高波 等 著

人民出版社 出版发行
（100706 北京市东城区隆福寺街 99 号）

中煤（北京）印务有限公司印刷 新华书店经销

2025 年 6 月第 1 版 2025 年 6 月北京第 1 次印刷
开本：710 毫米×1000 毫米 1/16 印张：32.75
字数：480 千字

ISBN 978－7－01－027260－3 定价：165.00 元

邮购地址 100706 北京市东城区隆福寺街 99 号
人民东方图书销售中心 电话 （010）65250042 65289539

目　录

第二篇 ｜ 制度演化与企业家精神

绪　论

　　企业家精神是一个国家、一个民族持续进步和繁荣兴盛的不竭源泉。改革开放是企业家精神凝聚的现实表现，中国40多年来的高速经济增长得益于改革开放、得益于企业家精神的迸发和释放。习近平总书记指出："改革开放以来，一大批有胆识、勇创新的企业家茁壮成长，形成了具有鲜明时代特征、民族特色、世界水准的中国企业家队伍。企业家要带领企业战胜当前的困难，走向更辉煌的未来，就要在爱国、创新、诚信、社会责任和国际视野等方面不断提升自己，努力成为新时代构建新发展格局、建设现代化经济体系、推动高质量发展的生力军。"[①]当下中国经济转向高质量发展阶段，创新驱动是经济发展的主引擎，而创新动力源于企业家精神。党中央一直十分重视培育和保护企业家精神。党的十九大报告明确提出，"激发和保护企业家精神，鼓励更多社会主体投身创新创业"。党的二十大报告强调，"弘扬企业家精神，加快建设世界一流企业"。企业家精神是人类社会发展和进步的不竭源泉，工业革命、全球化和世界经济发展是由具有企业家精神的社会群体推动的。当前，世界需求收缩、供给冲击、预期偏弱、地缘政治冲突和新一轮全球化的浪潮对中国经济构成了挑战。因此，在中国经济高质量发展阶段，更要激发全社会企业家

　　[①]《习近平著作选读》第二卷，人民出版社2023年版，第321页。

和大众的企业家精神，抢抓机遇、乘势而上、攻坚克难，推动全球新一轮科技革命和产业变革，立足新发展阶段、贯彻新发展理念、构建新发展格局，赓续"中国奇迹"。

第一节　弘扬企业家精神的理论价值和实践意义

一、本书的理论价值

随着国内外经济环境的变化，中国经济过去主要依靠要素驱动的粗放型经济增长方式已走到尽头，必须加快构建创新驱动的经济发展方式，推动高质量发展。高质量发展是全面建设社会主义现代化国家的首要任务。这意味着在中国式现代化新征程上，要着力提高全要素生产率，着力提升产业链供应链韧性和安全水平，着力推进城乡融合和区域协调发展，推动经济实现质的有效提升和量的合理增长。

弘扬企业家精神是推进高质量发展的重要载体，企业家精神的内涵更具时代特色。2017 年，中共中央、国务院颁布的《中共中央　国务院关于营造企业家健康成长环境　弘扬优秀企业家精神　更好发挥企业家作用的意见》（以下简称《意见》）指出，"营造企业家健康成长环境，弘扬优秀企业家精神，更好发挥企业家作用"。2018 年年底，中央经济工作会议指出"我国经济运行主要矛盾仍然是供给侧结构性的，要增强微观主体活力，发挥企业和企业家主观能动性"。

企业家精神是内置于每一个个体决策者内部的企业家才能，企业家在市场激烈的竞争中创新创业显示出强烈的企业家精神。企业家精神是推动社会包容性发展的重要动力，其具有协调、服务、干预等多重功能，在承接政府职能转变与实现市场自由化等方面起着重要的作用，是实现更高质量发展的重要力量。熊彼特(Schumpeter,1934)①"创造性破坏"的思想认为,企业家是经济持续增长的重要源泉,并由此引发了一系列关于企业家精神的研究。然而,虽然早期西方结构性改革理论的微观机制和经济实践都在强调企业家精神的重要性,但事实上它在现代经济增长理论的文献中却未得到应有的重视。直到20世纪90年代,因为单纯依靠劳动、资本、自然资源等传统生产要素难以解释不同国家和地区间收入差距和经济增长等问题,新古典模型无法刻画企业家在面对市场不确定性下的市场策略,学者们开始重新审视熊彼特"创造性破坏"的思想,企业家精神的作用逐渐被重视,企业家精神对经济增长的作用机制成为经济增长研究的重要领域。在当前中国经济新旧动能转换的关键时期,无论是传统产业转型升级,还是培育新的经济增长点,都需要依赖一大批具有企业家精神的企业家和大众。

当前,在高质量发展阶段,企业家将发挥更重要的作用。企业家精神的研究不仅是全球重要的学术研究领域,同样是中国学术研究的重要领域。如何将高质量发展和企业家精神结合起来,即研究弘扬企业家精神的高质量发展效应,是学术研究的前沿课题和热点问题。因此,本书探讨企业家精神与高质量发展背后的制度演化逻辑,着重研究制度演化条件下企业家精神如何促进高质量发展,具有重大的理论价值。

二、本书的实践意义

企业家和企业家精神是推进高质量发展的重要动力。在新的历史时期,准确理解企业家及企业家精神,诠释激发和释放企业家精神的社会和制度环境,深入研究企业家精神与高质量发展的制度演化逻辑,对相关部门制定和完善经济政策、激发和保护企业家精神具有一定的参考价值,对新时期推动经济高质量发展的社会实践具有重要的现实意义。

---

① Schumpeter, J. A., "*The Theory of Economic Development*", Cambridge, M. A.：Harvard University Press,1934.

首先，企业和企业家是社会发展的重要力量，是推进高质量发展的重要主体。现有的国内外文献关于企业家精神的研究很丰富，但关注点大多是企业家精神的定性研究以及与经济增长之间的相互关系研究，对于近些年提出的有关企业家精神与经济高质量发展方面的研究则比较匮乏。因此，我们探讨企业家精神与经济高质量发展之间的关系，这对于深化高质量发展阶段创新与企业家精神研究具有重大的实践意义。

其次，立足于中国情景，在一个完整的框架中研究制度演化、企业家精神与高质量发展三个维度之间关系相对较少。因此，本书探讨了制度演化、企业家精神与高质量发展的内生机制，从政治、经济、社会、文化和企业、市场、政府等因素，分别讨论了制度演化与企业家精神的关系、制度环境与高质量发展的关系，进而探索新发展格局下弘扬企业家精神的方略及路径选择。这为新时代推进社会经济体制机制改革，弘扬企业家精神提供了实践依据。

最后，企业家精神无论是对企业还是对社会的发展都具有重要的意义。弘扬企业家精神有利于帮助企业发现和挖掘重要的潜在市场，为企业发展找到新的市场机会和增长点，也有利于提高企业的核心竞争力，使企业在市场竞争中处于优势地位，保持强劲的生机和活力。同时，对创新与企业家精神的研究还可以为推进高质量发展提供对策建议，为政府部门制定政策提供参考，对制定和完善经济政策有一定的借鉴价值。

第二节　企业家精神内涵的解析

一、企业家的内涵

"企业家"（entrepreneur）一词源于法文 entreprendre，意思是"敢于承担一切风险和责任而开创并领导一项事业的人"，带有冒险家的意思。法国经济学家、作家萨伊在 1800 年前后曾经这样说过："企业家将资源从生产力和产出较低的领域

转移到生产力和产出较高的领域。"萨伊推广使用"企业家"一词(Drucker,
2018)①。在美国,企业家往往被定义为创办自己的全新小型企业的人。企业
家总是寻找变化,对其作出反应,并将其视为机遇而加以利用(Drucker,
2018)②。

熊彼特(1990)③在《经济发展理论》中指出,我们把新组合的实现称为
"企业",把实现新组合的人们称为"企业家"。企业家执行新的组合包括五种
情况:(1)采用一种新的产品。(2)采用一种新的生产方法。(3)开辟一个新
的市场。(4)掠取或控制原材料或半制成品的一种新的供应来源。(5)实现
任何一种工业的新的组织。

威廉·鲍莫尔和罗伯特·斯特罗姆(Baumol 和 Strom)指出,"企业家"就
是那些能够敏锐洞察机会而主动从事某项经济活动以增加自身财富、权力或
声望的人。创新型企业家创办的企业要么提供新产品或采用新生产工艺,要
么进入新市场或采取新的组织形式。创新型企业家的主要作用不是发明。相
反,他们为前景可期的发明构思最佳用途并将这些发明推向市场,以此确保这
些发明的利用。这些企业家还可以进一步细分为推动经济增长的生产性企业
家,以及很少或不推动且实际上有时还会损害经济增长的非生产性企业家
(Landes、Mokyr 和 Baumol,2021)④。

综上所述,企业家是擅长从事创新事业、善于捕捉市场机会、引领社会经
济变革的一群人。他们在为自身创造财富的同时,也为社会创造财富,进而推
动社会进步。

---

① [美]彼得·德鲁克:《创新与企业家精神》,蔡文燕译,机械工业出版社 2018 年版,第 25 页。
② [美]彼得·德鲁克:《创新与企业家精神》,蔡文燕译,机械工业出版社 2018 年版,第
26—33 页。
③ [美]约瑟夫·熊彼特:《经济发展理论》,何畏等译,商务印书馆 1990 年版,第 82—
83 页。
④ [美]戴维·兰德斯、乔尔·莫克尔、威廉·鲍莫尔:《历史上的企业家精神:从古代美索
不达米亚到现代》,姜井勇译,中信出版社 2021 年版,第 689—690 页。

二、企业家精神的内涵

企业家精神（entrepreneurship），英语 entrepreneur 源自拉丁语动词 in prehendo-endi-ensum，意指去发现、去感知、去认识和去俘获，其语义非常丰富。在中文语境里，企业家精神既是抽象的，也是具体的、能产生社会影响的；既是个体的、展现个人英雄主义的，也是群体的、代表某个精英社群的（孙黎等，2019）[1]。

根据赫伯特和林克（Hébert 和 Link，1989）[2]对企业家精神的研究归类，有三个经典的学派：一是以熊彼特和杜能（Thünen，1826）[3]为代表的德国学派，强调企业家的创新精神。熊彼特系统地阐述了企业家的创新者角色，企业家所从事的工作就是"创造性破坏"。熊彼特所指的创新，就是建立一种新的生产函数，把过去没有的关于生产要素和生产条件的"新组合"引入生产体系。创新活动既创造了资源，又赋予了资源一种新的生产能力而创造财富。企业家精神是风险最低而非风险最高的创新方式，是一种有目的的系统创新（Drucker，2018）[4]。杜能将企业家的收入分为承担风险的报酬和创新的报酬。

二是以奈特（Knight，1921）[5]和舒尔茨（Schultz，1980）[6]为代表的芝加哥学派，注重企业家的风险承担能力和冒险精神以及应对市场失衡的能力。奈特将企业家与风险承担者联系在一起，强调企业家是处理未来不确定性的主

---

[1] 孙黎等：《企业家精神：基于制度和历史的比较视角》，《外国经济与管理》2019 年第 9 期。

[2] Hébert，R.F.，Link，A.N.，"In Search of The Meaning of Entrepreneurship"，*Small Business Economics*，Vol.1，No.1，1989.

[3] Thünen，J.H.V.，"Der isolierte Staat in Beziehung auf Landwirtschaft und Nationalökonomie"，Wirtschaft and Finan，1826.

[4] ［美］彼得·德鲁克：《创新与企业家精神》，蔡文燕译，机械工业出版社 2018 年版，第 34 页。

[5] Knight，F.H.，*Risk，Uncertainty and Profit*，Boston：Houghton Mifflin，1921.

[6] Schultz，T.W.，"Investment in Entrepreneurial Ability"，*The Scandinavian Journal of Economics*，1980.

体。舒尔茨认为,经济的长期增长是一个充斥着各种类型失衡的过程,企业家才能就是应对失衡的能力。

三是以米塞斯(Mises,1951)①和柯兹纳(Kirzner,1979)②为代表的奥地利学派,着重关注企业家对市场机会的识别能力。米塞斯认为,由于市场的不完美,人类行为的结果常常是不确定的,企业家就是努力消除蕴藏在人们行为中的不确定性的行动者。企业家承受市场不完美的不确定性的行为,创造了市场机会,企业家精神的基本因素是人的创造力。米塞斯指出,企业家精神是承受不确定性的行为,可以用获利或亏损来辨识企业家精神。柯兹纳指出,新古典经济学描绘的均衡世界不可能自动实现,市场常常处于非均衡状态,正是这种非均衡状态的存在才使得企业家有用武之地,企业家善于在这种非均衡状态中发现机会和创造未来。

从19世纪70年代中期至今,虽然企业家精神受到越来越多的重视,但是很难用传统的数理模型和最优化理论来分析企业家精神。研究企业家精神的难点不仅在于其数量的不稳定,而且还在于其含义的不稳定。事实上,企业家精神的含义很广泛,除了熊彼特所分析的创新性以外,有人提出它还包括了节俭性、竞争性、开放性、冒险性等很多方面。彼得·德鲁克(2018)③认为,企业家精神的本质是有目的、有组织的系统创新,企业家精神是一种行动,而不是人格特征。习近平主席在2014年11月9日亚太经合组织工商领导人峰会开幕式上的演讲中指出:"我们全面深化改革,就要激发市场蕴藏的活力。市场活力来自于人,特别是来自于企业家,来自于企业家精神。"④坚守爱国精神是弘扬企业家精神的根基和前提。厚植企业家的家国情怀,是培育和保护企业

---

① Mises,L.V.,"Profit and Loss",*Planning For Freedom*,150,1951.

② Kirzner,I.M.,Perception Opportunity and Profit:Studies in the Theory of Entrepreneurship,Chicago and London:University of Chicago Press,1979.

③ [美]彼得·德鲁克:《创新与企业家精神》,蔡文燕译,机械工业出版社2018年版,第31页。

④ 《习近平关于社会主义经济建设论述摘编》,中央文献出版社2017年版,第62页。

家精神的根本指向。企业发展无国界,但企业家有祖国。优秀企业家必须对国家、对民族怀有崇高使命感和强烈责任感,把企业发展同国家繁荣、民族兴盛、人民幸福紧密结合在一起,主动为国担当、为国分忧。正所谓"利于国者爱之,害于国者恶之"①。胸怀报国志,一心谋发展。爱国是近代以来我国优秀企业家的光荣传统。改革开放以来,我国涌现出一大批爱国企业家。企业家爱国有多种实现形式,但首先是办好一流企业,带领企业奋力拼搏、力争一流,实现质量更好、效益更高、竞争力更强、影响力更大的发展。引导企业家树立崇高理想信念,加强对企业家特别是年轻一代民营企业家的理想信念教育和社会主义核心价值观教育,开展优良革命传统、形势政策、守法诚信教育培训,培养企业家的国家使命感和民族自豪感,引导企业家正确处理国家利益、企业利益、员工利益和个人利益的关系,把个人理想融入民族复兴的伟大实践。

本书所界定的企业家精神,以爱国精神为根基和前提,在此基础上包括"1+4"个"元素":创新精神、诚信精神、合作精神、敬业精神和开放精神。创新精神是企业家精神的核心元素,诚信精神、合作精神、敬业精神和开放精神是企业家精神的基本元素。

首先,创新精神是一种知识创造,是价值观的连续突破和持续创新。熊彼特认为,企业家都是在玩新的组合游戏,称他们为"经济领域的革命者"。这些人比一般人更早感知不平衡的魅力,接受现实世界的不可逆性,展现出充分的信任和包容力,具有独特的企业家才能。他们依据现有的资源,将其重新排列组合,然后推到市场上。他们能够改变消费者的消费习惯,改变生产方式,推出新的产品组合。或者说,创新精神是一种科学精神,意味着创新者具备强烈的创新意识、浓厚的创新兴趣、超常的创新胆识、坚强的创新决心、高超的创新思维,勇于突破旧思想、旧事物,持续创立新思想、新事物的"创造性破坏"

---

① 《习近平著作选读》第二卷,人民出版社 2023 年版,第 321 页。

的价值观体系和行为方式。创新过程也是一个知识创造的过程。正如阿罗（Arrow，1962）[1]所言，在企业新的生产活动的过程中，知识将得到积累。在某个时间的技术水平与在此之前该国整体的投资积累额有关。企业在生产资本品（而非消费品）的过程中增长了知识，而这种知识会难以阻遏地成为一种全社会都可自由享用的公共知识，这种知识能提高后续生产活动的生产率。罗默（Romer，1992）[2]将资本视为知识而非工厂和机器设备。知识是通过研发过程创造出来的。企业投资于私人知识，使用私人知识和劳动力生产最终产品和新知识，同时对公共知识的积累作出了贡献。公共知识存量的增加提高了生产要素的生产率，促使长期经济增长。当然，创新精神并不只是指科学技术上的发现与发明，而更为重要的是价值观的持续创新。

其次，诚信精神是一种文化信仰，是市场经济的支柱精神。在亚当·斯密（Smith，1972）[3]的《国富论》中，"经济人"的活动是"经济与道德"的统一。如果不具备这些必要的伦理道德，仅仅追求自利是无法促进社会财富增进的。从特定的"经济人"出发，斯密指出，任何市场经济只有共享的道德观，即坚守诚信、履行支付承诺、尊重市场伙伴的基础上才能正常运行。市场经济是一种以"诚信"为基础的经济形态，市场经济下的各种交易行为都是坚持诚信的，生产者、经营者和消费者之间所进行的一切活动必须建立在自由竞争、等价交换、恪守允诺的基础之上。

又次，合作精神是一种道德素养，是现代社会人们的立身之本。这是诺斯（North）等的新制度经济学的研究领域。企业家要实现创新方案，需要说服和感动资源的所有者把他们支配的资源汇集到一起，这就是合作。合作精神是

---

① Arrow, K. J., "The Economic Implications of Learning by Doing", *The Review of Economic Studies*, Vol.29, No.3, 1962.

② Romer, P. M., "Two Strategies for Economic Development: Using Ideas and Producing Ideas", *The World Bank Economic Review*, Vol.6, No.1, 1992.

③ ［美］亚当·斯密：《国民财富的性质和原因的研究》上卷，郭大力、王亚南译，商务印书馆 1972 年版。

现代社会人们必须具备的一种基本素养，顾全大局、精诚协作、乐于奉献，追求个体利益和整体利益高度统一，进而实现组织的高效率运转。

再次，敬业精神是一种职业习惯，是精益求精的行为方式。中华民族历来有"敬业乐群""忠于职守"的传统，敬业是中国人的传统美德。春秋时期的孔子主张人在一生中始终要"执事敬""事思敬""修己以敬"。当企业家把所从事的工作看作是天职思想的合理行为时，敬业精神油然而生。敬业精神是一种人们基于对职业的敬畏和热爱基础上而产生的全身心忘我投入的工作态度和精神境界，是脚踏实地、恪尽职守、精益求精、追求卓越的行为方式。

最后，开放精神是一种学习态度，是立足全球的战略思维。早在170多年前，马克思和恩格斯（Marx 和 Engels，2018）[①]在《共产党宣言》中指出："资产阶级，由于开拓了世界市场，使一切国家的生产和消费都成为世界性的了。……过去那种地方的和民族的自给自足和闭关自守状态，被各民族的各方面的互相往来和各方面的互相依赖所代替了。物质的生产是如此，精神的生产也是如此。"这是对全球化的一种真实写照。全球化带来的溢出效应，对于企业家如何在开放学习中开拓进取，获得比较优势并建立竞争优势，提出了挑战。赫尔普曼（Helpman，2007）[②]在《经济增长的秘密》一书中指出，"干中学国际溢出的程度既影响外贸结构又影响各国的增长率。尽管此类学习在某些行业可能是国家特定的，在其他一些行业可能是国际范围的"。所以说，开放精神意味着企业家善于利用国际货物和服务贸易、外商直接投资（FDI）、对外直接投资（OFDI）、人力资本投资等方式，学习和交流先进经验、先进科学技术和技能。在一个全球化的开放系统中，人们能以一种开放求实的心态，不断主动与外界交换信息和能量，海纳百川、有容乃大，善于学习、持续学习、持久提升学习能力，进而引入或建立新的生产函数，持续获取溢出效应和学习

---

① 马克思、恩格斯：《共产党宣言》，人民出版社 2018 年版，第 31 页。
② ［以］E.赫尔普曼：《经济增长的秘密》，王世华、吴筱译，中国人民大学出版社 2007 年版，第 55 页。

效应。

　　企业家精神是一种文化价值观,是持续的文化资本的积累。企业家是那些具有更多文化资本积累的人,他们所提供给社会的是创新的观念。企业家精神是一种极其稀缺的资源,这是因为进行文化资本投资是极其困难的,人们要突破传统价值观念的束缚绝不容易。企业家精神并非特指具有企业家身份的人所表现出来的精神特质。积极进取的企业家精神,驱动了工业革命以来世界不同国家和地区的快速经济增长和全球化的发展。当前,世界经济出现周期性下行,正处于全球化停滞、亟待突破的关键时期,更要激发和兴起全人类的企业家精神,勇于创新、信守承诺、精诚合作、精进敬业、开放包容,世界各国人民携手奋进、攻坚克难,聚力新一轮科技革命、产业变革和第三波全球化发展,促进世界经济走出底部、进入新周期。

第三节　制度演化、企业家精神与
高质量发展的研究脉络

一、制度演化与企业家精神

　　企业家精神内涵于生命的本真,但这种能量是否能发育为引领经济发展的强大动力,取决于制度环境。正如道格拉斯·诺斯(North)所言,制度安排在决定收益结构中扮演着重要角色,所谓收益结构指从事社会中的不同创业职业(entrepreneurial occupations)所带来的相对报酬(Landes,Mokyr 和 Baumol,2021)[①]。如果生产性活动带来的正向激励强劲旺盛,那么企业家精神就会配置到创新创业活动中,带来资本的高效流动、资源的优化配置以及生产性活动的活跃;反之,则可能将资源集中于非生产性活动,在加剧贫富分化

[①] [美]戴维·兰德斯、乔尔·莫克尔、威廉·鲍莫尔:《历史上的企业家精神:从古代美索不达米亚到现代》,姜井勇译,中信出版社 2021 年版,第XI页。

的同时给整个经济结构带来系统性风险。当投机性业务能带来超额回报,简单的扩大再生产就能获得高额利润,企业家何须忍受难耐的寂寞,从事创新创业这种风险高、难度大、回报周期长的活动?

　　企业家精神的孕育过程是一个和制度环境以及相应的经济结构相互作用的过程,如果社会上有大量的创新型、生产型企业家精神,那么市场经济的创新意识、拼搏意识就会成为社会的主流,就会通过价值创造推动社会经济结构的转型升级。正如威廉·鲍莫尔和罗伯特·斯特罗姆在《历史上的企业家精神》中所总结的,这种法治的演变可能是促成生产性企业家精神茁壮成长和资本主义诞生的最重要的因素。(1)专利制度无疑有效推动了创新型企业家精神,这一推动作用主要通过两个途径实现:一是保护暂时的合法垄断报酬;二是将这些知识产权的使用权转化为一种适销商品。(2)反托拉斯法及其导致的竞争在鼓励创新中发挥了重要作用。(3)破产法为创业活动中失败的企业家提供了一定程度的保护。(4)银行体系在企业家扩大企业规模和市场规模、获得规模经济中扮演了关键角色(Landes,Mokyr 和 Baumol,2021)①。企业家精神作为经济社会转型的引爆点,通过打破原有平衡、创造新的产品、开辟新的领域来不断挤压低效率产业的生存空间、扭转畸形的产业结构、促使资本市场的发展,进而推动经济在创新驱动下实现高质量发展。

　　孙黎等(2019)指出:"企业家并非制度逻辑的被动接受者,他们往往通过企业创新活动来延伸或重构这些制度逻辑。"改革开放 40 多年来中国的发展路径正是这种观点的最好验证。因此,必须全面深化改革开放,构建高水平社会主义市场经济体制,推进高水平对外开放,打造市场化、法治化、国际化一流营商环境,培育和弘扬企业家精神,进而凝聚推进中国式现代化建设的磅礴力量。

---

　　① [美]戴维·兰德斯、乔尔·莫克尔、威廉·鲍莫尔:《历史上的企业家精神:从古代美索不达米亚到现代》,姜井勇译,中信出版社 2021 年版,第 695—698 页。

二、企业家精神与高质量发展

对企业家精神的研究是横跨经济学、经济史和管理学等多个学科(Wong 等,2005)[1]。因此,企业家精神已经成为一个多维度概念。然而,需要肯定的是,社会、经济或组织发展的任何动态变化都需要微观层面的参与者——企业家——来不断推动变化(Audretsch 等,2015)[2]。企业家精神是一种内在的动力,它使企业家成为经济增长的主要因素之一,这是不容忽视的。熊彼特在20世纪初期将企业家精神视为经济持续增长的重要生产要素,并提出了"创造性破坏"的思想,由此引发了学术界对企业家精神的关注。70年代,柯兹纳指出了企业家精神在市场发现方面的作用,即企业家精神的市场机会识别特征可以促进市场供求的平衡。前者推进生产前沿,后者推动生产向前沿发展,市场发现和创新成为企业家精神的代表特征。然而,此后很长一段时间,企业家精神被主流经济学所忽视。90年代,一些学者继承和发展了熊彼特的"创造性破坏"思想,创造性地将知识创新和产品创新纳入经济增长模型。这开辟了内生增长理论的一个重要分支,使企业家精神成为经济增长研究的重要领域。

近年来,国内外的研究主要集中在考察企业家精神对经济增长和经济发展的影响,可分为理论研究和实证研究两个层面。在理论研究层面,熊彼特系统地阐述了创新创业对经济增长的作用机制,认为企业家通过创新活动为经济增长提供持续的活力。鲍莫尔(Baumol,1996)[3]将创业精神引入微观经济理论的分析框架,并认为创业精神在经济增长和经济繁荣的过程中具有重要作用。通过在南北贸易的框架下建立一个内生经济增长模型,

---

① Wong,P. K., Ho, Y. P., Autio, E., "Entrepreneurship, Innovation and Economic Growth: Evidence from GEM Data", *Small Business Economics*, Vol.24, No.3, 2005.

② Audretsch, D.B., Heger, D., Veith, T., "Infrastructure and Entrepreneurship", *Small Business Economics*, Vol.44, No.2, 2015.

③ Baumol, W., "Entrepreneurship: Productive, Unproductive, and Destructive", *Journal of Political Economy*, Vol.98, No.5, 1990.

庄子银(2003)①说明了从事模仿活动的南方企业家是影响经济增长的关键因素,并建议建立一个政策和制度环境来提高企业家的数量和扩大创业活动的范围。就其本质而言,企业家精神是一种特殊的无形生产要素。创新的最终结果是实现新的生产要素、生产条件或两者的"新组合",其中,知识的专业化溢出对创新的促进作用明显。由于知识溢出不会自动发生,需要以人力资本为中介,因此只有具有企业家精神的创造性个体才能识别、认可创造性,并促进基础知识和想法的商业化(Audretsch 等,2015)②。从这个角度看,企业家精神可以作为知识溢出效应和商业化的一种中介机制,通过促进区域协同创新,构建创新经济发展模式,实现经济长期可持续发展(Acs 等,2009)③。

在实证研究层面,布格尔斯迪克等(Beugelsdijk 等,2004)④将自雇率作为企业家精神的替代变量。布格尔斯迪克等在对 54 个欧洲地区的面板数据进行实证研究中发现,企业家精神能够显著促进区域经济增长。奥德斯等(Audretsch 等,2015)⑤研究认为,企业家通过参与创新、承担风险和商业活动,导致知识外溢、新的投资组合产生和技术进步,从而促进经济增长。萨达班代拉(Salgado-Banda,2007)⑥通过对 22 个经济合作与发展组织(OECD)成员 1980—1995 年的面板数据进行研究,发现企业家的创新活动与区域经济增长正相关,而创业活动与区域经济增长呈负相关关系。斯蒂芬斯等(Stephens

① 庄子银:《南方模仿、企业家精神和长期增长》,《经济研究》2003 年第 1 期。

② Audretsch,D.B.,Heger,D.,Veith,T.,"Infrastructure and Entrepreneurship",*Small Business Economics*,Vol.44, No.2,2015.

③ Acs,Z.J.,Braunerhjelm, P.,Audretsch, D. B., et al.,"The Knowledge Spillover Theory of Entrepreneurship",*Small Business Economics*,Vol.32, No.1,2009.

④ Beugelsdijk, S., Noorderhaven, N., "Entrepreneurial Attitude and Economic Growth:A Cross-Section of 54 Regions",*The Annals of Regional Science*,Vol.38, No.2,2004.

⑤ Audretsch,D.B.,Heger,D.,Veith,T.,"Infrastructure and Entrepreneurship",*Small Business Economics*,Vol.44, No.2,2015.

⑥ Salgado-Banda, H.,"Entrepreneurship and Economic Growth:an Empirical Analysis",*Journal of Developmental Entrepreneurship*,Vol.12, No.1,2007.

等,2013)①通过研究欠发达国家和地区的数据,发现企业家的创新创业精神是促进阿巴拉契亚山脉周边地区经济增长的关键因素。马特约夫斯基等(Matejovsky 等,2014)②使用动态向量自回归实证方法分析了加拿大各州的数据,发现与其他增长动力相比,创业对区域发展具有长期贡献。

国内多数研究也从实证角度考察了企业家精神对中国经济增长和经济发展的影响,将企业家精神分解为创新精神和创业精神,发现企业家的创新精神和创业精神对中国经济增长都有明显的正向影响。胡永刚和石崇(2016)③从数量效应和配置效应研究了创业对经济增长的作用,提出扭曲和管制是影响创业者数量及其功能配置的重要原因。马忠新和陶一桃(2019)④基于中国老牌企业的空间布局,研究了创业的历史传承对经济增长的影响,发现创业的历史传承具有正效应。通过使用中国 285 个城市 2000—2016 年的面板数据,李政和陆寅宏(2014)⑤发现,企业家精神明显提升了城市全要素生产率,并发现这种提升效应存在明显的区域差异。

三、制度演化与高质量发展

很多经济学家对制度有过定义,著名经济学家舒尔茨将制度定义为行为规则,这些规则涉及社会、政治及经济行为。制度的范围跨越了广大领域,某些制度可能主要是执行社会功能,而某些制度则可能主要是执行经济功能。纵观整个经济发展史,制度通常被新古典经济学家忽视或看作是经济运行和发展的既定前提。自 20 世纪 70 年代中期以来,随着新制度经济学派的兴起,

①　Stephens, H. M., Partridge, M. D., Faggian, A., "Innovation, Entrepreneurship and Economic Growth in Lagging Regions", *Journal of Regional Science*, Vol.35, No.5, 2013.

②　Matejovsky, L., Mohapatra, S., Steiner, B., "The Dynamic Effects of Entrepreneurship on Regional Economic Growth: Evidence from Canada", *Growth and Change*, Vol.45, No.4, 2014.

③　胡永刚、石崇:《扭曲、企业家精神与中国经济增长》,《经济研究》2016 年第 7 期。

④　马忠新、陶一桃:《企业家精神对经济增长的影响》,《经济学动态》2019 年第 8 期。

⑤　李政、陆寅宏:《国有企业真的缺乏创新能力吗——基于上市公司所有权性质与创新绩效的实证分析与比较》,《经济理论与经济管理》2014 年第 2 期。

他们对技术革命、经济增长乃至国家的兴衰都有了新的解释。

新制度经济学的代表人物诺斯用历史与经验相结合的研究表明:历史上的经济革命并不是由技术革命导致的,技术革命只不过是伴随经济增长的一个现象或一个结果;制度的创新为技术革命铺平了道路。新制度经济学的增长理论之所以被越来越多的人所接受,主要原因是主流经济学的经济增长理论把制度看作是无关紧要的或既定不变的,并把制度因素排除在他们的增长模型之外,因而使其对现实问题的解释力降低。正如诺斯所言:纯粹的新古典理论具有数学的精确和雅致,塑造了一片无冲突的、静态的天地。但把它应用于经济史和经济发展研究时,它只注重技术发展,近年来又注重人力资本投资。但是,它忽视了体现于制度的激励结构,而激励结构决定了社会在各个生产要素上的投资范围。因此,诺斯对经济增长的分析增加了制度因素,他认为对经济增长起决定作用的不是技术性因素而是制度因素。阿西莫格鲁等(Acemoglu 等,2015)①强调制度至关重要,有利于创新的制度安排才是推动社会进步和技术创新的主要力量,而经济制度的演变被认为是人们为降低生产的交易成本所做的努力。新制度经济学采用正统的新古典经济学的成本收益分析来研究制度变迁,其基本观点认为制度也是一个稀缺要素,当经济增长中存在制度瓶颈时,制度变迁会带来经济增长。

制度是经济增长的源泉,制度由于其对人的行为约束和对资源配置效率的影响,成为经济增长的决定性因素(North,1994)②。现有研究已经关注到制度通过何种机制来影响经济增长这一问题。基于内生增长理论,学者们试图将制度内生化,并纳入经济增长模型中去。艾彻和佩纳罗萨(Eicher 和 Peñalosa,2003)③以从事制度工作的人数作为内生制度质量的一个代理变量,

① Acemoglu, D., Cao, D., "Innovation by Entrants and Incumbents", *Journal of Economic Theory*, Vol.157, 2015.

② North, D.C., "Economic Performance through Time", *the American Economic Review*, Vol.84, No.3, 1994.

③ Eicher, T.S., GarcÍA-Peñalosa, C., "Growth with Endogenous Institutions", Working Paper, University of Washington, 2003.

发现制度质量可以影响人们的回报。托内尔（*Tornell*，1997）[1]构建了一个新古典经济增长模型,他主要从共有财产与私有财产之间相互转换的角度研究了产权内生问题。佩尔森和塔贝利尼（Persson 和 Tabellini，2006）[2]用反映政治家所关心的总社会福利或者是政治体制对政治家所能施加的有效性作为民主的代理变量,内生化民主制度,以此来说明民主制度与技术发明和经济增长的关系。得出的结论是:更好的民主意味着企业进入的可能性提高,先进企业鼓励发明创造而落后的企业不鼓励发明创造。对整个发明创造和增长的影响决定于经济中先进企业所占的份额。若先进企业所占的份额高,接近于 1 时,民主对技术发明创造起促进作用;而当其份额低,接近于 0 时,民主对增长起负作用。此外,贝克尔等（Becker 等,1992）[3]复兴了斯密的劳动分工能导致内生增长的思想,把分工作为一种生产性的基本制度安排,探索了长期经济增长的微观机制。

从经济制度演进来看,反映经济制度演进的重要指标包括政府职能转换、金融市场发展、国际化水平等（樊纲等,2011）[4]。新经济制度的出现重新确立了经济增长质量的规范,把经济主体对自身利益最大化的追求限制在一定负外部效应范围内。如新经济制度会抑制可能发生的浪费资源、污染环境、破坏生态等机会主义倾向,使外部效应内部化,保障经济增长的质量与效率（钞小静和任保平,2008）[5]。事实上,好的制度安排会通过激励企业创新,减小或抵消遵循制度规范的成本损耗,产生良性的创新补偿效应,实现经济高质量增长。

---

[1]　Tornell, A., "Economic Growth and Decline with Endogenous Property Rights", *Journal of Economic Growth*, Vol.2, No.3, 1997.

[2]　Persson T, Tabellini G., "Democracy and Development: The Devil in the Details", *American Economic Review*, Vol.96, No.2, 2006.

[3]　Becker, G.S., Murphy, K.M., "The Division of Labor, Coordination Costs, and Knowledge", *The Quarterly Journal of Economics* 2, Vol.107, No.4, 1992.

[4]　樊纲、王小鲁、朱恒鹏:《中国市场化指数:各地区市场化相对进程 2011 年报告》,经济科学出版社 2011 年版。

[5]　钞小静、任保平:《中国的经济转型与经济增长质量:基于 TFP 贡献的考察》,《当代经济科学》2008 年第 4 期。

第一篇

总论

1

第一章　中国企业家精神的测度和区域差异分析[①]

　　企业家精神是经济持续增长的重要内生动力,培育和弘扬企业家精神是实施创新驱动发展战略的根本保障。本章基于2000—2018年30个省(自治区、直辖市)面板数据,从创新精神、诚信精神、合作精神、敬业精神和开放精神等"1+4"维度上测度了中国企业家精神指数,对企业家精神的空间差异和空间收敛性做了分析,并对企业家精神的经济增长效应做了实证分析和中介机制检验。

第一节　中国企业家精神的渊源和变迁

　　5000多年的历史文化承袭,从农业革命时期引领全球,到工业革命阶段奋起赶超,再到数字时代日显先发优势,与之如影随形的是中国商业文化的沧桑变迁、延绵不绝和企业家精神的崛起及演进。中华优秀传统文化中的中庸之道,蕴藏了现代商业组织繁荣的社会文化基因,塑造了中国企业独特的精神文化气质。在这种精神文化的滋养下,当代中国的企业和企业家展现出开拓、

---

　　①　高波、黄婷婷:《中国企业家精神的测度、空间差异与收敛趋势》,《学习与探索》2023年第2期,编入本书时做了适当修改。

守信、和合、勤业、包容的精神特质而屹立于世界之林,并承载着中华民族伟大复兴的大任。

企业家精神显示了一个社会精神文化的特质,企业家精神是经济持续增长的重要生产要素。纵观中国商业文化和企业家精神的历史,早在先秦时期,伴随着经济繁荣,出现了很多商人典范,随之产生大量关于商人精神的讨论,功利主义儒家思潮的兴起,提高了商人地位和对商人逐利精神的肯定。"天下熙熙皆为利来,天下攘攘皆为利往",司马迁的《货殖列传》最早为中国商人树碑立传。随后,相继衍生了晋商、徽商、闽商、潮商、浙商、苏商、鲁商、陕商、赣商、粤商十大商帮,这是中国企业家精神的起源。

到了近代工业化初期,面对国运危机,中国企业家在民族精神和民族意识的感召下,自觉地、主动地把自己的经营行为和国家命运联系在一起,实现了"家国同构"。中国近代史上 1927—1937 年的黄金十年,同样是企业家和企业家精神活跃的时期,企业家为经济社会发展贡献了自己的力量。

清末状元实业家张謇(1853—1926 年)是这个时期的杰出代表。他一生创办了 20 多家企业、370 多所学校,是中国棉纺织领域早期的开拓者。张謇为中国近代民族工业的兴起、为教育事业的发展作出了卓越贡献。拥有"爱国企业家的典范"首位度的张謇,爱国不仅是贯穿他一生的主线,也是其全部实践活动的中心点和出发点,可以说爱国企业家是其本色,他选择的是一条"实业救国"的道路。张謇是造福桑梓的先贤、实业报国的典范、地方建设的楷模、近现代化的先驱。张謇以儒家道德为首要追求,"言商仍向儒",以造福民生为最大德行,追求国家和民众的"大利""诚信为本""勤俭为基",形成了自己特色鲜明的商业伦理观,蕴含了家国天下、经世济民、开拓创新、敢为人先、重义守信、强毅力行、世界眼光的企业家精神内核。

新中国成立后不久,彻底结束了长期滞缓的近现代化进程,大力推进工业化和现代化建设,进入了经济起飞的助跑期。肇始于 1978 年的改革开放,迎来了中国的经济起飞,而进入 21 世纪已全面完成了经济起飞,并阔步走向世界经济大国之列,奠定了持续创新中国式现代化道路的坚实基础。这期间,在党和政府大力支持民众创业创新和弘扬企业家精神的情景下,中国的营商环境持续改善,企业和企业家精神如雨后春笋般涌现。最突出的表现在,中国民营经济自改革开放以来,实现了从"零"到"五六七八九"的跨越式发展。当前,中国民营经济贡献了50%以上的税收、60%以上的国内生产总值、70%以上的技术创新成果、80%以上的城镇劳动就业和90%以上的企业数量。

改革开放以来,中央政府和地方政府颁布了一系列文件,鼓励民众创办企业,培育企业家群体,激发和保护企业家精神。本节采用文本分析法,将涉及"企业家""优秀企业家""民营企业家""企业创业""企业家创新""营商环境""企业家精神"7个关键词的文件数绘制成图(见图1-1)。如图1-1所示,截至2021年年底,中央文件中"企业创业"出现的文件数量多达158件,"营商环境"为112件,7个关键词出现在中央文件的总数达到306件。这表明我国中央政府高度支持企业和企业家的成长,十分重视激发和保护企业家精神。在中央文件精神的指引下,地方政府结合当地实际,制定出具有本地特色的支持政策,因地制宜地促进企业和企业家成长,激发和保护企业家精神。根据文本分析,地方政府颁布的文件中出现"企业创业"的文件数高达4758件,出现"营商环境"的文件数为3672件,出现"企业家""优秀企业家""民营企业家"的文件数分别为2167件、623件和222件,出现"企业家创新"和"企业家精神"的地方文件数分别是140件和58件。在中央政府和地方政府的共同推动下,中国的营商环境发生了根本性改善。根据世界银行发布的企业营商环境指数,中国2014年在212个世界经济体中排名在第161位,到2020年在213个世界经济体中排名大幅上升到第48位;在全球200个城市的排名中,2014年北京排在第165位、上海排在第160位,2020年北京排名大幅上升到第29位、上海大幅上升到第56位。①

---

① 数据来自世界银行官网:http://www.worldbank.org/。

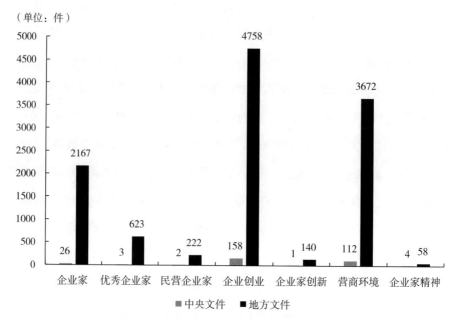

图 1-1 1978—2021 年与企业家精神相关的关键词出现的文件数

资料来源:笔者根据相关政策文件分析得到。

2008 年国际金融危机爆发以来,世界经济处于由信息技术革命推动的第五轮长波周期下行阶段,全球化遭遇逆流,导致世界经济持续低迷。在此情景下,亟待唤醒和激发全人类同舟共济,淬炼勇于创新、信守承诺、精诚合作、精进敬业、开放包容的企业家精神。对中国来说,正处于由上中等收入跨入高收入国家门槛的关键时间窗口,成功转向高质量发展,需要企业家精神和企业家社会的兴起和繁荣,需要经济文化和经济制度演进建构的现代经济体系。本章尝试建构企业家精神的理论,从创新精神、诚信精神、合作精神、敬业精神和开放精神等"1+4"个维度构造企业家精神的指标体系,并对我国 30 个省(自治区、直辖市)的企业家精神指数进行测度,采用达格姆(Dagum)基尼系数和空间计量分析等方法,试图探讨企业家精神的空间差异和收敛的一般规律,实证分析企业家精神的经济增长效应,为促进经济高质量发展提供科学依据。

第二节 企业家精神的指标体系构建和测度方法

学术界关于企业家和企业家精神的研究和关注,最早开始于 18 世纪。"企业家"一词在 1730 年由法国经济学家理查德·坎蒂隆(Cantillon,1931)[①]在《商业性质概论》一书中首次提出,坎蒂隆在书中 100 多次提到了各种企业家,重点关注企业家的功能,强调企业家的洞察力和活力对经济活动的重要性。法国经济学家萨伊在 1800 年前后提出,企业家是将资源从生产力和产出较低的领域转移到生产力和产出较高的领域。熊彼特追随萨伊的观点,在他 1911 年用德文发表的经典之作《经济发展理论》中,主张由创新的企业家所引发的动态失衡是健康经济的常态,企业家从事创新,而创新是展现企业家精神的特殊工具。

承继经典,立足当下,面向未来,深刻把握和理解企业家精神的精髓,阐述企业家精神的叙事,本身需要生发企业家精神并敢于进行理论创新。基于我们前期的研究,企业家精神是一种文化价值观,是持续连绵的价值观创新和突破,是一种独特的特性和行动,是经济持续增长的内生变量。企业家精神包括"1+4"个"元素":创新精神、诚信精神、合作精神、敬业精神和开放精神。创新精神是一种知识创造,是价值观的连绵突破和持续创新。诚信精神是一种文化信仰,是市场经济的支柱精神。合作精神是一种道德素养,是现代社会人们的立身之本。敬业精神是一种职业习惯,是精益求精的行为方式。开放精神是一种学习态度,是立足全球的战略思维。

一、指标体系构建

在对中国企业家精神发展水平进行测度时,基于典型性、综合性、可比性、

[①] Cantillon,R.,*Essai Sur La Nature Du Commerce En GÉNÉRal*,London: Macmillan Publishers Limited,1931.

表1-1 测度企业家精神的指标体系

一级指标	二级指标	三级指标	指标属性	指标含义或算法	单位
创新精神	创新投入	X1 研发投入强度	正向	研发/总产值	%
		X2 研发人员全时当量	正向	地区研发人员全时当量	人/年
		X3 科技拨款比重	正向	科技拨款占财政拨款的比重	%
	创新产出	X4 科技成果数量	正向	当年科技成果登记的数量	件
		X5 核准注册商标情况	正向	当年注册商标核准数量	个
		X6 发明专利数量	正向	发明专利数/每万人就业人数	件/人
	"双创"行为	X7 自我雇佣比率	正向	私营企业和个体企业人数/总从业人数	%
		X8 创业活跃度	正向	每千名劳动力创办私营企业数量	个/人
		X9 民营经济占比	正向	民营企业产品销售率	%
		X10 高新技术企业经营情况	正向	高新技术企业利润额占GDP比重	%
		X11 专利申请情况	正向	专利申请数量/GDP	件/元
		X12 企业新产品生产情况	正向	规模以上工业企业新产品销售收入/GDP	%
	"双创"生态	X13 创业政策环境	正向	开发区数量	个
		X14 政府服务环境	正向	研发总经费中政府资金比重	%
		X15 融资便利性	正向	贷款存款转化率	%
		X16 金融服务环境	正向	金融市场规模	%
		X17 文化竞争力1	正向	地区文化馆数量	个
		X18 文化竞争力2	正向	财政支出中对文化投入的比重	%
		X19 消费力1	正向	居民人均可支配收入	元
		X20 消费力2	正向	地区恩格尔系数	指数
		X21 消费力3	正向	居民消费率	%
		X22 消费力4	正向	最终消费率	%
		X23 高技术产业企业数占比	正向	地区高技术产业企业数量占地区企业比重	%

续表

一级指标	二级指标	三级指标	指标属性	指标含义或算法	单位
诚信精神	企业行为	X24 知识产权侵权率	负向	地区知识产权侵权案件数/全国知识产权侵权案件数	%
		X25 信用评级	正向	地区信用评级 AA 级及以上企业数量/总企业数	%
		X26 劳动争议情况	负向	地区企业劳动争议案件数	件
	市场行为	X27 金融机构违约情况	负向	金融机构不良贷款率	%
		X28 企业资产周转率	正向	规模以上工业企业资产周转率	%
		X29 商品交易规模	正向	地区商品市场交易金额/GDP	%
		X30 市场交易违规行为	负向	地方政府罚没收入/GDP	%
	政府行为	X31 政府服务效率1	正向	地方政府财政支出效率	%
		X32 政府服务效率2	正向	税收规模/公职人员数量	元/人
		X33 财政赤字风险1	负向	财政赤字率	%
		X34 职务违规行为	负向	职务犯罪案件数	件
合作精神	企业合作	X35 股份合作企业规模	正向	地区股份合作制法人单位数占比	%
		X36 技术合同规模	正向	技术合同成交额/GDP	%
		X37 中外合作规模	正向	各地区中外合作企业进出口额/GDP	%
	产业合作	X38 产业协调度	正向	三大产业耦合协调度	%
		X39 产业集聚1	正向	第一产业集聚度	指数
		X40 产业集聚2	正向	第二、三产业集聚度	指数
		X41 产业集聚3	正向	高技术产业集聚度	指数
		X42 产业结构合理化	正向	产业结构合理化指数	指数
	区域合作	X43 地区间综合物流规模	正向	国家地区货物周转量	吨千米
		X44 交通便利程度	正向	高铁开通城市数量	个
		X45 邮电业务规模	正向	地区邮电业务量/GDP	%

一级指标	二级指标	三级指标	指标属性	指标含义或算法	单位
敬业精神	工匠精神	X46 工业企业生产率	正向	工业企业全要素生产率	%
		X47 地区产品质量合格率	正向	产品质量合格数/总产品数	%
	职业精神	X48 受教育程度1	正向	高中以上学历人口平均受教育年限	年/人
		X49 受教育程度2	正向	大专以上学历占总人口比重	%
		X50 劳动力质量	正向	在岗职工平均工资	元
	专业精神	X51 利润率	正向	利润总额/主营业务成本	%
		X52 主营业务收入	正向	规模以上工业企业主营业务收入	亿元
		X53 销售费用占比	正向	规模以上私营企业销售费用/GDP	%
		X54 工业污染治理能力	正向	工业废气污染处理设施运行费用占主营业务支出比重	%
开放精神	国际循环	X55 进出口规模	正向	进出口总额/GDP	%
		X56 外商直接投资规模	正向	FDI/GDP	%
		X57 外商直接投资占固定资产投资比重	正向	FDI/固定资产投资额	%
		X58 外资企业税收贡献	正向	外资企业所纳款项/税收收入	%
		X59 外资企业就业贡献	正向	外资企业城镇就业人数/城镇就业人数	%
	国内循环	X60 劳动力流动	正向	人口流动净迁移规模	指数
		X61 交通基础设施	正向	铁路、公路和水运里程数	千米
		X62 文化多样性	正向	地区使用的汉语次方言数量	种
	技术生态	X63 对外直接投资规模	正向	OFDI/GDP	%
		X64 国外技术引进合同额	正向	国外技术引进合同额/常住人口	元/人
	数字生态	X65 互联网普及率	正向	互联网用户数/总人口	户/人
		X66 互联网宽带接入率	正向	互联网宽带接入端口数/总户数	个/户
		X67 移动电话交换机容量	正向	移动电话交换机的容量	万户

数据可得性等准则,本章将考虑全国或一个地区在创新精神、诚信精神、合作精神、敬业精神、开放精神等"1+4"个方面的综合表现,选用 17 个二级指标,再细化成能够较好地衡量各个发展方面的 67 个三级指标,构成企业家精神指标体系(见表 1-1)。据此,对全国和不同区域的企业家精神指数进行测度和评估,进而探讨区域企业家精神时空演变的典型事实和收敛特征。

(一)创新精神

创新精神是一种科学精神,意味着创新者具备强烈的创新意识、浓厚的创新兴趣、超常的创新胆识、坚强的创新决心、高超的创新思维,勇于突破旧思想、旧事物,持续创立新思想、新事物的"创造性破坏"的价值观体系和行为方式。创新过程也是一个知识创造的过程。企业家精神中的创新精神处于核心位置,而创新精神的直接表达是创新创业。因此,本章基于创新投入、创新产出、"双创"行为、"双创"生态等视域,选取刻画创新创业的投入产出指标、企业创新创业活动指标和涉及政策、金融、文化、消费等影响创新创业生态的指标等共 23 个指标评估创新精神。

(二)诚信精神

诚信精神是市场经济的支柱,市场机制的正常运行是建立在共享的道德观,即信守契约、履行支付承诺、尊重市场伙伴的基础之上的。市场经济下的各种交易行为均是由显性合约或隐性合约来达成的,生产者、经营者和消费者之间一切交易活动必须遵守自由竞争、等价交换、恪守允诺的信条。鉴于此,本章选取经济活动中的企业行为、市场行为和政府行为等层面的 11 个指标,度量诚信精神。

(三)合作精神

企业家创新创业,需要说服和感动资源的所有者把他们支配的资源汇集到一起,精诚合作。合作精神是现代社会人们的一种基本素养,顾全大局、精诚协作、乐于奉献,使个体和利益相关者利益高度统一,进而实现组织的高效率运转。本章选取企业合作、产业合作和区域合作等层面的 11 个指标,测度合作精神。

(四)敬业精神

敬业精神是人们基于对职业的敬畏和热爱基础上而产生的一种全身心忘我投入的工作态度、精神境界和行为方式。本章基于工匠精神、职业精神和专业精神等视角共选取 9 个指标,描述敬业精神。

(五)开放精神

开放精神意味着在全球化和开放经济条件下,企业家善于利用国际货物和服务贸易、外商直接投资、对外直接投资、人力资本投资等方式,学习和交流先进经验、先进科学技术和技能,持续提升学习能力,进而建立企业的竞争优势。因此,本章蕴含国际循环、国内循环、技术生态和数字生态等元素,选取 13 个指标衡量开放精神。

二、企业家精神指数的测度方法

本章采用客观赋权评价法,运用全局主成分分析法测度企业家精神指数。全局主成分分析法的基本原理是将各年份时序性立体数据通过全局主成分变换到统一的全局主超平面上,再将主超平面上的数据进行变换组合,进而反映出评价对象的动态特性。鉴于数据的可获得性和连贯性,本章选取了 2000—2018 年 30 个省(自治区、直辖市)的年度数据做全局主成分分析。首先,对 67 个评价指标、30 个省(自治区、直辖市)、19 年的数据进行整理,形成"67×30×19"个数据构成的时序立体数据表。其次,用经过处理后的三级指标数据作为经典主成分分析法的输入,确定各三级指标在各二级指标指数中的权重以合成 5 个维度指数。最后,以二级指标指数得分数据作为主成分分析法的输入,得到 5 个维度指数在企业家精神指数中的权重,最终合成企业家精神指数。

三、数据收集与处理

本章选用 2000—2018 年中国 30 个省(自治区、直辖市)的面板数据,不包括西藏自治区和港澳台地区。大多数数据来源于《中国统计年鉴》,还有些数据来源于《中国金融年鉴》《中国科技统计年鉴》《国家知识产权局统计年报》以及 Wind 数据库、国泰安数据库、国经网和各地区国民经济与社会发展统计公报等,部分数据如产业集聚度、产业协调度、受教育程度以及劳动力流动等由笔者计算整理求得。为了保持样本的完整性,对于个别地区缺失的数据,本章采用线性插值法予以补齐。如果缺失中间一年的数据,用前后两年数据的平均值或移动平均值补齐;如果缺失两年的数据,则用相近三年的移动平均值逐个补齐。

第三节　企业家精神的测度结果及基本分析

一、企业家精神的测度结果

按照上述方法测度企业家精神指数,由于对数据做了标准化处理,结果中会存在一些负值,负值不代表经济含义,主成分分析的结果中出现的负值代表在标准均值以下,表示该地区的企业家精神较低。根据统计学的 3σ 原则,按照 $Entre_i' = ABS[\min(Entre_i) + Entre_i]$ 进行坐标平移消除负数影响。图 1-2 绘制了全国层面的企业家精神指数测度结果,自 2000 年的 0.158 上升至 2018 年的 12.664,年均增长率为 25.95%,表明中国企业家精神呈现持续增长的趋势。

图 1-3 绘制了 30 个省(自治区、直辖市)2000—2018 年 10 个代表年份的

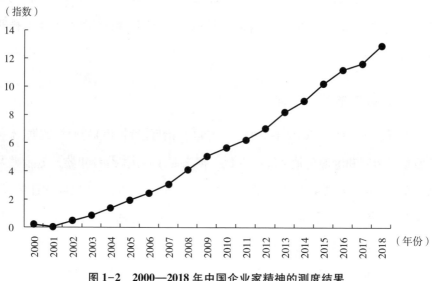

图 1-2　2000—2018 年中国企业家精神的测度结果

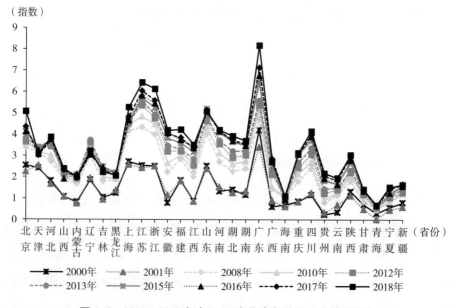

图 1-3　2000—2018 年省际 10 个代表年份企业家精神指数

企业家精神指数测度结果。如图 1-3 所示,随着时间的推移,各省份的企业家精神指数呈逐步上升趋势,增长势头较为稳定。广东企业家精神指数年度均值最高,广东地区的创新创业活力强,可谓粤商精神雄踞翘楚。青海企业家精神指数年度均值最低,这意味着培育企业家精神是振兴青海经济的重要抓手。企业家精神指数年度均值排名前五的省份分别为广东、江苏、浙江、上海和山东,这些地区企业家精神指数高,与本地区的经济发展水平是相当的。排名后五的省份是贵州、甘肃、宁夏、海南和青海,大多数为西部地区,这些地区民营经济不发达,企业家精神不足。

二、省际企业家精神的阶段性特征

本章将观察期划分为三个时间段:第一阶段是 2000 年到 2007 年,从 21 世纪初到全球经济危机爆发前,我国加入世界贸易组织,改革开放深度推进,经济持续高速增长。第二阶段是 2008—2012 年,全球经济危机爆发之后至党的十八大召开前夕,全球经济危机使世界经济陷入低迷,国内企业不畏艰难,艰苦创业,渡过难关。第三阶段是 2013—2018 年,中国经济由高速增长阶段进入中高速增长阶段,并转向高质量发展阶段,2015 年"大众创业、万众创新"写进中央政府工作报告,激发和保护企业家精神蔚然成风。图 1-4 绘制了不同时间段省际企业家精神的均值和变异系数。

如图 1-4(a)所示,整个时间段(2000—2018 年)企业家精神指数均值,广东最大,为 5.078,青海最小,为 0.471。分时间段看,在第一阶段(2000—2007年),广东均值最大,为 3.929,青海均值最小,为 0.299,前者是后者的 13.14倍。在第二阶段(2008—2012 年),广东均值最大,为 5.037,青海最小,为0.525,前者是后者的 9.59 倍,地区差异在缩小。在第三阶段(2013—2018年),广东的均值最大,为 6.645,青海的均值最小,为 0.656,前者是后者的10.13 倍,差距稍有扩大。从变动趋势看,30 个省(自治区、直辖市)均值呈现"第三阶段>第二阶段>第一阶段"的趋势,表明在观察期内中国不同省(自治区、直辖市)企业家精神指数一直处于上升过程中,成为推进高质量发展的强大动力。

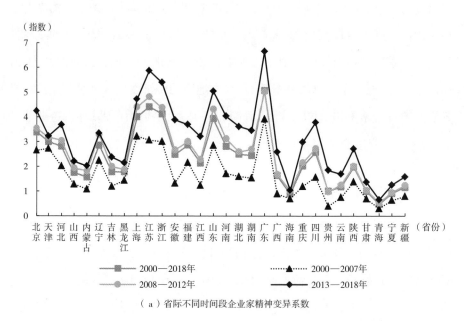

（a）省际不同时间段企业家精神变异系数

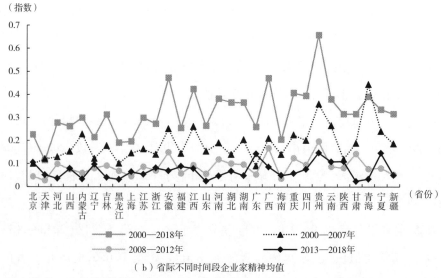

（b）省际不同时间段企业家精神均值

图1-4　不同时间段省际企业家精神均值和变异系数

图 1-4(b)绘制了不同省(自治区、直辖市)不同时间段企业家精神指数的变异系数。整个时间段(2000—2018 年)贵州的变异系数最大,为 0.658,天津的最小,为 0.114,前者是后者的 5.77 倍。第一阶段(2000—2007 年),青海的值最大,为 0.443,广东的值最小,为 0.09,前者是后者的 4.92 倍。第二阶段(2008—2012 年),贵州的值最大,为 0.196,天津的值最小,为 0.027,前者是后者的 7.26 倍。第三阶段(2013—2018 年),贵州的值最大,为 0.147,甘肃的值最小,为 0.023,前者是后者的 6.39 倍。从变异系数变动趋势看,第一阶段和第二阶段对比,所有省(自治区、直辖市)均下降;第二阶段和第三阶段对比,下降的有 18 个省份,上升的有 12 个省份。总体而言,绝大多数省份的企业家精神指数波动程度逐渐减弱,企业家精神指数持续上升且更加稳定。

三、企业家精神指数的分解

图 1-5 绘制了企业家精神指数分解为创新精神、诚信精神、合作精神、敬业精神和开放精神"1+4"个维度指数状况。图 1-5(a)显示了全国层面企业家精神指数的分解结果。创新精神、合作精神与企业家精神指数走势基本一致,呈上升趋势。诚信精神 2006 年略有下降,其他年份呈上升趋势。敬业精神和开放精神在 2013 年前上升趋势显著,而在 2014—2018 年几乎保持稳定状态。创新精神在 2013 年之后在企业家精神指数中贡献最大。图 1-5(b)是 30 个省(自治区、直辖市)企业家精神指数和 5 个一级指标的年度均值。北京、上海、广东、浙江等地区创新精神在企业家精神指数中贡献最大。北京的企业家精神指数年度均值排全国第六位,而创新精神排在第一位。江苏的企业家精神指数年度均值排全国第二位,而敬业精神贡献最大,创新精神贡献第二位。山东的企业家精神指数年度均值排在第五位,贡献最大的是敬业精神,创新精神贡献排第三位。创新精神严重不足的是内蒙古、新疆、云南、青海、海南等省(自治区)。黑龙江、广西、山西、甘肃、

河北等地区的企业家精神指数年度均值中创新精神贡献最小。

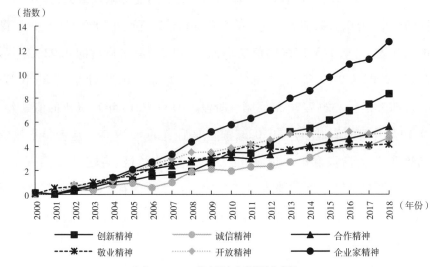

（a）2000—2018年中国企业家精神的分解

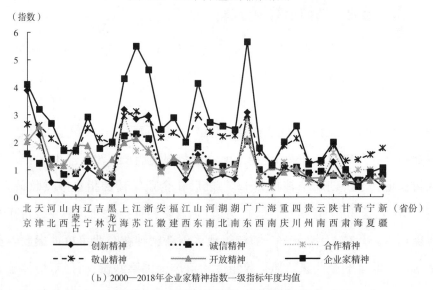

（b）2000—2018年企业家精神指数一级指标年度均值

图1-5　企业家精神指数一级指标的分解

第四节 企业家精神的整体和区域差异

一、达格姆基尼系数及其分解

测度空间差异的方法较为常见的有基尼系数（*Gini*）、变异系数（*GV*）、泰尔指数（*Theil*）、综合熵指数（*GE*）、阿特金森指数（*Atkinson*）、最大值、最小值之比和方差等。本章利用达格姆基尼系数来动态诠释中国东部地区、中部地区、西部地区企业家精神的空间差异，并按照子群分解的方法将总体基尼系数（*G*）分解为三部分：区域内差异（*Gw*）、区域间差异（*Gnb*）和超变密度（*Gt*），即 *G* = *Gw+Gnb+Gt*。基尼系数越小代表差异性越小；反之，差异性越大。衡量区域企业家精神空间差异的表达式如下：

$$G = \frac{\sum_{j=1}^{k} \sum_{h=1}^{k} \sum_{i=1}^{n_j} \sum_{r=1}^{n_h} \left| entre_{ji} - entre_{hr} \right|}{2 n^2 \mu} \tag{1-1}$$

其中，k 表示区域划分的个数，n 表示所有省份的个数，n_j 和 n_h 分别表示 j 地区和 h 地区内省份的个数，$entre_{ji}$ 表示 j 地区内 i 省份的企业家精神，$entre_{hr}$ 表示 h 地区 r 省份的企业家精神，μ 则表示所有省份的企业家精神指数的平均值。式（1-2）—式（1-9）是分析企业家精神空间差异运用的相关公式。式（1-2）、式（1-3）分别表示 j 地区的基尼系数 G_{jj} 和 j 地区与 h 地区之间的基尼系数 G_{jh}，μ_j 和 μ_h 表示 j 地区和 h 地区的企业家精神指数的平均值。区域内差异 G_w 的计算公式见式（1-4），区域间差异 G_{nb} 的计算式见式（1-5）；区域间超变密度 G_t 的计算式见式（1-6）。

$$G_{jj} = \frac{\sum_{i=1}^{n_j} \sum_{r=1}^{n_h} \left| entre_{ji} - entre_{jr} \right|}{2 n_j^2 \mu_j} \tag{1-2}$$

$$G_{jh} = \frac{\sum\limits_{i=1}^{n_j} \sum\limits_{r=1}^{n_h} |entre_{ji} - entre_{jr}|}{n_j \, n_h (\mu_j + \mu_h)} \tag{1-3}$$

$$G_w = \sum_{j=1}^{k} G_{jj} P_j S_j (k=3) \tag{1-4}$$

$$G_{nb} = \sum_{j=2}^{k} \sum_{h=1}^{j-1} G_{jh} (P_j S_h + P_h S_j) D_{jh} \tag{1-5}$$

$$G_t = \sum_{j=2}^{k} \sum_{h=1}^{j-1} G_{jh} (P_j S_h + P_h S_j)(1 - D_{jh}) \tag{1-6}$$

$$D_{jh} = (d_{jh} - p_{jh})/(d_{jh} + p_{jh}) \tag{1-7}$$

$$d_{jh} = \int_0^{\infty} d \, F_j(y) \int_0^{y} (y - x) \, d \, F_h(x) \tag{1-8}$$

$$p_{jh} = \int_0^{\infty} d \, F_h(y) \int_0^{y} (y - x) \, d \, F_j(y) \tag{1-9}$$

其中,$p_j = \dfrac{n_j}{n}$,$S_j = \dfrac{n_j \mu_j}{(n\mu)}$;$j=1,2,3$。$D_{jh}$ 表示地区 j 和地区 h 之间企业家精神的相互影响(见式1-7),d_{jh} 为区域间企业家精神的差值,表示区域 j 和 h 间所有 $entre_{ji} - entre_{hr} > 0$ 的样本值加总的数学期望;p_{jh} 为超变一阶矩,表示区域 j 和 h 间所有 $entre_{hr} - entre_{ji} > 0$ 的样本值加总的数学期望。采用达格姆基尼系数测算企业家精神空间差异的结果,绘制成图1-6。

二、总体差异

如图1-6(a)所示,东部地区、中部地区、西部地区企业家精神的基尼系数2000—2018年呈现出"先大幅下降—后小幅上升"的走势,表明总体上企业家精神空间差异性逐步缩小。2000—2014年东部地区、中部地区、西部地区企业家精神的基尼系数从0.1707下降至0.1274,缩小25.37%,意味着东部地区、中部地区、西部地区企业家精神总体差异处于持续缩小之中。2015—2018年东部地区、中部地区、西部地区企业家精神基尼系数有所上升,从 0. 1281 上升至 0. 1369,上升 6. 87% 。

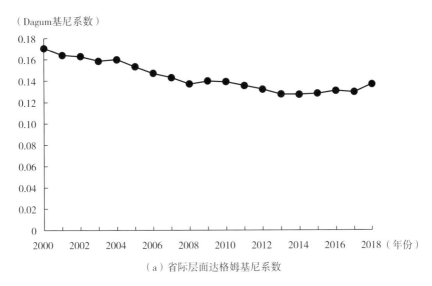

（a）省际层面达格姆基尼系数

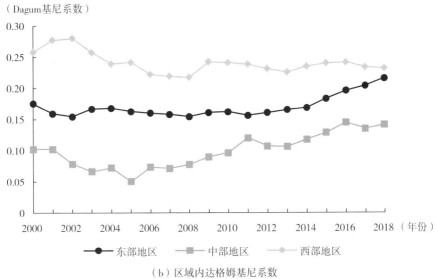

（b）区域内达格姆基尼系数

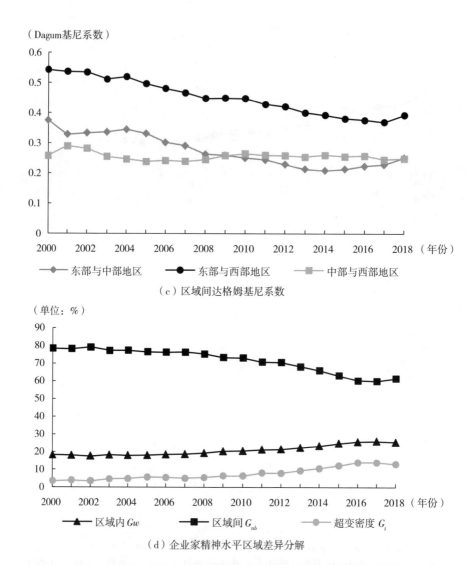

（c）区域间达格姆基尼系数

（d）企业家精神水平区域差异分解

图1-6　2000—2018年中国区域企业家精神达格姆基尼系数及分解

注：笔者运用matlab软件计算求得。

三、区域内差异

图1-6(b)绘制的是东部地区、中部地区、西部地区区域内部的企业家精神基尼系数，观察期内区域内空间差异呈现为"西部>东部>中部"。西部地区

企业家精神基尼系数省份间差异最大,长期呈现波动下降态势,说明西部地区对培育企业家精神日趋重视,地区差异持续缩小,越来越接近东部地区。中部地区企业家精神基尼系数在东部地区、中部地区、西部地区中最小,表明中部地区企业家精神的地区差异最小。从走势看,中部地区企业家精神基尼系数2000—2005年波动下降,而2006—2018年波动上升。这说明在国家中部崛起战略的推动下,中部地区省份间竞赛更加激烈。东部地区企业家精神基尼系数在东部地区、中部地区、西部地区中居中,2014—2018年呈现上升走势,这是因为东北省份相比其他省份差距拉大。

四、区域间差异

图1-6(c)显示,观察期内东部地区与中部地区、东部地区与西部地区之间的企业家精神空间差异呈现下降走势,而中部地区与西部地区之间的企业家精神空间差异呈现平稳走势。东部地区与西部地区之间的企业家精神基尼系数最大,中部地区与西部地区最小,说明东部地区与西部地区之间的企业家精神空间差异最大,中部地区与西部地区之间的企业家精神空间差异最小。

五、差异分解及贡献

根据达格姆基尼系数的分解模型,将东部地区、中部地区、西部地区企业家精神的总体差异分解为区域内差异、区域间差异和超变密度差异,分析上述差异对总体差异的贡献程度。图1-6(d)是区域企业家精神空间差异分解的贡献率。区域内差异、超变密度对总体差异形成的贡献率的演变趋势几乎一致,均表现为逐步上升趋势,区域内差异对总体差异的贡献率由2000年的18.18%上升为2018年的25.52%,增幅为40.37%,超变密度对总体差异的贡献率由3.49%上升为13.05%,增幅为273.93%。区域间差异在2016年之前表现出下降趋势,2017年和2018年有小幅上升,贡献率由2000年的78.33%

下降至 2018 年的 61.43%，降幅为 21.58%。区域内和超变密度对全国层面的总体差异的贡献上升了，区域间对总体差异的贡献率下降了，但区域间差异仍然是区域企业家精神空间差异的主要来源。

第五节　企业家精神的空间收敛性分析

在对企业家精神指数测度、因素分解和空间差异等特征系统分析的基础上，本节使用收敛模型对企业家精神的空间收敛特征进行深入讨论。

一、σ 收敛特征

σ 收敛重点考察不同地区企业家精神水平差距随时间流逝而绝对缩小，判断是否存在不同地区企业家精神水平差距缩小的趋势。本章采用企业家精神指数的变异系数刻画 2000—2018 年全国 30 个省份企业家精神指数的 σ 收敛特征。具体计算公式如下：

$$\sigma_t = \frac{\sqrt{\left[\sum_{i=1}^{n}\left(\text{ln}entre_{it} - \frac{1}{n}\sum_{i=1}^{n}\text{ln}entre_{it}\right)^2\right]/n}}{\frac{1}{n}\sum_{i=1}^{n}\text{ln}entre_{it}} \tag{1-10}$$

图 1-7 绘制了企业家精神指数变异系数的变化趋势。对比图 1-7 与图 1-6(a) 和(b)，企业家精神指数的变异系数呈现波动变化过程，与基尼系数的走势基本保持一致。相对而言，西部地区表现出 σ 收敛特征，总体上 σ 收敛趋势不明显。

二、空间相关性

本章采用莫兰指数方法度量企业家精神的空间相关性。莫兰指数的取值范围一般为[-1,1]，*Moran's I* >0 表示空间正相关，值越大，空间相关性越明

（变异系数）

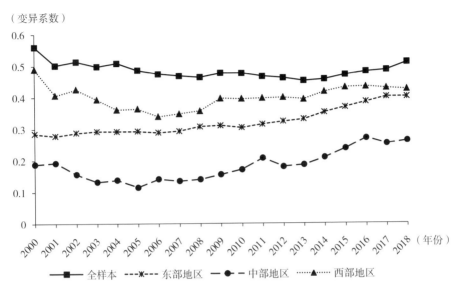

**图 1-7　2000—2018 年中国省际及东部地区、中部地区、西部地区
企业家精神的 σ 收敛的演变趋势**

显;反之,*Moran's I* <0 表示空间负相关,值越小,空间差异越大。莫兰指数计算公式为:

$$Moran's\ I = \frac{\sum\limits_{i=1}^{n}\sum\limits_{j=1}^{n}W_{ij}(x_i-\bar{x})(x_j-\bar{x})}{S^2\sum\limits_{i=1}^{n}\sum\limits_{j=1}^{n}W_{ij}}\qquad(1-11)$$

其中,$s^2 = \dfrac{\sum\limits_{i=1}^{n}(x_i-\bar{x})^2}{n}$ 为样本差,W_{ij} 为空间权重矩阵。

全局莫兰指数的计量结果如表 1-2 所示,观察期内所有年份都呈现正空间相关性,2000—2012 年企业家精神的空间相关性逐步增强,2013—2018 年企业家精神的空间相关性降低。

表1-2　2000—2018年企业家精神的空间相关性检验（全局莫兰指数）

年份	全局莫兰指数	P值	年份	全局莫兰指数	P值	年份	全局莫兰指数	P值	年份	全局莫兰指数	P值
2000	0.225	0.009	2005	0.319	0.001	2010	0.379	0.000	2015	0.395	0.000
2001	0.315	0.001	2006	0.358	0.001	2011	0.407	0.000	2016	0.398	0.000
2002	0.319	0.001	2007	0.376	0.001	2012	0.416	0.000	2017	0.388	0.000
2003	0.322	0.001	2008	0.384	0.000	2013	0.408	0.000	2018	0.364	0.000
2004	0.333	0.001	2009	0.381	0.000	2014	0.407	0.000			

三、空间 β 收敛特征

基于全局莫兰指数对不同地区企业家精神存在正的空间相关性的度量结果，采用动态空间杜宾面板模型，分别从空间绝对 β 收敛和空间条件 β 收敛考察区域企业家精神空间收敛性。选取空间权重矩阵时参考杨万平和李冬（2020）[①]分别考察邻接距离、地理距离和经济距离矩阵。式（1-12）表示的是空间绝对 β 收敛，指落后地区以更快的速度追赶先发地区，趋于相同的稳态值。式（1-13）表示的是空间条件 β 收敛，假定区域间内外部条件存在一定的差异，在模型中加入一系列控制变量。模型设定如下：

$$\ln\left(\frac{entre_{it+1}}{entre_{it}}\right) = \rho \sum_{j=1}^{n} W_{ij}\ln\left(\frac{entre_{it+1}}{entre_{it}}\right) + \beta\ln(entre_{it}) + \eta \sum_{j=1}^{n}$$

$$W_{ij}\ln(entre_{it}) + \mu_i + v_i + \varepsilon_{it} \tag{1-12}$$

$$\ln\left(\frac{entre_{it+1}}{entre_{it}}\right) = \rho \sum_{j=1}^{n} W_{ij}\ln\left(\frac{entre_{it+1}}{entre_{it}}\right) + \beta\ln(entre_{it}) + \varphi\ln X_{it} + \eta \sum_{j=1}^{n}$$

---

① 杨万平、李冬：《中国生态全要素生产率的区域差异与空间收敛》，《数量经济技术经济研究》2020年第9期。

$$W_{ij}\ln(entre_{it}) + \delta \sum_{j=1}^{n} W_{ij} X_{it} + \mu_i + v_i + \varepsilon_{it} \tag{1-13}$$

其中，$entre_{it}$ 表示的是 i 省份在 t 时刻企业家精神的水平，ρ 为空间滞后回归系数，W_{ij} 是通过标准化之后的空间权重矩阵（包括相邻距离矩阵、地理距离矩阵和经济距离矩阵），相邻距离矩阵即 0—1 矩阵，是相邻省份之间的地理距离矩阵形式，地理距离矩阵指省会城市之间的直线欧氏距离矩阵，经济距离矩阵是在地理距离矩阵基础上考虑经济因素的矩阵形式。X_{it} 是控制变量，μ_i 和 v_i 分别表示个体固定效应和空间固定效应，在随机效应下被假设是 $\mu_i \sim N(0, \sigma_n^2)$，且当 $i \neq j$ 和 $t \neq s$ 时，$E(\varepsilon_{it}\varepsilon_{js}) = 0$。

豪斯曼（Hausman）检验结果支持固定效应模型（相邻矩阵：$p = 0.000$，地理矩阵：$p = 0.000$，经济地理矩阵：$p = 0.000$），且根据检验，发现截面固定效应拟合度更合适。结合 Wald 和 LR 检验结果，可以判断空间杜宾模型为最优选择。收敛速度的计算公式为：$b = -(\ln\beta)/(T-t)$。当 $\beta > 1$ 时，$b < 0$，表明区域企业家精神处于发散状态；当 $\beta < 1$ 时，$b > 0$，表明区域企业家精神处于收敛状态；当 $\beta = 1$ 时，$b = 0$，表明区域企业家精神处于平衡状态。

表 1-3 检验了全样本企业家精神的空间收敛性。控制了时间和区域个体双固定效应，在考虑空间影响因素后，区域企业家精神存在收敛的趋势，且采用不同的空间权重矩阵下对应的收敛速度不同。相邻距离矩阵下区域企业家精神的空间绝对收敛率和条件收敛速度分别为 5.3% 和 8.7%；地理距离矩阵下区域企业家精神的空间绝对和条件收敛速度分别为 3.4% 和 8.6%；经济距离矩阵下区域企业家精神的空间绝对收敛和条件收敛速度分别为 8.5% 和 8.8%。在考虑了经济规模对空间外溢影响的情况下，收敛速度明显加快，经济发展水平相似省份之间的企业家精神相互影响更加显著，使企业家精神趋同效应更加明显，因而提升了区域企业家精神的收敛速度。

表 1-3 2000—2018 年全样本企业家精神的空间收敛性

变量	相邻距离矩阵		地理距离矩阵		经济距离矩阵	
	绝对 β 收敛	条件 β 收敛	绝对 β 收敛	条件 β 收敛	绝对 β 收敛	条件 β 收敛
β	−0.424*** (0.154)	−0.200** (0.082)	−0.449*** (0.166)	−0.197** (0.091)	−0.450*** (0.162)	−0.187** (0.002)
$\eta(wx)$	0.378*** (0.147)	0.029* (0.018)	0.436** (0.172)	−0.248 (0.234)	0.398*** (0.156)	−0.097 (0.082)
$\rho(wy)$	0.365*** (0.043)	0.190*** (0.060)	0.525*** (0.052)	0.032 (0.141)	0.199*** (0.043)	0.194** (0.089)
人均实际 GDP		0.028** (0.016)		0.063* (0.095)		0.010 (0.043)
城市化率		0.147** (0.080)		0.782** (0.346)		0.204** (0.102)
市场化进程		−0.099 (0.091)		0.239 (0.341)		0.181 (0.142)
产业结构升级		−0.085 (0.068)		−0.450* (0.259)		−0.022 (0.075)
固定资产投资占比		0.037 (0.031)		0.312*** (0.108)		0.104* (0.058)
就业率		0.080 (0.096)		0.385 (0.298)		0.091 (0.116)
省份固定效应	Yes	Yes	Yes	Yes	Yes	Yes
空间固定效应	Yes	Yes	Yes	Yes	Yes	Yes
收敛速度 θ	0.053	0.087	0.034	0.086	0.085	0.088
样本量	540	540	540	540	540	540
LM	344.042	349.812	350.136	341.955	339.653	339.899
R^2	0.198	0.344	0.227	0.208	0.239	0.237

注:括号中的数值为稳健标准误差,***、**、*分别表示在1%、5%和10%的水平下显著。

表 1-4 检验了东部地区、中部地区、西部地区企业家精神的空间收敛性。东部地区、中部地区、西部地区均表现出和全国层面一样的空间收敛特征(β 值显著为负)。相邻距离矩阵、地理距离矩阵和经济距离矩阵三种不同的空间矩阵下,东部地区企业家精神空间收敛速度分别为 8.2%、6.7% 和

7.1%,中部地区企业家精神空间收敛速度分别为 4.40%、3.70% 和 4.20%,区域内相邻省份之间的收敛速度最大,表明相邻省份之间存在空间溢出效应。考虑到经济因素时,经济距离矩阵下的收敛性快于地理距离权重矩阵下的收敛性,意味着经济发展水平对空间收敛性有一定促进作用。西部地区在不同空间权重矩阵下也呈现收敛性,均表现为在 1% 的水平下显著,不同矩阵下收敛速度表现为"相邻距离矩阵>地理距离矩阵>经济距离矩阵",西部地区企业家精神空间收敛速度显著低于东部地区、中部地区。相比而言,东部地区省际之间企业家精神的收敛速度最快。

表 1-4　2000—2018 年区域内企业家精神的空间收敛性

变量	东部地区			中部地区			西部地区		
	相邻距离矩阵	地理距离矩阵	经济距离矩阵	相邻距离矩阵	地理距离矩阵	经济距离矩阵	相邻距离矩阵	地理距离矩阵	经济距离矩阵
β	-0.209 *** (0.024)	-0.278 *** (0.058)	-0.260 *** (0.054)	-0.432 *** (0.102)	-0.499 *** (0.127)	-0.437 *** (0.095)	-0.856 *** 0.184	-0.870 *** (0.236)	-0.987 *** (0.192)
$\eta(wx)$	-0.298 *** (0.068)	-0.509 *** (0.167)	-0.245 (0.238)	-0.055 (0.156)	-0.476 *** (0.316)	0.085 (0.171)	-0.031 0.085	-1.479 ** (0.632)	-1.031 *** (0.379)
$\rho(wy)$	0.236 *** (0.071)	0.550 *** (0.169)	0.129 (0.094)	0.278 *** (0.037)	0.715 *** (0.084)	0.340 *** (0.096)	0.0565 (0.111)	0.627 * (0.340)	0.475 *** (0.127)
人均实际GDP	0.192 *** (0.055)	0.904 *** (0.353)	-0.129 (0.094)	0.403 (0.321)	1.603 ** (0.793)	0.394 (0.441)	-1.288 0.778	3.673 (3.914)	0.509 (0.945)
城市化率	-0.191 * (0.109)	-0.080 (0.180)	0.073 (0.170)	-0.031 (0.091)	-0.236 (0.201)	-0.269 *** (0.093)	0.709 (0.433)	2.056 *** (0.761)	2.926 *** (1.059)
市场化进程	-0.084 (0.095)	0.084 (0.448)	-0.076 (0.183)	0.181 ** (0.079)	0.527 *** (0.147)	-0.044 (0.242)	-0.6263 ** (0.261)	-0.468 (0.664)	0.242 (0.380)
产业结构升级	0.036 (0.079)	0.110 (0.255)	0.147 (0.161)	0.241 *** (0.062)	0.408 *** (0.101)	0.433 *** (0.064)	0.177 (0.151)	0.929 ** (0.463)	1.013 *** (0.292)
固定资产投资占比	0.103 *** (0.036)	0.085 (0.099)	0.055 (0.055)	-0.159 *** (0.052)	-0.350 *** (0.103)	-0.191 *** (0.054)	0.210 (0.348)	0.321 (1.076)	0.533 *** (0.196)
就业率	-0.107 (0.160)	-0.313 (0.328)	-0.138 (0.132)	0.039 (0.205)	-0.558 (0.370)	0.374 *** (0.180)	-0.178 0.(447)	-0.449 (1.439)	0.387 (0.365)
省份固定效应	Yes	Yes	Yes	Yes	Yes	Yes	Yes	Yes	Yes

续表

变量	东部地区			中部地区			西部地区		
	相邻距离矩阵	地理距离矩阵	经济距离矩阵	相邻距离矩阵	地理距离矩阵	经济距离矩阵	相邻距离矩阵	地理距离矩阵	经济距离矩阵
空间固定效应	Yes	Yes	Yes	Yes	Yes	Yes	Yes	Yes	Yes
收敛速度 θ	0.082	0.067	0.071	0.044	0.037	0.042	0.008	0.007	0.001
样本量	198	198	198	144	144	144	198	198	198
LM	369.20	374.27	367.05	254.63	252.71	258.34	91.79	93.97	106.90
R^2	0.254	0.134	0.322	0.511	0.496	0.428	0.230	0.281	0.229

注：括号中的数值为稳健标准误差，***、**、*分别表示在1%、5%和10%的水平下显著。

四、稳健性检验

为检验企业家精神空间收敛结果的稳健性，本章选取空间误差模型（SEM）进行检验。将空间误差模型设定为：

$$\ln\left(\frac{entre_{it+1}}{entre_{it}}\right) = \alpha + \beta\ln(entre_{it}) + \mu_i + v_t + \mu_{it}, \quad u_{it} = \lambda\sum_{j=1}^{n}W_{ij}u_{it} + \varepsilon_{it}$$

$$(1-14)$$

其中，λ 表示其他省份企业家精神的随机扰动项对本省份企业家精神指数增长率的影响，β 是收敛系数。与空间杜宾模型类似，当 $\beta < 0$ 且在统计上显著时，表示企业家精神较高水平地区的增长率小于落后地区，存在 β 收敛；反之，则不存在 β 收敛。如表1-5所示，无论是哪种矩阵，β 系数均为负数，说明企业家精神存在空间 β 绝对收敛和空间 β 条件收敛。在条件收敛下，三种不同矩阵下条件收敛的收敛速度分别为10.5%、11.2%和11.2%。检验结果是稳健的，意味着空间 β 收敛的研究结论是可靠的。

表1-5 稳健性检验(空间误差模型 SEM)

变量	相邻距离矩阵		地理距离矩阵		经济距离矩阵	
	绝对β收敛	条件β收敛	绝对β收敛	条件β收敛	绝对β收敛	条件β收敛
β	−0.033*** (0.015)	−0.135*** (0.040)	−0.035*** (0.015)	−0.118*** (0.040)	−0.033*** (0.012)	−0.119*** (0.038)
λ	0.078*** (0.012)	0.069*** (0.012)	0.595*** (0.066)	0.541*** (0.073)	0.433*** (0.055)	0.398*** (0.058)
控制变量	Yes	Yes	Yes	Yes	Yes	Yes
省份固定效应	Yes	Yes	Yes	Yes	Yes	Yes
空间固定效应	Yes	Yes	Yes	Yes	Yes	Yes
收敛速度 θ	0.179	0.105	0.176	0.112	0.180	0.112

注:***、**、*分别表示在1%、5%和10%的水平下显著。

第六节 企业家精神的经济增长效应及机制检验

企业家是推动产业升级、技术创新和制度变迁的重要行为主体,企业家精神是决定经济增长的一种生产要素。企业家精神凭借创新、竞争和就业等机制影响经济增长。下文将测度的企业家精神指数和人均GDP绘制成散点图,发现企业家精神与经济增长存在密切的正向关联关系。在此基础上,构建计量模型对企业家精神与经济增长进行实证分析和中介机制检验。

一、企业家精神与经济增长的统计描述

图1-8是2000—2018年全国层面和东部地区、中部地区、西部地区企业家精神指数与人均GDP的散点图。图1-8(a)显示,企业家精神与经济增长存在明显的正相关关系,广东、江苏、浙江、上海和北京的企业家精神指数和人均GDP均高于大多数省份,广东、江苏、浙江表现为企业家精神指数高于经济增长水平,北京和上海则是经济增长水平高于企业家精神指数。如图1-8

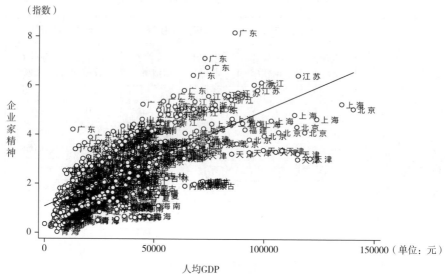

（a）全国省份企业家精神与经济增长

——为人均GDP对企业家精神指数的拟合线

○ 为每个省份每年人均GDP和企业家精神指数的散点分布

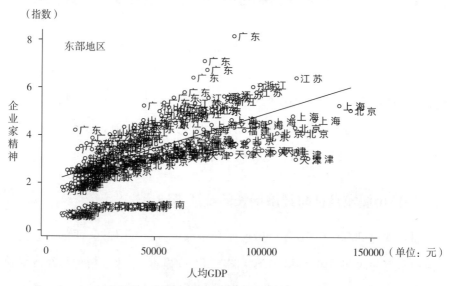

——为人均 GDP 对企业家精神指数的拟合线

○ 为每个省份每年人均 GDP 和企业家精神指数的散点分布

（b）东部地区企业家精神与经济增长

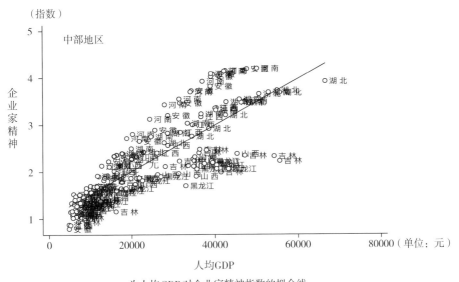

——为人均GDP对企业家精神指数的拟合线

○　为每个省份每年人均GDP和企业家精神指数的散点分布

（c）中部地区企业家精神与经济增长

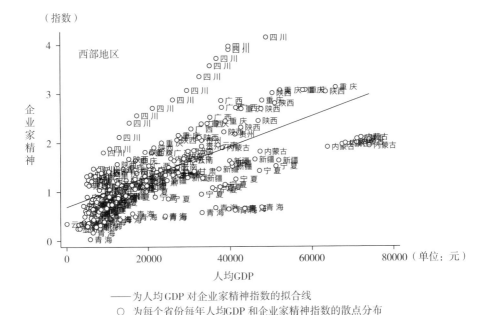

——为人均GDP对企业家精神指数的拟合线

○　为每个省份每年人均GDP和企业家精神指数的散点分布

（d）西部地区企业家精神与经济增长

图 1-8　2000—2018 年企业家精神与经济增长的散点图

（b）、（c）、（d）所示，中部地区的拟合线更接近45度线，意味着中部地区企业家精神的提升与经济增长更趋一致。相对而言，西部地区的企业家精神指数和经济增长水平较低，增强西部地区的企业家精神是推进高质量发展的重要引擎。

二、计量模型和实证分析

构建一个基准计量模型，考察区域企业家精神的经济增长效应。模型设定为：

$$RGDP_{it} = \alpha_0 + \alpha_1 entre_{it} + \sum_{j=2}^{n} \alpha_j X_{it} + \eta_i^1 + \theta_t^1 + \varepsilon_{it}^1 \qquad (1-15)$$

其中，$RGDP_{it}$ 为被解释变量区域经济增长，用省（自治区、直辖市）人均生产总值的对数表示；$entre_{it}$ 为核心解释变量，表示省（自治区、直辖市）企业家精神水平，即前文测算的指数；X_{it} 均为控制变量的对数，本处选用的控制变量有：城市化率、市场化进程、产业结构升级、固定资产投资率、资本形成率。α_0 为截距项，$\alpha_1, \alpha_2, \cdots, \alpha_j$ 为待估计系数，ε_{it} 是随机扰动项。

（一）基准回归

将企业家精神指数引入增长模型中，对模型进行豪斯曼检验，结果显示：χ^2 值为71.76，对应的 P 值为0.0000，在1%的显著水平下拒绝随机效应的原假设，故选择固定效应模型较为合适。表1-6呈现了仅考虑个体固定效应和双向固定效应模型的回归结果。结果显示，企业家精神对经济增长的作用均为正且在1%的水平下统计显著。

表 1-6　2000—2018 年企业家精神对经济增长的影响

变量	被解释变量:经济增长							
方法	仅考虑个体的固定效应				双向固定效应			
区域	全样本	东部地区	中部地区	西部地区	全样本	东部地区	中部地区	西部地区
企业家精神	0.8839*** (0.035)	1.3077*** (0.052)	1.1612*** (0.076)	0.5472*** (0.059)	0.1796*** (0.021)	0.2585*** (0.061)	0.2568*** (0.044)	0.0272 (0.027)
城市化率	0.2700*** (0.056)	0.2010*** (0.060)	0.0109 (0.095)	0.6890*** (0.106)	0.0849*** (0.025)	0.0121 (0.047)	-0.0423 (0.038)	0.0635 (0.043)
市场化进程	0.1573*** (0.053)	0.0907 (0.070)	0.2237*** (0.075)	0.1032 (0.087)	0.0628 (0.041)	-0.1983** (0.082)	0.0909 (0.095)	0.1446** (0.057)
产业结构升级	0.8462*** (0.078)	1.0395*** (0.110)	0.6286*** (0.096)	0.3400** (0.145)	0.0925** (0.044)	0.1602* (0.088)	-0.0673 (0.054)	0.1196* (0.068)
固定资产投资占比	0.0990*** (0.030)	0.0681** (0.032)	-0.0469 (0.079)	0.1621*** (0.050)	0.0688*** (0.013)	0.0406** (0.018)	0.0934*** (0.031)	0.0317 (0.020)
资本形成率	0.3330*** (0.064)	0.1957** (0.091)	0.3269*** (0.107)	0.4633*** (0.100)	0.0245 (0.028)	0.1698*** (0.052)	-0.2970*** (0.051)	-0.1577*** (0.041)
常数项	7.1458*** (0.352)	7.8466*** (0.481)	7.5613*** (0.648)	4.6910*** (0.558)	8.2520*** (0.154)	9.1081*** (0.316)	9.7906*** (0.282)	8.4613*** (0.242)
个体固定效应	Yes	Yes	Yes	Yes	Yes	Yes	Yes	Yes
时间固定效应	No	No	No	No	Yes	Yes	Yes	Yes
R^2	0.8944	0.9368	0.9604	0.8909	0.9496	0.9250	0.9481	0.8795
观测数	570	209	152	209	570	209	152	209

注:括号中的数值为稳健标准误差,***、**、* 分别表示在 1%、5% 和 10% 的水平下显著。

(二)稳健性检验

对东部地区、中部地区和西部地区分别进行分样本回归,考察企业家精神对经济增长作用的地区异质性,回归结果见表 1-6。仅考虑个体固定效应时,东部地区、中部地区和西部地区的估计系数分别为 1.3077、1.1612 和 0.5472,东部地区最大,其次是中部地区,最后是西部地区;考虑双向固定效应时,东部地区、中部地区、西部地区的估计系数分别是 0.2585、0.2568 和 0.0272,仍然呈现"东部>中部>西部"的局面。这一结果,与现实十分吻合。

(三)内生性的处理

考虑到企业家精神指数与经济增长之间可能存在双向因果关系,即经济增长可能促进企业家精神的提升,本处对内生性问题进行处理,提高回归结果的准确性。本章将解释变量企业家精神指数,采用动态面板模型两步系统 GMM 进行回归,选取企业家精神滞后 2—5 期作为工具变量,并使用控制变量自身作为 IV 式工具变量。表 1-7 模型(1)—模型(6)分别考虑不同控制变量的逐步回归结果,各模型的 AR 检验与 Hansen 检验结果,满足两步系统 GMM 估计的要求,即工具变量具有合理性,不存在过度识别问题。滞后一期经济增长的回归系数显著为正,表明中国省际经济增长存在惯性影响。企业家精神的回归系数在 1% 的水平下显著为正,表明企业家精神显著促进经济增长。总体来看,基准回归结果稳健可靠。

表 1-7　2000—2018 年考虑内生性问题的估计结果(两步系统 GMM)

变量	被解释变量:经济增长					
	模型(1)	模型(2)	模型(3)	模型(4)	模型(5)	模型(6)
经济增长滞后一期	0.9916 *** (0.003)	0.9961 *** (0.002)	0.9973 *** (0.001)	0.9974 *** (0.002)	0.9981 *** (0.002)	0.9977 *** (0.003)
企业家精神	0.0664 *** (0.002)	0.0629 *** (0.005)	0.0496 *** (0.005)	0.0282 *** (0.005)	0.0251 *** (0.005)	0.0244 *** (0.005)
企业家精神滞后一期	-0.0688 *** (0.005)	-0.0609 *** (0.005)	-0.0550 *** (0.005)	-0.0447 *** (0.005)	-0.0428 *** (0.005)	-0.0394 *** (0.005)
城市化率		-0.0242 *** (0.004)	-0.0291 *** (0.004)	0.0046 (0.005)	0.0033 (0.004)	-0.0004 (0.008)
市场化进程			0.0185 *** (0.002)	0.0306 *** (0.003)	0.0326 *** (0.003)	0.0342 *** (0.003)
产业结构升级				-0.0706 *** (0.004)	-0.0723 *** (0.004)	-0.0711 *** (0.006)

续表

变量	被解释变量:经济增长					
	模型（1）	模型（2）	模型（3）	模型（4）	模型（5）	模型（6）
固定资产投资占比					0.0015 （0.002）	−0.0066 *** （0.002）
资本形成率						0.0197 *** （0.004）
常数项	0.1690 *** （0.022）	0.2178 *** （0.020）	0.1979 *** （0.014）	−0.0076 （0.018）	−0.0119 （0.014）	−0.0797 *** （0.029）
观测数	540	540	540	540	540	540
$AR(1)$ $(p-value)$	0.031	0.015	0.021	0.006	0.005	0.002
$AR(1)$ $(p-value)$	0.165	0.103	0.102	0.133	0.125	0.105
$Hansen$	29.68 （1.000）	29.53 （1.000）	29.56 （1.000）	29.42 （1.000）	29.62 （1.000）	29.38 （1.000）
$Wald$	6.4×10^8 （0.000）	4.48×10^8 （0.000）	1.28×10^9 （0.000）	3.27×10^8 （0.000）	6.17×10^8 （0.000）	1.15×10^9 （0.000）

注:括号中的数值为稳健标准误差,***、**、* 分别表示在1%、5%和10%的置信水平下显著。

三、中介机制检验

实证分析表明,企业家精神对经济增长具有显著促进作用。考虑到企业家精神对创新、竞争和就业的直接影响,下文从"知识溢出效应""竞争效应""就业效应"三个机制,构建中介效应模型检验企业家精神促进经济增长的作用机制。本章中介效应模型包括三个方程:(1)前文式(1-15)考察企业家精神对区域经济增长的影响;(2)式(1-16)引入中介机制变量$Channel_{it}$,考察企业家精神对中介机制变量的影响;(3)式(1-17)将企业家精神和中介机制变量共同纳入模型中,考察企业家精神对经济增长的影响机制。

$$Channel_{it} = \beta_0 + \beta_1 entre_{it} + \beta_j \sum_{j=2}^{n} X_{ijt} + \eta_i^2 + \theta_t^2 + \varepsilon_{it}^2 \tag{1-16}$$

$$RGDP_{it} = \lambda_0 + \lambda_1 entre_{it} + \lambda_2 Channel_{it} + \lambda_j \sum_{j=3}^{n} X_{ijt} + \eta_i^3 + \theta_t^3 + \varepsilon_{it}^3$$

$$(1-17)$$

(一) 知识溢出效应

在企业经营过程中,企业和企业家的创新创业活动将生产出更多的知识存量,这些知识存量通过企业的干中学而产生知识溢出效应,推动经济增长。分别采用知识存量和知识创造考察知识溢出效应。用研发经费支出核算出区域研发资本存量,具体公式为:

$$Ca_{it} = (1 - \delta) \times Ca_{it-1} + E_{it-1} \qquad\qquad (1-18)$$

其中,Ca_{it} 和 Ca_{it-1} 分别表示 i 省份在 t 时期和 $t-1$ 时期的研发资本存量;E_{it-1} 表示 i 省份在 $t-1$ 时期的研发经费实际支出,该值按照研发支出价格指数进行平减,这里的研发支出价格指数 = 0.6×消费价格指数 + 0.4×固定资产投资价格指数(白俊红等,2017;Loeb 等,1977)[1];基期资本存量 $Ca_0 = E_0/(f+\delta)$,E_0 为基期研发经费投入额,f 为考察期内实际研发经费支出的几何增长率,δ 是知识存量的折旧率,$\delta = 0.15$(吴延兵,2006)[2]。知识创造采用《中国区域创新能力评价报告》中知识创造效用值,知识溢出水平越高,其区域知识创造效用值越大。

检验结果见表 1-8,列(1)—列(3)用知识存量衡量知识溢出,列(1)企业家精神对经济增长存在显著正向作用;列(2)被解释变量是知识存量,企业家精神的系数为 1.5221,在 1%的水平下显著,表明企业家精神有效提升区域研发知识存量;列(3)是中介效应检验,在列(1)的基础上引入了知识存量,估计系数显著为正,企业家精神引致的知识溢出显著促进经济增长。列(4)—列

---

① 白俊红等:《研发要素流动、空间知识溢出与经济增长》,《经济研究》2017 年第 7 期。Loeb, P., Lin, V., "Research and Development in the Pharmaceutical Industry: A Specification Error Approach", *Journal of Industrial Economics*, Vol.26, No.1, 1977。

② 吴延兵:《R&D 存量、知识函数与生产效率》,《经济学(季刊)》2006 年第 3 期。

（6）是用知识创造效用衡量知识溢出水平，检验结果与知识存量表示的知识溢出效应的结果保持一致。因此，企业家精神具有知识溢出效应，进而推动经济增长。

表 1-8　2000—2018 年企业家精神对经济增长的影响机制（知识溢出效应）

变量	机制一：知识溢出效应（以知识存量表示）			机制一：知识溢出效应（以知识创造表示）		
	模型（1）	模型（2）	模型（3）	模型（4）	模型（5）	模型（6）
	经济增长	知识存量	经济增长	经济增长	知识创造	经济增长
企业家精神	0.8839***（0.035）	1.5221***（0.075）	0.2578***（0.023）	0.8839***（0.035）	0.1758***（0.037）	0.8784***（0.036）
机制变量			0.4114***（0.010）			0.0313（0.042）
控制变量	Yes	Yes	Yes	Yes	Yes	Yes
常数项	7.1458***（0.352）	1.6480**（0.744）	6.4679***（0.174）	7.1458***（0.352）	3.1472***（0.365）	7.0474***（0.375）
个体固定效应	Yes	Yes	Yes	Yes	Yes	Yes
时间固定效应	Yes	Yes	Yes	Yes	Yes	Yes
R^2	0.8944	0.8588	0.9744	0.8944	0.1669	0.8945
观测数	570	570	570	570	570	570

注：括号中的数值为稳健标准误差，***、**、*分别表示在1%、5%和10%的水平下显著。

（二）竞争效应

企业家的创新创业活动，促进市场产品数量种类增加和产品质量提高，市场竞争程度增强，促使更多的企业投入创新创业，形成竞争效应引致经济增长。本节将市场化指数测算中的分项指标"非国有经济发展程度"作为市场竞争的指标，依据市场化各指标，结合各省份的相关数据测算出来（王小鲁等，2021）①。检验结果见表 1-9 列（1）—列（3），列（1）、列（2）系数显著为

① 王小鲁等：《中国分省份市场化指数报告2021》，社会科学文献出版社2021年版。

正,列(3)机制变量的系数为0.0677,结果表明企业家精神具有较强的竞争效应,促进区域经济增长。

(三)就业效应

企业家的创新创业活动,促进了企业生产的扩张,进而吸纳更多的劳动力就业,并促进经济增长。就业效应检验中的就业变量,采用第三产业就业人数占总人口的比重来衡量。检验结果见表1-9列(4)—列(6),所有回归系数均显著为正,结果表明企业家精神带来很大的就业效应,进而推动经济增长。

表1-9 2000—2018年企业家精神对经济增长的影响机制(竞争激励效应和就业效应)

变量	机制二:竞争效应			机制三:就业效应		
	模型(1)	模型(2)	模型(3)	模型(4)	模型(5)	模型(6)
	经济增长	市场竞争	经济增长	经济增长	就业率	经济增长
企业家精神	0.8839*** (0.035)	0.1629*** (0.032)	0.9634*** (0.034)	0.8839*** (0.035)	0.1900*** (0.014)	0.6924*** (0.038)
机制变量			0.0677** (0.032)			1.0083*** (0.100)
常数项	7.1458*** (0.352)	−1.8354*** (0.324)	8.4650*** (0.267)	7.1458*** (0.352)	−2.1529*** (0.139)	9.3165*** (0.388)
控制变量	Yes	Yes	Yes	Yes	Yes	Yes
个体固定效应	Yes	Yes	Yes	Yes	Yes	Yes
时间固定效应	Yes	Yes	Yes	Yes	Yes	Yes
R^2	0.8944	0.7595	0.8883	0.8944	0.7763	0.9113
观测数	570	570	570	570	570	570

注:括号中的数值为稳健标准误差,***、**、*分别表示在1%、5%和10%的水平下显著。

第七节 研究结论和政策启示

本章基于2000—2018年30个省(自治区、直辖市)面板数据,从创新精神、诚信精神、合作精神、敬业精神和开放精神等"1+4"维度选取 67 项指标，采用全局主成分分析法测度了中国企业家精神指数。在此基础上，对企业家精神的空间差异和空间收敛性做了分析，并对企业家精神的经济增长效应做了实证分析和中介机制检验。

研究发现：(1)全国层面和各省(自治区、直辖市)企业家精神水平呈持续上升趋势，企业家精神指数年度均值排名前五位的省份分别为广东、江苏、浙江、上海和山东，排名后五位的省份分别为贵州、甘肃、宁夏、海南和青海。创新精神在企业家精神指数中贡献最大，北京、上海、广东、浙江等地区创新精神在企业家精神指数中贡献最大，内蒙古、新疆、云南、青海、海南等省份创新精神严重不足。(2)达格姆基尼系数的空间差异分析，总体差异呈现"先大幅下降—后小幅上升"走势，区域内空间差异呈现为"西部>东部>中部"，区域间差异呈现下降走势，区域内差异对全国层面总体差异的贡献上升，区域间对总体差异的贡献率下降，区域间差异是区域企业家精神空间差异的主要来源。(3)用企业家精神指数的变异系数刻画企业家精神的空间 σ 收敛特征，西部地区表现出 σ 收敛特征，总体上 σ 收敛趋势不明显。(4)在不同空间权重矩阵下全国和东中西部地区存在空间绝对 β 收敛和空间条件 β 收敛，西部地区企业家精神空间收敛速度显著低于东中部地区。相比而言，东部地区省际之间企业家精神的收敛速度最快。(5)实证分析表明，存在显著的企业家精神的经济增长效应，并呈现"东部>中部>西部"的地区异质性，企业家精神凭借"知识溢出效应""竞争效应""就业效应"等中介机制有效推动经济增长。

企业家精神是经济增长的重要引擎，培育和弘扬优秀企业家精神是实现经济持续增长的重要举措。第一，构建以市场为中心、以市场为导向的企业家精神，创新要为用户带来更大效用、为社会带来更强的财富创造能力和创造更高价值。第二，持续改善营商环境，营造创新创业的生态环境，建立创新创业的价值观和文化氛围。第三，培养国民终身学习的习惯，善于知识创造，持续提升学习能力，培植创新的源泉。第四，构造激发企业家精神和创新创业的金融体系,在新创意的生产、新企业的建立、新产业的兴起和市场的扩张等各个环节提供充足的金融支持。第五,创造更加开放的环境,充分吸纳全球创新资源,促进区域创新要素的自由流动,持续提高企业家精神的空间溢出效应。

第二章　中国区域高质量发展测度和差异分析

　　党的十九大报告指出"我国经济已由高速增长阶段转向高质量发展阶段"。这意味着中国经济开始由仅注重经济发展速度转向注重质量优先、效率提升、结构平衡、环境保护和改善民生,高质量发展成为当前和未来经济发展的主题。在新发展阶段,高质量发展是经济发展的基础性和关键性变量,数量型经济增长方式被摒弃,高质量发展将成为经济发展模式创新的基础,探索高质量发展路径,促使中国经济沿着高质量发展的轨道前行。高质量发展是解决现阶段中国主要矛盾的关键,是建设中国式现代化国家的必然要求。

　　本章利用中国 30 个省(自治区、直辖市)2000—2018 年的数据,从全要素生产率视角切入,对中国高质量发展进行了测度和分析。利用生产函数法,对全要素生产率进行测度,结合配置效率指数、协调度指数和泰尔指数三种分析方法,对地区全要素生产率的差异性和协调性进行了分析。以上分析方法的侧重点各不相同,配置效率指数揭示全要素生产率与经济规模之间的关系,协调度指数揭示本地区与周边地区全要素生产率变动协调性情况,泰尔指数揭示地区全要素生产率的差异情况。基于地区全要素生产率差异性和协调性分析结果,为推动高质量发展提出相应的政策建议。

第一节　高质量发展的内涵

　　从传统增长方式转向高质量发展方式是一个量变到质变的过程。在这一过程中，经济发展效率提升、经济发展的动力转变为创新驱动、企业提供产品和服务的质量提升、产业结构转型升级、产业链和价值链迈向高端、城乡融合发展、区域协调发展、环境质量改善、人民生活水平提升。目前的主流观点认为，高质量发展，就是能够很好满足人民日益增长的美好生活需要的发展，是体现新发展理念的发展，是创新成为第一动力、协调成为内生特点、绿色成为普遍形态、开放成为必由之路、共享成为根本目的的发展。① 这一观点既抓住了高质量发展的核心，又界定了高质量发展的内涵和外延，但具体从经济层面研究高质量发展时需要研究者对这一理论内涵进行更深一步的阐释。

　　高质量发展的内涵可以从经济发展的过程和结果两个方面进行理解。从经济发展的过程来看，由传统增长方式转向高质量发展方式具有阶段转换的特点。经济发展的速度和质量是辩证统一的。改革开放初期，我国经济基础薄弱，强调经济发展速度，注重量的积累，通过增加要素投入推动经济快速增长，实现从少到多。经过 40 多年的高速增长，随着经济体量的扩大，量变引发质变，支撑中国经济增长的需求和供给结构发生了深刻变化，传统增长方式难以为继，中国经济面临动力转换、结构优化和效率提升，追求更高的经济增长质量成为主要矛盾。高质量发展强调质量和效益，要求经济增长动能转换、结构优化和经济安全性提升。动能转换主要指经济增长的动力由投资驱动和技术模仿转向创新驱动。在宏观层面，以创新驱动经济发展，提高全要素生产率；在微观层面，优化制度环境，弘扬企业家精神，鼓励企业进行正当公平的竞争，提高企业科技水平，提高产品质量并创造更多新产品。结构优化主要包括

---

　　① 摘自人民日报社论：《牢牢把握高质量发展这个根本要求》，《人民日报》2017 年 12 月 21 日。

供需结构、产业结构和区域结构。供需结构主要表现为在优化资源配置、扩大有效供给和供需平衡的同时,增强消费对经济增长的驱动作用。产业结构主要指优化三次产业内部结构,推动第三产业发展,构建"服务型经济",同时重点推进新型工业化、信息化、城镇化和农业现代化,发展战略性新兴产业,淘汰落后产能,提升产业链现代化水平。区域结构主要指扭转各区域发展差距扩大的趋势,形成各区域相互促进、优势互补、协调发展的新格局。为此,要建立区域战略统筹机制、市场一体化发展机制、区域合作机制、区域互助机制、区际利益补偿机制、基本公共服务均等化机制、区域政策调控机制和区域发展保障机制。经济安全性主要指在高质量发展阶段,对防范和化解各种风险尤其是金融风险提出了更高的要求,矫正经济结构性失衡,稳定杠杆率,完善金融监管框架,建立新的风险管理体系,始终坚守不发生系统性风险的底线。

从经济发展的结果来看,主要指经济发展的同时生态环境得到了改善和人民生活更加幸福美好。要求在发展中践行"绿水青山就是金山银山"的绿色发展理念,改变高投入、高污染、高能耗的发展方式,节约资源和保护环境,建立可持续的发展方式。发展成果由人民共享,一方面,要求完善收入分配方式,按劳分配为主体、多种分配方式并存。在初次分配中体现效率,充分调动劳动、资本、技术和企业家才能。再分配中加强收入分配调节,保护合法收入、调节过高收入、取缔非法收入,再分配向困难群体倾斜,扩大中等收入群体,形成"橄榄形"收入分配格局。另一方面,提高公共服务供给的数量和质量,推进公共服务均等化,确保全体人民更加公平地享有经济发展的成果。

第二节　高质量发展测度的指标选择

改革开放以来,中国成功完成了经济起飞,稳居世界第二大经济体之位,并不断缩小与世界第一大经济体之间的差距。随着中国经济转向高质量发展阶段,转换经济发展方式,即从要素驱动和投资驱动向创新驱动发展方式转换，提高技术对经济发展的推动作用成为推动经济高质量发展的重要战略。随着老龄化的逐渐到来，人口红利将逐渐消失，而资本形成和出口即使要维持现有的水平已经非常困难，何况还要进一步快速增长（杨汝岱，2015）①。在资本和劳动投入趋势性下降之际，经济增长要更多地依赖全要素生产率提升（汤铎铎等，2020）②，测算全要素生产率的相关研究也逐渐增加（童长凤，2012；田友春等，2017）③。提高全要素生产率不但已经成为经济高质量发展的内在要求，更成为各个地区经济发展战略的重点。目前，关于高质量发展的测度研究主要沿着两条思路展开：其一是构建指标体系（杨耀武和张平，2021）④，其二是利用全要素生产率，前者更加具有系统性，后者更加具有针对性，且利用全要素生产率可以避免数据时间跨度的限制，考察高质量发展的长期变动情况。本章从全要素生产率视角切入，将研究对象聚焦于中国区域高质量发展，采用多种分析方法，揭示中国近些年全要素生产率的变动特征。由于历史原因、自然地理以及发展禀赋等因素的影响，中国区域发展存在显著差别，以东部地区、中部地区、西部地区三大地区发展差异最为显著。因此，从三大区域层面出发分析全要素生产率的变迁，有助于我们更好地理解在整体发展过程中局部地区存在的差异，从而能够因地制宜地提供发展建议。为了更加全面地揭示全要素生产率的变迁，本章还构建了配置效率指数、协调度指数和泰尔指数。其中，配置效率指数和泰尔指数均从全要素生产率内部对全要素生产率变迁进行进一步分析，而全要素生产率协调度指数则从全要素生产率外部对全要素生产率变迁进行进一步分析。

---

① 杨汝岱：《中国制造业企业全要素生产率研究》，《经济研究》2015 年第 2 期。

② 汤铎铎等：《全球经济大变局、中国潜在增长率与后疫情时期高质量发展》，《经济研究》2020 年第 8 期。

③ 童长凤：《高投资与中国经济增长：资本生产率的考察》，《兰州大学学报（社会科学版）》2012 年第 3 期。田友春等：《方法、数据与全要素生产率测算差异》，《数量经济技术经济研究》2017 年第 12 期。

④ 杨耀武、张平：《中国经济高质量发展的逻辑、测度与治理》，《经济研究》2021 年第 1 期。

　　根据已有相关研究,要素配置效率是全要素生产率的构成因素,从测算角度看,其主要通过分解全要素生产率得到(毛其淋,2013)[①]。因此,提升全要素生产率,除了依靠增加研发投入、提升科技水平外,完善制度环境、纠正市场扭曲外,提升要素配置效率是一个更为经济有效的途径(陈永伟和胡伟民,2011)[②]。近年来,越来越多的学者开始关注要素市场扭曲抑制了要素配置效率,进而对全要素生产率产生负面影响,而且通过比较研究,学者们均认为发展中国家的要素市场不够发达、行政干预较多等导致其要素市场扭曲(Hsieh和 Klenow,2009[③];Restuccia 和 Rogerson,2017[④])。考察要素配置效率,一方面是为了加深对全要素生产率变迁的认识,另一方面则是为了分析中国不同地区通过提升要素配置效率实现提升全要素生产率这一目标的潜力。要素配置效率主要从全要素生产率内部加深了我们对要素生产率变迁的理解,而全要素生产率协调度指数则使我们从外部更进一步地理解全要素生产率变迁。随着区域经济的不断发展,数量竞争将会被质量竞争所取代,而后者将会对全要素生产率产生重要影响。理想的发展状态是区域全要素生产率提升的同时区域间差距逐渐缩小,但实际情况却可能出现相反的情形,比如区域全要素生产率提升的同时区域间差距逐渐拉大。本章考察地区全要素生产率协调度指数的主要目的是检验相邻地区的全要素生产率呈现何种发展状态。为了进一步从差异性角度审视全要素生产率,本章还利用泰尔指数分解方法,将全要素生产率总体差异分解为地区内差异和地区间差异,并对三大地区的总体差异进行分析。基于差异性和协调性分析所得出的结论,能为地区经济高质量发

---

　　① 毛其淋:《要素市场扭曲与中国工业企业生产率——基于贸易自由化视角的分析》,《金融研究》2013 年第 2 期。

　　② 陈永伟、胡伟民:《价格扭曲、要素错配和效率损失:理论和应用》,《经济学(季刊)》2011年第 4 期。

　　③ Hsieh,C. T., Klenow, P. J.," Misallocation and Manufacturing TFP in China and India ", *Quarterly Journal of Economics*,Vol.124, No.4,2009.

　　④ Restuccia,D., Rogerson, R.," The Causes and Costs of Misallocation ",*The Journal of Economic Perspectives*,Vol.31, No.3,2017.

展提供可操作的政策建议。

第三节　高质量发展的测度方法

一、数据处理

本章主要需要整理的数据是中国省级层面的地区总产出、地区资本存量、地区劳动力投入和地区劳动力平均工资 4 个指标的数据，时间跨度为 2000—2018 年。首先，介绍地区总产出数据的处理。该数据主要来自中经网，利用总产出指数，将数据转换为以 2000 年为基期的实际值。由于在测算地区资本存量的过程中，西藏地区的固定资产投资价格指数缺失，故本章测算的是不包含西藏的 30 个省（自治区、直辖市）的相关数据。其次，地区资本存量数据的处理。测算该数据需要三组数据：2000 年地区固定资本存量、2000—2018 年固定资本形成额与投资品价格指数。其中，后两者的数据来源于国家统计局网站。关于 2000 年地区固定资本存量（K_{2000}），本章主要参考霍尔和琼斯（Hall 和 Jones，1999）[1]的测算方法，用 2000 年固定资本形成额（I_{2000}）与 2000—2010 年固定资本形成额的几何平均增长率（θ）加上固定资本折旧率（δ）的比值来表示，即 $K_{2000}=I_{2000}/(\theta+\delta)$。参考张军等（2004）[2]的研究，本章将折旧率设定为 9.6%。在上述三组数据的基础上，采取永续盘存法测算出以 2000 年为基期的 2000—2018 年各地区资本存量，其测算公式为 $K_t=(1-\delta)K_{t-1}+I_t/p_t$。最后，地区劳动力投入数据的处理。将地区三次产业就业人数进行汇总，得到劳动力投入数据。

表 2-1 对前面处理的数据进行了整理，并进一步从东部地区、中部地区

---

① Hall,R.E.,Jones,C.I.,"Why Do Some Countries Produce so Much More Output Per Worker than Others?",*The Quarterly Journal of Economics*,Vol.114, No.1,1999.

② 张军等：《中国省际物质资本存量估算：1952—2000》，《经济研究》2004 年第 10 期。

和西部地区三大区域分别进行汇总。① 如表 2-1 所示,从均值来看,除了劳动力投入,东部地区均为最高地区,而西部地区则为最低地区。从变异系数来看,西部地区总产出和固定资本存量均为最高值,而东部地区劳动力投入为最高值。

表 2-1　不同地区相关数据的统计特征　　　（单位:亿元）

地区	总产出					
	观测数	平均值	标准差	变异系数	最大值	最小值
全国	570	10405.67	10590.44	1.02	263.68	66257.90
东部地区	209	16481.60	13814.49	0.84	526.82	66257.90
中部地区	152	9273.14	6163.74	0.66	1845.72	31483.30
西部地区	209	5153.41	4758.58	0.92	263.68	26566.90

地区	固定资本存量					
	观测数	平均值	标准差	变异系数	最大值	最小值
全国	570	30447.07	35017.37	1.15	35017.37	510.21
东部地区	209	42142.02	43766.94	1.04	526.82	66257.90
中部地区	152	30495.88	31220.76	1.02	1845.72	31483.30
西部地区	209	18716.62	21343.51	1.14	263.68	26566.90

地区	劳动力投入					
	观测数	平均值	标准差	变异系数	最大值	最小值
全国	570	2474.40	1702.26	0.69	273.24	7802.35
东部地区	209	2850.49	1967.07	0.69	335.17	7377.54
中部地区	152	2860.35	1591.06	0.56	1164.00	7802.35
西部地区	209	1817.62	1239.10	0.68	273.24	5695.77

① 据国家统计局网站公布的标准划分,东部地区包括北京、天津、河北、辽宁、上海、江苏、浙江、福建、山东、广东、海南,中部地区包括山西、吉林、黑龙江、安徽、江西、河南、湖北、湖南,西部地区包括内蒙古、广西、重庆、四川、贵州、云南、西藏、陕西、甘肃、青海、宁夏、新疆。

二、测算方法

关于全要素生产率测算方面的研究可以追溯到索罗(Solow,1957)[1]关于经济增长的开创性研究,文章中首次准确定义了全要素生产率概念,其经济学含义为经济增长中无法由要素投入所解释的部分。区别于索罗所用的柯布—道格拉斯生产函数,法雷尔(Farrell,1957)[2]认为,现实生活中大部分企业无法达到理想的投入—产出最大前沿面,意味着用于增长核算与全要素生产率测度的柯布—道格拉斯生产函数设定其实存在改进空间。爱格纳和楚(Aigner 和 Chu,1968)[3]基于该思想发展出了前沿分析生产函数,加入随机扰动项的函数设定,实际上更为精细地刻画了现实中企业生产所需面临的无效管理、制度漏洞等技术非效率问题,与实际情况更为匹配。前沿生产函数又可以细分为非参数化的确定性方法与参数化的随机方法两类。本章采用的是生产函数法,假定总量生产函数为柯布—道格拉斯生产函数,即:

$$Y_{it} = A_{it} K_{it}^{\alpha} L_{it}^{\beta} \tag{2-1}$$

式中,Y_{it}、K_{it}、L_{it} 分别为各省份历年的生产总值、固定资本存量和劳动力投入。A_{it} 为全要素生产率,通常被定义为总产出与全要素投入的比值,即:

$$A_{it} = \frac{Y_{it}}{(K_{it}^{\alpha} L_{it}^{\beta})} \tag{2-2}$$

其中,α 和 β 为资本和劳动力的产出弹性。假定满足规模报酬不变的约束,利用随机前沿面板数据模型估计方法对资本和劳动力产出弹性进行估计,在具体估计过程中,将无效率项设定为随时间改变情形。

① Solow, R. M., "Technical Change and the Aggregate Production Function", *Review of Economics Statistics*, Vol.39, No.3, 1957.

② Farrell, M.J., "The Measurement of Productive Efficiency", *Journal of The Royal Statistical Society*, Vol.120, No.3, 1957.

③ Aigner, D. J., Chu, S. F., "On Estimating the Industry Production Function", *American Economic Review*, Vol.58, No.4, 1968.

关于配置效率指数的测算方法,本章主要借鉴奥利和佩克斯(Olley 和 Pakes,1996)[①]的研究,把全要素生产率分解为:

$$agg\_tfp_{jt} = \sum_{i=l_j} \theta_{it} \times tfp_{it} = ave\_tfp_{jt} + \sum_{i=l_j} (\theta_{it} - ave\_\theta_{jt}) \times (tfp_{it} - ave\_tfp_{jt}) = ave\_tfp_{jt} + rel\_tfp_{jt}$$

$$(2-3)$$

式中,下标 i、j 和 t 分别表示省份、地区和年份,I_j 表示 j 地区的省份集合。agg_tfp_{jt} 表示以地区 j 内所有省份的生产总值份额为权重进行加权得到的部门总体全要素生产率。θ_{it} 是个权重系数,反映了资源在省份间的配置情况,这里用省份在地区 j 中的生产总值份额来衡量,ave_θ_{jt} 表示地区 j 内所有省份的平均生产总值份额;tfp_{it} 为省份 i 的全要素生产率水平,ave_tfp_{jt} 表示地区 j 内所有省份的平均全要素生产率。我们将省份全要素生产率与生产总值份额的协方差项记为 rel_tfp_{jt},它衡量了生产总值份额在具有不同全要素生产率水平省份之间的再配置效应,其经济学含义为:如果 rel_tfp_{jt} 越大,表明全要素生产率越高的省份也相应地实现了越高的生产总值份额,此时资源配置效率较高,属于正向偏离;反之,rel_tfp_{jt} 越小,资源配置效率越低,当其为负值时,表明全要素生产率低的省份却也实现了高的生产总值份额,此时资源配置效率仍然较差,属于负向偏离。

关于全要素生产率协调度指数的测算方法,本章主要借鉴王薇和任保平(2015)[②]的研究,构建区域内全要素生产率协调度指数,主要采用偏离系数表示:

$$C = (tfp_i \times tfp_{-i}) / \left(\frac{tfp_i + tfp_{-i}}{2} \right)^2$$

$$(2-4)$$

式中,tfp_i 表示省份 i 的全要素生产率,tfp_{-i} 表示省份 i 相邻省份的全要

---

① Olley,G.S.,Pakes,A.,"The Dynamics of Productivity in the Telecommunications Equipment Industry",*Econometrica*,Vol.64, No.6,1996.

② 王薇、任保平:《我国经济增长数量与质量阶段性特征:1978—2014 年》,《改革》2015 年第 8 期。

素生产率。当 $tfp_i = tfp_{-i}$ 时，协调度指数 C 得到最大值 1，表明地区 1 的全要素生产率与其周围地区的全要素生产率达到最优协调度指数。C 值越偏离 1，表明二者的偏差越大，意味着区域间发展协调度指数越低。

为了揭示全要素生产率的地区差异及其来源，借鉴周小亮和吴武林（2018）[①]、聂长飞和简新华（2020）[②]的处理方式，采用泰尔指数将全要素生产率的总体差异分解为地区内差异和地区间差异。关于总体差异的分解，具体公式为：

$$T = \frac{1}{n} \sum_{i=1}^{n} \left(\frac{tfp_i}{tfpa} \times \ln \frac{tfp_i}{tfp} \right) \qquad (2-5)$$

$$T_j = \frac{1}{n_j} \sum_{i=1}^{n_j} \left(\frac{tfp_{ij}}{tfpa_j} \times \ln \frac{tfp_{ij}}{tfpa_j} \right) \qquad (2-6)$$

$$T = T_w + T_b = \sum_{j=1}^{4} \left(\frac{n_j}{n} \times \frac{tfpa_j}{tfpa} \times T_j \right) + \sum_{j=1}^{4} \left(\frac{n_j}{n} \times \frac{tfpa_j}{tfpa} \times \ln \frac{tfpa_j}{tfpa} \right) \qquad (2-7)$$

式（2-5）中，T 表示全要素生产率的总体差异，其大小介于 $[0,1]$ 之间，该值越小，表明总体差异越小。式（2-6）中，T_j 分别表示三大地区（$j=1,2,3$）的全要素生产率的总体差异，i 表示省份，n 表示全国省份总数，n_j 分别表示东部地区、中部地区和西部地区省份数量，tfp_i 表示省份 i 的全要素生产率，tfp_{ij} 表示地区 j 内省份 i 的全要素生产率，$tfpa$ 和 $tfpa_j$ 分别表示全国全要素生产率的平均值和地区 j 全要素生产率的平均值。式（2-7）中，全要素生产率的总体差异进一步分解为地区内差异 T_w 和地区间差异 T_b。

---

① 周小亮、吴武林：《中国包容性绿色增长的测度及分析》，《数量经济技术经济研究》2018年第 8 期。

② 聂长飞、简新华：《中国高质量发展的测度及省际现状的分析比较》，《数量经济技术经济研究》2020 年第 2 期。

第四节 区域高质量发展测度结果分析

一、基本分析

下面对中国不同时间段和不同地区全要素生产率的变迁进行分析。在具体分析过程中,本章将分析对象集中于东部地区、中部地区和西部地区三大区域的全要素生产率均值和变异系数。三大区域的全要素生产率主要通过对地区内所有省份的数据取平均值得到。而关于变异系数则需要进一步说明:本章测算的变异系数可以理解为是地区层面的变异系数。根据本章对三大区域全要素生产率的定义,与之对应,也可以求出每一年三大区域内部的变异系数,即用每一年三大区域内部所有省份全要素生产率的均值和标准差求得,用于衡量三大区域内部全要素生产率的差异。根据中国市场化改革和对外开放的阶段性特征,本章将考察期划分为两个时间段,分别是2000—2008年和2009—2018年,其中第一阶段属于平稳快速发展时期,第二阶段则属于波动调整发展时期,以2008年国际金融危机为分界点。

根据表2-2,从整个时间段全要素生产率均值的大小看,除了贵州,考察的其他省份的均值都大于1,表明除了劳动力和资本投入,其他因素对总产出的贡献较大。其中,上海的均值最大,为3.7689,贵州的均值最小,为0.8250。分时间段看,在第一个时间段内,上海的均值最大,为3.0118,贵州的均值最小,为0.6445,前者是后者的近4.67倍。在第二个时间段内,上海的均值最大,为4.4502,贵州的均值最小,为0.9875,前者是后者的近4.51倍,差距有所缩小,且最大值和最小值均有所增加。从变动趋势来看,第二个时间段相较于第一个时间段的均值,所有省份的均值都有所上升,表明全要素生产率对总产出的贡献有所增加。综上可知,在考察期内,由于在多数情况下,全要素生产率均大于1,表明除了要素投入外,技术进步、管理创新、商业模式创新等方面的改进是推动经济增长的重要因素。

表 2-2 2000—2018 年不同时间段全要素生产率均值

地区	均值			时间层面变异系数		
	2000—2018 年	2000—2008 年	2009—2018 年	2000—2018 年	2000—2008 年	2009—2018 年
北京	2.8269	2.4443	3.1713	0.1469	0.0633	0.0674
天津	2.9163	2.4652	3.3223	0.1772	0.1055	0.0891
河北	1.5106	1.3661	1.6407	0.1135	0.1007	0.0292
辽宁	2.1782	1.9538	2.3802	0.1185	0.0527	0.0705
上海	3.7689	3.0118	4.4502	0.2244	0.1535	0.0874
江苏	2.2354	1.7725	2.6521	0.2265	0.1274	0.0926
浙江	1.9999	1.6525	2.3127	0.1934	0.1139	0.0846
福建	2.0019	1.8371	2.1503	0.1034	0.0757	0.0604
山东	1.7658	1.4765	2.0260	0.1790	0.0958	0.0749
广东	2.4960	2.0705	2.8790	0.1877	0.1181	0.0712
海南	1.4550	1.3184	1.5780	0.1152	0.1051	0.0386
山西	1.4283	1.3503	1.4985	0.0744	0.0734	0.0322
吉林	1.7214	1.5145	1.9075	0.1279	0.0561	0.0503
黑龙江	1.9882	1.7715	2.1832	0.1226	0.0786	0.0511
安徽	1.0899	0.9930	1.1771	0.1018	0.0218	0.0679
江西	1.1973	1.0811	1.3019	0.1138	0.0343	0.0776
河南	1.2225	1.1071	1.3264	0.1067	0.0728	0.0409
湖北	2.2645	1.6929	2.7790	0.2848	0.1250	0.1488
湖南	1.3437	1.1062	1.5575	0.1903	0.0893	0.0783
内蒙古	1.9412	1.6336	2.2181	0.1751	0.1220	0.0570
广西	1.1403	1.0025	1.2643	0.1318	0.0591	0.0611
重庆	1.5336	1.1996	1.8341	0.2395	0.0981	0.1165
四川	1.2325	0.9662	1.4722	0.2347	0.1229	0.0962
贵州	0.8250	0.6445	0.9875	0.2320	0.1420	0.0632
云南	1.0339	0.9100	1.1454	0.1334	0.0457	0.0747

续表

地区	均值			时间层面变异系数		
	2000—2018 年	2000—2008 年	2009—2018 年	2000—2018 年	2000—2008 年	2009—2018 年
陕西	1.3257	1.0449	1.5784	0.2378	0.0806	0.1309
甘肃	1.0061	0.8567	1.1406	0.1738	0.1328	0.0744
青海	1.0831	0.8692	1.2756	0.2131	0.1463	0.0570
宁夏	1.0540	0.9106	1.1830	0.1666	0.0781	0.1138
新疆	1.5094	1.3648	1.6395	0.1307	0.0782	0.1021

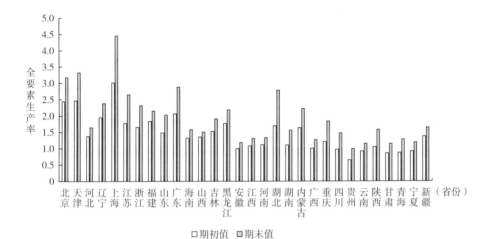

图 2-1　各省份全要素生产率的期初值和期末值

进一步从全要素生产率的期初值和期末值来看,根据图 2-1,由于第二个时间段所有省份都出现了上升态势,部分省份的期末值要大于期初值。其中,东部地区省份增速绝对值的平均值为 32.43%、中部地区为 28.85%、西部地区为 39.15%,由此可见,尽管西部地区的全要素生产率较低,但增幅最为明显。从全国看,增幅最大的是上海,从 3.0118 增至 4.4502,变动幅度为 47.76%,增幅最小的是山西,从 1.3503 增至 1.4985,变动幅度为 10.98%。

下面对各省分时段测算的全要素生产率的时间层面变异系数进行比较分

析。根据表2-2，从整个时间的大小看，湖北的均值最大，为0.2848，山西的均值最小，为0.0744。分时间段看，在第一个时间段内，上海的均值最大，为0.1535，安徽的均值最小，为0.0218，前者是后者的近7.04倍。在第二个时间段内，湖北的均值最大，为0.1488，河北的均值最小，为0.0292，前者是后者的近5.10倍，差距有所缩小。从变动趋势来看，比较第一个时间段和第二个时间段的变异系数，上升的有11个省份。由于时间层面变异系数主要反映的是某一省份全要素生产率随时间波动的情况，故上述结果表明，大多数省份全要素生产率随着经济的不断发展，呈现波动程度减弱的态势，结合前面对全要素生产率均值的分析结果，进入21世纪以来，中国部分省份的全要素生产率不仅有所提高，而且更加具有稳定性。

图2-2进一步展示了三大区域全要素生产率的变动情况。根据图2-2，进入21世纪以来，所有地区的全要素生产率主要呈上升态势，东部地区全要素生产率始终是最高的，而西部地区则始终是最低的，中部地区则更加接近西部地区的水平。具体从期初值和期末值看，2000年，东部地区的均值为1.6862，中部地区的均值为1.2439，西部地区的均值为0.9382，到了2018年，三大区域的均值分别上升至2.7935、1.8294和1.5727，所以，三大区域全要素生产率均呈现上升态势。以上结果表明，进入21世纪之后，三大区域全要素生产率在不断上升的同时，呈现了收敛态势。从全要素生产率的空间层面变异系数来看，根据图2-2，东部地区的变异系数在多数年份高于中部地区和西部地区，而中部地区和西部地区的变异系数先后是最小的地区。从期初值和期末值看，2000年，三大地区的变异系数分别为0.2389、0.1924和0.2670，到了2018年，三大地区的变异系数分别上升至0.3732、0.3699和0.2846。就变动态势而言，东部地区和中部地区大致呈现上升的态势，西部地区则大致呈现先降后升的态势。根据空间层面变异系数的含义，结合图2-2的结果，三大区域全要素生产率在不断提高的同时，地区内部各省份之间的差异则有所扩大。

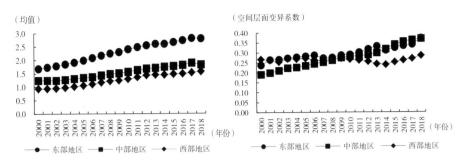

图 2-2　2000—2018 年不同地区全要素生产率均值和空间层面变异系数

综上所述,进入 21 世纪以来,中国全要素生产率对经济增长的贡献不断增加,无论是从省级层面看,还是从三大区域层面看,全要素生产率的上升势头稳定。另外,从随时间的波动程度看,全要素生产率在不断提升的同时,随时间波动的程度有所下降,变动更加平稳,而从地区内部各省之间的差异看,全要素生产率在不断提升的同时,各省份之间的差异也有所扩大。

二、配置效率分析

在分析配置效率指数的过程中,三大地区的要素配置效率根据前面的式(2-3)进行测算,且关于时间段的划分与之前的划分相同,以 2008 年国际金融危机为分界点。

表 2-3 汇总了三大区域的配置效率指数均值。从均值结果来看,无论在哪个时间段内,西部地区都是配置效率指数绝对值最大的地区,而东部地区则是绝对值最小的地区。从配置效率指数的类型看,在整个时间段,东部地区和中部地区都是负向偏离,即地区内经济规模越大的省份,其全要素生产率却越小,而西部地区则是正向偏离,即地区内经济规模越大的省份,其全要素生产率也越大。从均值变动态势来看,东部地区和中部地区在第二个时间段经历了由负变正的转变过程,西部地区在第二个时间段的偏离度更大。

表 2-3　2000—2018 年不同时间段全要素配置效率均值

地区	2000—2018 年	2000—2008 年	2009—2018 年
东部地区	-0.0119	-0.0301	0.0045
中部地区	-0.0025	-0.0124	0.0064
西部地区	0.0673	0.0366	0.0949

　　图 2-3 则进一步展示了三大区域全要素配置效率的具体变动情况。根据图 2-3,进入 21 世纪以来,东部地区和中部地区在 2013 年之前都是负向偏离,西部地区一直保持正向偏离。从期初值和期末值看,三大地区的期初值分别为-0.0386、-0.0202 和 0.0229,期末值分别为 0.0077、0.0055 和 0.0633。从变动趋势看,三大地区大致呈现先升后降的态势。结合前面关于配置效率指数的定义,以上结果表明,东部地区和中部地区在后期的资源配置效率更加合理,而只有西部地区的配置效率一直比较理想。

（全要素配置效率）

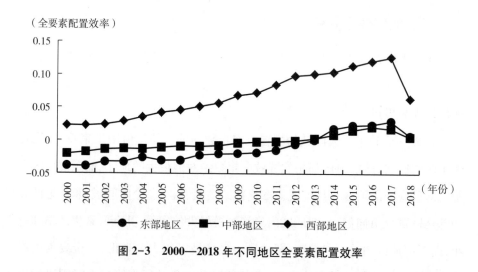

图 2-3　2000—2018 年不同地区全要素配置效率

　　综合以上分析,从要素配置效率的角度来看,进入 21 世纪以来,尽管全要素生产率西部地区要落后于东部地区和中部地区,但西部地区在要素配置上更加合理,这与地区间资源的丰富度有关,东部地区和中部地区劳动力和资本等要素资源丰富,尤其是东部地区,且生产率水平高,所以即使资源错配,短期内对总产出的负面影响也不是很突出,导致其对资源错配的敏感度较低,而西部地区则不同,该地区劳动力和资本等要素资源稀缺,且生产率水平低,如果资源错配,对总产出的负面影响会更快地凸显,所以其对资源错配的敏感度较高,能够更加有效地配置资源。

三、协调度指数分析

前面空间层面变异系数和此处的协调度指数均用于揭示不同省份之间的收敛性情况,与空间层面变异系数不同,协调度指数关注的是相邻省份的情形,而不是地区内各省份之间的情形。换句话说,空间层面变异系数从一个更大的区域视角审视省份之间的收敛性,而协调度指数则是从一个更小的区域视角审视。

从测算结果看,根据表 2-4,所有省份的协调度指数均值均大于 0.9,表明相邻省份在全要素生产率方面的变动具有较高的协调性。在整个时间段内,浙江的均值最大,为 0.9995,上海的均值最小,为 0.9220。分时间段看,在第一个时间段内,江苏的均值最大,为 0.9999,上海的均值最小,为 0.9250。在第二个时间段内,浙江的均值最大,为 0.9997,湖北的均值最小,为 0.9048。从全要素生产率均值协调度指数的变动趋势来看,根据表 2-4,比较第一个时间段和第二个时间段的均值,全要素生产率协调度指数均值上升的有 10 个省份。以上分析结果表明,进入 21 世纪以来,相邻省份全要素生产率变动更加具有差异性,在省份层面,并未呈现明显的改善趋势。

表 2-4　2000—2018 年不同时间段全要素生产率协调度指数均值

地区	2000—2018 年	2000—2008 年	2009—2018 年
北京	0.9846	0.9841	0.9851
天津	0.9787	0.9835	0.9744

续表

地区	2000—2018 年	2000—2008 年	2009—2018 年
河北	0.9778	0.9827	0.9735
辽宁	0.9857	0.9825	0.9886
上海	0.9220	0.9250	0.9193
江苏	0.9994	0.9999	0.9990
浙江	0.9995	0.9992	0.9997
福建	0.9965	0.9952	0.9976
山东	0.9943	0.9964	0.9923
广东	0.9274	0.9428	0.9136
海南	0.9313	0.9509	0.9137
山西	0.9974	0.9992	0.9958
吉林	0.9928	0.9931	0.9925
黑龙江	0.9978	0.9964	0.9990
安徽	0.9430	0.9629	0.9251
江西	0.9526	0.9661	0.9404
河南	0.9850	0.9923	0.9783
湖北	0.9277	0.9531	0.9048
湖南	0.9938	0.9946	0.9930
内蒙古	0.9858	0.9906	0.9815
广西	0.9878	0.9931	0.9830
重庆	0.9978	0.9976	0.9979
四川	0.9983	0.9994	0.9973
贵州	0.9541	0.9437	0.9635
云南	0.9985	0.9988	0.9983
陕西	0.9955	0.9943	0.9965
甘肃	0.9778	0.9802	0.9756
青海	0.9930	0.9892	0.9965
宁夏	0.9773	0.9836	0.9716
新疆	0.9623	0.9473	0.9758

进一步从全要素生产率协调度指数的期初值和期末值来看,根据图 2-4,由于第二个时间段并未呈现普遍的上升态势,部分省份的期末值要大于期初值,部分省份的期末值小于期初值。其中,东部地区省份增速绝对值的平均值为 2.09%,上升的省份共有 4 个,中部地区为 3.07%,上升的省份为 0 个,西部地区为 1.40%,上升的省份共有 5 个。从全国看,变动幅度最大的是湖北,从 0.9693 降至 0.8804,变动幅度为 - 9.17%,变动幅度最小的是黑龙江,从 0.9980 降至 0.9979,变动幅度为 0.01%。

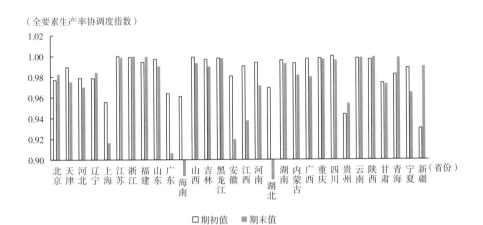

图 2-4　各省份全要素生产率协调度指数的期初值和期末值

图 2-5 进一步展示了三大区域全要素生产率协调度指数均值的变动情况。从均值的大小看,西部地区在 2004 年之后一直是均值最大的地区,而东部地区和中部地区则交替成为均值最小的地区。从期初值和期末值看,东部地区、中部地区和西部地区协调度指数的期初值分别为 0.9813、0.9904 和 0.9820,期末值分别为 0.9579、0.9577 和 0.9810,三个地区的期末值都低于期初值。从变动趋势看,东部地区大致呈现下降的态势,中部地区呈现先降后升再降的态势,西部地区则大致呈现了先升后降的态势。根据图 2-5,三大区域全要素生产率协调度指数之间的差距有扩大态势,主要表现为西部地区与其他两大区域之间的差异有所扩大。以上结果表明,进入 21 世纪之后,在相邻

省份全要素生产率变动方面,三大区域并未呈现明显的改善势头。

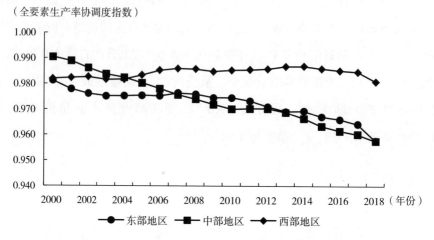

图 2-5　2000—2018 年不同地区全要素生产率协调度指数均值

　　综合以上分析,相邻省份在全要素生产率变动协调性方面在进入 21 世纪之后并未取得明显的改善,无论是省级层面的分析还是地区层面的分析,都支持上述观点。然而,从协调度指数水平来看,西部地区全要素生产率协调度指数水平在大多数时期要高于东部地区和中部地区,表明虽然西部地区全要素生产率水平不如其他两大区域,但其内部全要素生产率协调度指数水平更高,这一点与前面要素配置效率相同,表明相对于东部地区和中部地区,西部地区内部各个省份之间全要素生产率发展更加协调,更趋向于区域平衡发展。

四、泰尔指数分析

　　前面的分析尽管也设计了地区差异分析,但并没有将地区差异进行进一步分解,接下来我们将利用泰尔指数分解的方式,对全要素生产率的地区差异进行多角度分解。

　　根据表 2-5,从分时间段的分解结果看,在整个时间段内,地区内差异占总体差异的比重约为 49.10%,地区间差异占总体差异的比重约为 50.49%,

后者略大一些,分地区看,东部地区的总体差异最大,西部地区的总体差异最小。在第一个时间段内,地区内差异占总体差异的比重约为44.56%,地区间差异占总体差异的比重约为55.59%,后者略大一些,分地区看,东部地区的总体差异最大,西部地区的总体差异最小。在第二个时间段内,地区内差异占总体差异的比重约为53.47%%,占比有所增加,地区间差异占总体差异的比重约为46.53%,占比有所减小,且前者仍略大一些,分地区看,东部地区的总体差异最大,西部地区的总体差异最小。从变动趋势看,第二个时间段的总体差异、地区内差异都要大于第一个时间段,表明全要素生产率的地区差异有所扩大。

表2-5　2000—2018年全要素生产率泰尔指数分解结果

时间 \ 地区	总体差异	地区内差异	分地区			地区间差异
			东部地区	中部地区	西部地区	
2000—2018年	0.0709	0.0351	0.0392	0.0326	0.0299	0.0358
2000—2008年	0.0662	0.0295	0.0324	0.0225	0.0305	0.0368
2009—2018年	0.0750	0.0401	0.0453	0.0417	0.0294	0.0349

图2-6具体展示了泰尔指数每个时间点的分解结果,从全国层面看,地区间差异在2011年之前大于地区内差异,而之后则被地区内差异超过。在期初,地区内差异为0.0247,占总体差异比重约为44.46%,地区间差异为0.0309,占总体差异比约为55.54%,而到了期末,地区内差异升至0.0526,占比扩大至61.27%,地区间差异升至0.0332,占比缩小至38.73%,且两者之间的差异在期末也有所扩大。由此可见,两类差异到了期末均有所增加,即无论是地区内各省之间的差异,还是三大地区之间的差异,在期末均有所加剧。从变动趋势看,总体差异大致经历了先升后降再升的过程,地区内差异大致经历了逐渐上升过程,地区间差异大致经历了先升后降的过程。

进一步从分地区层面看,根据图2-7,东部地区在多数年份是总体差异最

（泰尔指数）

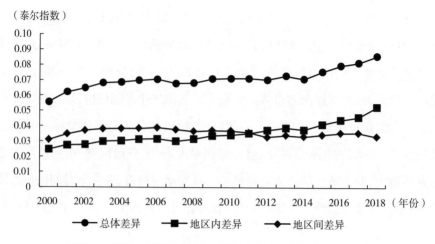

图 2-6　2000—2018 年地区全要素生产率泰尔指数分解结果

大的地区,2009 年之前中部地区是总体差异最小的地区,之后西部地区则是总体差异最小的地区。从期初值和期末值看,在期初,东部地区总体差异为 0.0259、中部地区为 0.0160、西部地区为 0.0312,而到了期末,东部地区总体差异升至 0.0619、中部地区升至 0.0539、西部地区升至 0.0350。由此可见,三大地区的总体差异均有所扩大。从变动趋势看,东部地区和中部地区大致呈现上升态势,西部地区大致呈现先降后升态势。

（泰尔指数）

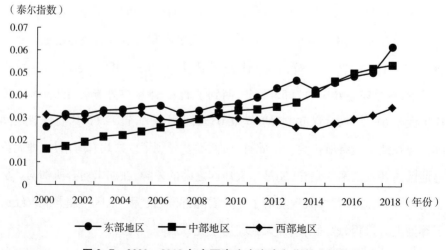

图 2-7　2000—2018 年全要素生产率泰尔指数分解结果

综合以上分析,从全要素生产率地区差异的角度看,进入 21 世纪以来,地区内和地区间差异对全国层面总体差异都具有解释能力,且地区间差异的解释能力前期更大一些,地区内差异的解释能力后期更大一些。从变动趋势看,全要素生产率地区差异逐渐扩大,无论是地区内差异,还是地区间差异,都未呈现改善趋势。分地区的结果表明,东部地区是导致全国总体差异的主要原因。

第五节　研究结论与政策启示

进入 21 世纪以来,中国经济继续保持快速平稳的增长态势,无论从经济规模上还是从经济效率上,都实现了突破。然而,在取得成功的同时,也带来了诸多发展隐患,为了解决这些隐患,也为了实现新时期中国经济发展的目标,主要对策之一就是要激活整个社会创新活力,培育以创新驱动为核心的新动能。在上述背景下,提高全要素生产率已经成为中国区域经济由高速增长转向高质量发展的内在要求。为了从更多元的视角理解全要素生产率的变迁过程,本章进一步构建了配置效率指数、协调度指数和泰尔指数。其中,配置效率指数和泰尔指数均从全要素生产率内部对全要素生产率变迁进行进一步分析,而全要素生产率协调度指数则是从全要素生产率外部对全要素生产率变迁进行进一步分析。通过进行相应的数据测算和比较分析,本章得到以下几个主要结论:

第一,从全要素生产率来看,进入 21 世纪以来,中国全要素生产率对经济增长的贡献不断增加,无论是从省级层面看,还是从三大区域层面看,全要素生产率的上升势头都稳定。从随时间的波动程度看,全要素生产率在不断提升的同时,随时间波动的程度有所下降,变动更加平稳,而从地区内部各省份之间的差异看,全要素生产率在不断提升的同时,各省份之间的差异也有所扩大。

第二,从要素配置效率来看,进入 21 世纪以来,尽管从全要素生产率的分析结果来看,西部地区要落后于东部地区和中部地区,但西部地区在要素配置上更加合理,这与地区间资源的丰富度有关,东部地区和中部地区劳动力和资本等要素资源丰富,尤其是东部地区,且生产率水平高,所以即使资源错配,短期内对总产出的负面影响也不是很突出,导致其对资源错配的敏感度较低,而西部地区则不同,该地区劳动力和资本等要素资源稀缺,且生产率水平低,如果资源错配,对总产出的负面影响会更快地凸显,所以其对资源错配的敏感度较高,能够更加有效地配置资源。

第三,从全要素生产率协调度指数来看,相邻省份在全要素生产率变动协调性方面在进入 21 世纪之后并未取得明显的改善。从协调度指数水平来看,西部地区全要素生产率协调度指数水平在大多数时期高于东部地区和中部地区,表明虽然中部地区和西部地区全要素生产率水平不如东部地区,但其内部全要素生产率协调度指数水平更高,表明相对于其他两大区域,西部地区内部各个省份之间全要素生产率发展更加协调,更趋向于区域平衡发展。

第四,从泰尔指数分解结果来看,进入 21 世纪以来,地区内和地区间差异对全国层面总体差异都具有解释能力。从变动趋势看,全要素生产率地区差异逐渐扩大,无论是地区内差异还是地区间差异,都未呈现改善趋势。分地区的结果表明,东部地区的总体差异较大,是导致全国总体差异的主要原因。

高质量发展是一个总括性理念,经济高质量是社会高质量和治理高质量的输出(高培勇等,2020)[①],所以,提升全要素生产率仅仅是高质量发展的一个方面,但确实是最重要的一个方面。进入 21 世纪以来,中国不同地区的全要素生产率取得了突破,正在逐渐成为推动经济高质量发展的重要保障。但是,取得较快发展的东部地区,在全要素生产率协调度指数和要素配置效率方面长期落后于中部地区和西部地区,体现了地区间全要素生产率发展的差异。

---

① 高培勇等:《高质量发展的动力、机制与治理》,《经济研究》2020 年第 4 期。

如何提高东部地区全要素生产率的协调发展程度,以及如何改善该地区的要素配置效率,是需要重点解决的问题。而西部地区则需要在尽可能保持现有全要素生产率协调度指数和配置效率的前提下,继续挖掘自身潜力,努力提高全要素生产率。至于中部地区,则既需要提高全要素生产率,也需要提高全要素生产率协调度指数并改善要素配置效率。

第三章 制度演化、企业家精神与
高质量发展的内生机制

中国经济进入高质量发展阶段,重点是提高经济运行效率、优化经济结构、建设有效市场、满足人民群众高品质的商品和服务需求,最终实现经济可持续发展、资源充分合理利用、人与自然和谐共生和人民共同富裕。以创新精神、诚信精神、合作精神、敬业精神和开放精神为特征的企业家精神是推动社会经济发展和变革的重要因素,是实现高质量发展的根基。创新是引领发展的第一动力,建设创新型国家;构建高水平社会主义市场经济体制,充分发挥市场在资源配置中的决定性作用;企业提供高质量的产品和服务,承担社会责任;应对经济全球化的挑战,加快构建国内大循环为主体、国内国际双循环相互促进的新发展格局,推动经济全球化朝着更加开放、包容、普惠、平衡、共赢的方向发展等方面,都需要大力弘扬企业家精神。

高质量发展依靠企业家精神,而培育、壮大和弘扬企业家精神依赖于良好的制度环境。诺斯(1994)①指出,制度是由人为设计的,构成经济和社会互动的约束,包括正式规则(法律、财产权)和非正式规则(社会规范、传统和习俗),这些被用来创建秩序和减少交流的不确定性。新制度主义者强调制度

---

① [美]道格拉斯·C.诺斯:《制度、制度变迁与经济绩效》,刘守英译,上海三联书店1994年版,第49—73页。

降低交易成本和提高经济效率的作用,他们将其定义为规则约束或惯例,是用以规范人类行为的正式和非正式规则。企业家精神不仅关系商业上的成功,而且关系社会的经济福利和非经济福利。企业家根据面临的社会制度及其激励结构来调整自身的决策并采取行动。制度会影响企业家活动的行为方式、企业家如何制定决策,进而对经济绩效产生影响。企业家活动对社会的作用程度在很大程度上受到社会制度和法律结构的影响。与此同时,上层建筑反作用于经济基础,制度环境的改善也能直接作用于经济高质量发展。完善的市场经济制度能够优化资源配置,提高经济效率;良好的知识产权保护制度、高效的人才流动和激励制度能够激发创新活力,推进创新型国家建设;健全的宏观调控、市场监管、公共服务和社会管理制度能够优化经济结构,释放市场活力并防范系统性风险;合理的收入分配制度和社会保障制度能够使发展成果由人民共享,提高人民群众的幸福感和获得感;符合国际标准的对外贸易制度与国际经贸规则有利于推进高水平对外开放,改善营商环境,构建新发展格局。因此,要系统地将制度环境、企业家精神与经济增长纳入统一的分析框架,探究制度演化、企业家精神与高质量发展的内生机制。

第一节　制度演化催生企业家精神

一、制度与人的行为

诺斯(1994)[①]从契约的角度将制度定义为"制度是一个社会的游戏规则,更规范地说,它们是为决定人们的相互关系而人为设定的一些制约"。无论从哪种角度定义的制度都与人的活动密切相关,制度直接影响人的行为。布罗姆利指出,任何经济体制的基本任务是对个人行为形成了一个激励集,由此

---

① [美]道格拉斯·C.诺斯:《制度、制度变迁与经济绩效》,刘守英译,上海三联书店1994年版,第3页。

鼓励发明、创新和勤奋以及对别人的信赖并与人进行合作。通过这些激励,每个人都将受到鼓舞去从事那些对他们有益处的经济活动(Bromley,1989)①。制度需要作用于人的行为影响经济运行,那么制度是如何影响人的行为的呢?

从经济层面来说,一方面,制度会通过各种形式的激励和惩罚影响个人的选择偏好。理性人假设认为,个人会追求自身利益最大化,这些利益主要包括财富、权力、地位和声誉等,而制度决定了人们实现不同的利益和用不同方式实现这些利益的成本、难易程度和目标替代函数,进而影响个人的行为偏好。鼓励创新、保护创新成果的制度会激发企业家创新精神,保护知识产权不被侵犯的制度环境使通过研发新技术和新产品能够获得足够的超额利润,鼓励创新行为;严格的市场监管制度和产品质量标准有利于培育市场主体的敬业精神,规范经营者行为,避免劣币驱逐良币现象的发生。另一方面,制度为个人选择提供稳定的预期。信息不完全不对称、有限理性和个体行为习惯的差异会导致市场主体的行为具有很大的不确定性,而完善的制度框架使个体行为对未来可预期。一个完善的制度能够清晰划分市场主体的权、责和利,并提供一套强制性的行为方案。这一套行为方案将市场主体的目的、手段和后果清晰地联系起来,使市场主体的行为具有较大的可预知性和可计算性,极大地减少信息不对称和降低交易成本。这有利于培育企业家诚信精神和合作精神,制度提供的行为规范和预期使市场主体可以确定合作方将坚守诚信,这有利于降低合作成本,形成合作共赢的市场氛围。

从政治层面来说,只有强制性的制度对政府活动范围进行限制,才能阻止权力的无限制扩张,形成独立化、分工合理、权责清晰的管理体系,提高政府的行政效率,激发全社会企业家精神。将政治管理制度化和非人格化,以法律为管理的最高权威,以有严格程序的科学决策、民主决策和依法决策取代经验决策,以依法行政取代个性化的管理,能够提高管理决策的科学性和客观性,减

---

① Bromley, D. W., *Economic Interests and Institutions the Conceptual Foundations of Public Policy*, Oxford: Basil Blackwell, 1989.

少腐败和任人唯亲。市场主体不能通过寻租获取利益,只有发挥企业家精神才能达到经营目标。

从道德层面来说,制度具有道德教化的作用。首先,利他道德需要制度的引导。趋利避害是人的本性,利他道德只有在与个人利益协调一致时才会被行为者选择,而这种利益的协调需要制度进行规范和安排。良好的制度有助于保护、让渡和交换个人利益,使自利和他利相结合,有利于市场主体采取利他的道德行动,发挥企业家精神。其次,集体道德需要制度的协调。"搭便车"理论认为集体成果具有公共性,没有为集体行动分担成本的成员也能享受到集体行动的成果。这导致个人在面对集体利益时有人不愿付出成本而坐享他人之利。个人理性不是集体理性的充分条件,集体利益的实现不可能在个人理性的基础上产生,需要有制度进行规范和协调,通过制度的约束和激励推动集体利益的实现。最后,道德需要制度的教化作用和强制约束作用。制度具有教育功能,新制度经济学提出了"组织人"和"社会人"的观点。"社会人"指个人的活动要被社会所认可和接受就需要遵守社会的规范,"组织人"指社会内的个人都是有组织的,他们的大部分活动在各种组织内进行,个人在组织中扮演角色进行活动的同时需要承担相应的责任和义务。制度规定了个人在组织和社会中的权利和义务,对个人的社会行为方式进行约束,对个人的行为具有道德教化和强制约束作用(洪名勇,2012)[1]。良好的制度会引导和约束市场主体的行为,使他们迸发企业家精神。

制度会影响企业家精神在生产性活动和非生产性活动中的配置,如果社会制度鼓励经济主体的正常生产经营活动,保护这一经营成果,市场主体就会发挥企业家精神进行正常市场经营活动。如果制度不保护正常生产经营活动及其成果,市场主体就不会发挥企业家精神,转而采用恶性竞争、寻租等手段进行非生产性活动获取利益。下文将具体论述各类制度如何影响企业家精神。

---

① 洪名勇:《制度经济学》,中国经济出版社2012年版。

二、市场化进程与企业家精神

市场化指社会再生产过程中的各种经济活动,特别是资源配置向以市场作为基本联结方式发展与转化的过程(中国社会科学院经济研究所,2005)[1]。中国的市场化改革是从计划经济体制转向市场经济体制的变革过程,从政府与市场关系的角度来说,是资源配置由政府主导转变为充分发挥市场在资源配置中的决定性作用,更好发挥政府作用的过程。市场调节资源配置存在局限性,需要政府发挥作用,但是政府作用的过度发挥会抑制和扭曲企业家精神。例如,经济疲软时政府利用财政政策建设大量公共工程为居民带来工作、增加消费,通过乘数效应拉动经济增长,表面上看这一政策既能增加就业,提高人民生活水平,又能拉动经济增长,但这一政策的滥用会扼杀企业家精神。首先,财政政策需要巨大的财政支出,政府自身无法承担这一成本,必然会通过税收或通货膨胀的方式转移给居民,这会减少居民财富,掠夺了潜在企业家的创业资本。其次,财政政策会导致利率上升,提高企业家的资金使用成本,而创新需要大量且长期的资金投入,资金成本过高必然会降低企业家创新创业的积极性。最后,一些公共投资由政府直接运营,但政府的经营效率往往低于企业,会导致社会福利损失。如果将市场能够进行调节的公共投资交由私人企业,同时政府鼓励和引导企业家进入这一领域,能够提高这一领域的经济效应。

从市场竞争机制角度来看,市场化改革为企业营造了良好的竞争环境,充分的市场竞争下企业往往采用研发新技术、新产品和降低成本的方法进行差异化竞争,降低成本提高市场份额,激励企业家创新创业。而市场化程度低,则会导致企业家将更多的资源配置于非生产性活动。例如,政府对市场的管制阻止不了适当的自由竞争,使企业要进入特定领域需要政府许可。企业由自由竞争下的讨好消费者转变为遵守市场规则,进而促进企业家精神的发挥。

---

① 中国社会科学院经济研究所:《现代经济词典》,凤凰出版社、江苏人民出版社2005年版。

从企业家机会的角度讲，企业家精神分为柯兹纳式企业家精神和熊彼特式企业家精神。前者指善于利用市场不均衡捕捉获利机会，进行套利行为；后者强调创新的作用，熊彼特认为企业家的功能就是创新，企业的创新则是由企业家通过引入新的产品、引入新的技术、开辟新的市场、发现新的材料、实现新的组织形式来实现的。市场化不完善时，市场存在大量的套利机会，如20世纪80年代中后期至90年代初期，在价格双轨制时代，涌现出一大批利用计划内商品和计划外商品的价格差别倒买倒卖的行为。市场环境的快速变化和制度的漏洞使得使用套利机制进行获利的空间较大，柯兹纳式企业家精神通过对资源的重新配置改善生产效率的贡献较高。而随着市场体系的完善，资源配置效率提高，原有市场套利机会减少，企业家必须发挥熊彼特式企业家精神进行创新，拓宽生产可能性边界，才能获取更大的利润。

三、政府宏观调控制度与企业家精神

第二次世界大战以后，采用相机抉择的宏观调控政策对经济进行逆周期调节的凯恩斯主义占据主导地位，各国政府通过财政政策、货币政策对冲宏观经济冲击，这些政策在一定程度上熨平经济周期性波动，但不当使用会损害企业家精神。首先，短期的宏观调控政策与企业家精神存在时间上的矛盾。一方面，"相机抉择"政策的出发点就是调节经济短期波动，这意味着从长期看，宏观调控政策有多变性，而企业家精神的发挥尤其是创新成果的取得和适用，使创新成果发挥经济效益往往需要较长时间，这种时间尺度上的矛盾必然会阻碍企业家精神的发挥。

其次，不当的宏观调控政策会导致激励扭曲。这主要是由于，一方面，参与市场活动的经济主体作出经济决策后，在享有经济收益的同时，必然面临相应风险，错误的决策会导致亏损甚至破产，因而经济主体进行决策时往往慎之又慎，自负盈亏的企业家往往具有较强的敬业精神。政府决策者在制定经济政策时会因对决策的风险和经济成本（尤其是隐藏经济成本）估计不足，产生不当的调控。另一方面，一定程度上的经济波动是市场释放供求不平衡的信号来提醒和警告企业家，经济疲软、有效需求不足时，需求和价格信号提醒企业家调整生产方向，进行创新性活动创造新的有效需求。而对宏观调控政策操作不当所造成的经济扩张会扭曲需求和价格信号，使应当被淘汰的产业和产品继续存活，从而抑制企业家创新精神。

最后，经济政策制定和执行过程中会造成信息不对称。由于各种各样的原因，宏观调控政策在制定和执行过程中，一部分企业能够优先得知信息，从而提前布局，获取利润。经济刺激政策在执行中政府掌握着决定哪些企业能够获取项目、哪些企业能够获得税收优惠、哪些企业能够获得政策性贷款的权力，这些权力在不完善的监督和不透明的决策程序的情况下极易滋生腐败，诱使企业家将资源配置于寻租活动中，抑制企业家精神。

四、金融体制改革与企业家精神

企业是企业家施展企业家精神的平台，而企业的发展需要资金的支持，仅凭企业家自身有限的资金无法支持企业发展壮大，会限制企业家精神的发挥。而有效的金融制度能够帮助企业家获取充足资金的同时对企业项目进行筛选和监督，激发和保护企业家精神。

企业家获取利润主要有两种方式：一种是套利活动，如利用不同的地域的商品价格差异获利或通过判断商品未来价格走势进行买低卖高活动；另一种是创新活动，通过研发新技术和产品，采用新的生产方式，开拓新市场获取利润。这两种活动都能体现企业家精神，套利活动需要企业家具有敏锐的嗅觉和判断力，能够优化资源配置，创新活动依赖企业家创新精神。且这两种活动并不是相互独立的，经常混合出现在企业的生产和经营中。企业家进行这两种方式的经营活动都离不开金融市场的支持，一方面直接融资和间接融资市场能够为企业家提供生产经营所需的资金，另一方面保险和衍生品金融市场能为企业家分担和分散经营风险。而不同的金融市场结构对企业家套利和创新行为的影响不同。

20 世纪 80 年代经济体制改革的背景下,计划经济向市场经济转型的过程中存在价格双轨制,市场发育不完善,计划价格与市场价格、各区域价格之间存在大量套利空间,企业家通过套利活动获得大量利润。而以间接融资为主的金融市场适应了企业家套利活动的需要,相比于创新活动,套利活动倾向于短期融资,所需要的资金数额和期限相对确定,虽然存在市场误判等风险,但总体风险较小,现金流稳定。债务融资和以银行为主导的间接融资体系能够很好地适应套利活动资金需求的特点,2002 年人民币贷款占社会融资规模超过 90%,此后逐步下降,但始终保持在 50% 以上(见图 3-1)。随着市场化改革的深入,套利空间逐步消失,高质量发展阶段企业家需要更多地通过创新活动获取利润,创新活动存在投入时间长、风险大的特点,而以银行为主导的间接融资体系追求资金的安全性,无法适应企业家创新活动的融资需求。以股权融资为主导的直接融资体系能够很好地适应企业家创新活动发挥企业家

（单位：%）

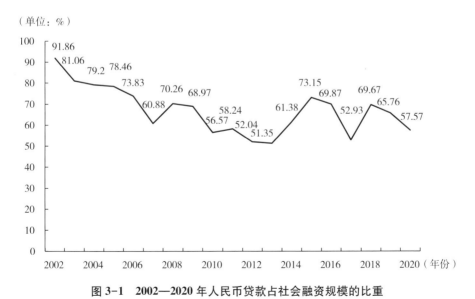

图 3-1　2002—2020 年人民币贷款占社会融资规模的比重

资料来源:国家统计局,《中国统计年鉴 2021》,中国统计出版社 2021 年版。

精神的需要。通过接受入股的方式进行融资，一方面能够帮助企业家获得创新所需资金的同时分散风险，创新活动风险较大，通过股权融资的方式进行融资能够使其他投资者获取创新高回报的同时分担企业家创新风险，鼓励创新行为。另一方面，有利于构建良好的公司治理结构，优良的股权结构能够提高公司经营效率，激发企业家精神，推进企业可持续发展。

五、高水平对外开放与企业家精神

改革开放以来，是中国企业家精神快速成长的时期，企业家精神随着我国开放型经济体制的建立和完善不断发展。（1）对外开放初始阶段（1980—1991年），我国城市改革刚刚起步，市场经济体制还未建立，政府对经济的干预较大，对外开放主要在几个特区内进行试点，引进外资和扩大出口。这一阶段由于政策的限制以及处于自由市场中的外商对中国的体制和市场环境不熟悉，而刚刚成长起来的国内企业家也不具备与外商竞争的实力，沿海开放地区利用外向型的区位禀赋和侨乡资源进行"三来一补"业务，涌现出苏南模式和温州模式等发展模式。国内企业家通过模仿式的创新创业和与外商合作，抢占市场。企业家精神主要表现为柯兹纳式企业家精神，利用不均衡的市场机会进行投机和套利，优化市场资源配置。（2）加速开放阶段（1992—2012年），随着开放的深入，关税大幅降低和外资市场准入放宽，多层次、全方位开放体系逐步建立。这一阶段企业家精神大量涌现，推动了改革开放和中国经济高速增长。随着对外开放的逐步加深，尤其是2001年加入世界贸易组织之后，中国企业面临外资的直接竞争，国内企业家开始重视创新活动，在引进外国先进技术的基础上注重吸收和再创新。部分企业家怀着更加开放的精神走向海外，融入全球价值链和创新链。但这一阶段的企业成长主要通过增加劳动力和资源要素投入实现，中国成为"世界工厂"（江小涓，2019）[①]。（3）高水

[①] 江小涓：《新中国对外开放70年：赋能增长与改革》，《管理世界》2019年第12期。

平开放阶段(2013年以来),在全地域、全行业普遍开放的基础上实现内资和外资同等竞争地位,特别是2019年《中华人民共和国外商投资法》的颁布,标志着我国内外资地位统一,营商环境市场化、法治化、国际化达到新高度,对外开放向更高水平推进。与此同时,近年来我国持续优化营商环境,党的十九大更是提出加快建设创新型国家的战略目标,为创新型的熊彼特式企业家精神发育提供了良好的制度环境,国内企业快速发展,竞争力提升。随着国内企业的发展壮大,通过增加资本和劳动力要素投入的方式对企业成长的边际贡献下降,企业技术接近和达到世界领先水平,加上逆全球化的兴起,难以通过引进的方式获取新的生产技术,倒逼中国企业更加关注基础理论创新和"卡脖子"的关键技术领域创新,构建全球协调研发网络,创新型企业家精神涌现。我国经济由高速增长阶段转为高质量发展阶段,资源要素禀赋发生改变,人口红利缩减,节约资源、保护环境的发展理念深入人心,而资金已经成为相对富裕的要素。中国企业家发挥开放精神,将目光转向全球市场,在全球范围内寻找投资机会,积极参与到全球产业链和价值链中,并通过发挥企业家精神提升自主创新能力,向产业链和价值链的高端迈进。

第二节　企业家精神赋能高质量发展的理论逻辑

高质量的发展需要良好的制度环境和恰当的政策,需要科研机构和科研人员技术突破与创新,需要完善的资本市场和健全的金融体系,需要高效的市场体系,需要强大的购买力和理性的消费观念。但要将这些资源要素进行整合,发挥他们的最大作用,使之形成现实的生产力,需要企业家发挥作用。同时,企业家发挥企业家精神进行创新和资源整合,也不仅仅是在现有市场环境、资源约束和政策体制下进行创新创业,还要发挥企业家精神引导各类要素进行升级,从而更好地推动经济高质量发展。

一、企业家创新精神推动经济高质量发展

创新是引领发展的第一动力，创新精神是企业家精神的核心元素。企业家创新精神通过技术创新和组织创新推动高质量发展。技术创新通过改进现有生产技术或创造新技术扩大生产可能性边界，使生产产品的种类更加多样化，生产规模扩大，满足人民群众多样化产品的需要。技术创新能够改善生产效率，使同样的资源投入能够生产更多质量更高的商品，提高生产效率，在节约资源、保护环境的前提下提高人民生活水平和整体社会福利水平，实现高质量发展。技术创新也是产业升级的关键，美国、日本和德国研发投入较高，长期处于产业链高端位置的一个重要原因是这些国家在关键核心技术和关键材料的研发上处于优势地位。关键技术的创新能够推动整体高新技术产业的发展，加快经济新旧动能转换和产业结构升级，推动高质量发展。

技术创新可以降低生产成本，而组织创新可以减少交易成本，保障技术创新的应用和收益的获得。熊彼特式企业家精神通过"创造性破坏"打破原有的、低效的"循环流动"经济均衡，将资源重新配置，建立新的组合，提高经济运行效率。企业家发挥组织创新能力，通过调整生产方式、组织架构和激励体系，有利于促使资源在不同部门之间流动，使外部经济内部化，降低交易成本和激发员工工作热情，提高员工工作积极性，保持企业活力，推动经济高质量发展。

二、企业家精神通过知识溢出推动经济高质量发展

有学者认为，知识是分散的，所有人都有关于自己活动的特定时间和地点的知识且不为其他人所知，而知识的分散导致了市场主体之间相互不了解对方基于自身知识所作出的市场计划，而这必然导致市场非均衡。这里的知识包括反映实际情况的知识和新的科学技术知识，这两种知识导致的非均衡都可以通过企业家和市场予以解决。对于反映实际情况的知识，首先，非均衡意

味着不同市场间存在价格差异和资源错配,而敏锐的企业家能够发现这些差异并利用获取利润的同时,促使不同市场主体的计划相协调(Kirzner,1979)①。其次,在计划协调的过程中市场主体会产生干中学和知识扩散效应,通过知识溢出和相互学习,企业家认识到哪些产品或资源稀缺、稀缺的程度、如何重新配置资源获取利润,这些知识的扩散和溢出导致市场主体获得越来越多和越来越精确的潜在供给和需求知识。最后,企业家精神的发挥和市场主体的相互学习消除市场不均衡,优化资源配置,推动区域协调发展、市场均衡和高质量发展。

新的科学知识既产生于企业自身追求利润进行的研发活动,又产生于高校和科研机构的基础研发的外溢。对于企业来说前者属于内部知识,后者属于外部知识,外部知识通过知识溢出发挥作用。无论是内部知识还是外部知识都具有不确定性和缄默性,特别是外部知识,往往只有研发机构才能理解知识的重要性和潜力,再加上"知识过滤"②现象,新的科学知识同样是分散的。高校和科研院所新知识的研发过程也是一种公共产品的生产过程,这种科研活动具有公共性,研发主体不以营利为目的,新知识外部经济价值的实现需要企业家发挥作用。具有创新创业精神的企业家凭借自身的经验和敏锐的市场洞察力,能够识别新知识的市场价值,通过创新创业行为将新知识商业化,突破现有生产前沿。将新知识的外部性转化为社会生产力,实现高质量发展。因此企业家精神是推动科学知识突破、知识过滤发挥知识生产力作用的重要力量。

---

①　Kirzner,I. M., *Perception Opportunity and Profit*:*Studies in the Theory of Entrepreneurship*,Chicago and London:University of Chicago Press,1979.

②　知识过滤包括三个方面:一是机构过滤器,如影响研发和商业化的组织障碍等,它影响能产出多少有潜在价值的发明;二是经济价值过滤器,即影响将发明转化为知识产权(以专利形式)可能性的相关政策;三是商业价值过滤器,反映将知识产权通过许可或新企业创业而商业化的可能性。

三、企业家精神通过竞争实现经济高质量发展

企业家精神尤其是创业精神增加了市场产品数量和企业数量，竞争主体的增加与竞争激烈程度成正比，市场竞争越激烈，市场资源配置的能力就越高，就能越快消除现有市场的套利机会，推动市场均衡。套利机会的消失迫使企业家发挥熊彼特式企业家精神，打破原有的市场均衡，拓宽生产可能性边界，创造新的套利机会，而新的套利机会吸引更多的市场主体加入进来，通过激烈的竞争实现新的市场均衡。周而复始，技术进步和经济效率不断提高，经济增长方式趋于集约化，驱动高质量发展。

企业家创新创业精神推动了经济高质量发展的良性循环过程，但这一过程的实现还需要良好的市场竞争环境。统一开放、竞争有序市场秩序的维持需要企业家的合作精神、诚信精神、敬业精神和开放精神。合作精神通过一系列合作框架的设计能使外部性内部化。诚信精神能够降低交易成本，提高市场运行效率。如市场交易中存在的道德风险，即合同签订以后交易的一方受制于需要付出高昂的监督成本，无法对另一方进行有效监督，从而使交易的弱势方由于信息不对称利益容易受到损害。而诚信精神蔚然成风的市场环境下可以节省这部分监督成本，促进市场合作，提高市场运行效率，推动高质量发展。敬业精神则会较好防范逆向选择现象的发生，避免出现"柠檬市场"。在信息不对称的市场环境下，卖方拥有的商品质量信息多于买方，使买方只能通过市场上的平均价格来判断平均质量，且只愿意为商品支付平均价格。而以平均价格出售高质量商品无法获利，出售低质量商品具有利润，导致市场上高质量商品减少，低质量商品增加，商品平均质量下降，平均价格进一步下降，最终导致市场上充斥着低质量商品。企业家敬业精神的发挥有利于防止这一现象的发生，市场主体争相提供高质量商品，满足人民群众对优质商品和服务的需求。开放精神是企业家立足全球的战略思维，开放是竞争的必要条件。拥有开放精神的企业家善于利用国际货物和服务贸易、外商直接投资、对外直接

投资、人力资本投资等方式,学习和交流先进经验、先进科学技术和技能,持续获取溢出效应和学习效应。

第三节　制度演化与高质量发展

经济学家们普遍认为,制度是国家间贫富差异最为关键的因素。良好的制度,包括经济的、社会的以及政治的制度能够激励人民以个体身份积极从事生产,以便积累国家财富。良好的制度包括以下因素(Diamond,2017)①:(1)没有腐败,特别是没有政府的腐败。(2)保护私有财产权。(3)法治。(4)执行合同。(5)激励公民进行金融资本投资并提供机遇。(6)生命安全。(7)政府效能(effectiveness of government)。(8)低通货膨胀。(9)国家内部及国家之间的资本畅通。(10)打破贸易壁垒。(11)货币交换的开放性。(12)教育投资。对中国来说,良好的制度是转向高质量发展的基础。

一、制度影响经济高质量发展的机制

不同的合约安排会影响资源使用与收入分配,对经济增长和人们的生活有重要影响。而制度作为普遍存在的合约选择,会带来不同的竞争效果,对经济效率具有决定性的作用,从多个方面影响着经济增长。

(一)产权界定清晰有助于降低交易成本

产权是一种制度安排,是人与人之间的一种合约,它是由法律、规制、习惯或等级单位来确立,对经济效率有决定意义。产权结构可以采取不同的形式,私人产权为一个极端,共有产权为另一个极端,大多数产权安排处于这两者之间。个人对资产的产权由消费这些资产、从这些资产中取得收入和让渡这些

---

① 〔美〕贾雷德·戴蒙德:《为什么有的国家富裕,有的国家贫穷》,栾奇译,中信出版集团2017年版,第50—55页。

资产的权利或权力构成（Barzel，1997）①。一般而言，产权包括所有权、使用权和处置权等内容。

在人类历史上，私人产权或接近私人产权的制度一直存在着，甚至在一些极端的社会状态下，私人产权也未能被完全消除。这是因为在竞争条件下，私人产权界定最为清晰，产权的清晰界定可以减少不确定性，不确定性的减少可以降低交易费用。具体而言：一是产权界定清晰，使资产的使用由产权主体负责，自负盈亏，鼓励了自力更生的愿望。二是产权的转让能够使稀缺资源的使用转换到善于利用者的手上，充分发挥资源的作用。三是在不可避免的竞争下使用资源，使产权的界定更为清晰。四是基于界定清晰的产权市场，价格信息的传达虽然不一定准确，但比起其他制度更为可靠。此外，界定清晰的产权还具有一种独有的优点，即允许个人财产的所有者具有不参加某一组织的选择，而这种选择是对采用具有较高交易成本组织的有力制约。虽然有些资产界定清晰可能费用过高，但通过一系列合约安排得以实现，则与人类经济发展的趋势是一致的。

（二）市场制度有利于减少租值消散

市场制度，是在产权界定清晰条件下形成的，它不仅包含各种具体的交易安排，最重要的是它保证了产权的自由转让。市场交易本身由一系列的合约所构成，这些合约的实现依赖于产权的可自由转让，如果产权无法自由转让，则其潜在的租值就会消散，其利用价值也就难以提高。通过自由转让，可以使资产的租值消散降到最低，使社会财富的增长成为可能。租值消散指本来有价值的资源或财产，由于产权安排方面的原因，其净价值（或租金）下降，乃至完全消失。在特定的情况下，只要具有自由转让权，所有权并不重要。

---

① ［以］Y.巴泽尔：《产权的经济分析》，费方域、段毅才译，上海三联书店、上海人民出版社1997年版，第2页。

（三）不同的合约安排会导致不同的效率

在市场制度下，复杂多样的合约安排也会导致不同的资源使用和收入分配结果。由于生产和经营活动通常由两个以上的资源所有者联合进行，需要通过合约部分或完全地转让产权。一方面，经济组织的合约形式可以多种多样，从计件工资制合约到跨国公司，都是为了降低交易成本，改善生产效率；另一方面，经济组织之间的合作与交易也是通过千变万化的合约安排来实现。而构成合约结构的条款或条件通常用来规定参与者之间的收入分配、资源使用的条件等。合约的结构将使边际收益等于边际成本，一份合约可能包括大量的条款，决定着与资源运用各个方面有关的一系列边际等式。合约安排导致的经济效益往往是间接的，但却促使全社会的资源配置更趋优化。

二、中国经济高质量发展的制度基础

经济增长的源泉是经济学探究的重要问题之一，以亚当·斯密为代表的古典政治经济学认为劳动分工和资本积累带来了经济增长；马克思主义政治经济学用价值创造和扩大再生产解释经济增长；新古典经济学增长理论强调资本积累的作用；内生增长理论引入了知识和人力资本的作用。这些理论解释了资本积累、知识、人力资本和技术进步如何推动经济增长，但无法解释为什么有些国家资本积累和经济增长速度快，而另一些国家经济增长速度慢甚至倒退，真正影响内生技术进步的因素是什么。新制度经济学将制度作为经济增长的内生变量解释这些问题，不同制度下劳动分工的程度、资本积累和技术进步的速度都不同，进而影响经济增长速度。

中国经济经历了40多年的高速增长，这一过程中中国独特的经济制度起到了重要作用。第一，成功建立起中国特色社会主义市场经济体制，激发、释放了各类市场主体的积极性、主动性和创造性，促使我国经济持续平稳较快发展。第二，不断明晰各类产权关系，大大降低了交易成本和交易的不确定性，促进了资源配置的帕累托改进,显著提高了我国经济发展绩效。第三,顺应我国经济深度融入世界经济的趋势,促使全方位开放格局的动态演进,充分发挥了外贸、外资和对外直接投资对我国经济增长的溢出效应。第四,在财政分权和地方竞争的条件下,承包合约激发了地方竞争的活力,地方政府具有促进区域经济增长发动机的功能。第五,始终处理好改革、发展、创新和稳定四者之间的辩证关系,做到相互协调、相互促进,促使我国取得了经济发展、社会发展、政治发展和文化发展的巨大进步。推动中国经济发展的因素众多,制度是中国经济发展不可忽视的重要解释变量。正如蒂莫西·耶格尔(Yeager,2010)①所言,经济体制上的变革是中国取得惊人发展的最大原因,中国是国家体制框架对经济表现具有持久巨大影响力的一个出色的例子。高质量发展阶段,需要更好地满足人民日益增长的美好生活需要,体现新发展理念,使创新成为第一动力、协调成为内生特点、绿色成为普遍形态、开放成为必由之路、共享成为根本目。这与社会主义基本经济制度的本质特征相一致,我国经济制度特别是在实践中不断完善的中国特色社会主义基本经济制度的显著优势将在高质量发展阶段得到进一步发挥。

中国社会主义基本经济制度包括所有制、分配制度和经济体制等。首先,所有制方面,坚持公有制为主体、多种所有制经济共同发展。国有经济在社会主义市场经济中发挥"定海神针"的作用,在服务国家战略和民生目标,推动创新型国家建设,"一带一路"建设,构建新发展格局等国家使命中发挥重要作用。国有资本实力强大,进一步优化国有资本行业布局,一方面发挥国有资本在战略性新兴产业和关键技术领域的创新引导能力,另一方面继续发挥国有资本在公共服务和环境保护等公益性行业中的作用,提高经济增长质量和人民生活水平。多种所有制经济共同发展,有利于营造公平公正的竞争环境,各类市场主体平等使用要素资源,提高资源配置效率。既能通过发展混合所

---

① [美]蒂莫西·耶格尔:《制度、转型与经济发展》,华夏出版社2010年版,第193页。

有制经济提升国有资本的控制力和影响力,又能激发非公有制经济的活力和创造力,在确保实现国家经济战略的同时推动市场繁荣和经济发展。

其次,分配制度方面,按劳分配为主体、多种分配方式并存。所有制制度决定分配制度,公有制为主体决定了分配制度中按劳分配为主体,多种所有制经济共同发展决定了多种分配方式并存。按劳分配为主体,提高初次分配在收入分配中的比重,保护劳动所得,既能调动劳动者的积极性,又有利于缩小收入差距,让发展成果由人民共享。按劳分配,尊重劳动者的体力劳动和智力劳动,按劳动力的价值分配,使劳动者人力资本与劳动收入联系起来,促使劳动者提高自身人力资本,通过复杂劳动创造更高的价值,最终提高经济发展质量。多种分配方式并存使土地、资本、知识、管理、技术和数据等生产要素都可以按贡献参与分配,调动各方积极性,保护各类生产要素主体的财产权利,为各类生产要素主体提供稳定和合法经营的环境,鼓励他们贡献生产要素,推动经济发展。发挥好再分配和第三次分配的作用,调节区域、城乡、行业和群体间的分配关系,缩小收入差距,实现协调发展和共享发展的理念。

最后,经济体制方面,完善社会主义市场经济体制。充分发挥市场在资源配置中的决定性作用,更好发挥政府作用,构建市场机制有效、微观主体有活力和宏观调控有度的经济体制。市场机制中的价格机制能够指导市场主体的经济活动,引导要素和商品有序流动;供求机制能够优化经济结构,影响企业和消费者行为;竞争机制实现企业优胜劣汰的同时推动产业结构优化升级,激励企业加强研发创新构建自身"护城河",提高产品和服务质量,推动高质量发展。充分发挥市场机制的作用,营造统一开放、竞争有序的市场环境,构建以国内大循环为主体、国内国际双循环相互促进的新发展格局。更好发挥政府作用,要求在新发展理念的指导下,转变政府职能,发挥政府对市场的监督和引导作用,通过完善政府经济调节、市场监管、社会管理、公共服务和生态环境保护等职能弥补市场缺陷和市场失灵,优化政府机构设置,提高政府效率,建设服务型政府,推进国家治理体系和治理能力现代化。通过结合政府和市场作用,实现经济增长质量转变、动力转换、效率提升、结构优化和全要素生产率提高,构建现代化经济体系。

第四节 制度演化和企业家精神聚力高质量发展

本节创建了一个描述经济制度和经济结果关系的函数式,如式(3-1)所示。

$$P = f(E, S, Ps) \qquad\qquad (3-1)$$

其中,P 表示结果,E 表示环境,S 和 Ps 表示体制和政策。该函数式表明,结果取决于环境、体制和政策。而结果可以是宏观层面的经济增长、经济结构优化、资源配置效率、收入分配和社会福利等,也可以是微观个体和企业层面的收入增长、回报率上升和个体福利增加等。环境主要指经济发展的外部环境如自然资源、技术、人口等,而制度经济学认为 S 和 Ps 所代表的体制和政策都属于制度的范畴,这里将 S 和 Ps 统一用 R 表示,R 为制度,因而式(3-1)可以简化为式(3-2)。

$$P = f(E, R) \qquad\qquad (3-2)$$

式(3-2)表明,经济结果受环境和制度的影响。但制度无法直接产生经济结果,制度需要通过规范和影响在其中生活的人类的行为,进而影响经济结果。即人类在制度的规范下采取经济行为,实现经济目标,进而产生各种各样的经济结果。因此,仅仅强调环境和制度的作用会忽视制度发挥作用的机制,制度只有通过影响人的动机和行为才能作用于经济结果,而经济活动中人的动机和行为与企业家精神密切相关,拥有创新、诚信、合作、敬业和开放精神等企业家精神的经济活动主体能够充分发挥制度的作用,推进经济高质量发展。因而需要在式(3-2)中加入人的作用,特别是人的企业家精神,制度才能发挥影响经济发展的作用(洪名勇,2012)。

$$P = f(H), H = f(E, R) \qquad\qquad (3-3)$$

式(3-3)对式(3-2)进行了补充,其中 H 表示人的行为,包括人的偏好、目标、采取的手段和人的企业家精神等。式(3-3)表明制度和环境影响人的行为和企业家精神,进而影响经济发展。这个模型也可以用图3-2来表示。

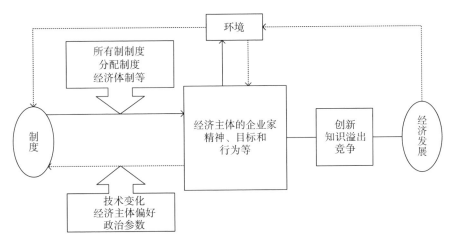

图3-2　制度、企业家精神与经济发展的作用路径

图3-2实线部分为制度如何通过影响人的企业家精神和行为进而影响经济发展,而虚线部分则是行为主体因外部环境改变对制度产生影响,以及随着经济发展制度也相应地发生改变,这里主要讨论企业家精神对制度演化的反作用。一方面,企业家通过套利活动优化资源配置追求利润最大化的过程中必然会导致资源和商品的相对价格变动直至套利机会消失。如果这一套利机会是由制度的安排引起的(如市场分割),则企业家活动在消除套利机会的同时会导致制度安排失效,迫使管理者采用更为公平开放的制度,从而推进高质量发展。另一方面,熊彼特式的企业家精神会采用创造性破坏的手段,通过创新实现新的技术手段、新的经营理念、新的管理模式等,打破旧的市场平衡,追求利益最大化。在此过程中为了推进新技术的应用,更好地管理不确定性和风险,企业家往往选择直接获取政治权利、通过代理人、间接游说或"用脚投票"等方式影响制度规则的创新与变革,以使其更有利于企业家的行为,同时也为高质量发展创造良好的制度环境。

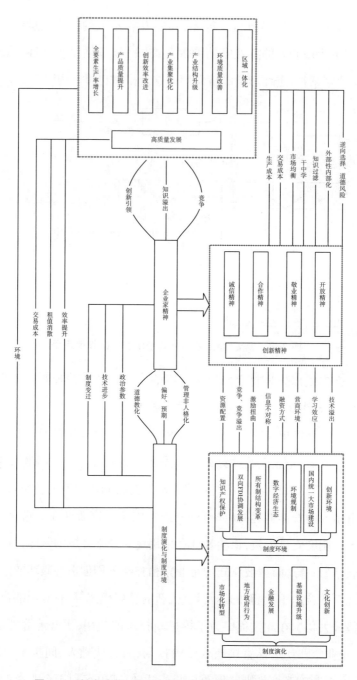

图 3-3　制度演化、企业家精神与高质量发展的逻辑框架

图 3-3 为本书的整体理论逻辑结构,在图 3-2 的基础上进行了进一步的细化和完善。图 3-3 的主线为制度演化通过道德的教化作用,偏好和预期的改变以及管理非人格化作用于企业家精神,而企业家精神又通过创新引领、知识溢出和强化有序竞争推动高质量发展。图 3-3 中虚线框内为对应的制度、企业家精神和高质量发展所包含的内容,制度演化主要包括所有制、分配制度和经济体制,其中经济体制主要包括市场化进程、宏观调控、金融体制和对外开放等;企业家精神主要包括创新精神、诚信精神、合作精神、敬业精神和开放精神;高质量发展主要分为全要素生产率提升、产品质量提升、创新效率改进、产业集聚优化、产业结构升级、环境质量改善和区域一体化等方面。连接虚线框的线条为各项细分制度如何通过作用于各维度企业家精神进而影响高质量发展的各个方面。

第二篇

制度演化与企业家精神

第四章　市场化转型与企业家精神[①]

中国经济的高质量发展,需要充分发挥企业家精神,进而增强经济增长新动能。弘扬企业家精神,离不开支持具备企业家精神特质群体的市场环境。2017 年 9 月 8 日,中共中央、国务院颁布《中共中央　国务院关于营造企业家健康成长环境　弘扬优秀企业家精神　更好发挥企业家作用的意见》,明确企业家精神的地位和价值,其核心就是一种具有强烈使命感和事业心的企业家文化或企业家精神。对企业家来说,是其着手工作、寻找机会,并通过创新和开办企业实现个人目标,满足社会需求的精神追求。

第一节　市场化转型中的企业家精神提升

20 世纪 80 年代中后期以来,学术界重新聚焦企业家理论,企业家异质性导致企业家精神内涵的差异化,如侧重企业家对市场机会识别能力的柯兹纳企业家精神(Kirzner,1973)[②];注重企业家风险承担能力与应对市场失衡能力的奈特企业家精神(Knight,1921)[③];提出企业家是市场均衡的"创造性破坏"

---

① 雷红、高波:《市场化进程与企业家精神》,《经济经纬》2022 年第 5 期,编入本书时做了适当修改。

② Kirzner,I.M.,*Competition and Entrepreneurship*,Chicago:University of Chicago Press,1973.

③ Knight,F.H.,*Risk*,*Uncertainty and Profit*,Boston:Houghton Mifflin,1921.

者,强调创新的熊彼特企业家精神(Schumpeter,1934)①。本书理解的企业家精神包含"1+4"个元素:创新精神、诚信精神、合作精神、敬业精神和开放精神,创新精神是核心元素,其他是基本元素。金和莱文(King 和 Levine,1993)②拓展了熊彼特创新理论,认为企业家精神的核心是创新精神与创业精神,也是当前学术界公认的观点,故本章侧重探讨企业家创新精神与创业精神。

中国历经从计划经济到商品经济再转向市场经济体制的变革过程已经持续 40 余年,在此期间,经济保持年均 9%以上的高速增长,说明市场化改革是实现经济高速增长的重要推手。中国在全球创新指数中的排名逐年攀升,2021 年位居第 12,处在中等收入经济体首位(见图 4-1)。如图 4-2 所示,2021 年,广东的新建注册企业数居榜首,为 210 万家;然后是江苏(189 万家)和山东(174 万家),说明粤商、苏商是我国引领创新创业的主力军。

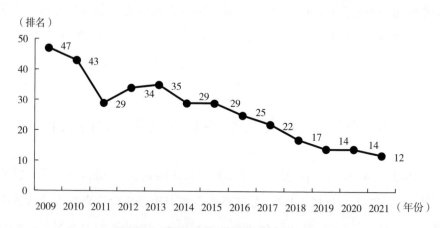

图 4-1　2009—2021 年中国创新指数排名

资料来源:世界知识产权组织:《2022 年全球创新指数报告》。

① Schumpeter,J.A.,*The Theory of Economic Development*,Cambridge,MA：Harvard University Press,1934.

② King,R.G.,Levine, R.,"Finance, Entrepreneurship, and Growth：Theory and Evidence",*Journal of Monetary Economics*,Vol.32, No.3,1993.

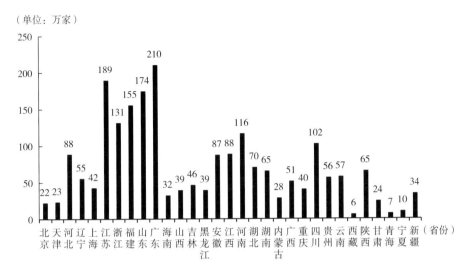

图 4-2　2021 年中国各省份新建注册企业数

资料来源：RESSET 中国企业大数据平台工商信息数据库，https://www.resset.com。

国内外以市场化转型对企业家创新精神和创业精神关系为主题的文献相对较少。通过汇总该类主题的中英文文献可知，主流结论是：市场化程度越高，越有利于激发企业家的创新精神和创业精神。解维敏（2016）①采用2007—2012 年沪深非金融类 A 股上市公司数据验证了市场化进程对企业家创新精神的正向作用。苏韦达尼（Sweidan，2022）②探讨美国各州经济自由的程度能否用以解释大萧条后创业率变动的情况。研究结果显示，使用弗雷泽研究所的经济自由度指数衡量的经济自由度对创业活动具有统计意义上的积极影响。但也有极少部分学者认为，二者关系是模糊的，存在门槛效应或存在负向影响效应（李后建，2013③；程锐，2016④）。在当前全球经济衰退对就业

①　解维敏：《市场化进程对企业家创新精神的影响研究——基于我国非金融类上市公司的经验证据》，《财经问题研究》2016 年第 12 期。

②　Sweidan, O. D., "Economic Freedom and Entrepreneurship Rate：Evidence From the U. S. States after the Great Recession"，*Journal of the Knowledge Economy*，Vol.13，No.1，2022.

③　李后建：《市场化、腐败与企业家精神》，《经济科学》2013 年第 1 期。

④　程锐：《市场化进程、企业家精神与地区发展差距》，《经济学家》2016 年第 8 期。

冲击的背景下,如何解决失业问题,稳就业、促创新创业等成为亟须解决的热点议题。那么,以创新精神和创业精神为核心的企业家精神的培育和激发值得学者们进行深入研究和探讨。市场化转型是市场经济发展水平的重要体现,故研究二者之间的作用机制更具有现实意义。

本章从理论层面探讨市场化转型如何影响企业家行为,实证检验中国经济转型期情境下总体和区域间影响效应的差异;基于企业家创新精神和创业精神的异质性分析,有利于地方政府制定弘扬企业家精神的政策。这一研究的潜在边际贡献:一是摒弃对企业家创新精神采取单一变量做法,使用随机前沿模型(SFA)方法对区域层面企业家创新精神进行测算。二是对企业家创业精神的指标度量,数据来源是锐思(RESSET)中国企业大数据平台工商信息数据库(以下简称"工商信息数据库"),并将创业主体划分为国有企业、集体企业、个体工商户(以下简称"个体")、私营企业、港澳台商投资企业(以下简称"港澳台企业")、外商投资企业(以下简称"外商企业")和混合所有制企业。此外,还考察了不同行业企业家创业精神受到市场化转型影响效应。

第二节　市场化转型提升企业家
精神的理论机制分析

在理论上,市场和政府是配置资源的主要方式,市场化程度不仅增加了企业家在市场上的盈利机会,还影响他们的创新精神、创业精神。

基于市场结构的视角,程锐(2016)[①]探讨了市场竞争程度对企业家精神的影响效应,并具体分析了我国在计划经济体制和市场经济体制下,如何通过市场竞争机制作用于企业家精神?他们提出,随着市场化进程的持续推进,加剧了市场竞争程度,进而激发企业家才能,提升了企业家精神水平。具体而

---

① 程锐:《市场化进程、企业家精神与地区发展差距》,《经济学家》2016 年第 8 期。

言,在市场化程度较高的地区,企业处在更公平的竞争环境,市场机制运行良好,产权获得更好保护,资源配置更有效率,这种竞争机制以优胜劣汰的市场规则对企业家进行创新活动发挥了激励效应(李后建,2013)。在良好的市场环境中,企业家对市场的获利机会也更加敏锐,他们往往采用研究新技术、开发新产品以及降低成本等方式来抢占市场份额,获取竞争优势(解维敏,2016)[1]。政府也将减少对企业该类活动干预,降低了劳动力和产品市场扭曲程度,鼓励自由竞争,这无疑能够激发潜在企业家投身于创新创业,从而提高全社会的企业家精神水平。克雷夫特和索贝尔(Kreft 和 Sobel,2005)[2]考察了经济自由的市场环境与企业家活动增长率之间的关系。他们声称:一个州的经济自由程度是决定其创新能力和吸引企业家活动的重要因素。然而,在市场化程度较低地区,市场机制却无法对资源获取和配置进行有效调节,导致部分企业家将非生产性活动(例如寻租)提上议事日程(Baumol,1990)。基于交易成本理论,市场化程度直接影响企业的交易成本,较高经济自由程度的地区,由政府干预所导致的市场扭曲程度更低,反之则是更高程度的市场扭曲,造成了高交易成本和进入壁垒(Bennett,2021)[3]。政府的过度管制加重了企业的财务负担(Bjørnskov 和 Foss,2008)[4],因为这在某种程度上将会变相鼓励政府的设租和抽租行为,造成市场信号扭曲和潜在企业家创业成本增加。这类垄断、外部性、信息不完美等问题会造成市场机制的失灵。虽然政府干预被视为避免市场失灵的重要手段,却有可能阻碍潜在企业家开展创业活动,行政手段分配资源弱化了企业家创新创业动机,抑制了全社会的企业家精神。

① 解维敏:《市场化进程对企业家创新精神的影响研究——基于我国非金融类上市公司的经验证据》,《财经问题研究》2016 年第 12 期。

② Kreft, S. F., Sobel, R. S., "Public Policy, Entrepreneurship, and Economic Freedom", *Cato Journal*, Vol.25, No.3, 2005.

③ Bennett, D. L, "Local Economic Freedom and Creative Destruction in America", *Small Business Economics*, Vol.56, 2021.

④ Bjørnskov, B., Foss, M. J., "Economic Freedom and Entrepreneurial Activity: Some Cross-Country Evidence", *Public Choice*, Vol.134, No.3, 2008.

从市场分割与地方保护的角度看,地方政府维护本地企业的市场份额,排斥外地企业经营活动,市场分割导致产品和要素跨区域间自由流动受到限制,降低了资源配置效率。市场化程度越高,市场分割越不明显,本地与外地企业在获取关键性要素配置方面的差别化待遇较小。因为市场上的参与主体、中介组织较多,政府的管制程度也相对降低,涉及企业新产品的生产、流通和销售等渠道更为通畅,从而能有效降低交易成本,为企业家进入市场提供更强劲的动力,激发了企业家的创新和创业精神(Bennett,2021)①。安古洛等(Angulo-Guerrero等,2017)②认为,以市场经济导向的制度和政策的经济自由增加,能够有效降低企业行动的交易成本,这有利于企业家根据市场环境和政策走向,抓住机遇作出可预测、合理化的决策,促进企业家创新创业,增强了企业家从事创新和创业活动的意愿,为经济社会注入活力,提高全社会的企业家创新精神与创业精神。吕越等(2021)③认为,扭曲的劳动力和产品市场显著抑制了企业研发创新水平,因为潜在的企业家面临更大的不确定性、更高的市场进入障碍以及更高的运营成本。市场分割通过市场集中度的下降和地区财政依赖性的提升渠道不仅阻碍了企业自主创新,还妨碍了企业的生产可能性曲线向外移动。布德罗等(Boudreaux等,2019)④运用社会认知理论和制度理论,研究了不同国家的制度背景,如经济自由的差异对企业家创业的影响。结果表明,经济自由程度越高,越有利于个人根据自身的社会认知作出判断,并对潜在的商业机会采取行动。概括而言,具有创业自我效能和警惕性的企业家更有可能在经济自由度更高的国家,建立新的机会驱动型企业,这意味着经

---

① Bennett, D. L, "Local Economic Freedom and Creative Destruction in America", *Small Business Economics*, Vol.56, 2021.

② Angulo-Guerrero, M. J., PÉRez-Moreno, S., Abad-Guerrero, I. M., "How Economic Freedom Affects Opportunity and Necessity Entrepreneurship in the OECD Countries", *Journal of Business Research*, Vol.73, 2017.

③ 吕越等:《市场分割会抑制企业高质量创新吗?》,《宏观质量研究》2021 年第 1 期。

④ Boudreaux, C. J., Nikolaev, B. N., Klein, P., "Socio-Cognitive Traits and Entrepreneurship: The Moderating Role of Economic Institutions", *Journal of Business Venturing*, Vol.33, No.6, 2019.

济自由能将个人努力引向生产性创业活动。苏韦达尼(Sweidan,2022)[1]对美国 50 个州在 2008—2017 年的经济自由与创业率之间关系进行考察,结果表明,经济自由程度对企业家的创业活动具有统计意义上的促进效应。陈欢等(2022)[2]选取我国 1997—2019 年的省级面板数据,验证了市场化程度对企业家创新精神与创业精神的正向促进作用。基于此,提出以下假说:

假说 1:市场化程度越高,越能提升企业家创新精神。

假说 2:市场化程度越高,越能提升企业家创业精神。

第三节　市场化转型引致企业家精神: 中国的经验证据

一、区域企业家创新精神的典型事实

借鉴李宏彬等(2009)[3]选取专利申请量衡量企业家的创新精神,使用国内三种专利,包括发明、实用新型和外观设计。国家统计局统计数据显示,2020 年全国专利申请数 519.42 万件,同比增长 18.58%,其中,发明专利有 149.72 万件、实用新型专利有 292.66 万件、外观设计有 77.04 万件,分别同比增长 6.89%、29.03%和 8.26%。

图 4-3(a)是 2000—2018 年中国东部地区企业家创新精神的演变历程。广东在 2000—2007 年和 2017—2018 年起到引领作用,2008—2016 年,江苏领先于其他东部地区,广东退居第二,浙江仅在 2012—2013 年一跃而上,超过广东。在样本期内,浙江与江苏具有相似的演化趋势。2000—2003 年,广东、上

---

①　Sweidan,O.D.,"Economic Freedom and Entrepreneurship Rate:Evidence From the U.S. States after the Great Recession",*Journal of the Knowledge Economy*,Vol.13,No.1,2022.

②　陈欢等:《市场化改革、企业家精神与经济高质量发展》,《统计与决策》2022 年第 7 期。

③　李宏彬等:《企业家的创业与创新精神对中国经济增长的影响》,《经济研究》2009 年第 10 期。

海和浙江位列前三;在 2004—2018 年,江苏和广东表现为你追我赶的走势,浙江紧随其后。从年份来看,2005 年、2011 年和 2002 年的年增长率均值为前三名,分别是 37.64%、36.35% 和 32.87%。从地区来看,在 2000 年,上海、天津和海南增长速度呈递减态势,说明在刚迈入 21 世纪时,它们是东部地区企业家从事创新活动最活跃的省份。2018 年,海南、河北、辽宁依次递减。最后,比较年均复合增长率,江苏、浙江、福建和广东表现为逐渐递减,说明 2000—2018 年东部地区企业家创新精神在这些地区提升得较快,苏商、浙商、闽商和粤商的贡献很大。

图 4-3(b)是 2000—2018 年中部地区企业家创新精神的演变趋势。2001—2009 年,湖北一直处于引领其他中部地区的地位。尽管安徽在 2010—2018 年出现断层式领先趋势,湖北仍在 2010—2012 年紧随其后,河南自 2013 年开始呈现一路飙升的态势。在样本期内,江西和湖北走势显著相似。从年份来看,2011 年、2010 年和 2016 年的年增长率均值为前三名,分别是 47.00%、41.36% 和 30.32%。从地区来看,2000 年,山西、湖南、吉林增长速度呈递减态势;说明在刚迈入 21 世纪时,它们是中部地区企业家从事创新活动最活跃的省份。2018 年,吉林、山西、河南依次递减。与 2000 年相似的是,吉林和山西的创新活力仍居于中部地区引领者地位。最后,比较年均复合增长率,安徽、江西和河南分别位于中部地区前三,表明在 2000—2018 年中部地区的企业家创新精神在这三个地区提升得较快。综上可知,徽商、赣商和豫商带来的创新效应不容忽视。

图 4-3(c)是 2000—2018 年西部地区企业家创新精神的变迁趋势。四川在整个样本期处于领先地位。从年份来看,2011—2013 年的年增长率均值为前三名,分别是 41.80%、40.93% 和 37.13%。从地区来看,2000 年,重庆、云南、甘肃增长速度呈递减态势,说明在刚迈入 21 世纪时,它们是西部地区企业家从事创新活动最活跃的省份。2018 年,内蒙古、青海、贵州依次递减,而且四川、广西和陕西甚至出现了负增长,我们从专利申请类型对此现象进行解

释,四川和陕西可归咎于发明和外观设计的大幅下降,四川分别同比下降16.76%和10.46%;陕西分别同比下降33.73%和49.92%。而广西仅仅是发明专利的大幅下降拉低了总体水平,同比下降46.54%。最后,比较年均复合增长率,贵州、重庆和陕西分别位于西部地区前三,这说明在2000—2018年西部地区企业家创新精神在这三个地区提升得较快,也表明黔商、渝商和秦商对地区创新的投入功不可没。

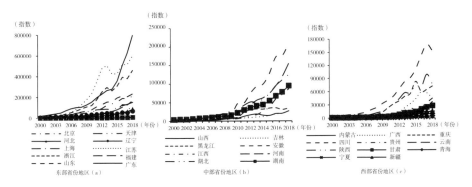

图4-3　2000—2018年中国企业家创新精神变迁趋势

二、区域企业家创业精神的典型事实

根据国家统计局和工商信息数据库关于企业按登记注册类型的分类,将企业根据不同所有制分为国有企业、集体企业、私营企业、港澳台企业、外商企业和混合所有制企业①,由于个体企业是新登记市场主体的重要组成部分,本

①　国家统计局(2011)关于划分企业登记注册类型的规定,具体分类:国有企业涵盖全民所有制、国有经营单位(非法人)、国有事业单位营业、有限责任公司分公司(国有独资)、有限责任公司分公司(国有控股)、社会团体、事业单位、基金会、工会法人;集体企业包括集体经营单位(非法人)、集体社团法人营业、集体事业单位营业、集体所有制、农民专业合作经济组织、农民专业合作社及其分支机构;私营企业涵盖个人独资企业、有限责任公司(自然人独资)、民办非企业单位、普通合伙企业、特殊普通合伙企业、有限合伙企业及相关分支机构;港澳台企业包含有限责任公司(港澳台自然人独资)、港澳台有限合伙企业、股份有限公司(港澳台与境内合资)及相关分支机构;外商企业包括外商参与的有限责任公司,涉及独资、合资及相关分支机构,以及外国(地区)企业常驻代表机构、外国(地区)在中国境内从事经营;混合所有制企业包括股份合作制、股份有限公司、其他股份有限公司、其他有限责任公司、联营。

章也将其纳入其中,并选取不同类型新建注册企业数占所有新建注册企业总数的比值衡量企业家创业精神。图4-4展示了2000—2018年中国企业家创业精神的变迁趋势。个体企业和私营企业是我国重要的市场主体,在所有新建注册企业中比重较大,采用左轴来表示;其余企业类型占比用右轴表示。比较东部、中部和西部三大地区,个体与私营的走势趋于一致,且个体与私营占比之和均接近于87%;差异在于国有企业、集体企业、混合所有制企业、港澳台企业和外商企业的发展趋势在中部地区和西部地区均保持高度一致。

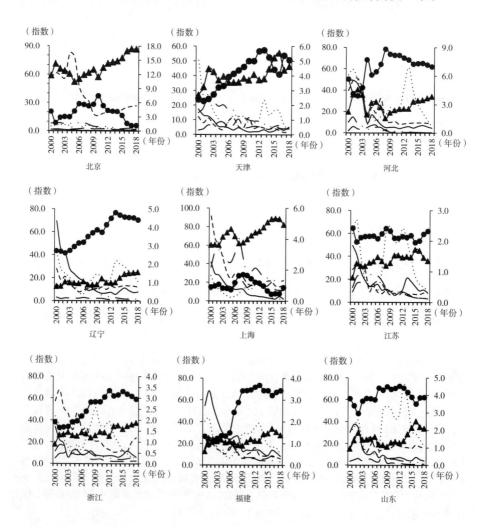

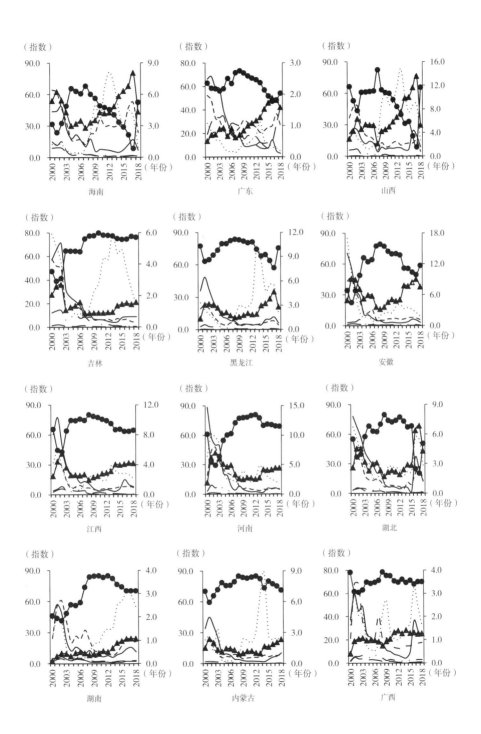

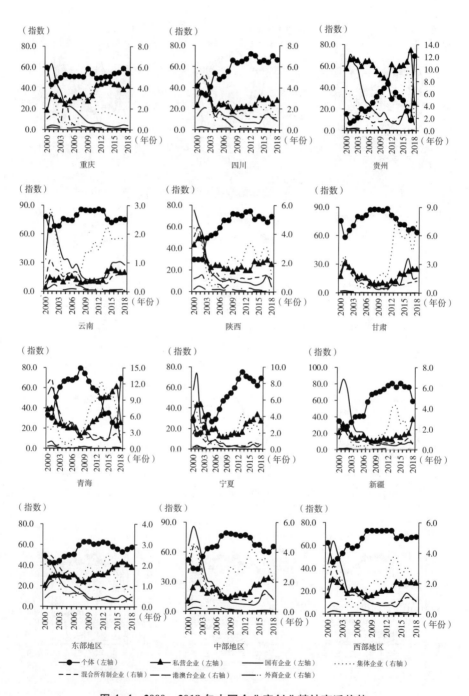

图 4-4　2000—2018 年中国企业家创业精神变迁趋势

第一，从国有企业来看，企业家创业精神表现为中部地区最高、西部地区次之、东部地区最低。国有企业占比较高的地区主要分布在中部地区，分别是山西、安徽、江西。在西部地区，贵州与青海的占比位列全国前二，拉高了西部地区均值。中西部地区表现为 2001 年是波峰，后期波动情况与东部地区呈现相似走势，2001—2014 年表现为正态分布右半部分趋势，2001—2004 年急剧下滑，2005—2014 年缓慢下滑。2014—2018 年展现为倒"U"形走势，并于2016 年达到波峰。

第二，从集体企业来看，企业家创业精神表现为中部地区最高、西部地区次之、东部地区最低，中西部明显高于东部地区，尤其在山西、青海、贵州。对比中东部地区，均在 2009 年和 2013 年达到峰值，西部地区却存在滞后一年的现象。比较国有企业与集体企业，2000—2006 年，三大地区保持惊人的相似，集体企业占比低于国有企业，但跨越 2007 年后，集体企业一直表现为高于国有企业。

第三，从个体企业来看，企业家创业精神表现为中部地区最高、西部地区次之、东部地区最低。究其原因，中部 8 个省份各种企业类型占比表现趋同，均超过 50%；西部地区除贵州和宁夏占比分别是 26.26% 和 47.36% 外，其余 10 个省份均超过 50%；东部地区的北京和上海个体企业与私营企业占比走势表现为此消彼长。天津和海南个体企业与私营企业经济发展水平相当，占比均在 40% 左右，其余 7 个省份均超过 50%。2015—2018 年，西部地区个体占比均超过中东部地区。

第四，从私营企业来看，企业家创业精神表现为东部地区最高、西部地区次之、中部地区最低。在东部地区，北京和上海作为一线城市，私营经济发展一直处于全国领先地位，与海南和天津的私营企业占比进入全国前五。比较中西部地区，二者均值差仅为 0.74%，贵州私营企业占比拉高了西部地区平均水平，其个体企业与私营企业占比呈现双葫芦形，于 2011 年居于瓶口阶段。此后差异逐渐增大，2017 年突破拐点形成一个剪刀差，2018 年下降至 25.87%。

第五,从中国港澳台企业来看,三大地区企业家创业精神在 2000—2018 年趋于稳定,表现为东部地区高于中西部地区,中部地区和西部地区在市场主体中的比值几乎保持一致。

第六,从外商企业来看,企业家创业精神也表现为东部地区高于中西部地区,随时间推移,前者与后者差距越来越大,西部地区略高于中部地区。

第七,从混合所有制企业来看,2000—2004 年企业家创业精神,东部地区于 2001 年达到第一个波峰,然后迅速下降,2004 年达到第一个波谷;中部地区和西部地区趋势更加陡峭。2005 年及以后,三大地区走势趋于相同,占比均约 0.90%。

三、市场化转型与企业家创新创业精神的实证分析

(一) 数据来源与处理

以中国大陆 30 个省(自治区、直辖市)为研究对象,西藏地区的数据由于缺失严重,故予以剔除。根据研究数据的可获得性,选取 2000—2018 年为样本期,2000 年为基期,数据来源于 Wind 数据库、工商信息数据库和《中国科技统计年鉴》《中国统计年鉴》《中国社会统计年鉴》《中国律师年鉴》《中国检察年鉴》《中国教育统计年鉴》《中国高技术产业统计年鉴》以及各省份统计年鉴与检察院年度工作报告。

(二) 模型构建与变量说明

为验证市场化转型对企业家创新精神和创业精神的影响效应,构建以下计量模型:

$$IE_{it} = \alpha_0 + \alpha_1 market_{it} + \alpha_j controls_{it} + year_t + region_i + \varepsilon_{it} \qquad (4\text{-}1)$$

$$BE_{it} = \beta_0 + \beta_1 market_{it} + \beta_j controls_{it} + year_t + region_i + \varphi_{it} \qquad (4\text{-}2)$$

其中,*IE* 和 *RE* 分别是企业家创新精神和创业精神,*market* 是市场化程度,*controls* 为一组控制变量,包括人力资本、高技术产业集聚、金融发展水平、基础设施水平、创新环境、知识产权保护强度和政府支持,剩余变量是时间与地区固定效应、随机干扰项。

被解释变量:企业家创新精神采用 *SFA* 方法测算,分别选取地区专利申请数和专利授权数为创新产出,将研发经费内部支出额和研发人员全时当量分别作为物质资本和人力资本投入指标。企业家创业精神分别借鉴埃文斯和莱顿(Evans 和 Leighton,1989)①使用区域新建注册企业数和《全球创业观察》(GEM)选取区域新建注册企业数与 15—64 岁劳动力人口数的比值。

解释变量:市场化程度借鉴樊纲等(2011)和王小鲁等(2019)②的报告,分别测算中国各省份 1997—2007 年和 2008—2016 年的市场化指数。为保持数据的连贯性,借鉴马丹等(2021)③对市场化指数的处理方法;2017 年数据借鉴俞红海等(2010)④估算方法,采用 2000—2016 年各地区指标的平均增长率作为 2016—2017 年增长率来获取 2017 年数据,同理测算出 2018 年数据。

控制变量:从营商环境的 7 个维度进行考察,包括人力资源、市场环境、金融服务、公共服务、创新环境、执法力度和政府支持,详见表 4-1。为缓解因异方差带来的不良影响,实证数据均采用自然对数值进行计量回归。

表 4-1　变量名称与测算方法

变量类型	变量名称	符号	测算方法
被解释变量	市场化转型	*market*	借鉴樊纲等(2011)、王小鲁等(2019)、马丹等(2021)、俞红海等(2010)

①　Evans, D. S., Leighton, L. S.,"Some Empirical Aspects of Entrepreneurship", *American Economic Review*,Vol.79, No.3,1989.

②　王小鲁等:《中国分省份市场化指数报告(2019)》,社会科学文献出版社 2019 年版。

③　马丹等:《双重价值链、经济不确定性与区域贸易竞争力——"一带一路"建设的视角》,《中国工业经济》2021 年第 4 期。

④　俞红海等:《终极控股股东控制权与自由现金流过度投资》,《经济研究》2010 年第 8 期。

续表

变量类型	变量名称	符号	测算方法
解释变量	企业家创新精神	*sfa*	专利申请数作为创新产出，研发经费内部支出额和研发人员全时当量分别作为物质资本和人力资本投入，采用 SFA 方法测算
		sfa_ie	将专利授权数替代上述专利申请数
	企业家创业精神	*ent*	新建注册企业数
		entre	新建注册企业数/15—64 岁劳动力人口数
控制变量	人力资源	*h*	人均受教育年限
	市场环境	*aggl*	高技术产业集聚①
	金融服务	*fin*	金融机构本外币各项贷款余额/GDP
	公共服务	*infra*	(铁路里程+公路里程和内河航道里程)/各省份的国土面积
	创新环境	*inno*	企业研发投入/主营业务收入
	执法力度	*ipp*	技术合同成交额/GDP
	政府支持	*gov*	科技拨款额/财政拨款总额

据图 4-5(a)和(b)所示，从总量上看，企业家创新精神和创业精神与市场化进程之间呈现显著的正相关性，随着市场化进程的深化，地区专利申请量和新建注册企业量也随之增加。比较二者拟合趋势线的斜率，我们初步判断，在市场化转型深化的相同水平下，企业家创业精神高于企业家创新精神。

（三）实证结果分析

1. 基准检验

表 4-2 呈现了市场化进程对企业家创新精神与创业精神的基准回归结果。列(1)、列(3)、列(5)和列(7)报告了不考虑控制变量的估计结果。从估

---

① 高技术产业集聚=某地区高技术产业从业人员平均人数(某地区第二产业从业人员平均人数)/(全国高技术产业部门的从业人员平均人数(全国第二产业的从业人员数)。

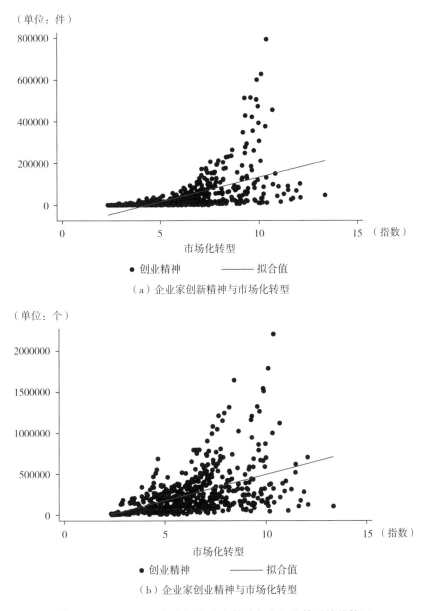

图 4-5　2000—2018 年中国企业家精神与市场化转型的趋势图

计系数上看,除了 lnsfa_ie 未通过显著性检验外,其他变量均在 1% 的水平下显著正相关。列(2)、列(4)、列(6)和列(8)继续添加控制变量,研究结果表明,尽管企业家的创新精神的回归系数符合理论预期,但却不具有统计意义的

显著性。而企业家的创业精神仍在 1% 的水平下显著正相关。上述分析初步
验证了假说 2 成立,假说 1 有待进一步验证。

表 4-2 2000—2018 年基准回归结果

变量	IE				BE			
	ln*sfa*		ln*sfa_ie*		ln*ent*		ln*entre*	
	(1)	(2)	(3)	(4)	(5)	(6)	(7)	(8)
ln*market*	0.208*** (0.073)	0.135 (0.102)	0.007 (0.084)	0.047 (0.117)	1.909*** (0.084)	1.471*** (0.151)	1.044*** (0.083)	1.330*** (0.100)
ln*h*		0.056 (0.119)		0.307** (0.137)		-0.127 (0.179)		0.093 (0.119)
ln*aggl*		0.231*** (0.034)		0.287*** (0.098)		-0.384*** (0.050)		-0.317*** (0.033)
ln*fin*		-0.269*** (0.085)		-0.392*** (0.098)		-0.844*** (0.116)		0.519*** (0.077)
ln*infra*		-0.018 (0.040)		-0.040 (0.047)		0.203*** (0.058)		-0.135*** (0.039)
ln*inno*		0.230*** (0.059)		0.130* (0.068)		-0.120 (0.080)		-0.392*** (0.053)
ln*ipp*		-0.116*** (0.022)		-0.087*** (0.026)		0.086*** (0.031)		0.085*** (0.020)
ln*gov*		-0.059 (0.041)		-0.138*** (0.047)		0.498*** (0.059)		0.396*** (0.039)
常数项	-1.144*** (0.135)	-0.788*** (0.241)	-0.607*** (0.156)	-0.043 (0.278)	8.568*** (0.198)	8.299*** (0.355)	-6.942*** (0.151)	-7.080*** (0.235)
R^2	0.016	0.211	0.000	0.205	0.350	0.540	0.217	0.589
观察值	517	517	513	513	570	568	570	568

注:***、**、*分别表示在 1%、5% 和 10% 的水平下显著;系数下方括号中数值为其标准误差。

2. 内生性检验

虽然在模型设定中,已尽量地控制影响企业家精神的因素,但仍可能存在
因反向因果关系和遗漏变量产生内生性问题,进而导致市场化进程的回归估
计系数有偏。据此,进一步使用工具变量法进行检验。选取市场化进程的滞

后一期作为工具变量,使用 2SLS 进行回归估计,弱工具检验为 F 值,结果均表明不存在弱工具变量问题。

根据表 4-3 列(2)和列(4),市场化进程对企业家创新精神的估计系数在 1% 的统计水平下显著为正。通过比较可知,无论是否选择控制相关变量,结果均稳健,其经济含义表明市场化进程越快,市场化水平越高,企业家创新精神越能得到有效提升。理论上是因为市场化程度的提升,降低了资源和要素流动的摩擦,促使其根据市场需求优化配置,减少创新企业与要素供给方搜索匹配成本。列(5)—列(8)汇报了市场化进程对企业家创业精神的估计结果。列(6)和列(8)添加控制变量后的市场化进程对企业家创业精神的估计系数在 1% 的水平下显著为正。通过比较可知,无论是否选择控制相关变量,结果均稳健,其经济含义表明随着市场化进程的推进,企业家的创业精神能得到有效提升。加速推进市场化进程关键是市场配置资源、市场主体公平进入和竞争,激发潜在企业家将识别的市场机会付诸实现。以上实证结果验证了假说 4-1 和假说 4-2。因此,在下文的异质效应分析中,均使用工具变量法以克服内生性问题。

表 4-3 2000—2018 年市场化转型对企业家精神的工具变量回归结果

变量	IE				BE			
	ln*sfa*		ln*sfa_ie*		ln*ent*		ln*entre*	
	(1)	(2)	(3)	(4)	(5)	(6)	(7)	(8)
ln*market*	0.697 *** (0.073)	0.765 *** (0.142)	0.471 *** (0.088)	0.574 *** (0.174)	1.795 *** (0.103)	2.133 *** (0.195)	0.695 *** (0.061)	1.553 *** (0.121)
常数项	-2.808 *** (0.170)	-2.766 *** (0.267)	-2.258 (0.210)	-1.825 *** (0.328)	9.583 *** (0.239)	10.008 *** (0.355)	-5.363 *** (0.140)	-5.552 *** (0.220)
控制变量	No	Yes	No	Yes	No	Yes	No	Yes
时间固定效应	Yes	Yes	Yes	Yes	Yes	Yes	Yes	Yes
地区固定效应	Yes	Yes	Yes	Yes	Yes	Yes	Yes	Yes

续表

变量	IE				BE			
	ln*sfa*		ln*sfa_ie*		ln*ent*		ln*entre*	
	(1)	(2)	(3)	(4)	(5)	(6)	(7)	(8)
IV	0.983 *** (0.009)	0.917 *** (0.018)	0.981 *** (0.0094)	0.918 *** (0.018)	0.984 *** (0.009)	0.901 *** (0.019)	0.984 *** (0.009)	0.901 *** (0.019)
R^2	0.363	0.437	0.307	0.365	0.573	0.713	0.686	0.764
弱工具检验	812.3	610.1	803.2	600	833.5	632	833.45	632
观察值	489	489	485	485	540	540	540	540

注:***、**、* 分别表示在 1%、5% 和 10% 的水平下显著;系数下方括号中数值为其标准误差。

3. 异质效应分析

首先,基于地区异质性分析。对东部地区、中部地区和西部地区三大地区进行分析。根据表 4-4,比较列(1)、列(3)和列(5),市场化进程对企业家创新精神的影响效应均表现为显著正相关,但存在地区差异性,中部地区、东部地区和西部地区呈现依次递减的现象。比较 2000—2018 年三大地区专利申请数增长率的方差可知,中部地区最小,其次是东部地区,最后是西部地区,这说明中部地区创新水平的提高最为稳定,尤其是湖南、湖北和河南。从绝对数来看,贡献较大的前三位分别为安徽、河南和湖北。从贡献率来看,可以分阶段进行比较,2000—2008 年,排位前三的分别是湖北、河南和湖南;2009—2018 年,排位前三的分别是安徽、河南和湖北。

表 4-4 2000—2018 年分地区市场化转型对企业家精神回归结果

变量	东部地区		中部地区		西部地区	
	ln*sfa*	ln*ent*	ln*sfa*	ln*ent*	ln*sfa*	ln*ent*
	(1)	(2)	(3)	(4)	(5)	(6)
ln*market*	1.090 *** (0.241)	3.317 *** (0.622)	2.970 *** (0.526)	0.735 (0.485)	0.705 ** (0.305)	1.507 *** (0.322)

续表

变量	东部地区		中部地区		西部地区	
	lnsfa	lnent	lnsfa	lnent	lnsfa	lnent
	（1）	（2）	（3）	（4）	（5）	（6）
常数项	−2.803 *** （0.480）	7.417 *** （1.302）	−5.974 *** （0.876）	11.770 *** （0.808）	−3.089 *** （0.459）	9.963 *** （0.521）
控制变量	Yes	Yes	Yes	Yes	Yes	Yes
时间固定效应	Yes	Yes	Yes	Yes	Yes	Yes
地区固定效应	Yes	Yes	Yes	Yes	Yes	Yes
IV	0.776 *** （0.047）	0.805 *** （0.042）	0.819 *** （0.049）	0.819 *** （0.049）	0.905 *** （0.042）	0.900 *** （0.040）
R^2	0.8432	0.694	0.687	0.866	0.3814	0.762
弱工具检验	133.17	169.71	150.62	150.62	109.75	129.14
观察值	180	198	144	144	165	198

注:*** 、** 、*分别表示在1%、5%和10%的水平下显著;系数下方括号中数值为其标准误差。

比较列（2）、列（4）和列（6），市场化进程对企业家创业精神的影响效应均表现为显著正相关，但存在区域差异性，东部地区、西部地区和中部地区呈现依次递减的现象，说明市场化进程对东部地区企业家创业精神的提升快于中西部地区。整体来看，东部地区企业家创业量的占比2000—2018年的均值为52.84%，超过中西部地区，东部地区的创业精神远远高于中西部地区，其中江苏、浙江、广东和山东等表现得尤为突出。东部沿海城市得益于对外开放，地区经济率先发展，起到了引领中西部地区发展的作用，市场化进程取得了很大程度的进展。然而，中西部地区的经济发展相对滞后，尤其是西部地区，政府部门的干预颇多，市场主体缺乏活力，因为2008—2016年西部地区政府对资源配置的控制和干预以及对企业的干预有所增加，故市场在优化资源配置中发挥的作用较为有限（王小鲁等，2019）。

然后，基于企业家创新主体异质性分析。将企业、高校和科研机构作为创新主体,由于数据的可获得性,分别选取2009—2018年30个省份(西藏除外)的规模以上工业企业、高等学校和研究与开发机构的原始数据,数据处理与测算方法同上,结果见表4-5。列(1)—列(6)显示,市场化进程显著促进了企业、高校和科研机构层面企业家创新精神,均呈现正相关性,作用强度从高到低为企业、高校、科研机构,说明市场化水平对企业家创新精神的影响存在创新主体异质性。究其原因,对比高校和科研机构,市场化引起的作用强度主要体现在企业中。通过高校和研发机构创新效率的方差来看,研发机构的方差值更大,说明在市场化进程中,高校创造的创新效率更为稳健。

表4-5　2000—2018年市场化转型对不同创新主体企业家创新精神回归结果

变量	企业		高校		科研机构	
	（1）	（2）	（3）	（4）	（5）	（6）
ln*market*	1.713 *** (0.097)	1.431 *** (0.259)	1.478 *** (0.075)	1.393 *** (0.200)	1.033 *** (0.102)	0.853 *** (0.299)
常数项	−3.914 *** (0.210)	−3.942 *** (0.443)	−3.612 *** (0.163)	−2.777 *** (0.340)	−2.809 *** (0.220)	−3.299 *** (0.514)
控制变量	No	Yes	No	Yes	No	Yes
时间固定效应	Yes	Yes	Yes	Yes	Yes	Yes
地区固定效应	Yes	Yes	Yes	Yes	Yes	Yes
IV	0.991 *** (0.010)	0.902 *** (0.028)	0.994 *** (0.010)	0.904 *** (0.029)	0.995 *** (0.010)	0.905 *** (0.029)
R^2	0.558	0.673	0.593	0.709	0.293	0.361
弱工具检验	1132.02	661.20	1129.54	660.35	1105.97	647.38
观察值	268	268	270	270	263	263

注:*** 、** 、* 分别表示在1%、5%和10%的水平下显著;系数下方括号中数值为其标准误差。

最后,基于企业家创业主体异质性分析。根据表4-6,列(1)—列(7)的市场化进程估计系数均显著为正,表明市场化进程显著驱动了企业家创业精神的提升,说明竞争环境下的个体和企业得到蓬勃发展。从市场化进程发挥作用的强度看,从高到低为港澳台企业、外商企业、个体、私营企业、混合所有制企业、国有企业、集体企业的特征。意味着市场化的资源配置效应和激励效应存在显著的创业主体异质性。在市场化不断推进的过程中,资源的优化配置方式和激励机制不能同时渗透进所有不同类型的市场主体中,从而导致企业家创业精神差异化现象。究其原因,一方面,从不同所有制的角度来分析,市场化进程的推进,打破了跨区域企业间的投资和贸易,港澳台企业和外商企业发挥了母公司具备的先进技术、品牌等优势,促进了企业家创业精神的提升。虽然混合所有制企业、国有企业和集体企业有获取政府财政资助、银行信贷支持、代理成本降低和规模优势,但其缺乏诸如私营企业的灵活性和高效性。另一方面,大多数个体是出于生计被迫创业,具有规模小、无太大发展空间以及自身没有一技之长等特征。

表 4-6　2000—2018 年市场化转型对不同创业主体企业家创业精神回归结果

变量	国有企业	集体企业	个体	私营企业	港澳台企业	外商企业	混合所有制企业
	（1）	（2）	（3）	（4）	（5）	（6）	（7）
$lnmarket$	0.660*** (0.225)	0.440* (0.240)	2.815*** (0.265)	1.502*** (0.166)	3.718*** (0.270)	2.897*** (0.262)	0.669** (0.289)
常数项	7.337*** (0.410)	7.521*** (0.436)	9.690*** (0.483)	8.564*** (0.301)	-2.228*** (0.492)	0.024 (0.477)	6.695*** (0.526)
控制变量	Yes	Yes	Yes	Yes	Yes	Yes	Yes
时间固定效应	Yes	Yes	Yes	Yes	Yes	Yes	Yes
地区固定效应	Yes	Yes	Yes	Yes	Yes	Yes	Yes
IV	0.901*** (0.019)	0.901*** (0.019)	0.901*** (0.019)	0.901*** (0.019)	0.901*** (0.019)	0.901*** (0.019)	0.901*** (0.019)
R^2	0.4411	0.678	0.66	0.813	0.77	0.697	0.347
弱工具检验	631.96	631.96	631.96	631.96	631.96	631.96	631.96
观察值	540	540	540	540	540	540	540

注:***、**、*分别表示在1%、5%和10%的水平下显著;系数下方括号中数值为其标准误差。

表4-7列(1)—列(19)汇报了市场化进程对不同行业企业家创业精神的影响效应。根据行业分类,结果显示,除了采矿业与公共管理、社会保障和社会组织行业外,市场化进程对其余行业的企业家创业精神在1%的统计水平下显著为正,其中,受到市场化进程影响最大的三个行业分别是制造业,居民服务、修理和其他服务业,交通运输、仓储和邮政业。排在最末三个行业分别是农、林、牧、渔业,金融业,电力、热力、燃气及水生产和供应业。与之相反的是,公共管理、社会保障和社会组织与采矿业呈现显著负相关性和不相关性。以上结果表明,随着市场化进程的加快,社会公共服务得到完善的空间越来越狭小。采矿业的企业家创业精神并未受到市场化进程的影响。

表4-7 2000—2018年市场化转型对不同行业企业家创业精神回归结果

变量	采矿业	电力、热力、燃气及水生产和供应业	房地产业	公共管理、社会保障和社会组织	建筑业	交通运输、仓储和邮政业	教育	金融业	居民服务、修理和其他服务业	科学研究和技术服务业
	(1)	(2)	(3)	(4)	(5)	(6)	(7)	(8)	(9)	(10)
$lnmarket$	-0.207 (0.321)	0.977*** (0.231)	1.761*** (0.183)	-3.073*** (0.434)	1.377*** (0.175)	2.316*** (0.242)	2.212*** (0.295)	1.165*** (0.237)	2.584*** (0.220)	2.056*** (0.188)
常数项	7.213*** (0.586)	6.213*** (0.421)	4.977*** (0.334)	4.616*** (0.817)	6.564*** (0.319)	5.325*** (0.440)	5.287*** (0.537)	4.698*** (0.431)	7.596*** (0.400)	4.856*** (0.433)
控制变量	Yes	Yes	Yes	Yes	Yes	Yes	Yes	Yes	Yes	Yes
时间固定效应	Yes	Yes	Yes	Yes	Yes	Yes	Yes	Yes	Yes	Yes
地区固定效应	Yes	Yes	Yes	Yes	Yes	Yes	Yes	Yes	Yes	Yes
R^2	0.646	0.553	0.738	0.1525	0.803	0.618	0.626	0.513	0.637	0.784
弱工具检验	621.6	631.96	631.96	521.87	631.96	631.96	631.96	631.96	631.96	631.96
观察值	537	540	540	456	540	540	540	540	540	540

续表

变量	农、林、牧、渔业	批发和零售业	水利、环境和公共设施管理业	卫生和社会工作	文化、体育和娱乐业	信息传输、软件和信息技术服务业	制造业	住宿和餐饮业	租赁和商务服务业
	(11)	(12)	(13)	(14)	(15)	(16)	(17)	(18)	(19)
$lnmarket$	1.344*** (0.230)	2.280*** (0.224)	1.520*** (0.202)	1.694*** (0.271)	2.029*** (0.225)	1.590*** (0.241)	3.040*** (0.288)	2.140*** (0.242)	1.999*** (0.165)
常数项	7.280*** (0.418)	9.139*** (0.407)	4.062*** (0.367)	6.505*** (0.493)	5.335*** (0.409)	7.137*** (0.438)	5.579*** (0.534)	9.275*** (0.441)	6.213*** (0.299)
控制变量	Yes	Yes	Yes	Yes	Yes	Yes	Yes	Yes	Yes
时间固定效应	Yes	Yes	Yes	Yes	Yes	Yes	Yes	Yes	Yes
地区固定效应	Yes	Yes	Yes	Yes	Yes	Yes	Yes	Yes	Yes
R^2	0.797	0.648	0.692	0.486	0.687	0.607	0.545	0.659	0.859
弱工具检验	631.96	631.96	631.96	631.96	631.96	631.96	631.96	631.96	631.96
观察值	540	540	540	540	540	540	540	540	540

注：***、**、*分别表示在1%、5%和10%的水平下显著；系数下方括号中数值为其标准误差。

4. 稳健性检验

为了检验回归结果的稳健性，进一步采用 GMM 动态面板模型进行回归，检验前文结论是否依旧成立。表4-8汇报了在考虑模型动态效应后的差分 GMM 估计结果，表明市场化进程 lnmarket 对企业家创新精神（lnsfa 与 lnsfa_ie）和企业家创业精神（lnent 与 lnentre）的影响均在 1% 的水平下显著为正，且根据 AR（1）、AR（2）以及萨甘检验的统计量显示，模型设定是合理的，工具变量均有效，满足差分 GMM 的使用条件。回归结果的经济含义说明市场化进程的推进有利于激发和提升企业家的创新精神和创业精神，这与考虑了内生性问题而进行 2SLS 估计的结果保持一致。

表 4-8　2000—2018 年稳健性检验回归结果

变量	IE		BE	
	ln*sfa*	ln*sfa_ie*	ln*ent*	ln*entre*
	（1）	（2）	（3）	（4）
ln*sfa*	1.279 *** (0.018)			
ln*sfa_ie*		1.420 *** (0.021)		
ln*ent*			0.642 *** (0.023)	
ln*entre*				0.644 *** (0.036)
ln*market*	0.056 *** (0.011)	0.050 *** (0.012)	0.426 *** (0.079)	0.403 *** (0.075)
控制变量	Yes	Yes	Yes	Yes
AR（1）	0.090	0.018	0.002	0.002
AR（2）	0.256	0.888	0.348	0.352
Sargan 检验	1.000	1.000	1.000	1.000
观测值	461	457	510	510

注：***、**、* 分别表示在 1%、5% 和 10% 的水平下显著；系数下方括号中数值为其标准误差。

第四节　市场化转型提升企业家精神的路径

本章选取 2000—2018 年中国省级面板数据从全国、区域、创新主体、创业主体及其行业层面分别考察市场化转型对企业家创新与创业精神的影响效应。根据研究结论，探讨提升企业家精神的路径。

第一，在全国层面上，市场化发挥的激励效应和资源配置效应促进了企业家创新精神和创业精神水平的提升，这种影响还存在地区差异性。建议最大限度地减少政府对市场干预，优化资源配置，大力发展民营经济等非国有经济，更好地运用市场竞争机制激励企业家进行创新创业活动。考虑到地区异质性的存在,各地方政府要采取针对性地激发企业家创新与创业的政策。一方面,重点加强西部地区市场化转型的推进步伐,强化市场环境的激励作用,激发更高的企业家创新精神水平;另一方面,优化营商环境,尤其是中部地区,降低企业的市场准入门槛,破除地区封锁和行业垄断,厚植激发企业家创业精神的土壤。

第二,从不同的创新主体看,市场化转型显著促进了企业、高校和科研机构的企业家创新精神,作用强度从高到低依次为企业、高校、科研机构,由市场化带来的积极效应主要体现在企业中。建议吸引海内外优秀人才进入企业,尤其是高技术行业的企业,政府可以给予政策倾斜,激励和适当引导其他企业从事创新活动,更高效地发挥市场化的创新激励效应。与此同时,加快推动产学研的深度融合,提高科技成果的转化效率。

第三,从不同的创业主体看,无论是个体还是不同所有制企业均受到市场化转型的促进作用,其作用强度从高到低为港澳台企业、外商企业、个体、私营企业、混合所有制企业、国有企业、集体企业,这种影响还存在行业差异性,制造业受到的影响程度最高。建议积极引进港澳台企业和外商企业入驻各地区;对于个体和私营企业可以通过降低税率和减少开办企业成本途径提高企业家的创业意愿,以及创办创业教育,提升企业家发现和识别市场机会的能力。

第五章 地方政府税收与企业家精神

财税制度是社会主义市场经济制度的重要组成部分,税收的主要功能是为政府支出筹措资金,同时具有显著的收入分配功能。财税制度直接影响企业家的经营回报率和报酬结构,影响企业家财富转移渠道和财富安全,进而影响企业家精神的发挥(Hall 和 Jones,1999)[①]。税收对企业家精神具有正反两方面的影响。一方面,企业家作为税收负担的承担者,税负水平的高低会影响企业家的积极性。中国税制以间接税为主,而间接税的提高对企业销售收入影响较大(吴非等,2018)[②],降低企业现金流和利润。企业家的创新行为承担了较高的风险,要求获得高额利润,而较高的税负水平会降低企业家创新活动的回报率,抑制企业家创新精神。因而降低税收水平,有利于企业家精神的发挥。另一方面,企业家精神的发挥依赖于良好的市场环境和基础设施环境。政府在一定强度的税收支撑下才能调动资源向社会提供优质的公共产品和服务,营造良好的竞争环境,弘扬企业家精神。因此,要最大限度地激发企业家精神,需要在降低企业赋税负担的同时保证政府财政收入和支出。而政府要

[①] Hall,R.E.,Jones,C.I.,"Why Do Some Countries Produce so Much More Output Per Worker than Others?",*The Quarterly Journal of Economics*,Vol.114, No.1,1999.

[②] 吴非等:《地方税收真的会抑制区域创新吗? ——基于政府行为视角下的非线性门槛效应研究》,《经济评论》2018 年第 4 期。

通过完善税制和提高税收征管水平,将潜在税收转化为实际税收,才能较好地平衡这两者的关系。

本章从财税制度出发,以地方政府税收作为切入点,分析地方政府税收变动对企业家精神的影响,并对其作用机制进行了探讨。在具体分析过程中,兼顾静态分析和动态分析,一方面考察了地方政府税收变动对企业家精神的影响,另一方面考察了地方政府税收变动与企业家精神变动之间的互动关系。基于地方政府之间存在的各种招商引资竞争以及地方政府作为基础设施建设的主要筹资者,本章进一步从资本积累和数字化转型两个中介机制切入,探讨了地方政府税收变动影响企业家精神的作用机制。基于所得结论,从财税制度建设的角度,提出弘扬企业家精神的政策建议。

第一节　地方政府税收影响企业家精神的机制分析

财税制度是政府调节经济运行的主要手段,具有能动性的财税制度是激发企业家精神的有效途径。在经济低迷时期,为了激发企业家精神,政府通常会采取减税措施,而在经济快速发展时期,为了推进产业结构升级,政府则会对特定产业进行减税措施,以此激发特定产业的企业家精神。中国财税制度经历了多轮大的调整,至今影响最大的是1994年分税制改革,此次改革后,中央政府逐渐上收财权,下放事权,致使地方政府财政收支失衡问题凸显。从收入端增加地方政府财政收入是减轻收支失衡问题的关键,而目前增加地方政府财政收入主要有两条途径:一是中央政府采取的财政转移支付;二是地方政府采取的土地财政。转移支付具体包括一般转移支付和专项转移支付,但该措施在减轻地方政府财政支出失衡程度的同时,带来了其他一系列问题。伴随房地产市场的快速发展,越来越多的地方政府通过出让土地的方式获取收入,该措施成为地方发展资本筹措的主要方式,但其同样存在一些问题,比如高房价问题(宫汝凯,2015)①。以上两个措施的侧重点在于"增量调节",却忽视了"存量盘活",即通过提高征收效率的方式将潜在财政收入转变为实际财政收入,以此增加财政收入。提升税收具有"存量盘活"的特点,地方为了完善当地的基础服务设施,通过征税以筹措资金(吕冰洋和郭庆旺,2011)②。通过将潜在税收转变为实际税收,地方政府一方面获得了发展资金,为企业家提供更完善的基础设施;另一方面也会减少对市场经济的过度干预,为企业家发挥创新创业精神提供良好的营商环境。

长期以来,国内外学者从不同层面探讨了影响企业家精神的因素:在个体和公司微观层面,沙内(Shane,2009)③认为,创业者的创业动机受教育背景、职业背景、管理经验、社会地位、年龄、性别和文化等方面影响。在行业和区域层面,高波(2007)④研究发现,不同区域的文化差异会造成企业家精神的区域差异,他认为企业家精神是特定文化资本的积累,价值观融合和价值观扩展促进了企业家精神的发展。在国家和社会层面,高波和李祥(2011)⑤详细阐述了浙江和广东企业家精神兴起的制度基础,研究发现作为制度创新的主体之一,政府无疑对培育企业家精神和激励企业家创新具有重要作用。而关于制度环境的研究也一直是相关研究的关注点,大致可以将其归纳为以下几个方面:一是营造保护企业家各类合法权益的法治环境,加强企业家财产权保护和创新收益保护,完善的产权保护制度将促使企业家把更多的才能配置到生产性活动中,促进企业家精神的繁荣(Baumol,1990)。二是完善对企业家的优

① 宫汝凯:《财政不平衡和房价上涨:中国的证据》,《金融研究》2015年第4期。
② 吕冰洋、郭庆旺:《中国税收高速增长的源泉:税收能力和税收努力框架下的解释》,《中国社会科学》2011年第2期。
③ Shane, S., "Why Encouraging More People to Become Entrepreneurs is Bad Public Policy", *Small Business Economics*, Vol.33, No.2, 2009.
④ 高波:《文化、文化资本与企业家精神的区域差异》,《南京大学学报(哲学·人文科学·社会科学版)》2007年第5期。
⑤ 高波、李祥:《浙粤地方政府的制度创新、行政效率与企业家精神》,《广东社会科学》2011年第6期。

质高效务实服务,以市场主体需求为导向深入推进简政放权,健全涉企政策制定的企业家参与机制,完善支持企业家专注品质、创新发展的政策体系,弘扬企业家精益求精的工匠精神(胡永刚和石崇,2016)[1]。三是加强企业家精神的培育传承,尤其是对企业家艰苦奋斗、爱国奉献的引导支持,鼓励企业家积极履行社会责任(Acemoglu 和 Cao,2015)[2]。从研究视角看,本章的研究就是从制度演化出发,侧重财税制度层面,分析企业家精神的影响因素。财税政策作为政府调节经济运行的两大主要手段之一,丰富该层面的研究有助于制定更加合理的财税政策,在稳定经济发展的同时,也能够起到激发企业家精神的作用。

本章从财税制度的角度切入,分析了地方政府改变税收对企业家精神的影响。在具体分析过程中,兼顾局部影响和整体影响,进一步考察税收变动对企业家创新精神和创业精神的影响。由于政府与企业之间存在互动博弈的局面,地方政府改变税收后,企业会采取相应的措施予以应对,根据企业采取的措施,地方政府又会对税收进行调整,所以,我们采用面板向量自回归模型对税收努力和企业家精神之间的互动关系进行分析,为实证分析补充了动态视角。我们利用中介效应模型,从资本积累和互联网发展两个渠道检验税收影响企业家精神的中介机制。地方政府改变税收将会影响其与其他地方政府进行竞争的动力。因为通过提高税收推动地区经济发展具有正和博弈的特点,而通过与其他地方政府进行招商引资竞争推动地区经济发展具有零和博弈的特点,所以,提高税收后,地方政府将会调整其竞争策略。地方政府追求资本积累的政策导向往往会增加市场扭曲,进而影响企业家的创新创业活动,在提高税收后,如果地方政府减少资本积累偏好,便会减少市场扭曲,激发企业家精神。地方政府提升税收的目的之一就是增加基础设施建设,随着互联网技

---

①　胡永刚、石崇:《扭曲、企业家精神与中国经济增长》,《经济研究》2016 年第 7 期。

②　Acemoglu, D., Cao, D., "Innovation by Entrants and Incumbents", *Journal of Economic Theory*, Vol.157, 2015.

术对经济的渗透，对企业家而言，数字化转型的重要性日益凸显，因为在信息时代，以数据为代表的信息已经成为重要的生产要素，且具有显著的溢出效应，这也是为何信息传递是集聚经济形成的主要因素。基于以上判断，本章采用资本积累和数字化转型为中介机制，分析地方政府调整税收对企业家精神的影响机制。

第二节　地方政府税收与企业家精神关系的研究设计

目前，相关研究使用的测算方法主要有代表性税制法和税柄法。代表性税制法的核心思想是利用一个国家或地区的代表性税基与代表性税率的乘积测算各地潜在税收收入。税柄法由国际货币基金组织的经济学家提出，其核心思想是通过比较实际税收比率（实际税收收入/GDP）与潜在税收比率（潜在税收收入/GDP）的偏离度来反映税收程度。黄夏岚等（2012）[①]利用税柄法对中国省级层面税收努力进行了测度，并将税负差异分解为税收能力和税收努力两个层面，通过税收模型拟合估算我国省级地方政府税收能力和税收的差异以及演变，评估各省份税负差异程度。借鉴黄夏岚等（2012）的做法，令潜在税收比率通过构建下述方程得出：

$$dtaxr_{it} = c + \beta^1 secg_{it} + \beta^2 thg_{it} + \beta^3 trag_{it} + \beta^4 \ln pop_{it} +$$

$$\beta^5 \ln pgdp_{it} + \gamma_i + \lambda_t + \varepsilon_{it} \tag{5-1}$$

其中，$dtaxr_{it}$ 是直接税税收收入占比，即将直接税税收收入比地区生产总值得到。$secg_{it}$ 是第二产业占比，即将第二产业增加值比地区生产总值。thg_{it} 是第三产业占比，即将第三产业增加值比地区生产总值。$trag_{it}$ 是进出口规模占比，即将进口和出口贸易总额按当年汇率换算后的值比地区生产总值。

---

① 黄夏岚等：《税收能力、税收努力与地区税负差异》，《经济科学》2012 年第 4 期。

pop_{it}是地区人口规模。$pgdp_{it}$是人均地区生产总值。以上相关数据主要来自中经网。利用估计到的系数,首先对被解释变量进行预测,得到直接税税收收入占比的预测值($taxrh$),利用该预测值衡量潜在直接税税收比率,然后利用实际直接税税收比率比潜在直接税税收比率即可获得地方政府直接税税收水平。

$$taxe = \frac{taxr}{taxrh} \tag{5-2}$$

税收越接近于1,表明地方政府直接税税收水平越高。下文采用双固定效应面板数据模型分析税收对企业家精神($entre$)的影响。参考李宏彬等(2009)的研究,考虑到地区可比性,将上述企业家创新精神设定为专利申请受理数/地区总就业人数,将企业家创业精神设定为(个体户+私营企业数)/地区总就业人数,将企业家精神设定为企业家创新精神与企业家创业精神的乘积。具体模型设定如下:

$$entre_{it} = c + \beta^1 tax\,e_{it} + X_{it}\beta + \gamma_i + \lambda_t + \varepsilon_{it} \tag{5-3}$$

控制变量包括:产业结构($stru$)利用第三产业增加值/国内生产总值,财政支出规模(gov)利用地方政府一般财政支出预算/国内生产总值,进出口规模($open$)利用进出口总额/国内生产总值,城镇化率($urban$)利用城镇人口/常住人口,人均国内生产总值对数($\ln pgdp$)。

表5-1　描述性统计结果一

变量名	观测值	均值	标准差	变异系数	最小值	最大值
$entre$	480	3.6853	8.3868	2.2757	0.0138	74.6693
$taxe$	480	0.6036	0.1791	0.2967	0.3508	1.2463
$stru$	480	0.9435	0.4935	0.5230	0.4944	4.1653
gov	480	0.2045	0.0920	0.4500	0.0792	0.6274
$open$	480	0.3245	0.3977	1.2257	0.0321	1.7215
$urban$	480	0.5081	0.1447	0.2848	0.2105	0.8960
$\ln pgdp$	480	9.9267	0.6544	0.0659	8.2164	11.4941

为了更好地考察变量之间的互动效应，同时避免控制变量选择偏误以及内生性等问题，本章利用 PVAR 模型，对上述互动效应展开分析。面板向量自回归（PAVR）模型是向量自回归（VAR）模型的拓展，本章使用面板向量自回归模型的数学表达式为：

$$y_{it} = \alpha_i + \beta_0 + \sum_{j=1}^{p} \beta_j y_{it-j} + \nu_{it} + \mu_{it} \tag{5-4}$$

式（5-4）中，y_{it} 是包含内生变量的向量，即企业家创新精神与税收、企业家创业精神与税收、企业家精神与税收，假设每一个截面的基本结构相同，采用固定效应模型，引入反映个体异质性的变量 α_i。ν_{it} 用于反映个体时点效应，以体现在同一时点的不同截面上可能受到的共同冲击。μ_{it} 是随机扰动项，假设服从正态分布。实证分析的省级层面数据根据国家统计局网站和 Wind 数据库整理所得，时间跨度为 2003—2018 年。

进一步采用中介效应模型对地方政府税收影响企业家精神的作用机制进行检验，具体从资本积累和数字化转型两个角度切入。模型设定参考温忠麟等（2014）[1]，具体设定模式如下：

$$y_{it} = c + \beta^1 taxe_{it} + X_{it}\beta + \gamma_i + \lambda_t + \varepsilon_{it} \tag{5-5}$$

$$med_{it} = c + \beta^2 taxe_{it} + X_{it}\beta + \gamma_i + \lambda_t + \varepsilon_{it} \tag{5-6}$$

$$y_{it} = c + \beta^3 med_{it} + \beta^4 taxe_{it} + X_{it}\beta + \gamma_i + \lambda_t + \varepsilon_{it} \tag{5-7}$$

采用逐步法判断中介效应是否存在，即通过式（5-6）和式（5-7）中解释变量和中介变量系数的显著性进行判断。资本积累利用资本存量比国内生产总值，资本存量数据来自全要素生产率的测算过程，数字化转型则参考韩先锋等（2019）[2]的研究，利用主成分分析法进行测度。

---

① 温忠麟、叶宝娟：《中介效应分析：方法和模型发展》，《心理科学进展》2014 年第 5 期。
② 韩先锋等：《互联网能成为中国区域创新效率提升的新动能吗?》，《中国工业经济》2019 年第 7 期。

第三节　地方政府税收影响企业家精神的实证分析

一、基本分析和异质性分析

首先,分析税收对企业家创新精神的影响。从全国层面看,根据表5-2,地方政府税收提高对企业家创新精神产生不显著的负向影响。从分地区层面看,在东部地区和中部地区,地方政府税收提高都将对企业家创新精神产生正向影响,但该影响均不显著。而在西部地区,地方政府税收提高将对企业家创新精神产生负向影响,且该影响是显著的。从地方政府税收提高的影响幅度大小看,西部地区的影响幅度最大,中部地区的影响幅度最小,且前者与后者之间的差异明显,表明地区间在税收方面的差异会导致企业家创新精神出现明显的差异。

表5-2　2003—2018年企业家创新精神情形

变量	全国	东部	中部	西部
	（1）	（2）	（3）	（4）
	企业家创业精神	企业家创业精神	企业家创业精神	企业家创业精神
taxe	−0.3253	0.6621	0.4492	−1.0696**
	(0.2570)	(0.5470)	(0.8362)	(0.4226)
stru	−0.0630	0.1617	−0.1930	−0.2760
	(0.0864)	(0.1170)	(0.2463)	(0.2033)
gov	1.2927***	−2.2970	9.5656***	1.4457*
	(0.4977)	(1.7323)	(3.1478)	(0.7515)
open	0.3281**	−0.0002	−1.7891	1.3354**
	(0.1406)	(0.1657)	(1.1748)	(0.5314)

续表

变量	全国	东部	中部	西部
	（1）	（2）	（3）	（4）
	企业家创业精神	企业家创业精神	企业家创业精神	企业家创业精神
urban	3.1747***	1.2447	9.4253***	4.4934**
	（0.5900）	（0.8788）	（1.3258）	（1.7373）
ln*pgdp*	0.9056***	1.4869***	2.4888***	−0.0710
	（0.2543）	（0.4399）	（0.6342）	（0.4268）
c	−8.8557***	−13.6214***	−26.7659***	−0.1814
	（2.3873）	（4.2432）	（6.0205）	（3.7582）
个体固定效应	Yes	Yes	Yes	Yes
时间固定效应	Yes	Yes	Yes	Yes
N	480	176	128	176
R^2	0.9219	0.9189	0.9473	0.9445
F	0.0000	0.0000	0.0000	0.0000

注：括号内为系数对应的标准误差；***、**、*分别表示在1%、5%和10%的水平下显著；F检验的原假设是采用混合回归模型，汇报的是检验对应的 P 值。

从控制变量的回归结果看，根据表5-2，在全国层面，除了产业结构升级，其他控制变量对企业家创新精神具有显著的推动作用，产业结构升级则对企业家创新精神具有不显著的抑制作用。在分地区层面，三大地区的控制变量回归结果与全国层面均不相同。具体来看，在东部地区，人均国内生产总值增加对企业家创新精神具有显著的推动作用，产业结构升级和城镇化率提高对企业家创新精神具有不显著的推动作用，财政支出规模增加和进出口规模增加对企业家创新精神具有不显著的抑制作用。在中部地区，财政支出规模增加、城镇化率提高和人均国内生产总值增加对企业家创新精神具有显著的推动作用，产业结构升级和进出口规模增加对企业家创新精神具有不显著的抑制作用。在西部地区,财政支出规模增加、进出口规模增加和城镇化率提高对企业家创新精神具有显著的推动作用,人均国内生产总值增加和产业结构升级对企业家创新精神具有不显著的抑制作用。分地区结果表明,对东部地区而言,提高人均国内生产总值是激发企业家创新精神的关键途径;对中部地区而言,增加财政支出规模、提高城镇化率和人均国内生产总值是激发企业家创新精神的关键途径;对西部地区而言,增加财政支出规模、扩大进出口规模和提高城镇化率是激发企业家创新精神的关键途径。

其次,分析税收对企业家创业精神的影响。从全国层面看,根据表5-3,地方政府税收提高对企业家创业精神具有显著的正向影响。从分地区层面看,在所有地区,地方政府税收提高都将对企业家创业精神产生正向影响,但该影响仅在东部地区和西部地区是显著的。由此可见,与企业家创新精神情形相反,地方政府提高税收对企业家创业精神具有推动作用。从地方政府税收提高的影响幅度大小看,东部地区的影响幅度最大,西部地区的影响幅度最小,且前者与后者之间的差异相对较小,差异仍小于企业家创新精神情形,表明地区间在税收方面的差异也会导致企业家创业精神出现明显的差异。

表5-3　2003—2018年企业家创业精神情形

变量	全国	东部	中部	西部
	（1）	（2）	（3）	（4）
	企业家创业精神	企业家创业精神	企业家创业精神	企业家创业精神
taxe	0.1625***	0.2631*	0.1930	0.1700**
	（0.0529）	（0.1422）	（0.1326）	（0.0750）
stru	0.0085	0.0413	−0.1316***	0.0513
	（0.0178）	（0.0304）	（0.0391）	（0.0361）
gov	−0.4597***	−1.0541**	−0.7409	−0.2309*
	（0.1024）	（0.4502）	（0.4992）	（0.1333）

续表

变量	全国	东部	中部	西部
	（1）	（2）	（3）	（4）
	企业家创业精神	企业家创业精神	企业家创业精神	企业家创业精神
open	−0.1703***	−0.1988***	−0.1236	0.3557***
	（0.0289）	（0.0431）	（0.1863）	（0.0943）
urban	−0.3210***	−0.4813**	−0.6359***	0.0298
	（0.1214）	（0.2284）	（0.2102）	（0.3082）
ln*pgdp*	0.1653***	0.1565	−0.0045	0.2230***
	（0.0523）	（0.1143）	（0.1006）	（0.0757）
c	−1.2206**	−1.0029	0.5138	−2.0093***
	（0.4911）	（1.1028）	（0.9547）	（0.6668）
个体固定效应	Yes	Yes	Yes	Yes
时间固定效应	Yes	Yes	Yes	Yes
N	480	176	128	176
R^2	0.7703	0.8125	0.8404	0.8197
F	0.0000	0.0000	0.0000	0.0000

注:括号内为系数对应的标准误差;***、**、*分别表示在1%、5%和10%的水平下显著;*F*检验的原假设是采用混合回归模型,汇报的是检验对应的*P*值。

从控制变量的回归结果看,根据表5-3,在全国层面,只有提高人均国内生产总值对企业家创业精神具有显著的推动作用,增加财政支出规模、增加进出口贸易规模和提高城镇化率均对企业家创业精神则具有显著的抑制作用,产业结构升级对企业家创业精神具有不显著的推动作用。在分地区层面,只有东部地区的控制变量回归结果与全国层面的相似,其他两个地区均出现了影响方向转变的情形。具体来看,在中部地区,产业结构升级和提高城镇化率对企业家创新精神具有显著的负向影响,其他控制变量则对企业家创新精神具有不显著的负向影响。在西部地区,增加财政支出规模对企业家创业精神具有显著的负向影响,扩大进出口规模和提高人均国内生产总值对企业家创业精神具有显著的正向影响,产业结构升级和提高城镇化率对企业家创业精神具有不显著的正向影响。分地区结果表明,对西部地区而言,扩大进出口规模和提高人均国内生产总值是激发企业家创业精神的关键途径。将以上结果与企业家创新精神情形相联系,在西部地区,扩大进出口规模和提高城镇化率的效果是双重的。

最后,分析税收对企业家精神的总体影响。从全国层面看,根据表5-4,地方政府税收提高对企业家精神产生显著的正向影响。从分地区层面看,在所有地区,地方政府税收提高都将对企业家精神产生正向影响,但影响仅在西部地区是显著的。从地方政府税收提高的影响幅度大小看,东部地区的影响幅度最大,中部地区的影响幅度最小,且前者与后者之间的差异明显,两者的差异正好位于企业家创新精神情形和企业家创业精神情形中间,表明地区间在税收方面的差异会导致企业家精神出现明显的差异。

表5-4　2003—2018年企业家精神情形

变量	全国	东部	中部	西部
	（1）	（2）	（3）	（4）
	企业家精神	企业家精神	企业家精神	企业家精神
taxe	0.7719***	1.1979	0.5456	0.8117***
	(0.2618)	(0.7778)	(0.4354)	(0.2738)
stru	0.1546*	0.3431**	−0.3655***	−0.0809
	(0.0880)	(0.1664)	(0.1283)	(0.1317)
gov	−2.6193***	−7.0152***	0.2861	−0.4962
	(0.5069)	(2.4635)	(1.6392)	(0.4870)
open	−1.1909***	−1.2608***	−0.9998	1.9334***
	(0.1432)	(0.2356)	(0.6118)	(0.3444)

续表

变量	全国	东部	中部	西部
	（1）	（2）	（3）	（4）
	企业家精神	企业家精神	企业家精神	企业家精神
$urban$	−0.8118	−2.2344 *	−0.2035	0.3576
	(0.6010)	(1.2497)	(0.6904)	(1.1258)
ln$pgdp$	0.1710	0.0920	0.7664 **	0.6871 **
	(0.2590)	(0.6256)	(0.3302)	(0.2766)
c	−0.8434	1.3631	−6.6811 **	−6.7023 ***
	(2.4317)	(6.0342)	(3.1351)	(2.4354)
个体固定效应	Yes	Yes	Yes	Yes
时间固定效应	Yes	Yes	Yes	Yes
N	480	176	128	176
R^2	0.7791	0.8272	0.8993	0.8653
F	0.0000	0.0000	0.0000	0.0000

注:括号内为系数对应的标准误差;*** 、** 、* 分别表示在1%、5%和10%的水平下显著;F检验的原假设是采用混合回归模型,汇报的是检验对应的 P 值。

从控制变量的回归结果看,根据表5-4,在全国层面,产业结构升级对企业家精神具有显著的推动作用,提高人均国内生产总值对企业家精神具有不显著的推动作用,增加财政支出规模和扩大进出口贸易规模对企业家精神则具有显著的抑制作用,提高城镇化率对企业家精神具有不显著的负向影响。在分地区层面,依然只有东部地区的控制变量回归结果与全国层面的相似,其他两个地区均出现了影响方向转变的情形。具体来看,在中部地区,产业结构升级对企业家精神具有显著的负向影响,扩大进出口规模和提高城镇化率则具有不显著的负向影响,提高人均国内生产总值对企业家精神具有显著的正向影响,增加财政支出规模则具有不显著的正向影响。在西部地区,扩大进出口规模和提高人均国内生产总值对企业家精神具有显著的正向影响,提高城镇化率则具有不显著的正向影响,产业结构升级和增加财政支出规模对企业家精神具有不显著的负向影响。分地区结果表明,对东部地区而言,推动产业结构升级是激发企业家精神的关键途径;对中部地区而言,提高人均国内生产总值是激发企业家精神的关键途径;对西部地区而言,扩大进出口规模和提高人均国内生产总值是激发企业家精神的关键途径。

综上所述,地方政府提高税收可以起到激发企业家精神的效果,但主要是通过对企业家创业精神的激发途径实现的。分地区结果则显示,提高税收在东部地区对企业家精神的影响幅度是最大的,结合地区经济发展水平可知,经济发展水平越高的地区,越需要鼓励地方政府提高税收,因为这些地区也是企业家聚集的地方,所以,提高税收,一方面有助于减少对企业进行额外的征税,另一方面有助于提供更加完善的基础设施,两者均有利于形成集聚经济。另外,从控制变量的结果看,每个地区在激发企业家精神的过程中,需要采取具有差异化的措施,避免"一刀切"式的改革方案。

二、稳健性检验

为了克服可能存在的内生性问题,也为了对前面的分析结论进行稳健性检验,接下来分别采用工具变量法和动态面板估计法对全国层面的实证结果进行稳健性检验。为了克服可能存在的逆向因果关系,采用解释变量滞后一期作为解释变量进行回归分析。

关于工具变量的选择,采用解释变量滞后一期作为工具变量。根据表5-5,采用工具变量法之后,地方政府提升税收仍然会对企业家创业精神和企业家精神产生显著的推动作用,对企业家创新精神具有不显著的推动作用,表明前文分析得到的结论是稳健的。

表 5-5　2003—2018 年工具变量法稳健性检验

变量	全国	全国	全国
	（1）	（2）	（3）
	企业家创新精神	企业家创业精神	企业家精神
taxe	0.2795	0.3268 ***	1.6495 ***
	（0.3335）	（0.0725）	（0.3579）
stru	−0.0675	0.0050	0.1071
	（0.0875）	（0.0190）	（0.0938）
gov	1.0826 **	−0.5269 ***	−2.8086 ***
	（0.5058）	（0.1100）	（0.5427）
open	0.1784	−0.2027 ***	−1.4077 ***
	（0.1394）	（0.0303）	（0.1496）
urban	4.2904 ***	−0.3194 **	−0.5381
	（0.6735）	（0.1464）	（0.7227）
ln*pgdp*	0.9068 ***	0.2405 ***	0.4941 *
	（0.2657）	（0.0578）	（0.2851）
个体固定效应	Yes	Yes	Yes
时间固定效应	Yes	Yes	Yes
N	450	450	450
LM 检验	0.0000	0.0000	0.0000

注：括号内为系数对应的标准误差；***、**、* 分别表示在 1%、5% 和 10% 的水平下显著；*LM* 检验是对工具变量进行的不可识别检验，原假设是工具变量与内生变量不相关，汇报的是检验对应的 *P* 值。

根据表 5-6，滞后一期解释变量后，地方政府提升税收仍然会对企业家创业精神和企业家精神产生显著的推动作用，对企业家创新精神具有不显著的推动作用，表明前文分析得到的结论是稳健的。

表 5-6　2003—2018 年更换解释变量稳健性检验

变量	全国	全国	全国
	（1）	（2）	（3）
	企业家创新精神	企业家创业精神	企业家精神
taxe	0.2191	0.2562***	1.2931***
	（0.2671）	（0.0567）	（0.2780）
stru	−0.0749	−0.0036	0.0637
	（0.0892）	（0.0189）	（0.0929）
gov	1.1291**	−0.4726***	−2.5344***
	（0.4988）	（0.1059）	（0.5191）
open	0.1970	−0.1809***	−1.2981***
	（0.1404）	（0.0298）	（0.1461）
urban	4.2385***	−0.3801***	−0.8445
	（0.6849）	（0.1454）	（0.7128）
lnpgdp	0.8740***	0.2021***	0.3006
	（0.2640）	（0.0561）	（0.2748）
C	−8.7626***	−1.4331**	−0.8172
	（2.8296）	（0.6008）	（2.9452）
个体固定效应	Yes	Yes	Yes
时间固定效应	Yes	Yes	Yes
N	450	450	450
R^2	0.9235	0.7766	0.7898

注：括号内为系数对应的标准误差；***、**、*分别表示在1%、5%和10%的水平下显著；F检验的原假
设是采用混合回归模型，汇报的是检验对应的P值。

三、动态冲击分析

我们进一步从动态的角度考察地方政府提高税收对企业家精神的影响。
之所以进一步从动态视角分析，一方面是为了兼顾静态和动态两个视角，使分

析所得结论更加接近于现实经济,另一方面也是为了将博弈因素纳入分析框架,本身地方政府在调整税收时也会受到当地企业家精神的影响,从而形成一种政府—企业互动博弈的局面,双方都会根据对方的行为制定自身的发展策略。在进行面板向量自回归模型分析之前需要进行一系列相应的检验。首先需要对数据的稳定性进行检验,本章采用 IPS、LLC、HT 和 Fisher ADF 四种面板数据单位根检验方法。

根据表 5-7,原始数据中除了提高税收,其他三个变量均未通过单位根检验,税收提升也未通过 HT 检验。为了保证数据的平稳性,本章对内生变量数据先进行对数化处理,再进行差分处理,从而获得对应数据的变动率。根据表 5-7,转变后的数据均通过了单位根检验,所以后面的分析利用的是内生变量的变动率数据。

表 5-7　变量单位根检验结果

变量	entre	taxe	dentre	Dtaxe
IPS	1.0000	0.0050	0.0000	0.0000
LLC	1.0000	0.0001	0.0000	0.0000
HT	1.0000	0.2784	0.0000	0.0000
Fisher ADF	1.0000	0.0000	0.0000	0.0060

注:单位根检验的原假设:"原数据存在单位根"。汇报的均值单位根检验对应的 P 值。

其次,进行最优滞后阶数检验,最优滞后阶数为所对应的检验值最小的情形,根据表 5-8,所有 PVAR 模型的最优滞后阶数均为 1 阶。

表 5-8　最优滞后阶数检验结果

dtaxe&dentre	MBIC	MAIC	MQIC
1	−53.0032 ***	−9.2155	−26.7709 ***
2	−40.2211	−11.0293 ***	−22.7329
3	−19.0800	−4.4841	−10.3359

注: *** 表示最优滞后阶数。

　　前面从局部视角分析了地方政府税收与企业家精神之间的互动关系,最后,从整体视角分析地方政府税收与企业家精神之间的互动关系。根据图5-1,就冲击对自身的影响而言,无论是地方政府税收增加一个单位标准差所形成的冲击,还是企业家精神增加一个单位标准差所形成的冲击,都将导致自身始终保持向上波动,并在第6期之后大致收敛至均衡值,且影响都是显著的,其中,企业家精神的波动幅度更大一些。该结果表明,地方政府税收与企业家精神变动都具有较强的惯性。下面进一步分析地方政府税收与企业家精神之间的互动关系。根据图5-1,地方政府税收冲击将导致企业家精神先短暂向下波动之后进入向上波动过程,在第1期到达波峰后开始向均衡值收敛,并在第6期之后大致收敛至均衡值,且影响在第1期之后是显著的。与之略有不同,企业家精神冲击也将导致地方政府税收始终向上波动,在第1期到达波峰后开始向均衡值收敛,并在第8期之后大致收敛至均衡值,且影响是显著

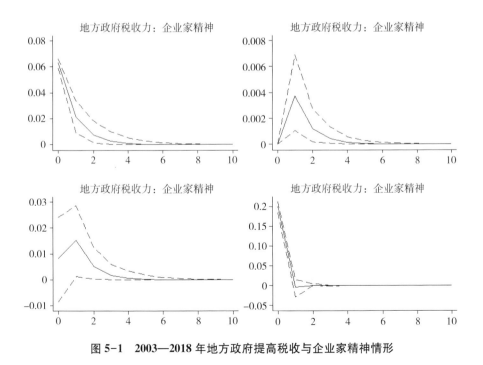

图5-1　2003—2018年地方政府提高税收与企业家精神情形

的。从影响幅度看,企业家精神冲击对地方政府税收的影响幅度更大一些。上述结果表明,地方政府税收与企业家精神之间的互动关系更加接近于企业家创业精神情形。地方政府提高税收将有助于提升企业家精神,且企业家精神水平提升后又会反作用于地方政府税收,推动地方政府提高税收,两者之间同样形成了一种正反馈的互动关系。

互联互通是经济运行的本质特征之一,因果关系有助于从局部理解经济现象,而互联互通则有助于从整体理解经济现象。以上分析结果表明,地方政府提高税收确实有助于提升企业家精神,同时,企业家精神的变动也会显著影响地方政府对税收的调整行为,即两者之间的确存在相互博弈的关系。从最终结果看,互动关系都呈现良性互动的结果,两者之间会形成相互推进的局面,从动态的角度,进一步肯定了地方政府提高税收对企业家精神的激发效果。

四、中介机制分析

接下来利用中介效应模型,对资本积累和数字化转型的中介效应进行分析,并进一步分析地方政府税收提高激发企业家精神的直接效应和间接效应。

（一）资本积累中介机制

根据表5-9,地方政府提高税收对资本积累具有显著的负向影响,地方政府税收提高1个单位,资本积累将会降低1.3594个单位,与此同时,资本积累对企业家精神具有显著的负向影响,资本积累提高1个单位,企业家精神将会提高0.2707个单位。根据Sobel检验的结果可知,资本积累的中介效应是显著的。上述结果表明,地方政府税收提高能够降低资本积累,进而对企业家精神产生推动作用。具体来看,地方政府税收提高对企业家精神的直接影响效应占比为52.33%,间接影响效应占比为47.67%。

表 5-9 2003—2018 年资本积累中介机制检验

变量	企业家精神	资本积累	企业家精神
taxe	0.7719 ***	−1.3594 ***	0.4039
	(0.2618)	(0.3091)	(0.2539)
comp			−0.2707 ***
			(0.0388)
stru	0.1546 *	−0.5059 ***	0.0177
	(0.0880)	(0.1039)	(0.0858)
gov	−2.6193 ***	3.9377 ***	−1.5535 ***
	(0.5069)	(0.5984)	(0.5046)
open	−1.1909 ***	1.5013 ***	−0.7845 ***
	(0.1432)	(0.1691)	(0.1478)
urban	−0.8118	2.0634 ***	−0.2533
	(0.6010)	(0.7094)	(0.5757)
ln$pgdp$	0.1710	1.2709 ***	0.5150 **
	(0.2590)	(0.3058)	(0.2506)
C	−0.8434	−10.7984 ***	−3.7663
	(2.4317)	(2.8704)	(2.3447)
时间固定效应	Yes	Yes	Yes
N	480	480	480
R^2	0.7791	0.9223	0.8016
F	0.0000	0.0000	0.0000
Sobel			0.0000

注:括号中为系数对应标准误差;*** 、** 、* 分别表示在 1%、5% 和 10% 的水平下显著。Sobel 检验的原假设是中介效应不显著,汇报的是检验对应的 P 值。

(二)数字化转型中介机制

根据表 5-10,地方政府提高税收对资本积累具有显著的正向影响,地方政府税收提高 1 个单位,数字化转型将会提高 0.1154 个单位,与此同时,数字化转型对企业家精神具有不显著的正向影响,数字化转型提高 1 个单位,企业家精神将会提高 0.2421 个单位。根据 Sobel 检验的结果可知,数字化转型的中介效应是不显著的。上述结果表明,数字化转型尚未在地方政府提高税收激发企业家精神的过程中发挥显著的中介作用。

表 5-10　2003—2018 年数字化转型中介机制检验

变量	企业家精神	数字化转型	企业家精神
taxe	0.7719***	0.1154***	1.1249***
	(0.2618)	(0.0351)	(0.2511)
internet			0.2421
			(0.3656)
stru	0.1546*	−0.0109	0.2316***
	(0.0880)	(0.0121)	(0.0850)
gov	−2.6193***	−0.2871***	−2.3855***
	(0.5069)	(0.0631)	(0.4567)
open	−1.1909***	−0.0690***	−0.6407***
	(0.1432)	(0.0182)	(0.1306)
urban	−0.8118	0.1318*	−0.0812
	(0.6010)	(0.0738)	(0.5223)
ln*pgdp*	0.1710	−0.1255***	0.0241
	(0.2590)	(0.0331)	(0.2374)
C	−0.8434	1.1836***	−0.2868
	(2.4317)	(0.3108)	(2.2310)
时间固定效应	Yes	Yes	Yes
N	480	420	420
R^2	0.7791	0.9697	0.7572

变量	企业家精神	数字化转型	企业家精神
F	0.0000	0.0000	0.0000
Sobel			0.2581

注:括号中为系数对应标准误差;***、**、*分别表示在1%、5%和10%的水平下显著。Sobel检验的原假设是中介效应不显著,汇报的是检验对应的P值。

以上中介效应分析结果表明,地方政府通过提高税收将会通过降低资本积累偏好路径作用于企业家精神,且地方政府税收对企业家精神的激发作用的直接效应更大一些。根据上述结论,下一步可以将提高税收举措与资本市场化改革战略相结合实施,减少政府对资本市场的干预行为,助力税收对企业家精神的激发作用。

第四节 研究结论与对策建议

本章的研究从财税制度层面,以地方政府提高税收作为切入点,系统分析了地方政府提高税收对企业家精神的影响效应。得到的主要结论如下:

第一,面板数据模型分析结果表明,地方政府提高税收有助于激发企业家创业精神和企业家精神。地方政府通过财政补贴等方式促进企业做大做强做优。分地区看,上述激发作用在东部地区的影响幅度最大。第二,PVAR模型动态冲击分析结果表明,地方政府提高税收与企业家开展创新创业活动之间存在互动效应。地方政府提高税收提升企业家精神,而企业家精神的提升也会反作用于地方政府的税收,推动其提升税收水平,两者之间存在良性互动的关系。第三,中介效应模型分析结果表明,地方政府提高税收将通过降低资本积累渠道激发企业家精神。

基于以上结论,本章认为,为了进一步激发企业家精神,鼓励企业家进行创新创业活动,地方政府应该更加主动地提高自身的税收水平,将更多潜在税收转变为实际税收，而非在现有实际税收的基础上增加企业的税收负担，具体可以通过硬性条件和软性条件两个方面展开。硬性条件包括加快大数据技术的应用，鼓励地方政府根据自身条件建设税收数据采集大数据平台，充分利用互联网技术，提高征税依据的科学性和准确性。软性条件包括提高征税人员的业务能力，增加相关培训，提升他们掌握新技术的能力，并增强职业使命感。除此之外，根据前面的中介效应分析，未来在推进地方政府提高税收改革的过程中，可以将区域一体化合作战略或数字经济发展战略相结合，进一步削弱地方政府之间的过度竞争，提升数字技术对经济的渗透率，更好地发挥地方政府税收对企业家精神的推动作用。

第六章 金融发展与企业家精神

  企业家是创新创业活动的组织者和决策者,其本质表现出以创新为核心的企业家精神。企业家在企业生产经营过程中能够发挥主导作用,其创新思想和精神可以从企业产品和服务上得以体现。企业家精神,既是企业家个人素质、信仰和行为的反映,是企业家对企业生存和发展所抱有的理想信念,同时也是企业创新的内在体现。因此,本章重点从企业创新的角度把握企业家精神。金融深化有利于企业家进行要素组合和降低资本运营成本;金融制度的完善进一步促进了金融深化,金融体系为企业家创新创业提供信贷支持,奠定了金融发展对企业家精神的实践基础。金融发展通过缓解企业家创新创业受到的融资约束可以激发企业家精神,促进全社会技术效率提升和技术进步,进而带动生产率的提升。

第一节 金融发展与企业家精神的典型事实

  1969 年,美国经济学家戈德史密斯(Goldsmith,1994)①出版了其代表作《金融结构与金融发展》,提出了"金融发展是指金融结构的变化"这样一个著

---

  ① [美]雷蒙德·W.戈德史密斯:《金融结构与金融发展》,周朔、郝金城、肖远企、谢德麟译,上海三联书店、上海人民出版社 1994 年版,第 32 页。

名论点。戈德史密斯采用金融相关比率（Financial Interrelation Ratio, FIR），指某一时点上现存的全部金融资产价值与全部实物资产，即国民财富的价值之比，这是衡量金融上层结构相对规模的最广义指标（Goldsmith, 1994）[①]。20世纪70年代麦金农和肖提出了金融深化理论，进一步奠定了金融发展的理论基础。他们开创性地指出，发展中国家不成熟的金融制度是经济发展的障碍，经济发展是金融发展的前提和基础，而金融发展则是推动经济发展的动力和手段。麦金农和肖提出的金融深化理论展示了一种逻辑：金融行业的发展繁荣，使国内储蓄水平提高，利率充分发挥价格信号作用，引导资源高效配置，减少了资金配给下的扭曲，从而提高了工资收入，推动整个经济以更高速度和更高质量增长。

一、中国金融发展的趋势

中国的实践经验表明技术进步是经济增长的动力源泉，但是改革开放40多年来，中国仍是依靠生产要素投入和投资驱动的经济增长。在全球资源日趋短缺、市场竞争日趋激烈的情况下，中国经济转向高质量发展阶段，创新驱动是当前和未来经济增长的必然选择，而企业创新成为经济增长动力的关键支撑点，如何有效提升企业创新能力，已经成为焦点。企业创新过程中对资金的需求较高，只有在满足融资需求的条件下，才能推进企业技术创新。金融支持是经济发展过程中一种特殊的资源，它可以动员储蓄，降低交易成本，改善经济运行过程中资金的供给和需求，从而可以推进技术创新，促进经济增长。经过几十年的发展，中国金融市场已经建立了包括银行、股票、债券、保险和基金在内的完整的金融体系。但是，中国金融市场仍保持着银行业垄断的局面，资本市场在金融体系中的地位不高。党的二十大报告明确提出，深化金融体制改革，建设现代中央银行制度，加强和完善现代金融监管，强化金融稳定保

---

① ［美］雷蒙德·W.戈德史密斯：《金融结构与金融发展》，周朔、郝金城、肖远企、谢德麟译，上海三联书店、上海人民出版社1994年版，第44页。

障体系,依法将各类金融活动全部纳入监管,守住不发生系统性风险底线。健全资本市场,提高直接融资比重。2023 年 10 月 30 日至 31 日召开的中央金融工作会议强调,做好科技金融、绿色金融、普惠金融、养老金融、数字金融五篇大文章。要着力打造现代金融机构和市场体系,疏通资金进入实体经济的渠道。

图 6-1 是自改革开放以来中国金融发展的变动趋势图,这里金融深化水平用的是国际常用的方法,即金融相关比率=金融机构存贷款/GDP。如图 6-1 所示,改革开放 40 多年来,金融机构存贷款在进入 21 世纪以前总额较低,21 世纪之后金融机构存贷款总额呈现迅猛增长的态势;同时,金融发展总体水平呈现上升趋势,2008 年国际金融危机发生时金融发展水平有所下降,近 10 年来金融发展水平上升趋势明显。这表明,近年来中国金融体制改革成绩斐然。

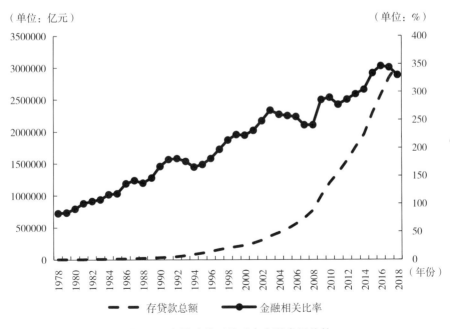

图 6-1　中国改革开放以来金融发展趋势

20世纪90年代末,出现了"金融科技"的概念,呈现出技术驱动金融创新的新形式。2019年中国人民银行印发了《金融科技(FinTech)发展规划(2019—2021年)》,这是目前金融科技第一份科学且全面的规划。该规划明确提出三年金融科技工作的内容,特别是强调建立健全中国金融科技发展的"四梁八柱",确定三年六方面重点任务,为金融科技发展指明了方向和路径,对金融科技发展具有重要和深远的意义。在该规划的指引下,中国金融机构以及监管部门各司其职、齐心协力,充分发挥金融科技赋能作用,不断增强金融风险防范能力,进一步推动中国金融业高质量发展。

二、金融发展与企业家精神的耦合关系

现实经济活动中,金融深化的结果就是金融发展和金融创新。金融发展与技术创新一直都是共生的状态,金融发展为技术创新带来了更有效的资金支持,同时每一次技术创新带来的财富增长,也必然能够促进金融业的发展。金融与技术的相结合构成了中国经济增长的动力。

金融深化使企业创新获得更公平、广泛的融资渠道,且企业创新能力的提升也会给金融创新发展提出更高的要求,两者是相互促进的。从定量的方法来看,这两者之间的耦合关系,耦合度能够衡量两个系统之间以及系统内部要素的协调程度。厘清两者之间的耦合性关系,不仅有利于我们更好地理解金融和技术两者的密切关系,还有助于我国构建更完善的金融体系,以更好地服务于技术创新。关于耦合度数值和协调程度对应关系的划分,见表6-1。

表6-1　国内学者对协调程度(耦合度)的划分标准

学者	协调程度划分标准(耦合度)
廖重斌 (1999)	将协调程度范围定为[0,1],每间隔0.10划分一个等级,共包括十个协调等级,分别为:极度不协调、严重不协调、中度不协调、轻度不协调、濒临不协调、勉强协调、初级协调、中度协调、良好协调和优质协调

续表

学者	协调程度划分标准（耦合度）
刘耀彬 （2005）	划分为四个等级，0—0.4:低度协调耦合;0.4—0.5:中度协调耦合;0.5—0.8:高度协调耦合;0.8—1:极度协调耦合。分析的问题:中国城市化与生态环境的耦合度
赵旭 （2007）	定义范围为[0,1]，共分为四个等级，0—0.4:低水平耦合;0.4—0.5拮抗时期，即基本协调;0.5—0.8:磨合阶段;0.8—1:高度协调

这里借鉴之前学者的方法，并将协调程度划分为五个等级，即 0—0.2:低水平协调、0.2—0.4:拮抗时期;0.4—0.6:磨合时期，中度协调;0.6—0.8:中高水平协调;0.8—1:高水平协调。

选用的企业技术创新指标有两个，分别为:研发支出占 GDP 的比重（rd）、专利申请数（$patent$）;金融深化指标按照前文的描述，包括三个一级层面:金融规模指标（$fininno\_size$）、金融效率指标（$fininno\_eff$）和金融结构指标（$fininno\_stru$）。

这里采用常用的灰色关联度模型的方法，测算金融深化与技术创新之间的耦合度。灰色关联度分析（Grey Relation Analysis,GRA），是一种多因素统计分析的方法。简单来讲，就是在一个灰色系统中，我们想要了解其中某个我们所关注的某个项目受其他因素影响的相对强弱。

（一）灰色关联度方法

1. 确定参考数列和比较数列

设定系统的参考序列（母序列），这里选用的是金融创新作为母序列，即:$Fininnov_i^X = Fininnov_i^X(1)$,$Fininnov_i^X(2)$,$\cdots$,$Fininnov_i^X(m)$ 。这里的 $Fininnov_i^X$ 表示金融创新指标的一个数列矩阵，$Fininnov_i^X(m)$ 表示金融创新第 m 个指标的数列，$i = 1,2,\cdots,m$,X 表示某一数列中的个数，即第 m 个指标的第 X 个值。比较数列（子序列），这里选用的是技术创新指标作为子序列，表示为：$Tecinnov_i^X = [Tecinnov_i^X(1), Tecinnov_i^X(2), \cdots, Tecinnov_i^X(m)]$，$Tecinnov_i^X(m)$ 表示企业技术创新第 m 个指标的数列，$i = 1, 2, \cdots, m$，下面用 x _i(m)统一表示。

2. 对参考数列矩阵和比较数列矩阵中的样本数据进行归一化处理

在统计学中，标准化处理也称为无量纲化处理，因为我们的这些要素是不同质东西的指标，因此可能存在有的数字很大、有的数字很小，但这并不是由于它们内禀的性质决定的，而只是由于量纲不同导致的，因此我们需要对它们进行无量纲化。这个操作一般在数据处理领域叫作归一化（normalization），也就是减少数据的绝对数值的差异，将它们统一到近似的范围内，然后重点关注其变化和趋势。通常包括初值化方法 $[x\_i(k)' = x\_i(k) / x\_i$，其中 $i = 1, 2, \cdots, m]$、均值化方法 $[x\_i(k)' = x\_i(k) / mean(x\_i)]$、极差标准化法方法 $\left\{ x\_i(k)' = \dfrac{[x\_i(k) - \min x\_i(k)]}{[\max x\_i(k) - \min x\_i(k)]} \right\}$。这里我们选用的是初值化方法进行归一化操作。

3. 计算参考数列和比较数列在 t 时刻的灰色关联度

灰色关联度的测算方法主要有邓氏关联度、绝对关联度、T 型关联度和改进关联度，这里选用的是邓氏关联度的计算方法。

$$\delta_{it}(k) = \frac{\min\limits_{i}\min\limits_{k} \left| x_{0t}(k) - x_{it}(k) \right| + \rho \max\limits_{i}\max\limits_{k} \left| x_{0t}(k) - x_{it}(k) \right|}{\left| x_{0t}(k) - x_{it}(k) \right| + \rho \max\limits_{i}\max\limits_{k} \left| x_{0t}(k) - x_{it}(k) \right|} \tag{6-1}$$

ρ 是一个可调节的系数，取值为 $(0, 1)$，这一项的目的是调节输出结果的差距大小，我们假设 ρ 取值为 0.5。

由式(6-1)可以发现，分子上这个数值，对于所有子序列来说都是一样的，分子上这个数实际上就是所有因素的所有维度，与母序列（参考序列，即我们要比较的序列）距离最近的维度上的距离。

4. 计算系统之间的耦合关联度

这里的耦合关联度就是将 t 时期的灰色关联度求均值后的值，实际上，得

到 $\delta_{it}(k)$ 关联系数的值以后,应该对每个因素在不同维度上的值求取均值,结果如下:

$$\xi_{ij} = \frac{1}{m}\sum_{j=1}^{k}\delta_{it}(j) \tag{6-2}$$

其中, $k = 1, 2, \cdots, n$

(二)耦合协调性测算结果

这里选用的样本是中国 30 个省、自治区、直辖市(因数据缺失,不包含西藏)2000—2018 年的数据构建金融深化指标,数据来源于国家统计局网站和《中国金融年鉴》。根据上述的方法步骤,基于 Matlab 软件,编写了计算金融创新与企业技术创新耦合测度的计算代码。表 6-2 是金融深化指标与技术创新之间的耦合度的测算结果。

表 6-2　金融创新各指标与技术创新各指标之间的耦合度测算结果

一级指标	二级指标	技术创新指标		平均值
		研发支出占 GDP 比重(*rd*)	专利申请数(*patent*)	
金融创新规模指标	*STV*	0.5871	0.6775	0.6323
	SV	0.4832	0.7613	0.6223
	FA/M2	0.4956	0.7021	0.5989
	fininno_size	0.5202	0.8101	0.6652
金融创新效率指标	*DC*	0.4661	0.7626	0.6144
	BDC	0.4685	0.7533	0.6109
	FA/M2	0.4752	0.7145	0.5949
	FIR	0.4709	0.7619	0.6164
	fininno_eff	0.4713	0.7818	0.6266

续表

一级指标	二级指标	技术创新指标		平均值
		研发支出占GDP比重（*rd*）	专利申请数（*patent*）	
金融创新结构指标	*CAGAP*	0.4702	0.6909	0.5806
	CAFA	0.4538	0.6209	0.5374
	fininno_stru	0.4601	0.6466	0.5534
金融创新总指标	*fininno*	0.4835	0.7291	0.6063
	平均值	0.4852	0.7236	0.6044

注：基于 Matlab 软件的计算结果。

　　从结果上看，金融创新系统各要素与企业技术创新系统的各要素存在复杂的关系。金融创新系统的各个指标与研发支出占比的耦合度大多数在0.5以下，位于0.4—0.6，处在磨合时期，中度协调；而与专利申请数的耦合度都在0.6—0.8，属于中高水平协调。

　　从发展趋势看，金融创新和技术创新的耦合关系可能存在的关系是：两者相互独立；两者之间相互包含；两者之间交叉重叠；以及两者存在一个动态变化关系。金融发展与技术创新是经济社会发展过程中两大重要的子系统，两者之间存在以下关系：一是技术创新从研发投入开始到形成最终产品，以及后续的产业化进程，都需要资金的持续支持，因此金融部门提供的支持是企业技术创新进程的必要条件。金融中介的发展以及金融开放程度的提升都会给企业技术创新带来更高的生产率水平。二是技术创新最直接的是数字技术，这是促进金融部门发展的动力，现阶段经济社会离不开数字技术，技术与经济一体化的模式更有利于经济增长。因此，在数字金融蓬勃发展的条件下，更能刺激客户需求的提升，进而使提高金融服务水平成为可能，金融深化程度更深。这两者之间的协同共生的动态关系就是所谓的耦合关系。总而言之，研究金融深化对企业家精神的作用，可以更深入地了解两者之间的联系。本章重点研究金融深化对企业家精神的作用机制及影响结果,进而提出更可操作性的政策建议。

第二节 金融发展与企业家精神的研究现状

一、金融发展和金融深化指标的测度研究

金融发展是个多层次的概念,包括金融规模、金融效率和金融结构等多个层面,目前国内外很多学者都采用构建金融发展指标体系进行分析。金融发展的定量分析起源于 1969 年戈德史密斯提出的金融相关比率(FIR)来表示金融发展水平,这个指标被学者广泛使用。之后,麦金农(Mckinnon,1973)[1]提出金融深化指标,即用广义货币量占国内生产总值的比重来表示。金和莱维纳(King 和 Levine,1993)[2]通过金融深度指标、银行信贷指标、私人部门贷款相对银行总贷款比值以及私人部门信贷指标四个层面指标构建金融发展指标体系。贝克等(Beck 等,2010)[3]构建了大型数据库,分别从银行业规模和效率、资本市场规模和效率以及金融中介的规模和效率等多方面测度金融发展水平。拉詹和津加莱斯(Rajan 和 Zingales,2003)[4]认为,金融发展水平的测度必须用多维指标来衡量,单一的指标不能全面地反映金融体系的复杂性。徐等(Hsu等,2014)[5]通过跨国数据构建综合指标来测度金融发展,米夏洛普洛斯等

[1] Mckinnon,R., *Money and Capital in Economic Development*, Washington,D.C.:Brookings Institution,1973.

[2] King,R.G.,Levine,R.,"Finance,Entrepreneurship,and Growth:Theory and Evidence", *Journal of Monetary Economics*,Vol.32,No.3,1993.

[3] Beck,T.,Levine,R.,Levkov,A.,"Big Bad Banks the Winners and Losers from Bank Deregulation in The United States",*Journal of Finance*,Vol.65,No.5,2010.

[4] Rajan,Raghuram G. and Luigi Zingales,"The Great Reversals:The Politics of Financial Development in the Twentieth Century",*Journal of Financial Economics*,Vol.69,No.1,2003.

[5] Hsu P.H.,Tian X.,Xu Y.,"Financial Development and Innovation:Cross-country Evidence",*Journal of Financial Economics*,Vol.112,No.1,2014.

（Michalopoulos 等，2015）①描述金融创新与经济增长之间的关系，在测算金融创新时采用的是宏观金融发展，运用的是综合指标测度方法。

国内学者对金融发展进行定量分析时，有的运用金融相关比率指标，也有一些学者通过构建指标体系量化金融水平。樊纲等（2011）运用中国省级数据测算了金融发展市场化程度，编制了中国金融业竞争指数和市场化指数。刘洪铎（2014）②兼顾金融发展的多维范畴，从樊纲的中国金融市场化指数中抽取金融市场化程度、金融业竞争、信贷资金分配市场化三个指标，通过加权法构造了省际金融发展综合指标。李梅（2014）③用信贷总额与 GDP 的比重、金融机构存贷款总额占比来表示金融发展水平。张杰和高德步（2017）④在以规模指标为主的研究基础上，分别从金融发展规模、金融发展效率和金融市场化程度三个层面共同构造金融发展综合指标。

二、企业创新的测度研究

学术界关于企业创新体系的理论研究起源于技术创新理论和国家创新系统理论。目前国内外的研究主要集中于构建技术创新体系，从而衡量技术创新指标。欧洲创新记分牌体系（EIS）是早期较为成熟的技术创新指标体系，这个指标体系涵盖了创新驱动、企业行为和创新输出三个方面，时间跨度较大，覆盖范围较广。全球创新指数（GII）是基于前版指标与最新数据的合并，依赖创新投入和创新产出两个分类指标。国内关于构建技术创新体系的研究，可以划分为技术创新基础指标、投入指标和产出指标三大类。邹林全（2010）⑤根据构建

---

① Michalopoulos S., Levine R., Laeven L.A.,"Financial Innovation and Endogenous Growth", *Journal of Financial Intermediation*, Vol.28, No.4, 2015.

② 刘洪铎：《金融发展、企业研发融资约束缓解与全要素生产率增长——来自中国工业企业层面的经验证据》，《南方金融》2014 年第 1 期。

③ 李梅：《金融发展、对外直接投资与母国生产率增长》，《中国软科学》2014 年第 11 期。

④ 张杰、高德步：《金融发展与创新：来自中国的证据与解释》，《产业经济研究》2017 年第 3 期。

⑤ 邹林全：《科技创新政策绩效评估指标体系的设计》，《中国管理信息化》2010 年第 1 期。

指标体系的原则,提出技术创新政策绩效评估指标体系,并分析指标体系存在的问题。

学者们对企业技术创新能力的研究也比较充分。李文贵和余明桂(2015)[1]以企业的新产品产值占营业收入的比重来衡量企业技术创新能力。之后,余明桂等(2019)[2]在研究民营化对企业创新的影响时,利用中国工业企业数据作为样本,用新产品产值占比表示企业技术创新。乔虹(2016)[3]采用因子分析方法评价技术创新能力,构建技术创新能力指标体系测算企业技术创新指标。王洪庆和侯毅(2017)[4]以高新技术产业为样本,构建技术创新指标评价体系,通过熵值法分析不同行业技术创新能力的区别。魏守华等(2010)[5]在分析区域创新能力的影响因素时,分别从创新产出和创新基础两个方面分别进行讨论,用专利强度来表示创新产出,研发人员和经费投入表示创新基础。毛其淋和许家云(2014)[6]分别用创新密集度和创新产出表示技术创新指标,其中创新产出用新产品销售额占总销售额比重来衡量,创新密集度是从创新投入的角度来衡量的。

三、金融发展对企业技术创新的影响研究

目前关于金融发展对创新影响研究的文献主要是从国家、行业和企业层面不同视角进行的分析。徐等(Hsu 等,2014)[7]以跨国数据为样本,考察国家

① 李文贵、余明桂:《民营化企业的股权结构与企业创新》,《管理世界》2015 年第 4 期。
② 余明桂、钟慧洁、范蕊:《民营化、融资约束与企业创新——来自中国工业企业的证据》,《金融研究》2019 年第 4 期。
③ 乔虹:《产业创新能力的测度与评价》,《统计与决策》2016 年第 23 期。
④ 王洪庆、侯毅:《中国高技术产业技术创新能力评价研究》,《中国科技论坛》2017 年第 3 期。
⑤ 魏守华、吴贵生、吕新雷:《区域创新能力的影响因素——兼评我国创新能力的地区差距》,《中国软科学》2010 年第 9 期。
⑥ 毛其淋、许家云:《中国企业对外直接投资是否促进了企业创新》,《世界经济》2014 年第 8 期。
⑦ Hsu P. H., Tian X., Xu Y., "Financial Development and Innovation: Cross-country Evidence", *Journal of Financial Economics*, Vol.112, No.1, 2014.

金融发展对创新的影响,发现信贷市场和股票市场对创新的影响不同,股票市场对创新的影响大于信贷市场。张杰等(2016)[①]从行业层面对中国的金融发展与技术创新的关系进行探讨。

金融市场和创新关系的研究文献比较丰富。曼索(Manso,2011)[②]认为,金融市场短期承受风险,长期接受成功奖励的管理制度有利于激励技术创新。费雷拉等(Ferreira等,2014)[③]发现私人所有权的企业更容易创新,而非国有企业。南达和罗德—克洛夫(Nanda和Rhodes-Kropf,2013)[④]提出"热"的金融市场比"冷"的市场更有助于激励技术创新。一些研究指出,股票流动性、金融市场的投资周期(Nanda和Nicholas,2014)[⑤]、财务分析、产品市场竞争(Aghion等,2005)[⑥]、投资者对失败的态度、银行竞争、企业风险投资以及机构所有权都会对技术创新产生积极影响或消极影响。

金融发展有利于企业融资。布朗等(Brown等,2009)[⑦]提出,研发融资是联结金融发展和全要素生产率之间关键的纽带。国内学者也提出我国企业研发投入创新不足的原因是企业面临严重的融资约束(张杰等,2016)。中国作为经济转型国家,长期形成的金融发展滞后和金融体制压抑,导致地区企业存在严重的外部融资约束,是抑制地区生产率提升的一个重要因素。克莱森斯

---

① 张杰等:《专利能否促进中国经济增长——基于中国专利资助政策视角的一个解释》,《中国工业经济》2016年第1期。

② Manso G., "Motivating Innovation", *The Journal of Finance*, Vol.66, No.5, 2011.

③ Ferreira, A., Santoso, A., "Do Students' Perceptions Matter? A Study of the Effect of Students' Perceptions on Academic Performance", *Accounting Finance*, Vol.48, No.2, 2014.

④ Nanda, R., Rhodes-Kropf, M., "Investment Cycles and Startup Innovation", *Journal of Financial Economics*, Vol.110, No.2, 2013.

⑤ Nanda, R., Nicholas, T., "Did Bank Distress Stifle Innovation during the Great Depression?" *Journal of Financial Economics*, Vol.114, 2014.

⑥ Aghion, P., Howit, P., Mayer-Foulkes, D., "The Effect of Financial Development on Convergence: Theory and Evidence", *Quarterly Journal of Economics*, Vol.120, No.1, 2005.

⑦ Brown, J.R., Fazzari, S.M., Petersen B.C., "Financing Innovation and Growth Cash Flow, External Equity, and the 1990s R&D Boom", *Journal of Finance*, Vol.64, No.1, 2009.

和莱文(Claessens 和 Laeven,2003)①研究发现,金融发展程度越高的国家,大多数企业更依赖于外部融资,融资约束程度越小,即金融发展能够缓解企业的融资约束。

　　关于金融创新与企业创新之间的联系,研究重点在金融创新对技术创新的影响以及两者结合对经济增长的作用上。首先,阿莫尔(Amore,2013)②通过实证分析证明了金融创新与技术创新之间存在紧密的相关性,他认为银行信贷规模扩大会不断提升企业的创新产出。郑婧渊(2009)③以高科技产业作为样本,分析了金融在高科技产业发展进程中的重要作用。还有部分学者从金融制度视角分析了金融制度的改革创新是有利于企业技术创新能力提升的重要方面。其次,技术创新的一个重要的特征是创造更新的技术方法,伴随着信息技术的不断创新,其对金融服务的要求越高,进而推动金融创新(Revilla等,2012)④。唐智鑫和管勇(2011)⑤通过分析物联网新技术与银行业创新的关系,从物联网推动金融创新的优缺点分析未来金融创新的方向。再次,国际上开始将这两种创新结合在一起分析问题。卡萝塔·佩蕾丝(Perez,2007)⑥在《技术革命与金融资本》一书中,提出在技术革命的进程中,在高额利润的刺激下,金融资本与技术创新达到高度耦合。最后,关于金融创新与技术创新耦合关系及机制分析方面,已有研究并不深入。大多数文献仅仅从单向视角

①　Claessens,S.,Laeven,L.,"Financial Development,Property Rights,and Growth",*The Journal of Finance*,Vol.58,No.6,2003.

②　Amore,M.D.,Schneider,C.,Zaldokas,A.,"Credit Supply and Corporate Innovation",*Journal of Financial Economics*,Vol.109,No.3,2013.

③　郑婧渊:《我国高科技产业发展的金融支持研究》,《科学管理研究》2009年第5期。

④　Revilla,E.,Villena,V.H.,"Knowledge Integration Taxonomy in Buyer-supplier Relationships:Trade-offs between Efficiency and Innovation",*International Journal of Production Economics*,Vol.140,No.2,2012.

⑤　唐智鑫、管勇:《物联网技术与我国银行业的金融创新》,《金融科技时代》2011年第9期。

⑥　[英]卡萝塔·佩蕾丝:《技术革命与金融资本》,田方萌译,中国人民大学出版社2007年版。

进行分析,如只分析金融创新对技术创新的影响,或者技术创新对金融创新的影响,忽视了将金融创新体系与技术创新体系结合起来放在一个系统下分析。第一,金融创新对技术创新的影响研究方面,不同学者从金融的不同角度分类,分别讨论对技术创新的影响,如金融结构、非正式金融以及互联网金融等具体的金融创新方式对创新的影响(张玉明和迟冬梅,2018)[①]。雷维利亚(Revilla,2012)认为,不同城市之间金融创新方式不同,导致技术创新发生变化。第二,技术创新对金融创新的影响研究方面,科技金融是目前较热的词汇,是经济领域重要的问题。

第三节　金融发展影响企业创新的理论机制

一、作用机理

金融系统承担着经济活动中最重要的功能,即资金融通。技术创新过程中必不可少的就是对资金的需求,金融部门对技术创新过程发挥着重要的作用。主要表现在:

第一,在技术创新过程中金融部门发挥资源有效配置的功能。金融部门的资源配置功能主要表现为将资金有效运用到合理的项目上,技术创新投资过程中投资效率及资源配置效率对企业创新至关重要。企业在面临技术创新时,需要对资源进行有效配置,但是企业作为主要生产部门,在资源配置方面较薄弱,会带来创新风险。在这个问题上,金融体系可以发挥较强的作用,在金融制度安排上给予一定的解决方案。

第二,金融功能的发挥能够提高企业技术创新能力。金融体系在面临资金融通时会发挥信息处理、风险控制、公司治理等职能。金融体系发展得越

[①] 张玉明、迟冬梅:《互联网金融、企业家异质性与小微企业创新》,《外国经济与管理》2018年第9期。

好,其筛选好的投资项目的能力越强,越能发挥金融的信息传递和处理功能;风险控制功能方面,技术创新过程中包括研发创新、商业化生产以及创新成果产业化的过程,会面临很多市场风险和技术风险,金融部门发挥风险管理功能,对存在的风险进行分散,即风险分散机制,进而促进技术创新;公司治理功能方面,在金融体系对技术创新进行融资的过程中,不同特征的企业会存在不同的公司治理模式,进而形成不同的公司激励机制,促进企业技术创新。

第三,金融部门的特征与技术创新的特征相适应。技术创新项目的特征是具有高风险和高收益,金融部门具有利益性的特征,这在一定程度上就决定了金融与技术创新的结合。金融部门追求高收益的项目,因此更偏好技术创新型项目。

二、理论模型

本节在离散时间框架下引入熊彼特增长理论,分析基于融资约束视角下金融支持全要素生产率提升的机制。设定地区人口 L 固定并标准化为 1,每个人都经历两个阶段:第一阶段投入劳动;第二阶段只进行消费。

（一）最终产品和中间产品的生产函数与均衡利润

假设某一经济体存在多个中间产品创新部门。地区的每个经济体(企业)使用是连续统一的中间产品,中间产品的指标区间是[0,1];最终产品只有一种,可用于消费、研发的投入以及生产中间产品时的投入等。假定地区的每个企业的技术创新和融资方式以及投资行为是同质的。

首先,地区每个企业最终产品的生产函数是:

$$Y_t = L^{1-\alpha} \int_0^1 A_{it}^{1-\alpha} x_{it}^{\alpha} \mathrm{d}i \qquad (0 < \alpha < 1) \tag{6-3}$$

其中, x_{it} 表示中间产品 i 的数量,生产率参数 A_{it} 反映了中间部门的生产率(技术进步)。Y_{it} 表示最终产品的产出。由于每个中间生产部门创新能力不同,在任一时刻,不同中间产品之间的生产率参数是不一样的。每一种中间产品 i 生产的最终产品遵循的生产函数与单部门模型中的生产函数相同。

$$Y_{it} = (A_{it}L)^{1-\alpha} x_{it}^{\alpha} \tag{6-4}$$

对式(6-4)求偏导,得出:

$$p_{it} = \frac{\partial Y_{it}}{\partial x_{it}} = \alpha (A_{it})^{1-\alpha} x_{it}^{\alpha-1} \tag{6-5}$$

假定企业周围存在其他一些竞争性企业共同生产相同的中间产品,这些生产出来的中间产品完全替代垄断者的产品,只不过生产这些中间产品需要投入 χ 单位的最终产品,均衡时,在位的垄断者不可能将价格定在高于 χ 的价格,此时的价格约束是 $p_t \leqslant \chi$,在没有根本性创新时,均衡时有 $p_t = \chi$。

$$x_{it} = (\alpha/\chi)^{1/1-\alpha} A_{it} \tag{6-6}$$

均衡利润为:

$$\pi_{it} = p_t x_t - x_t = \pi A_{it} \tag{6-7}$$

其中,$\pi = (\chi - 1)(\alpha/\chi)^{1/1-\alpha}$

这里假设中间产品部门的技术进步来自模仿前沿的技术和企业自身的创新两个方面。由大数定律可知,在每一期中创新成功的部门比率为 μ_{it},此时生产率可以表示为(p 为概率):

$$A_{it} = \begin{cases} \widehat{A}_{it}, & p = u_{it} \\ A_{it-1}, & p = 1 - u_{it} \end{cases} \tag{6-8}$$

其中,$A_{it} = b\overline{A}_t + (1-b)A_{it-1}$,$b\overline{A}_t$ 表示企业通过模仿前沿技术获得的生产率提升的部分,$(1-b)A_{it-1}$ 表示企业通过研发产品进行技术创新获得的生产率的提升,若 $b=1$,则此时企业只进行前沿技术的模仿;若 $b=0$,此时企业只进行创新;若 $0<b<1$,此时企业同时进行模仿和创新。依据大数定律可知,每个中间产品部门技术创新成功的可能性相同,那么在时刻 t 创新不成功的部门生产率等于上一期 $t-1$ 的生产率,则经济范围内的生产率表示为:

$$A_t = \mu_t [\, b \overline{A}_t + (1 - b) A_{it-1} \,] + (1 - \mu_t) A_{t-1} = \mu_t b \overline{A}_t + (1 - b \mu_t) A_{t-1}$$

$$(6-9)$$

对于每一个中间产品部门 i 进行技术创新性项目投资所获得的期望收益为：

$$\pi_{it} = \begin{cases} \mu_{it} \pi \widehat{A}_{it} = \mu_{it} \pi [\, b \overline{A}_t + (1 - b) A_{it-1} \,] & ,创新投资成功 \\ 0 & ,创新投资不成功 \end{cases} \quad (6-10)$$

对于整个企业而言，成功进行技术升级型项目投资的期望收益为：

$$\pi_t = \mu_t \pi \widehat{A}_t \qquad\qquad\qquad\qquad (6-11)$$

这里首先假定地区范围内的企业都是同质的，根据文献定义地区的平均生产率为：

$$a_t = A_t / \overline{A}_t = \mu_t b + \frac{1 - b \mu_t}{1 + g} a_{t-1} \qquad\qquad (6-12)$$

式（6-12）中，$g = (A_t - A_{t-1}) / A_{t-1}$ 表示企业的生产率增长速度，可以看出：t 时期地区平均生产率不仅受到上一时期的生产率影响和世界前沿技术的影响，还受到技术升级型创新投资的成功率 μ、企业对前沿技术的模仿程度 b 的影响。

（二）没有信贷约束时的企业技术创新与生产率

上述分析表明地区企业在进行前沿技术模仿和新技术创新时，必须支付一定的科研成本。根据阿吉翁（Aghion）提出的科研成本方程为：

$$N_{t-1} = \widetilde{n}(\mu_t) \widehat{A}_t = (\theta \mu_t + \delta \mu_t^2 / 2) \widehat{A}_t \qquad \theta, \qquad \delta > 0 \qquad (6-13)$$

$$\widetilde{\mu}(n) = \widetilde{n}^{-1}(n) = (\sqrt{\theta^2 + 2\delta n} - \theta) / \delta \qquad (0 < \beta\pi < \theta + \delta) \qquad (6-14)$$

意味着企业家进行研发投入的事前成本与地区平均生产率及技术升级创新成功的概率成正比。因此，地区技术升级型投资项目最终将获得的预期净收益为：

$$\pi_t' = \beta \mu_t \pi \widehat{A_t} - N_{t-1} = \beta \mu_t \pi \widehat{A_t} - (\theta \mu_t + \delta \mu_t^2 / 2) \widehat{A_t} \qquad (6\text{-}15)$$

在完全信贷市场条件下,企业不受融资约束的影响,可以从金融部门或市场非金融机构获取全部需求资金,此时企业家根据利润最大化条件 $\partial \pi_t' / \partial \mu_t = 0$,将选择最优概率:

$$\mu^* = (\beta \pi - \theta) / \delta \qquad (6\text{-}16)$$

$$N_{t-1}^* = \widetilde{n}(\mu^*) \widehat{A_t} = n^* \widehat{A_t} \qquad (6\text{-}17)$$

此时将企业家选择的最优概率代入平均生产率方程:

$$a_t = \mu^* b + \frac{1 - b \mu^*}{1 + g} a_{t-1} \equiv H_1(a_{t-1}) \qquad (6\text{-}18)$$

在长期经济运行中,地区标准生产率的演变是一个趋于收敛的过程,平均生产率达到稳定状态,即 $a_t = a_{t-1}$:

$$a_t = a_{t-1} = a^* = \frac{\mu^* b(1 + g)}{b \mu^* + g} \qquad (6\text{-}19)$$

在没有信贷约束的市场条件下,地区标准生产率的增长速度与前沿生产率的增长速度保持一致,均为 g。

(三)存在信贷约束时的企业技术创新与生产率

在经济模型中假定,每个企业家拥有的初始财富为工资收入 w_t,在存在信贷约束时,企业家拥有的初始财富不足以支付投资创新型项目的科研成本,开展创新型投资项目的企业家面临严重的融资约束,这时 $N_t > w_t$。企业家想要开展技术升级型投资项目需要向外部融资 $N_t - w_t$,当项目投资成功时,融资部门才能顺利收回所有融资额及其利息;如果项目失败时,融资部门不能收回任何贷款。

假设地区企业在项目成功时,支付一笔费用 cN_t,可以隐藏企业的真实收益以欺骗债权人。并且 $\partial c / \partial F > 0$,这里 F 表示金融发展水平,金融体系发展越好,金融部门识别企业"隐藏"事实的能力就越强。只有当 $cN_t \geq r(N_t - w_t)$,

即企业隐藏真实收益的成本大于需要支付的借款的利息时,企业才会选择不隐藏真实收益。得到:

$$N_t \leqslant \frac{r}{r-c} w_t \tag{6-20}$$

只有满足上式,企业才会从金融部门获得满足需求的贷款,从而才能进行技术升级型项目投资。反之,若 $N_t > \frac{r}{r-c} w_t$,企业就无法获得金融机构的融资。根据劳动工资等于最终产品的生产边际效益,则:

$$w_{it} = (1-\alpha)(\alpha/\chi)^{\frac{1}{1-\alpha}} A_{it} = (1-\alpha) \zeta A_{it} \tag{6-21}$$

工资水平是由地区企业的生产率决定的,随着地区企业生产率与前沿生产率水平的差距越大,信贷约束会更加容易产生。因此在存在融资约束时的企业投资限额 $N_t = \frac{r}{r-c} w_t$,在上文中指出不存在融资约束时的企业最优投资 $N^*_t = n^* \widehat{A}_{t+1}$,此时:

$$a_t = A_t / \bar{A}_t < \frac{b(1+g)n^*}{\left(\frac{r}{r-c}\right)(1-\alpha)(\alpha/\chi)^{\frac{1}{1-\alpha}} - n^*(1-b)} = wn^* = \bar{\alpha}(r,c) \tag{6-22}$$

$$n^* > a_t w^{-1}, \mu(a_t w^{-1}) < \mu^*$$

$$a_t = \widetilde{\mu}(a_t w^{-1}) b < \frac{1 - b\widetilde{\mu}(a_t w^{-1})}{1+g} a_{t-1} \equiv H_2(a_{t-1}) \tag{6-23}$$

当上式成立时,企业面临融资约束,无法顺利融资,即标准生产率水平低于世界前沿生产率水平;反之,企业可以从金融部门获得所需的融资额。因为 $\partial c/\partial F > 0$,可推导出 $\partial w/\partial F > 0$,$\partial \bar{\alpha}(r,c)/\partial F < 0$,意味着金融发展程度越高的地区,企业面临的融资约束越低,金融发展程度的提升能在一定程度上缓解地区企业面临的融资约束问题,这样平均生产率更贴近前沿生产率。

据此,提出以下假说:企业面临融资约束,会阻碍企业的创新行为,而金融发展可以缓解企业研发投入的融资约束,进而推进技术创新。

第四节 金融发展促进企业创新的研究设计

一、数据处理

(一)数据说明

本章选取 2009—2018 年中国沪深两市上市公司数据作为初始数据,数据来自万德数据库。根据需要对初始数据进行以下处理:(1)剔除了 ST 和 ST*公司;(2)剔除了金融机构数据;(3)剔除财务数据不全的企业,为此共得到12969 个有效观测样本。

(二)变量选择和指标测算

1. 技术创新的测度与分解

本节技术创新指标用结果变量全要素生产率(TFP)表示,这里参考鲁晓东、连玉君(2012)的 LP、OP 半参数方法。考虑到基于一致半参数方法有几点优势:第一,能够克服联立性偏误、样本选择偏误;第二,这种方法假定企业可以根据当前的生产率状况,作出正确的投资决策,用企业的投资作为生产率的代理变量,有效解决了同时性偏差问题。这里利用 LP 法估算我国沪深两市上市企业 2009—2018 年的全要素生产率增长率,并用 OP 方法计算出的结果做稳健性检验。

采用全要素生产率估算的 LP 法,将中间投入代替投资作为可观测企业全要素生产率的代理变量,再利用下述计算公式:

$$\ln tfp_{it} = \ln ys_{it} - \widehat{\beta}_k \ln k_{it} - \widehat{\beta}_l \ln l_{it} - \widehat{\beta}_m \ln m_{it} \tag{6-24}$$

其中:ys 表示上市企业的营业总收入;k 和 l 分别表示企业的固定资产净

额和企业员工人数；m 为企业的中间品投入，用企业购入商品和接受劳务实际支付的金额表示。

2. 融资约束的测量

关于融资约束的研究最开始是由法扎里（Fazzari，1988）[1]，随后很多学者分别运用不同的分类指标来衡量受融资约束和不受融资约束的分界。这些分类标准主要涉及与信息成本相关的变量：企业规模、企业年龄、企业的股利支付情况等，但是这些分类方法并没有考虑企业的融资情况。鉴于此，很多学者借鉴卡普兰和津盖尔斯（Kaplan 和 Zingales，1997）[2]的方法测度不同企业的融资约束，构造出 KZ 指数，在此基础上，为了避免内生性问题，后期学者扩展了 KZ 指数，将企业划分为五种融资约束水平，使用有序 $Probit$ 模型估计出最常用的 SA 指数。

本节主要说明金融发展能够缓解上市企业的融资约束，首先采用现金流 $CF_{it}-1$［（企业当年营业利润+固定资产折旧）/企业总资产］来衡量上市企业是否存在融资约束，按照投资决策欧拉方程构建的基本思想，若现金流和企业研发投资额（Rd_{it}）呈正向关系，这就意味着现金流的大量引入，会促进企业为技术进步增加投入，说明企业研发投入更依赖于地区企业内源现金流，企业面临一定的融资约束。总之，若构建的欧拉方程中，上一期的现金流的系数显著为正，则说明企业存在融资约束。

再者，为了研究金融发展是否可以通过缓解上市企业的融资约束进而促进全要素生产率的提升，这里借鉴卡普兰和津盖尔斯（1997），参考魏志华等（2014）[3]，根据公司经营性净现金流（CF_{it}/A_{it-1}）、每股股利（$PDIV_{it}/A_{it-1}$）、现

---

① Fazzari, S. M., Hubbard, R. G., Petersen B. C., "Financing Constraints and Corporate Investment", *Brookings Papers on Economic Activity*, Vol.1, 1988.

② Kaplan, S., Zingales, L., "Do Financing Constraints Explain Why Investment is Correlated with Cash Flow", *Quarterly Journal of Economics*, Vol.112, No.2, 1997.

③ 魏志华、曾爱民、李博：《金融生态环境与企业融资约束——基于中国上市公司的实证研究》，《会计研究》2014 年第 5 期。

金持有水平(CA_{it}/A_{it-1})、资产负债率(lev_{it})和 Tobin's Q(Q_{it})五个指标构建 KZ 指数,并将最后计算出的每个企业 KZ 指数超过中位数的设定为1,未超过中位数的设定为0,生成融资约束的虚拟变量 dum_kz。构建融资约束 KZ 指数的回归结果,如表6-3所示。

表6-3 构建融资约束 KZ 指数回归结果

变量	CF_{it}/A_{it-1}	$PDIV_{it}/A_{it-1}$	CA_{it}/A_{it-1}	lev_{it}	Q_{it}
KZ	-0.096 ***	-3.330 ***	-6.633 ***	2.055 ***	0.185 ***
	(-41.68)	(-25.23)	(-40.22)	(23.96)	(20.69)
R^2	0.1985				
chi^2	8029.77				
N	12969				

注:括号里的数值为稳健性标准误差,***、**、*分别表示在1%、5%和10%的水平下显著。

3. 金融发展综合指标

金融发展是一种动态演化过程,因为衡量金融发展的指标比较多,可以分为金融规模指标和金融效率指标。本节选择构建简单的金融发展综合评价指标体系,将金融规模和金融效率作为一级指标,并进一步细分至二级指标,构建金融发展水平的综合指标体系,见表6-4。

表6-4 金融发展水平综合指标体系

一级指标	二级指标	单位	指标属性
金融规模指标	地区年末金融机构各项存款总额占 GDP 比重	存款总额/GDP	正向
	地区年末金融机构各项贷款总额占 GDP 比重	贷款总额/GDP	正向
	金融相关率	存贷款总额/GDP	正向

续表

一级指标	二级指标	单位	指标属性
金融效率指标	贷款存款转化率	总贷款/总存款	正向
	储蓄投资转化率	资本形成总额/储蓄	正向
	边际资本效率	GDP 增量/资本形成总额	正向

本节在借鉴目前已有研究的指标体系基础上,尽可能消除异方差等相关缺陷,先对本书涉及的一级指标、二级指标进行对数化处理,再采取变异指数法测度金融发展综合水平。

4. 其他指标

本节加入了表明企业特征的控制变量:企业规模(ys)、资产负债率(lev)、企业年龄(age)、净资产利润率(roe)和是否为国有企业(soe)。

企业规模(ys):用沪深两市上市企业的营业总收入来表示,用总资产进行标准化。

资产负债率(lev):资产负债率是负债总额除以资产总额的百分比,反映在总资产中有多大比例是通过借债来筹资的,也可以衡量企业在清算时保护债权人利益的程度,本书用负债总额和资产总额之比来表示。

企业年龄(age):这里用企业上市年限衡量企业年龄。

净资产利润率(roe):本指标是剔除非经常损益后的净利润与平均净资产的百分比。具体计算公式是:扣除非经常损益后的净利润(不含少数股东损益)/[(期初归属母公司的净资产+期末归属母公司的净资产)/2]。

是否为国有企业(soe):这是个虚拟变量,当该企业为国有企业时赋值为1;当该企业为非国有企业时赋值为0。

二、模型设定

本节主要研究金融发展通过缓解融资约束对企业生产率产生的影响。实证模型的具体方法如下：第一，参考拉夫（Love，2003）[①]的欧拉方程构建企业的投资决策模型，分析中国沪深两市上市企业是否存在融资约束问题。第二，对金融发展通过缓解融资约束影响企业创新进行具体分析。

（一）中国上市公司是否存在融资约束问题

考察我国上市公司是否存在融资约束，设定以下模型：

$$\frac{I_{it+1}}{K_{it+1}} = \beta_0 + \beta_1 \frac{I_{it}}{K_{it}} + \beta_2 \left(\frac{I_{it}}{K_{it}}\right)^2 + \beta_3 \frac{Y_{it}}{K_{it}} + \beta_4 \frac{CF_{it}}{K_{it}} + \varepsilon_{it} \tag{6-25}$$

其中，i 和 t 分别代表企业和时间，I 是企业的投资，反映企业投资行为；CF 为企业现金流；K 是企业总资产；Y 为企业营业总收入。主要通过模型中的 β_4 反映企业是否面临融资约束，β_4 又被称为企业的投资—现金流敏感系数。当企业面临融资约束时，企业的投资通常更依赖于内部现金流，企业也会倾向于留存现金用于更好的投资机会。所以在一般情况下，企业面临的融资约束程度越高，$\beta_4 > 0$ 就越大。

根据上述模型，可以将上市企业的投资行为划分为投资过度与投资不足，主要思路是将企业的实际投资减去估算得到的企业投资水平，得到的差值，即式（6-25）的残差，如果 $\varepsilon_{it} > 0$ 即设定为1，$\varepsilon_{it} < 0$ 设定为0，这样就生成投资行为的虚拟变量，为 dum_inc。

（二）金融发展可以缓解融资约束程度

在式（6-25）基础上加入金融发展与现金流的交互项，构建了一个金融发展缓解融资约束的方程：

$$\frac{I_{it+1}}{K_{it+1}} = \beta_0 + \beta_1 \frac{I_{it}}{K_{it}} + \beta_2 \left(\frac{I_{it}}{K_{it}}\right)^2 + \beta_3 \frac{Y_{it}}{K_{it}} + \beta_4 \frac{CF_{it}}{K_{it}} + \beta_5 FIN_{it} +$$

[①] Love, I., "Financial Development and Financing Constraints: Internation Evidenve from the Structural", *Review of Financial Studies*, Vol.16, No.3, 2003.

$$\beta_6 FIN_{it}^* \left(\frac{CF_{it}}{K_{it}} \right) + \varepsilon_{it} \tag{6-26}$$

其中,FIN 是前文所述的通过构建地区金融发展指标体系的综合指标,表示 μ_i 反映个体固定效应,ε_{it} 为随机扰动项。金融市场的快速发展可以获取大量的市场信息,并且有效地聚集专业人才进行信息甄别,最终可以有效地通过解决市场信息不对称问题降低企业面临的融资约束程度。因此,式(6-26)中的 $\beta_6 < 0$,意味着金融市场发展可以缓解企业面临的融资约束。

(三)金融发展通过缓解企业融资约束进而促进企业创新

为了厘清其中的影响机制,借鉴既有的研究,构建以下模型:

$$\ln tfp_{it} = \alpha_0 + \alpha_1 \ln tfp_{it-1} + \alpha_2 dum\_inc_{it} + \alpha_3 \ln ys_{it} + \alpha_4 \ln lev_{it}$$
$$+ \alpha_5 \ln age_{it} + \alpha_6 \ln roe_{it} + \alpha_7 soe_{it} + \varepsilon_{it} \tag{6-27}$$

$$\ln tfp_{it} = \lambda_0 + \lambda_1 \ln tfp_{it-1} + \lambda_2 Fin \times dum\_inc_{it} \times dum_{kz} + \lambda_3 \ln ys_{it}$$
$$+ \lambda_4 \ln lev_{it} + \lambda_5 \ln age_{it} + \lambda_6 \ln roe_{it} + \lambda_7 soe_{it} + \varepsilon_{it} \tag{6-28}$$

当金融发展对融资约束存在缓解作用时,即金融发展与上市企业投资行为以及融资约束的交互项对全要素生产率的作用系数为 λ_2;当不考虑对融资约束的缓解作用时,纯粹的上市企业投资行为对全要素生产率的影响系数为 α_2。若 $\lambda_2 > \alpha_2$,就意味着假说成立,即在不考虑金融发展缓解企业研发投入的融资约束时,上市企业投资对企业生产率的提升会比考虑金融发展的缓解作用之后的效果弱。

三、各变量的描述性统计

表 6-5 报告了变量的描述性统计分析结果。

表6-5　各变量的描述性统计结果二

变量	名称	变量数	平均值	标准差	最小值	最大值
lntfp_lp	LP方法计算的全要素生产率对数	12969	1.43	0.26	-3.47	2.21
lntfp_op	OP方法计算的全要素生产率对数	12956	0.55	0.54	-4.61	1.93
Fin	金融发展水平	12969	0.53	0.16	0.32	1.62
I/K	企业投资行为	12969	0.33	0.21	0.0003	5.69
CF/K	现金流	12969	4.35	9.24	-4.27	1.16
kz	融资约束测算指数	12969	1.08	0.38	0.03	2.27
dum_kz	融资约束程度	12969	0.50	0.50	0	1
dum_inc	模型(1)残差得到的衡量投资行为指标	12969	0.51	0.50	0	1
lnys	企业规模	12969	-0.60	0.74	-6.84	3.13
lnlev	资产负债率	12969	-0.58	0.58	-4.95	2.68
lnage	企业年龄	12969	3.2	0.18	2.34	3.78
lnroe	净利润收益率	12969	1.88	1.17	-4.46	10.02

第五节　金融发展提升企业创新能力的实证分析

由于设定计量模型中存在内生性问题,本节模型加入了被解释变量的滞后一期值。为更好地避免可能存在的内生性,主要采用系统GMM方法对设定模型进行检验分析。为了保证模型估计是有效的,工具变量没有过度识别,采用萨甘(Sargan)检验来识别工具变量是否有效。此外,还有是否存在二阶序列相关的检验$AR(1)$和$AR(2)$。本节使用统计软件14.0进行回归操作。

一、基于全样本的回归结果

（一）上市公司是否存在融资约束以及金融发展影响融资约束的检验

由表 6-6 结果可知，列（1）和列（2）在控制了地区固定效应和时间固定效应之后，二阶序列自相关 AR（2）检验 P 值为 0.1733＞0.05、0.2414＞0.05，即在 5% 的显著性水平下无法拒绝原假设，说明扰动项不存在二阶序列自相关；此时萨甘检验说明模型中的工具变量是有效的。

表 6-6　检验企业是否存在融资约束［被解释变量为投资 $(I/K)_{it}$］

变量	（1）	（2）
$(I/K)_{it-1}$	3.307*** (0.181)	3.465*** (0.180)
$(CF/K)_{it-1}$	0.001* (0.0005)	0.004*** (0.0005)
$(I/K)^2_{it-1}$	−3.761*** (0.208)	−4.045*** (0.207)
Fin_{it-1}		0.120*** (0.043)
$Fin_{it-1}×(CF/K)_{it-1}$		−0.051*** (0.007)
ys_{it-1}	−0.017 (0.014)	−0.014 (0.013)
$Constant$	0.095*** (0.006)	0.074*** (0.005)
N	12969	12969
个体固定效应	Yes	Yes
地区固定效应	Yes	Yes
$AR(1)$	0.0000	0.0000
$AR(2)$	0.1733	0.2414
Sargan 检验（p-value）	0.5720	0.6835

注：括号里的数值为标准误差，***、**、* 分别表示在 1%、5% 和 10% 的水平下显著。

根据回归的结果从列（1）中发现，第一，当前企业投资 $[(I/K)_{it}]$ 与上一期投资 $[(I/K)_{it-1}]$ 存在显著正相关，与上一期投资的平方 $[(I/K)_{it-1}^2]$ 呈显著负相关，说明上市公司的投资行为表现出一定的延续性，当期投资受前期投资影响，并且这种影响呈现倒"U"型，即后期投资会随着前期投资的增加而增加，但是前期投资超过某临界值之后，后期投资会随之下降。上市企业现金流量 $[(CF/K)_{it-1}]$ 与企业投资行为 $[(I/K)_{it}]$ 之间存在显著的正向相关性，与预期结论相符，意味着企业的投资行为对企业内部现金流存在依赖性，更深层次的含义是表明我国上市企业面临较为严重的融资约束问题。因为我国金融市场的发展主要还是以银行业为主导，资本市场发展较为滞后，企业在这样的市场环境下无法获取较多的信息资源，融资渠道比较单一，外部融资信息无法及时获取，存在严重的信息不对称问题，进而演变为融资约束问题。

列（2）反映的是加入金融发展指标以及金融发展和现金流的交互项之后的结果，可以看出金融发展指标（Fin_{it-1}）前面的系数显著为正，说明金融发展水平的提高可以促进企业投资水平的提升；金融指标和现金流的交互项 $[Fin_{it-1} \times (CF/K)_{it-1}]$ 系数显著为负，表明引入金融发展之后，会降低企业投资—现金流敏感性，缓解企业投资对企业内部现金流的依赖程度，即金融发展可以缓解企业融资约束。

（二）金融发展通过缓解融资约束进而促进企业创新

在证明了金融发展能够缓解融资约束之后，这里重点讨论金融发展能否通过缓解融资约束进而促进企业创新（见表6-7）。

表 6-7　全样本回归结果

变量	（1）	（2）	（3）	（4）
被解释变量	lntfp_lp_{it}	lntfp_lp_{it}	lntfp_op_{it}	lntfp_op_{it}
lntfp_lp_{it-1}	0.799*** (0.134)	0.861*** (0.120)		
lntfp_op_{it-1}			0.462*** (0.076)	0.455*** (0.082)
dum_inc_{it}		0.032* (0.017)		0.061* (0.032)
$Fin_{it}×dum\_inc_{it}×dum\_kz_{it}$	0.155*** (0.051)		0.31*** (0.073)	
lnys_{it}	0.108*** (0.015)	0.078*** (0.016)	0.290*** (0.046)	0.218*** (0.042)
lnroe_{it}	0.052** (0.022)	0.002 (0.006)	0.0835 (0.057)	0.001 (0.048)
lnlev_{it}	0.0131 (0.012)	−0.015 (0.012)	0.005 (0.024)	−0.045** (0.020)
lnage_{it}	−0.116 (0.165)	0.0348 (0.210)	0.295 (0.553)	−0.0179 (0.954)
soe_{it}	−0.129*** (0.043)	−0.095* (0.048)	−0.363*** (0.123)	−0.265* (0.139)
$constant$	0.831 (0.519)	0.198 (0.672)	−0.119 (1.715)	0.690 (2.998)
N	12969	12969	12969	12969
个体固定效应	Yes	Yes	Yes	Yes
地区固定效应	Yes	Yes	Yes	Yes
$AR(1)$	0.0000	0.0000	0.0019	0.0010
$AR(2)$	0.1989	0.7598	0.3680	0.7880
$Sargan$ 检验 $(p-value)$	0.5896	0.6210	0.5835	0.6081

注:括号里的数值为稳健性标准误差,***、**、*分别表示在1%、5%和10%的水平下显著。

根据$AR(2)$检验结果和萨甘检验结果,回归方程均通过随机扰动项没有自相关的检验,与系统GMM估计量是一致的,以及所有工具变量都是有效的。结果中企业全要素生产率滞后一期(lntfp_lp_{it-1})的系数在1%的水平下显著为正,说明企业研发投入具有明显的延续性,即前一期企业的生产率的提升会促进下一期的企业生产率。

这里重点关注金融发展与投资融资约束的交互项($Fin_{it} \times dum\_inc_{it} \times dum\_kz_{it}$)的系数符号和显著性。从表6-7中的列(1)中可以看出,交互项系数为0.155,在1%的水平下显著为正,意味着,当省际金融发展水平增加一个单位,企业的全要素生产率上升15.5个百分点。结合前面金融发展能够缓解融资约束这一结论,可以认为金融发展可以通过缓解企业的投资融资约束进而促进企业创新这一机制是成立的。

作为对比,在不考虑金融发展的作用时,表6-7列(2)估计出上市企业投资对企业全要素生产率的影响。反映上市企业投资行为的变量(dum_inc_{it})的系数为0.032,在10%的水平下显著,即企业投资增加一个单位,促使全要素生产率上升3.2个百分点(3.2<15.5)。在不考虑金融发展对投资融资约束的缓解效应的情况下,企业的投资行为对促进创新行为并没有表现出之前的强烈效应。

对于控制变量,企业规模($lnys_{it}$)前面的系数显著为正,说明企业规模越大,营业收入越大,在市场上能够拥有更多的融资渠道,获得更多市场信息,促进企业创新,带来企业生产率的提升;是否为国有企业(soe_{it})的系数显著为负,即国有企业对生产率的提升并没有非国有企业强,因为国有企业在某些方面并没有非国有企业更具创新性。这里为了检验结果的稳健性,利用参考的OP方法计算出来的全要素生产率替换LP方法计算出来的结果[表6-7列(3)和列(4)],发现结果中除了个别不显著的控制变量的符号和显著性有所区别外,主要变量的正负性和显著性和之前相同,说明结果是稳健的。

二、基于产权结构差异的视角分析金融发展对企业创新的作用

企业产权结构差异可能会造成企业所受融资约束程度存在较大的差异,鉴于此,进一步将企业所有权按国有企业和非国有企业进行划分,进行子样本分析(见表6-8、表6-9)。

表 6-8　国有企业、非国有企业存在融资约束差异

按所有权分类	国有企业	非国有企业
被解释变量	$(I/K)_{it}$	$(I/K)_{it}$
$(I/K)_{it-1}$	4.490*** (0.518)	3.321*** (0.421)
$(CF/K)_{it-1}$	0.0039*** (0.0011)	0.0421*** (0.0101)
$(I/K)_{it-}^2$	−4.318*** (0.578)	−4.256*** (0.573)
Fin_{it-1}	0.008 (0.056)	0.198* (0.110)
$Fin_{it-1} \times (CF/K)_{it-1}$	−0.0321** (0.0159)	−0.0821*** (0.0207)
ys_{it-1}	0.0010 (0.0039)	−0.0198 (0.0179)
$Constant$	−0.352*** (0.0817)	−0.320*** (0.0865)
个体固定效应	Yes	Yes
地区固定效应	Yes	Yes
$AR(1)$	0.0000	0.0000
$AR(2)$	0.1233	0.2571
$Sargan$ 检验($p - value$)	0.5735	0.6724

　　根据企业所有制结构的不同,这里首先分析国有企业和非国有企业面临的融资约束的差异。如表 6-8 所示,国有企业和非国有企业都存在显著的融资约束问题,并且金融发展对融资约束起到明显的缓解作用[$Fin_{it-1} \times (CF/K)_{it-1}$ 前面的系数显著小于 0];对比发现,国有企业面临的融资约束较小,投资—现金流敏感系数较低,与刘洪铎(2014)结论相似。这是因为国有企业信誉度较高,在外部融资渠道可以获得更多的支持。而金融发展缓解融资约束的效应,非国有企业表现得更强一些。这是因为在金融发展水平逐步提高的过程中,非国有企业受到的融资约束可以得到较大的改善。

表6-9 按所有制结构分类的子样本回归结果

按产权分类	国有企业		非国有企业	
被解释变量	$\ln tfp\_lp_{it}$	$\ln tfp\_lp_{it}$	$\ln tfp\_lp_{it}$	$\ln tfp\_lp_{it}$
$\ln tfp\_lp_{it-1}$	0.575 *** (0.044)	0.633 *** (0.041)	0.812 *** (0.025)	0.836 *** (0.0258)
dum_inc_{it}	0.0368 *** (0.010)		0.0279 ** (0.0124)	
$Fin_{it} \times dum\_inc_{it} \times dum\_kz_{it}$		0.151 *** (0.021)		0.101 ** (0.038)
$\ln ys_{it}$	0.111 *** (0.008)	0.132 *** (0.008)	0.092 *** (0.011)	0.090 *** (0.010)
$\ln lev_{it}$	−0.004 (0.010)	0.017 * (0.011)	−0.027 *** (0.009)	−0.008 (0.0089)
$\ln roe_{it}$	0.014 *** (0.005)	0.002 (0.006)	0.028 *** (0.004)	0.027 *** (0.003)
$\ln age_{it}$	0.276 (0.226)	−0.0322 (0.169)	0.242 (0.165)	0.233 * (0.119)
$Constant$	−0.148 (0.694)	0.784 (0.503)	−0.463 (0.512)	−0.445 (0.353)
$AR(1)$	0.0000	0.0000	0.0000	0.0000
$AR(2)$	0.6845	0.1275	0.2437	0.2864
$Sargan$ 检验 $(p-value)$	0.6464	0.6248	0.4584	0.5547

注:括号里的数值为稳健性标准误差,*** 、** 、* 分别表示在1%、5%和10%的水平下显著。

如表6-9所示,国有企业和非国有企业的金融发展与企业投资融资约束这一交互项 $Finit \times dum\_incit \times dum\_kzit$ 的估计系数的符号均为正,国有企业通过了1%的显著性水平,非国有企业通过了5%的显著性水平,再次证明了地区金融发展可以缓解国有企业以及非国有企业面临的融资约束,进而激励企业的创新行为,促进企业的全要素生产率提升。但是,这种激励机制国有企业效应更强,非国有企业效应稍弱。具体表现为,当金融发展增加1个单位,国有企业全要素生产率增加15.1个百分点,非国有企业生产率增加10.1个百分点。也就是说,金融发展缓解企业投资融资约束以刺激企业创新、促进生产率提升的机制在国有企业的效果表现得更加明显。这是因为中国金融市场风险相对较大,金融机构在发展金融业务时仍然重点考虑风险,民营企业在获得金融支持方面不具有优势,金融机构更青睐于国有企业,因此国有企业面临着更低的融资约束,其全要素生产率也更高。由此可见,从所有制结构来看,金融发展在缓解国有企业和非国有企业融资约束进而提升生产率的过程中作用都十分显著,而相比于非国有上市企业,金融发展对国有上市企业作用更大。因此,未来中国在金融制度安排上,更要重视缓解非国有企业的融资约束,促使国有企业和非国有企业的融资公平,重点加强对中小微企业的金融支持。

三、基于地区差异的视角分析金融发展对企业创新的作用

中国地区金融发展水平不平衡,这里分别从东部地区、中部地区和西部地区三个地区估计金融发展对企业创新的作用。从表6-10的回归结果看出,金融发展促进企业创新的效应在东部地区、中部地区都非常显著,并且东部地区金融发展通过缓解融资约束对全要素生产率的影响幅度大于中部地区(0.258>0.161);而西部地区这一效应仅在10%的水平下显著。我国各地区金融发展不平衡决定了这种作用机制在东部地区、中部地区、西部地区出现不同的结果,东部地区经济发展水平高,拥有较为完善的金融资源,北京、上海和广州等地区吸引了大量的资金流入,企业获得资金的渠道也较为完善,因而这种通过缓解融资约束促进企业创新、提升企业全要素生产率的机制在东部地区更加明显;而中部地区和西部地区由于缺乏丰富的金融资源,在资金融通过程中落后于东部地区,由于西部大开发战略的实施以及西部地区拥有自然资源优势,在作用结果上西部地区并没有和东部地区、中部地区相差太多,地区金融发展水平提升1个单位,中部地区和西部地区全要素生产率各提升0.161个和0.13个单位,中部地区、西部地区差距仅为0.031。中国的金融综合发展水平呈现东部地区、中部地区和西部地区的逐步递减现象,而分地区的

实证分析表明金融综合发展水平越高越有利于缓解企业融资约束，进而更好地推动企业创新，提升企业全要素生产率。

表6-10　东部地区、中部地区、西部地区的子样本回归结果

按地区分类	东部地区	中部地区	西部地区
被解释变量	lntfp_lp_{it}	lntfp_lp_{it}	lntfp_lp_{it}
lntfp_lp_{it-1}	0.348 *** (0.044)	0.458 *** (0.059)	0.594 *** (0.088)
$Fin_{it} \times dum\_inc_{it} \times$ dum_kz_{it}	0.258 *** (0.041)	0.161 *** (0.0549)	0.130 * (0.069)
lnys_{it}	0.112 *** (0.021)	0.176 *** (0.026)	0.182 *** (0.030)
lnlev_{it}	0.0141 (0.013)	−0.051 * (0.028)	0.062 * (0.032)
lnage_{it}	0.335 (0.259)	0.091 (0.361)	−0.975 * (0.513)
lnroe_{it}	0.003 (0.005)	−0.006 (0.007)	−0.002 (0.007)
$Constant$	−0.005 (0.801)	0.586 (1.158)	3.783 ** (1.581)
$AR(1)$	0.0000	0.0003	0.0179
$AR(2)$	0.1045	0.2486	0.0894
$Sargan$ 检验($p-value$)	0.4987	0.5879	0.6357

注：括号里的数值稳健性标准误差，*** 、** 、* 分别表示在1%、5%和10%的水平下显著。

第六节　弘扬企业家精神的金融创新设想

创新精神是企业家精神的核心元素。企业创新活动需要资金的支持，而资金获得性与企业创新投资面临的融资约束密切相关。本章从理论层面分析了金融发展如何通过缓解地区企业研发投入的融资约束支持企业创新、提升地区全要素生产率。研究发现，地区金融发展可以通过缓解企业投资融资约

束,进而推动企业创新;考虑金融发展对融资约束的缓解作用,企业投资行为对全要素生产率具有显著的促进作用。基于所有制结构差异分析,金融发展在缓解国有企业和民营企业融资约束进而激励创新且提升全要素生产率的过程中作用显著,国有上市企业显著性更强。基于区域差异估计表明,金融发展通过缓解融资约束促进企业创新的效应在东部地区最为显著,在西部地区最弱。

金融发展是促进企业创新创业和培育企业家精神的重要动力,而企业创新创业也对金融发展水平的提升提出了更高要求。金融发展与企业创新是共生共荣的生态系统,两者相互渗透、相互反馈、相互促进。因此,弘扬企业家精神,推进企业创新创业,需要持续深化金融体制改革,着力推进金融创新,充分发挥金融服务实体经济功能。

第一,优化银行业的信贷结构,培育和发展中小融资机构,消除民营企业与国有企业之间的信贷差别,拓宽民营企业融资渠道,解决民营企业融资难等问题。

第二,优化金融结构,改革银行主导型的金融体制,建立和完善多层次的资本市场,满足企业多元化的融资需求。

第三,鼓励金融机构开展针对企业技术创新项目的科技金融创新,创造更多的科技金融产品,为企业技术创新提供更有效的金融中介服务。

第四,协调推进各地区的金融发展,地方政府根据区域发展的特征,制定相应的金融发展政策,缩小区域间的金融发展差异,促使各地区金融发展水平趋于协调,带动企业、区域全要素生产率提升。

第五,建立金融创新和技术创新之间良好的耦合机制,协调好金融创新体系与技术创新体系的关系,并使金融发展更好地服务于实体经济发展。

第七章　基础设施升级与企业家精神[①]

基础设施建设对改革开放以来中国经济社会发展有着举足轻重的作用。一方面,基础设施投资在投资驱动的经济增长模式中承担着重要角色;另一方面,基础设施作为经济活动的"齿轮",为国民经济高效运行提供了基本服务。那么,基础设施升级是否有效提升了企业家精神? 如果答案是肯定的,其背后的作用机制是什么? 在不同区域发挥的影响又有哪些差异? 这些问题都需要从理论和实证出发,结合中国发展的现实背景找到答案。

第一节　基础设施、企业家精神与经济发展

弘扬企业家精神,厚植企业家成长的沃土,激发市场主体活力,促进经济高质量发展,已经成为政府和社会各界的普遍共识。那么,企业家精神在区域之间蕴含的差异性和能力源于何处呢? 长期以来,大量研究从制度环境(Sambharya 和 Musteen,2014[②];孙黎等,2019[③])、文化和社会资本(Westlund

---

① 孔令池、张智:《基础设施升级能够促进企业家精神成长吗?——来自高铁开通和智慧城市建设的证据》,《外国经济与管理》2020 年第 10 期,编入本书时做了适当修改。
② Sambharya,R.,Musteen,M.,"Institutional Environment and Entrepreneurship:An Empirical Study across Countries",*Journal of International Entrepreneurship*,Vol.12,No.4,2014.
③ 孙黎等:《企业家精神:基于制度和历史的比较视角》,《外国经济与管理》2019 年第 9 期。

和 Bolton,2003①;高波,2007②)等"软性"因素展开了讨论。与此同时,考虑到企业家精神与城市的紧密关联,学者们也开始关注城市集聚经济产生的多样化、专业化外部性如何影响企业家精神(Delgado 等,2010③;Glaeser 等,2010④;张萃,2018⑤)。由这一研究趋势进行拓展,一个更值得探讨的问题是,经济地理环境的优化能否促进企业家精神?新中国成立以来,尤其是21世纪以来,大范围、高水平的基础设施建设深刻改变了960多万平方公里土地上经济活动的空间分布,这为我们研究城市外部环境改变如何影响企业家精神提供了合适的观察视角。

现有研究已经就基础设施如何影响经济发展进行了大量的理论分析和实证检验(Romp 和 De Haan,2007)⑥,特别是对于其如何影响经济增长这一论题(张勋等,2019;郑世林等,2014)⑦。但随着中国经济进入高质量发展阶段,在经济增速放缓的背景下,讨论如何充分释放基础设施建设对高质量发展的积极作用仍具有深刻意义。企业家精神作为赋能高质量发展的经济内生力量,是研究这一现实问题的重要切入点。遗憾的是,将基础设施与企业家精神进行讨论的研究极为缺乏。奥德兹等(Audretsch 等,2015)⑧作为这一领域的

①　Westlund, H., Bolton, R., "Local Social Capital and Entrepreneurship", *Small Business Economics*, Vol.21, No.2, 2003.

②　高波:《文化、文化资本与企业家精神的区域差异》,《南京大学学报(哲学·人文科学·社会科学版)》2007 年第 5 期。

③　Delgado, M., Porter, M.E., Stern, S., "Clusters and Entrepreneurship", *Journal of Economic Geography*, Vol.10, No.4, 2010.

④　Glaeser, E.L., Rosenthal, S.S., Strange, W.C., "Urban Economics and Entrepreneurship", *Journal of Urban Economics*, Vol.67, No.1, 2010.

⑤　张萃:《什么使城市更有利于创业》,《经济研究》2018 年第 4 期。

⑥　Romp, W., De Haan, J., "Public Capital and Economic Growth: A Critical Survey", *Perspektiven Der Wirtschaftspolitik*, Vol.8, No.S1, 2007.

⑦　张勋等:《数字经济、普惠金融与包容性增长》,《经济研究》2019 年第 8 期。郑世林等:《电信基础设施与中国经济增长》,《经济研究》2014 年第 5 期。

⑧　Audretsch, D.B., Heger, D., Veith, T., "Infrastructure and Entrepreneurship", *Small Business Economics*, Vol.44, No.2, 2015.

开拓者,对此评论道:"基础设施可能是企业家精神的研究中最容易被忽视的影响之一。"该文从德国背景探讨了铁路、公路和宽带等基础设施对企业家精神的影响,发现它们之间存在显著的正相关关系:基础设施强化了地区间的互联互通,使创业资源和机会随着生产要素、知识和思想的频繁流动而更加丰富,进而促进企业家精神成长。班妮特(Bennett,2019)[①]则提出,基础设施影响企业家精神存在动态特征,并结合美国1993—2015年的面板数据进行了实证检验。在他看来,除了奥德兹关注的基础设施存量发挥作用,其建设过程本身也会对企业家精神产生影响:带来更多创业机会的同时也加剧了市场竞争程度,使当地创业者面临更大不确定性。综上所述,基础设施对企业家精神的影响效应和机制仍有待研究,特别需要来自中国这类经济转型国家的经验证据。

本章讨论的基础设施包括交通基础设施和新型基础设施,前者是基础设施中最为重要的组成部分,而后者既包括宽带、移动通信等网络基础设施,又包含对传统基础设施数字化、智能化的转型和改造,是近年来对中国经济社会产生变革性影响的基础设施。[②] 从"要想富,先修路"到"要想富,先联网",作为数字经济的基石,新型基础设施正在接棒交通基础设施,承担起进一步改善经济活动格局的任务。本章首先在单个城市情形下构造二次子效用拟线性偏好效用函数,从新经济地理(NEG)理论视角阐述了基础设施对企业家精神的作用机制,即基础设施升级能够降低初创企业经营成本从而促进企业家精神的路径。之后,选用高铁开通和智慧城市建设分别作为交通、新型基础设施升级的准自然实验,通过双重差分(DID)模型实证检验了基础设施影响企业家精神的效应、机制和区域差异,发现高速交通、新型基础设施升级均显著提升了城

---

① Bennett, D. L., "Infrastructure Investments and Entrepreneurial Dynamism in The U.S.", *Journal of Business Venturing*, Vol.34, No.5, 2019.

② 2018年12月召开的中央经济工作会议将新型基础设施定义为5G、人工智能及物联网的建设;2019年7月中共中央政治局会议提出要"加快推进信息网络等新型基础设施建设";2020年3月4日中共中央政治局常务委员会召开会议指出,"加快5G网络、数据中心等新型基础设施建设进度"。学术界对这一概念的研究也正在探索之中。

市的企业家精神。前者的积极影响呈现"东部、中西部地区""大型、中小型城市"依次递减,而后者则具备明显的空间均衡化特征,表明新型基础设施能够有效破除空间约束,进而重塑企业家精神的区域格局。最后,在作用机制的拓展上,发现交通基础设施主要促进了以风险投资为代表的创业生态系统要素流动,新型基础设施则通过数字经济普惠性对企业家精神成长产生积极作用。

第二节　基础设施升级驱动企业家精神成长的内在机制

基础设施水平的提升,有利于降低搜寻成本、运输成本、交易成本与增强知识溢出效应,而企业家精神也会受到这些外部因素的影响(Fritsch 和 Storey,2014)[①]。这意味着,基础设施可能会因改善经济环境的制约而对企业家精神起到促进作用,从而扮演了"外部推动者"(External Enablers)的角色。因此,为了分析基础设施对企业家精神的作用,我们主要考察基础设施升级如何影响创业机会,进而对社会个体创业选择产生作用的过程。凭借解释经济活动区位问题的优势,新经济地理(NEG)理论为我们研究这一问题提供了范式。但传统的新经济地理理论通常外生给定个体的职业选择,显然与经济活动现实和企业家精神研究需要是不相符的。借鉴萨托等(Sato 等,2012)[②]关于市场规模与企业家精神的讨论,本章将通过一个社会个体创业选择与 OTT 框架相融合的城市模型[③],揭示基础设施升级影响企业家精神的理论机制。

---

① Fritsch,M.,Storey,D.J.,"Entrepreneurship in A Regional Context:Historical Roots,Recent Developments and Future Challenges",*Regional Studies*,Vol.48,No.6,2014.

② Sato,Y.,Tabuchi,T.,Yamamoto,K.,"Market Size and Entrepreneurship",*Journal of Economic Geography*,Vol.12,2012.

③ 本文未采用新经济地理模型中主流的 D—S 框架的原因,是为了避免对劳动报酬的复杂数理形式进行讨论,对 D—S 框架下企业家精神研究感兴趣的读者可参见格莱泽(Glaeser,2010)、叶文平等(2018)构建的理论模型。

一、模型构建与均衡分析

假定一个城市中存在两种生产部门：生产同质、可贸易产品的传统工业部门和提供差异化、不可贸易产品的现代服务业部门，二者投入的生产要素只有劳动力，即 1×2×1 的简化经济体系。对于两种产品的生产技术和市场类型，前者为规模报酬不变、完全竞争，后者则为规模报酬递增、垄断竞争。该城市拥有总量为 L 的劳动力，可根据工资差异在两个生产部门间自由流动。需要说明的是，为简化分析个体的创业选择，仅设定两种职业类型：(1)工人，在工业部门提供 1 单位劳动力；(2)企业家，在现代服务业部门经营 1 家初创企业。根据奥塔维亚诺等(Ottaviano 等，2002)[①]开辟的 OTT 框架，典型消费者拥有二次子效用的拟线性偏好：

$$U = \alpha \sum_{i=0}^{n} q_i - \frac{\beta - \delta}{2} \sum_{i=0}^{n} q_i^2 - \frac{\delta}{2} (\sum_{i=0}^{n} q_i)^2 + m \quad s.t. \sum_{i=0}^{n} p_i q_i + m = \overline{m} + I$$

(7-1)

式(7-1)中，q_i 是由现代服务业部门提供差异化产品 i 的消费量，p_i 是其价格，n 为种类数；m 为工业品的消费量，并将同质的工业品视作计价物，$\overline{m}$ 是消费者拥有的初始禀赋；$\alpha > 0$ 表示对差异化产品的偏好程度，$\beta > \delta > 0$ 表明消费者偏向于消费多样化的服务产品，$\delta > 0$ 反映差异化产品间的替代弹性；I 为个体的收入，是作为工人所获得的工资或者创业经营企业得到的报酬。最大化消费者效用可得到差异化产品需求量：

$$q_i = \frac{\alpha(\beta - \delta) + \delta P}{(\beta - \delta)[\beta + \delta(n - 1)]} - \frac{p_i}{\beta - \delta}$$

(7-2)

其中，$P = \sum_{i=0}^{n} p_i$ 为现代服务部门差异化产品的价格指数。

---

① Ottaviano. G., Tabuchi, T., Thisse, J., "Agglomeration and Trade Revisited", *International Economic Review*, Vol.43, No.2, 2002.

对于生产部门,首先讨论以规模报酬不变及市场完全竞争为特征的传统工业部门:假定投入 1 单位劳动力可生产 $\bar{w}$ 单位的工业品,考虑该可贸易且同质化的产品同时也是价格为 1 的计价物,那么,边际成本加成定价之下,工人的均衡工资将恒为 $\bar{w}$。而在现代服务业部门中,每个企业家只能经营 1 家初创企业并获得报酬 w,每家初创企业只提供 1 种差异化产品,因此,n 也代表着初创企业总数。企业家进行生产所需固定投入为其本身的 1 单位企业家才能,为了简化数理分析过程,假定所需边际投入为 0。由于整个城市中的消费者也就是劳动者,故消费者数量也为 L。那么,典型初创企业的利润函数为:

$$\pi_i = [p_i - T(r)]q_i L - w \tag{7-3}$$

式(7-3)中的 $\tau(r)$ 代表经营的边际成本,由搜寻成本、运输成本、交易成本和技术外部性等市场因素决定。r 代表基础设施综合水平,其对初创企业边际成本 τ 产生影响的途径主要有以下三种:一是交通基础设施促进了各类要素的流通,提升了地区间的市场可达性,打破了市场分割的物质基础(范欣等,2017)[1],从而降低了运输成本。二是新型基础设施进一步压缩了经济活动的时空属性,改变了传统交易过程中诸多物理限制,所带来数据及信息的创造、共享对效率和公平影响深远,使初创企业的搜寻成本、交易成本显著减少。三是交通基础设施通过弱化地理距离对知识跨地区溢出的约束,特别是促进不可编码的隐性知识传播,对技术外部性的扩散影响重大(Storper 和 Venables,2004)[2],而新型基础设施进一步增强了这一过程,新知识和新思想扩散在线上即可实现,并且打破了传统基础设施的拥堵性特征(马荣等,2019)[3],增强了知识溢出的共享性、互惠性,从而显著降低初创企业经营的边际成本。综上所述,可以发现随着 r 的提升,τ 将减小。

---

[1]　范欣等:《基础设施建设打破了国内市场分割吗?》,《经济研究》2017 年第 2 期。

[2]　Storper, M., Venables, A.J., "Buzz: Face-to-Face Contact and the Urban Economy", *Journal of Economic Geography*, Vol.4, No.4, 2004.

[3]　马荣等:《新时代我国新型基础设施建设模式及路径研究》,《经济学家》2019 年第 10 期。

考虑到已对初创企业生产技术进行了同质化假设，为简化分析可将下标 i 省略。根据利润最大化一阶条件，对 π 关于相应价格求导，可得：

$$p = \frac{\alpha(\beta - \delta) + \tau(r)\,[\beta + \delta(n-1)]}{2\beta + \delta(n-2)} \qquad (7-4)$$

进一步将 p 代入式（7-3）中，得到均衡状态下初创企业的利润：

$$\pi = \frac{[\alpha - \tau(r)](\beta - \delta)L}{[2\beta + \delta(n-2)]^2} - w \qquad (7-5)$$

在企业自由进出的市场条件下，以上利润均衡值为 0，进而可得企业家在现代服务业部门创业所获得的报酬 w 的表达式。假定社会个体事先知道自身能力水平与获得的 w，并且在职业选择时会凭此进行抉择。那么，在均衡状态下应该满足 $w = \overline{w}$。最后，以个体总数中选择创业成为企业家的比例 E 作为企业家精神的代理变量。

显然，初创企业数量还可表示为 $n = EL$。代入到 $w = \overline{w}$ 中即可得到企业家精神 E 的表达式①：

$$E = \frac{1}{\delta L}\left[\frac{[\alpha - \tau(r)]\sqrt{(\beta - \delta)L}}{\sqrt{\overline{w}}} - 2(\beta - \delta)\right] \qquad (7-6)$$

由式（7-6）可以发现，随着基础设施综合水平 r 的上升，$\tau(r)$ 会出现下降，从而使城市的企业家精神 E 上升。据此，提出本章的核心假说 1。

假说 1：基础设施升级可显著降低初创企业经营的边际成本，产生成本引致的创业效应。因此，基础设施升级可以促进企业家精神的成长。

二、作用机制的进一步拓展

囿于数据可获得性和实证复杂性，理论模型中初创企业经营的边际成本变化难以通过计量方法进行直接观察。因此，本章选用交通、新型基础设施升

———————————

① 由于本书仅讨论单一区域情形，未纳入劳动力流动的动态变化因素，故 L 和 $\overline{w}$ 具有外生性；更具一般性的两区域模型可参见叶文平等（2018）的研究。

级对城市创业生态系统要素外部性、数字经济普惠性的影响能否促进企业家精神,作为基础设施升级降低企业经营边际成本的间接验证途径。随着交通基础设施的完善,逐渐优化的城市创业生态系统对初创企业经营成本有着深刻影响,风险投资便是其中一个代表性要素。风险投资对创业企业在缺乏有形资产抵押、发展不确定性高的初创阶段起着重要作用(张曦如等,2019)[1]。这样的投资方式不仅能够有效缓解初创企业的融资约束,还可以通过示范效应和衍生效应为创业者带来知识溢出的外部性(Samila 和 Sorenson,2011)[2]。因此,风险投资活跃度的提升有助于降低本地初创企业的经营成本。而风险投资又依赖于面对面交流来传递财务数据以外的"软信息",便利的交通基础设施对城市对接风险投资市场至关重要(龙玉等,2017)[3],由此提出假说 2。

假说 2:交通基础设施可通过提升风险投资的可获得性,对企业家精神产生促进作用。

凭借"互联网+"的优势,新型基础设施带来的数字经济普惠性,也会对初创企业经营成本的降低产生显著影响。首先,数字经济催生出的虚拟商业环境,提供了打破时空硬约束的网络平台,从而优化了市场的空间组织(安同良和杨晨,2020)[4],为初创企业拓展市场降低了搜寻成本和交易成本。其次,数字金融带来的移动支付和小微信贷便利性增加,缓解了低物质资本个体创业的资金约束(张勋等,2019)。最后,数字经济提供了能够降低初创企业技术共享及学习成本的平台,使知识溢出效应的外部性得到充分释放。基于以上分析,提出最后一个假说 3。

---

[1]　张曦如等:《风险投资研究:综述与展望》,《外国经济与管理》2019 年第 4 期。

[2]　Samila, S., Sorenson, O., "Venture Capital, Entrepreneurship and Economic Growth", *Review of Economics and Statistics*, Vol.93, No.1, 2011.

[3]　龙玉等:《时空压缩下的风险投资——高铁通车与风险投资区域变化》,《经济研究》2017 年第 4 期。

[4]　安同良、杨晨:《互联网重塑中国经济地理格局:微观机制与宏观效应》,《经济研究》2020 年第 2 期。

假说3：新型基础设施可通过数字经济的普惠性，对企业家精神产生促进作用。

第三节　基础设施影响企业家精神的研究设计

一、政策背景

为准确地评估基础设施升级对企业家精神的作用，本章以高铁开通和智慧城市建设分别作为交通、新型基础设施水平提升的外生冲击，通过双重差分（DID）模型实证考察基础设施升级对企业家精神的影响效应、区域差异和作用机制。高铁作为极大提升城市间互联互通水平的铁路系统，是近年来对我国经济地理格局产生重大影响的交通基础设施，凭借其较强的时空压缩、区位连接等特点，成为近年来研究基础设施影响经济发展的主流论题。智慧城市建设的核心是如何运用互联网、物联网和云计算等新一代信息技术赋能传统的城市基础设施运行以及管理，最终促进政务、民生、生产活动等智能式运行（石大千等，2018）①，以上技术和应用思维都体现了新型基础设施逐步演化的发展内涵。中国于2012年正式发布"关于开展智慧城市试点工作的通知"与首批智慧城市试点名单，此后于2013年、2014年相继公布了第二批和第三批的试点名单。由于高铁开通和智慧城市建设都具有渐进式扩容特点，可以成为观察交通、新型基础设施升级对企业家精神影响的准自然实验（Quasi-natural Experiment）。

准自然实验的研究设计能够一定程度上缓解基础设施与企业家精神之间存在的内生性问题。首先，高铁与智慧城市的建设都属于中央政府对全国层面的规划布局，地区间企业家精神的差异不会明显影响高铁网络规划与智慧

---

① 石大千等：《智慧城市建设能否降低环境污染》，《中国工业经济》2018年第6期。

城市试点评估。其次,本书的全样本将不会纳入北京、上海、深圳等创业活动集聚中心和其他副省级及以上城市,这些城市在高铁网络布局中属于优先节点,将其剔除进一步确保了外生性。

二、实证模型设定

根据前文理论分析,首先设定以下的多期 *DID* 模型对基础设施升级是否促进了城市企业家精神进行检验。

$$Entrep_{it} = \alpha_0 + \alpha_1 DID_{it} + \alpha_2 X_{it} + \mu_i + \delta_t + \varepsilon_{it} \tag{7-7}$$

其中,i 表示城市,t 表示年份;$Entrep$ 为企业家精神,DID 分别指代当年是否开通高铁或者是否被纳入智慧城市试点名单,是则取1,否则为0;向量 X 为一些可能影响企业家精神的城市经济发展特征;μ 为控制城市个体固定效应,δ 为控制时间固定效应,共同形成双向固定效应;ε 代表随机误差项。

之后,设定路径变量 Med,通过中介效应模型对高铁开通、智慧城市建设影响企业家精神的作用机制进行检验。首先,将差分项 DID 与 Med 进行回归,参见式(7-8),若系数显著,则说明高铁开通或智慧城市建设能够对路径变量产生影响。其次,将 DID 与 $Entrep$ 进行回归,参见式(7-8),验证高铁开通或智慧城市建设是否促进了企业家精神的提升。最后,将 DID、Med 一同与 $Entrep$ 进行回归,参见式(7-9),若 DID 的系数变得不再显著或者仍然显著但系数降低,则说明 Med 是对 $Entrep$ 产生影响的路径变量。

$$Med_{it} = \beta_0 + \beta_1 DID_{it} + \beta_2 X_{it} + \mu_i + \delta_t + \varepsilon_{it} \tag{7-8}$$

$$Entrep_{it} = \gamma_0 + \gamma_1 DID_{it} + \gamma_2 Med_{it} + \gamma_3 X_{it} + \mu_i + \delta_t + \varepsilon_{it} \tag{7-9}$$

三、样本、变量及数据来源

以 2005—2017 年作为样本时期,剔除副省级及以上和数据缺失明显的城市,最终获得 265 个地级市作为实证研究的全样本。但对于智慧城市建设的准自然实验,为严格区别政策效力,需进一步剔除那些只有部分行政区域被纳入智慧城市试点名单的地级市,故该部分的样本进一步缩减到 217 个。城市首次开通高铁的信息来自 CNRDS(中国研究数据服务平台),并参照相关研究设定,将当年 7 月 1 日及以后开通的划归为次年序列。城市是否纳入智慧城市试点名单的信息来自住建部公布的正式文件,首批公布于 2012 年,之后在2013 年和 2014 年又相继公布两批。每年样本中实验组变化情况见表 7-1(地级市最早开通高铁的年份为 2008 年)。

表 7-1　2008—2017 年样本实验组变化情况

年份	2008	2009	2010	2011	2012	2013	2014	2015	2016	2017
高铁开通	3	8	30	49	53	72	97	136	156	163
智慧城市建设	0	0	0	0	32	70	89	89	89	89

对于被解释变量 Entrep 企业家精神在区域层面的测度,学术界尚未形成较为一致的观点,国内大部分研究采用民营企业和个体从业人数占总从业人数比重作为城市的企业家精神指标。考虑统计口径以及准确度等因素,该指标适宜在省际或行业层面使用,在城市层面的适用性大大降低。我们基于历年《中国城市统计年鉴》测算该指标时,发现不少城市随年份波动较大,难以准确衡量企业家精神的区域差异。因而,对城市层面的企业家精神测度尚需寻找更合适的方法。从国际上的相关研究来看,全球创业观察(The Global Entrepreneurship Monitor)提出的创业活跃度劳动力市场法或生态学法,即区域内新建立民营企业数分别与劳动力人口数或企业总数的比值,具有一定优势(叶文平等,2018)[①]。然而,受限于城市层面新建立企业数据的获取,现有研究只在省际层面使用该方法。随着我国市场化程度的提升,国家企业信用信息公示系统于 2014 年上线运行,通过整理该平台公示的企业工商注册信

---

① 叶文平等:《流动人口对城市创业活跃度的影响:机制与证据》,《经济研究》2018 年第6 期。

息,可以较好地实现这一测度方法。本章利用该平台获取企业工商注册信息数据整理得到城市层面新建民营企业数,进而以 14—65 岁劳动力人口(千人)作为标准化基数,作为城市层面的企业家精神的测算指标。

进一步地,将可能对企业家精神产生影响的城市经济发展特征作为控制变量。综合相关研究,设定以下四个控制变量:一是经济发展水平 $agdp$,采用人均 GDP 的对数值;二是政府干预程度 $govern$,采用政府一般预算支出与 GDP 之比;三是对外开放程度 $open$,采用进出口总额与 GDP 之比;四是金融发展程度 $finance$,采用银行存贷款余额与 GDP 之比。以上变量的数据均通过《中国城市统计年鉴》、部分地级市统计年报和 Wind 数据库获得。

验证高铁开通促进企业家精神机制的路径变量 med 选用当年风险投资案例总数的对数值 VC。风险投资案例数通过清科集团私募通数据库进行手动整理,并按被投资企业作为案例计数的识别单位。2005—2017 年发生在本章全样本 265 个地级市的风险投资交易案例总共 10937 笔,之后将其分别加总到相应地级市①。智慧城市建设影响企业家精神的路径变量 med,即假说 3 中的数字经济普惠性 DFI,选用北京大学数字普惠金融发展指数进行衡量。该指数由北京大学数字金融研究中心与蚂蚁金服集团联合编制,自 2011 年发布,涵盖了移动支付使用和小微经营者线上融资等信息(郭峰等,2020)②。

表 7-2　描述性统计结果三

变量	名称	变量指标测度方法	样本量	均值	标准差	最小值	最大值
因变量	$entrep$	初创企业数目/劳动力人数	3445	1.884	1.848	0.010	19.814

---

① 同时期,已剔除的北京、上海和深圳等 19 个副省级及以上城市发生风投案例共 36792 笔,说明剔除这些创业活动中心城市对减缓内生性具有一定意义。

② 郭峰等:《测度中国数字普惠金融发展:指数编制与空间特征》,《经济学(季刊)》2020 年第 4 期。

续表

变量	名称	变量指标测度方法	样本量	均值	标准差	最小值	最大值
核心变量	HSR	当年是否开通高铁	3445	0.223	0.415	0	1
	SMC	当年是否纳入智慧城市试点	2821	0.1623	0.369	0	1
城市控制变量	agdp	人均GDP(万元),取对数	3445	1.434	0.561	8.159	14.935
	open	进出口总额/GDP	3445	0.204	0.203	0.001	6.922
	govern	一般预算内支出/GDP	3445	0.168	0.095	0.042	1.026
	finance	银行存贷款余额/GDP	3445	0.863	0.456	0.094	4.265
机制检验变量	VC	风险投资案例数,取对数	3445	0.835	0.070	0.929	0.336
	DFI	北京大学数字普惠金融指数	1519	1.409	0.568	0.170	2.672

第四节 基础设施对企业家精神影响的实证检验

一、基准回归

对全样本进行回归分析,结果见表7-3。列(1)和列(5)未加入控制变量,列(2)和列(6)加入了控制变量,所有的回归结果均表明,高铁开通和智慧城市建设对城市的企业家精神具有正向显著影响,并且都在1%的水平下显著,初步验证了本章的核心假说1。但如果开通高铁和纳入智慧城市试点名单的实验组城市,与其他控制组城市在企业家精神变动趋势上本身就存在系统性差异,这将造成我们的 DID 模型估计有偏。因此,本章在基准回归中进一步采取倾向匹配法(PSM)进行稳健估计。

表 7-3　2005—2017 年基础设施升级对企业家精神的影响效应

变量	高铁开通				智慧城市建设			
	（1）	（2）	（3）	（4）	（5）	（6）	（7）	（8）
	全样本	全样本	PSM	PSM	全样本	全样本	PSM	PSM
DID	0.227 *** （3.772）	0.194 *** （3.464）	0.207 *** （3.192）	0.155 ** （1.867）	0.530 *** （7.534）	0.476 *** （7.275）	0.497 *** （3.256）	0.290 ** （2.152）
控制变量	No	Yes	No	Yes	No	Yes	No	Yes
固定效应	Yes	Yes	Yes	Yes	Yes	Yes	Yes	Yes
时期数	13	13	13	13	13	13	13	13
样本量	3445	3445	1780	1780	2821	2821	1174	1174
R^2	0.596	0.655	0.551	0.662	0.583	0.642	0.538	0.646

注:括号中数据为 t 统计量;***、**、*分别表示在 1%、5%和 10%的水平下显著。

　　倾向匹配法的核心思想是选择与实验组尽可能在其他特征上相似的控制组进行比对。因此,首先将是否开通高铁或是否纳入智慧城市试点名单的虚拟变量作为被解释变量,并将其与城市经济发展特征的控制变量进行 logit 回归,得到倾向分值,以 1∶3 近邻匹配原则为实验组每个观察值选择匹配的控制组对象。匹配之后,发现两个组间的各个控制变量差异 t 统计量不再显著,通过了共同支撑假设的检验①。可以认为该方法较大程度上缓解了二者之间存在的异质性问题。将未匹配成功的样本删除后,再次进行回归,实证结果见表 7-3 中的倾向匹配法部分。整体而言,基准回归的结果支持了假说 1,交通、新型基础设施升级能够显著提升企业家精神。这为我们继续讨论该效应的区域异质性和作用机制奠定了基础。

二、区域异质性检验

　　为进一步讨论基础设施升级对企业家精神影响的区域异质性,表 7-4 给

---

　　①　限于篇幅,不再展示匹配前后的倾向得分值概率分布函数图,欢迎感兴趣的读者向笔者索取。

出了按地区(东部地区、中西部地区两类)和城市规模(以城区常住人口 100
万人为标准,分为大型、中小型两类)的分组回归结果。将以上两种分类结合
起来讨论,可以发现,高铁开通对东部地区大型城市企业家精神的促进效应最
为明显,而对中西部地区中小型城市则较弱,且在统计意义上并不显著。这可
能受到两方面因素的影响:一是在高铁建设的过程中,东部地区具有明显的领
先优势;二是在地区本身的地理特点上,中西部地区更为广阔,高铁能够发挥
的时空压缩效应相比东部地区会出现减弱。对于智慧城市建设,虽然东部地
区大型城市依然是企业家精神提升最为明显的区域,但中西部地区中小型城
市也享受到了极为可观的溢出效应,并且都在 1%的水平下显著。这一结果
可能源于新型基础设施能够促进区域经济协同发展的特点,即强大的规模效
应和网络效应能够进一步破除区域间地理环境的制约,从而促进一体化发展,
表明新型基础设施对弥合各地区、各规模城市间的企业家精神差距有着重要
意义。

表 7-4 2005—2017 年基础设施升级对企业家精神影响效应的区域异质性检验

变量	高铁开通				智慧城市建设			
	(1)	(2)	(3)	(4)	(5)	(6)	(7)	(8)
	东部地区	中西部地区	大城市	中小型城市	东部地区	中西部地区	大城市	中小型城市
DID	0.212** (1.964)	0.090 (1.472)	0.184*** (2.172)	0.057 (1.062)	0.890*** (5.888)	0.469*** (7.162)	0.430*** (3.870)	0.351*** (5.501)
控制变量	Yes	Yes	Yes	Yes	Yes	Yes	Yes	Yes
固定效应	Yes	Yes	Yes	Yes	Yes	Yes	Yes	Yes
时期数	13	13	13	13	13	13	13	13
样本量	1144	2301	1846	1599	845	1976	1326	1495
R^2	0.707	0.667	0.638	0.755	0.691	0.669	0.627	0.759

注:括号中数据为 t 统计量;***、**、* 分别表示在 1%、5%和 10%的水平下显著。

三、作用机制验证

正如前文所述,选用城市的风险投资案例数对数值 *VC* 和北京大学新型普惠金融指数 *DFI* 作为机制分析的路径变量,对基础设施升级促进企业家精神成长的作用机制进行间接验证。具体的计量模型已在前文给出,表 7-5 即为作用机制验证的回归结果。从列(2)中可以发现,高铁开通显著地促进了城市的风险投资获得性,这与龙玉等(2017)基于 2006—2012 年的城市层面观察相一致。更为重要的是,在列(1)中说明了高铁开通对企业家精神存在正向显著影响的基础上,加入了风险投资活跃度的列(3)中高铁开通差分项系数和显著性均有所降低,并且风险投资活跃度的系数显著为正,说明风险投资增加是高铁开通促进企业家精神的作用机制,证明了假说 2 成立。同样对列(4)到列(6)的回归结果进行分析可知,在智慧城市建设对数字经济普惠性和企业家精神均具有正的影响之上,将数字经济普惠性放入智慧城市建设与企业家精神的回归模型中,智慧城市建设差分项的系数回归值变得不再显著,而数字经济普惠性促进企业家精神的效应在 1% 的水平下显著。如前所述,这一结果证实了智慧城市建设是通过数字经济普惠性提升企业家精神的,支持了假说 3。

表 7-5　2005—2017 年基础设施升级影响企业家精神的机制检验

变量	高铁开通			智慧城市建设		
	entrep	*VC*	*entrep*	*entrep*	*DFI*	*entrep*
	(1)	(2)	(3)	(4)	(5)	(6)
DID	0.194*** (3.465)	0.226*** (7.180)	0.109** (1.974)	0.179* (1.667)	0.0136*** (2.751)	0.150 (1.392)
med			0.377*** (12.17)			2.882*** (5.252)
控制变量	Yes	Yes	Yes	Yes	Yes	Yes
固定效应	Yes	Yes	Yes	Yes	Yes	Yes
时期数	13	13	13	7	7	7
样本量	3445	3445	3445	1519	1519	1519

续表

变量	高铁开通			智慧城市建设		
	entrep	*VC*	*entrep*	*entrep*	*DFI*	*entrep*
	（1）	（2）	（3）	（4）	（5）	（6）
R^2	0.655	0.403	0.670	0.568	0.946	0.577

注:括号中数据为 *t* 统计量; *** 、** 、* 分别表示在 1%、5% 和 10% 的水平下显著。

以上检验对相关机制作出了定性的分析,为了更进一步地检验与量化以上机制,本章对其进行机制的量化分解。在式(7-7)至式(7-9)的机制检验方程组基础上,盖尔巴赫(Gelbach,2016)①证明,机制 *med* 所解释的效果比重为 $\hat{\gamma_2}\hat{\beta_2}/\hat{\alpha_2}$。由对应的量化结果可知:在高铁开通中,由于创业生态系统要素(风险投资)流动带来的解释比重为 43.9%;在智慧城市建设中,由于数字经济普惠性带来的解释比重为 21.9%。以上结果表明,本章关于基础设施升级促进企业家精神成长的拓展机制考察具有较强可信度与一定的解释力。

四、稳健性检验

(一)平行趋势检验

对于 *DID* 模型而言,平行趋势的假定至关重要,即高铁开通和纳入智慧城市试点对于当地的企业家精神应属于外生的政策冲击,实验组与控制组城市的企业家精神变动趋势在此之前应该相似。由于本章选用的模型属于多期 *DID*,不能够像传统 *DID* 模型以单一时间节点进行直观的平行趋势对比。借鉴贝克等(Beck 等,2010)②构造政策执行前后年份哑变量与实验组虚拟变量的交乘项,对其进行动态观察的事件检验。从图 7-1 中可以发现,在政策执

---

① Gelbach,J.B.,"When Do Covariates Matter? and Which Ones and How Much?", *Journal of Labor Economics*, Vol.34, No.2,2016.

② Beck, T., Levine, R., Levkov, A., "Big Bad Banks the Winners and Losers from Bank Deregulation in The United States", *Journal of Finance*, Vol.65, No.5,2010.

行年份之前,实验组相对控制组在企业家精神变化上的系数值并不显著,其95%上下置信区间均包括了零点;而在政策发生以后,即 0 及以后的年份中,系数值大多显著大于0。因此,可以认为高铁开通和智慧城市建设的 *DID* 模型均满足平行趋势条件。

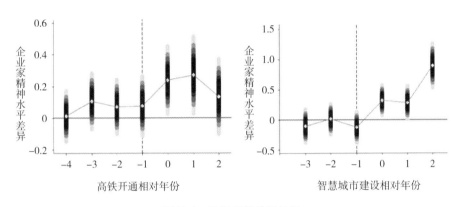

图 7-1 平行趋势检验结果

(二) 缓解选择和非观测因素的影响

实际上,高铁线路规划和智慧城市试点名单确定并不是完全随机的。在政策制定过程中,通常需要考虑各城市的经济发展水平、地理区位和资源禀赋,以上差异随着时间变化可能会对城市的企业家精神产生不同影响,从而导致识别假设不成立。为了控制这些因素的影响,采用埃德蒙兹等(Edmonds等,2010)[1]和鲁等(Lu 等,2017)[2]的方法,本章在控制变量中加入这些基准因素与时间线性趋势的交叉项。其中,基准因素包括城市所在的地理环境与原有的社会经济特征等。具体而言,本章采用该城市的坡度、是否为北方城

---

① Edmonds, E. V., Pavcnik, N., Topalova, P., "Trade Adjustment and Human Capital Investments: Evidence from Indian Tariff Reform", *American Economic Journal: Applied Economics*, Vol.2, No.4, 2010.

② Lu, Y., Tao, Z., Zhu, L., "Identifying FDI Spillovers", *Journal of International Economics*, Vol.107, 2017.

市、1998 年前是否设立国家级开发区以及一系列城市资源禀赋差异(2005 年的城市人均蔬菜产量、人均水产品产量、人均电话拥有量、大学数量)作为这些先决因素的代理变量。从加入线性基准变量的角度控制了城市之间以往固有特征差异对企业家精神的影响,在一定程度上缓解了由于实验组选择的不随机造成的估计偏差。回归结果见表 7-6 中列(1)和列(4),差分项系数仍然显著为正。

表 7-6　2005—2017 年基础设施升级影响企业家精神的稳健性检验

变量	交通基础设施			新型基础设施		
	缓解选择影响	替换实证方法		缓解选择影响	替换实证方法	
	(1)	(2)	(3)	(4)	(5)	(6)
DID	0.119** (2.122)			0.463*** (7.23)		
road		5.398** (2.249)	2.727* (1.805)			
internet					4.230*** (16.98)	2.849*** (11.58)
控制变量	Yes	No	Yes	Yes	No	Yes
固定效应	Yes	Yes	Yes	Yes	Yes	Yes
时期数	13	13	13	13	13	13
样本量	3445	3405	3405	1519	3419	3419
R^2	0.671	0.371	0.626	0.663	0.628	0.669

注:括号中数据为 t 统计量;***、**、* 分别表示在 1%、5%和 10%的水平下显著。

区域随时间变化的非观测因素干扰是 *DID* 方法识别假设的另一个担忧。虽然回归中已加入城市与时间的固定效应,仍可能存在其他无法观测的区域特征,且可能随着时间变化产生不同影响。借鉴周茂等(2018)[①]的研究,本章为此采用一个间接性的安慰剂检验:通过对高铁开通和智慧城市建设试点随

———————

① 周茂等:《开发区设立与地区制造业升级》,《中国工业经济》2018 年第 3 期。

机产生一个实验组名单,从而产生错误的倍差项系数估计值,该过程重复 500 次,再将这 500 个估计值的分布进行观察(如图 7-2 所示)。可以发现,估计值的分布在 0 左右且近似于正态分布,说明其他非观测因素并不会产生显著影响。

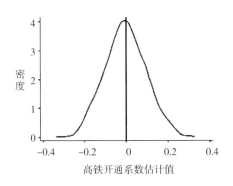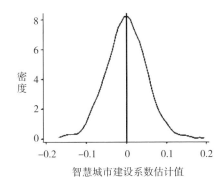

图 7-2　安慰剂检验结果

(三)替换实证方法的回归分析

虽然准自然实验的研究设计可以在一定程度上缓解基础设施和企业家精神之间的内生性担忧,但考虑到基础设施作为一个地区长期经济发展所形成的存量"禀赋",以单一虚拟变量进行识别可能使其评估不够客观。因此,借鉴一些学者对基础设施研究的实证策略,选用城市道路面积占城市面积之比 road 和人均宽带用户数 internet 分别作为交通、新型基础设施水平的代理变量,以面板固定效应模型进行估计。以上变量的原始数据来自《中国城市统计年鉴》,并在基准回归的全样本基础上删去数据缺失严重的城市。具体的回归结果见表 7-6,由列(2)和列(3)可知,交通基础设施水平与企业家精神呈现正相关关系;列(5)和列(6)表明,新型基础设施水平的提升能够显著促进企业家精神,再次支持了假说 1。

第五节　基础设施升级与企业家
精神成长的政策含义

　　企业家精神是经济和管理领域的热门话题之一。长期以来，学者们关于这一论题的研究偏重个体或社会整体层面，忽略了地区尤其是城市外部环境变化的影响。基础设施与企业家精神的关系便在这样的背景下成为相关研究缺失的一部分。虽然近年来已有学者对该领域进行了开拓性研究，但仍然缺乏来自经济转型国家尤其是基础设施建设上变化明显国家的经验证据。中国无疑是补充该论题的优先对象。本章在交通基础设施和新型基础设施的统一框架下，通过一个融合个体创业选择的线性 NEG 模型对基础设施如何影响企业家精神进行理论分析，并以高铁开通和智慧城市建设作为准自然实验，基于完备的企业工商注册信息和风险投资案例两个微观数据集，利用 DID 模型对基础设施升级影响企业家精神的效应和机制进行了稳健的实证讨论。主要有以下三个结论：(1)基础设施与企业家精神的关系。理论上，基础设施升级通过降低初创企业经营的边际成本，对企业家精神产生促进作用。在此基础上，本章以创业活跃度劳动力市场法作为城市的企业家精神测度方法，发现交通、新型基础设施水平的提升均能够对企业家精神产生显著正向影响，在考虑了一系列 DID 前提假设以及替换回归方法等稳健性检验中，该结论依然成立，这与奥德斯等（Audretsch 等，2015）①基于德国背景的研究发现相一致。(2)基础设施影响企业家精神的区域异质性。分地区、分城市规模进行分样本考察时，发现了交通、新型基础设施对不同区域企业家精神产生的效应存在明显异质性：高铁开通显著地促进了东部地区大型城市的企业家精神，但对中西部地区中小型城市的影响较弱；智慧城市建设则对各地区、各规模的城市企

---

　　① Audretsch，D.B.，Heger，D.，Veith，T.，"Infrastructure and Entrepreneurship"，*Small Business Economics*，Vol.44，No.2，2015.

业家精神都存在显著的正向溢出效应。假说2得到了充分的验证。正如奥德斯等(2015)强调的,相比公路、铁路和航运等传统基础设施,凭借拓展市场信息与创造新的商业模式等优势,网络基础设施对企业家精神成长会产生更大作用。(3)基础设施影响企业家精神的作用机制。选用风险投资案例对数值和北京大学数字金融普惠指数作为路径变量进行机制验证发现,交通基础设施主要通过提升城市创业生态系统的要素流动,对企业家精神产生积极影响;而新型基础设施则凭借网络化、智能化和信息化等优势,从数字经济普惠性的渠道促进企业家精神。二者的不同作用机制能够解释结论2中观察到的区域异质性。

本章的政策含义是:首先,除了从宏观层面关注基础设施对经济增长的重要作用,还要充分利用基础设施对改善营商环境的积极影响,进而更有效地激发企业家精神这一赋能高质量发展的内生力量。其次,高度重视新型基础设施作为数字经济的基石,在迈向创新驱动发展阶段促进企业家精神成长、改善区域间企业家精神不平衡的重要意义。通过加快5G商用、大数据模式构建和人工智能应用,依托新型基础设施让城市创业生态系统走上由地理空间向网络空间转型的跨越式发展路径,弥补中西部地区、中小型城市在培育企业家精神上的资源"短板"。最后,对高铁等交通基础设施的规划和建设要控制好速度和节奏,关注其对地区间经济发展的动态影响,尤其要注意中西部地区中小型城市受高铁虹吸效应的影响,避免加剧地区间企业家精神水平的差距。

第八章　文化创新与企业家精神

任何社会的经济都在一定的制度和文化背景中运转,这种文化是社会传承的生活态度和信仰。一个经济体包含了经济制度、经济文化或其他方面的文化。经济文化是对产业和经济事务的态度和信仰,某种类型的经济要正常运转,必须有某种作为支撑的文化(Phelps,2013)①。产品创新是新企业建立的主要驱动力,而文化创新可以促进产品创新。文化创新理论认为,产品创新使企业获得短暂的竞争优势来源,而文化创新则使企业获得长期的竞争优势。迈克尔·波特提出,基于文化的竞争优势是最基本的、最难替代和模仿的、最持久的、最核心的优势。与产品创新不同的是,文化创新是根据目标消费者的文化需求来改变产品(及其消费)的文化意义。文化创新就是要挑战或者克服产品类别的共同文化准则,并提出以前没有被在位者利用的、能引起最终顾客共鸣的文化意义。实现文化创新需要追求一种创新战略,这种战略不是对产品进行创新,而是利用企业家能力,为产品或商业实践提出替代性的文化表达,让消费者重视并最终影响他们的偏好和选择。这些替代性的文化表达方式是差异化的来源,在此基础上可以建立竞争优势。其结果是,相对于市场上理所当然的文化惯例,产品有了独特的定位。

---

① ［美］埃德蒙·费尔普斯:《大繁荣》,余江译,中信出版社 2013 年版,第 101 页。

社会文化环境对企业家的孕育和成长起着重要作用。不同的社会文化环境会导致不同文化创新路径和模式的出现。人们从所处的社会环境中汲取特定的价值观,而特定的价值观决定了个人的行为方式。因此,社会文化环境影响着企业家的价值取向,而企业家的价值取向又影响着经济增长的绩效。文化作为影响人们行为选择和制约制度安排的重要变量,也成为创业带动经济发展的重要研究对象。企业家精神的本质是价值观,这与文化的本质相吻合。此外,企业家精神中蕴含的创新精神、诚信精神、合作精神、敬业精神和开放精神等是支撑经济发展的微观基础。因此,厘清文化创新与企业家精神以及经济发展之间的关系和作用机制是至关重要的。这将有助于为宏观发展问题找到微观理论基础,有助于更好地解释经济发展的驱动力。

第一节 文化资本与企业家精神

一、基于文化资本的企业家精神分析

企业家精神内涵具有广泛性,在定性研究上存在一定的困难。万奈克斯和瑟尔基尔(Wennekers 和 Thurik,1999)[①]认为,企业家精神不应仅仅局限于创新上,企业家精神的含义应该更为广泛。两人提出企业家精神13个方面的内涵,包括对风险和不确定性的认识,经济资源的组织和配置能力、创新性和发现新商机的能力等。斯托普福德和贝登夫勒(Stopford 和 Baden-Fuller,1994)[②]将企业家精神归纳为企业家全体所共有的5个特质:前瞻性、超越现有能力的渴望、团队定位、解决争端的能力和学习能力。

尽管学术界对企业家精神的实质没有达成一致观点,但也形成了一些关

---

① Wennekers,S.,Thurik,R.,"Linking Entrepreneurship and Economic Growth",*Small Business Economics*,Vol.13,No.1,1999.

② Stopford,J. M.,Baden-Fuller,C. W.," Creating Corporate Entrepreneurship ",*Strategic Management Journal*,Vol.15,No.7,1994.

于企业家群体特征认识上有价值的观点,可以概括为:表现为心理特征、认知能力以及独特品质的企业家精神。沙伦·奥斯特(Oster,2004)①从形成竞争优势的角度出发,提出企业家精神的第一个特征在于拓展管理的视野,在于公司接受新思想的能力,也在于跳出"思维的框框";第二个特征是坚持正确的判断且不动摇,与此同时持有开放式的思维方式也同样重要;第三个特征是实施改革的意志,如对组织结构的打破和调整。这些论断尽管从不同角度揭示了企业家精神的外部表现和内容,但忽略了对企业家精神实质的研究。

要研究清楚企业家精神的实质,就必须先明确什么样的人可以称为企业家。熊彼特在《经济发展理论》中指出,由于大多数人按照自身利益行事,经济自然达到均衡,个体因此也不需要改变行为,于是经济只会自我循环,经济的静态主要是由于绝大多数经济体里的人是墨守成规的、有惰性的普通人,但少数人具有更高的洞察力和执行力,能善于发现被普通人忽视的机会,同时整合资源实践出一定的结果,实现创新,从事创新的人就是企业家。因此,企业家的概念超越了一个固定的身份,他们可以不是企业的管理者,而本质是实施创新行为的主体。一旦个体可以观察发现新机会并将资源重新组合实现新模式,则其就是企业家。通过机会的发掘与资源组合,经济突破静态进入更高层次的新平衡,与此同时,一旦经济体进入新的平衡后原来的企业家不能重复这样的观察与整合,则其又丧失了企业家的身份。

由此可见,企业家精神不仅突破身份,而且是高要求且动态的,不仅要求主体有洞察力、执行力和内在驱动力,同时还必须能不断地扩大自己的洞察力等态度,所以我们认为企业家精神的核心必须是一种可拓展的价值观体系,也就是人们对各种事物的态度。这也与林恩(Lynn,1991)②研究了文化对企业

---

① [美]沙伦·奥斯特:《现代竞争分析》,张志奇译,中国人民大学出版社 2004 年版,第135—136 页。

② Lynn, R., "The Secret of the Miracle Economy: Different National Attitudes to Competitiveness and Money", *Social Affairs Unit*, 1991.

家精神的影响后认为企业家精神的核心是一种价值观体系观点相一致。林恩（1991）指出，企业家精神是人们对各种事物的态度，包括对工作、生产、财富和储蓄的态度，以及对风险、失败、新信息、新发明和陌生人的态度等。因为，"学习不仅是获取信息，而是发展认知、考虑和评价的新方法与模式"。从这个意义出发，企业家精神不仅限于经济现象，而且是一种文化现象，因为文化本身就是一种价值观体系。日本学者名和太郎（1987）①曾指出，作为一种经济现象，企业家是工业社会的产物；作为一种文化现象，企业家是现代文学社会中一个特殊的阶层，拥有自己独特的价值观念、思维方式和行为特点。

本书中的文化资本被定义为：人们所习得的能够为其带来持续收益的特定价值观和信仰体系，它是未来收入的资本化。文化资本不仅是人类走出蒙昧所积累的第一笔资本，也是每个人一生中所开始积累的第一笔资本（高波和张志鹏，2004）②。文化资本具有异质性，它通过特定的行为、物品或信息储存手段而得到表现。

文化资本积累或投资的实质是价值观体系的不断拓展。与易于观察到的物质资本投资不同，文化资本无法用数量加总表达，也不同于人力资本积累，掌握的技能与受教育年限不能作为其比较标准，同时人力资本更强调习得"怎么办"的具体知识，而文化资本则更加强调获得"为什么"的知识，与人力资本相比，文化资本更强调习得特定的价值观、态度和企业文化。

本书从个体与整体经济循环中的互动关系出发，研究个体层面上企业家精神对经济的影响机制，将企业家精神定义为：由文化决定的企业家群体所具有的价值观取向，其本质是文化资本的积累，企业家精神是一种价值观体系，表现为企业家群体所特有的特质，从构成元素上看有"1+4"个成分：创新精神、诚信精神、合作精神、敬业精神和开放精神，其中创新精神是核心要素，其

① ［日］名和太郎：《经济与文化》，高增杰、郝玉珍译，中国经济出版社1987年版。
② 高波、张志鹏：《文化资本：经济增长源泉的一种解释》，《南京大学学报（哲学·人文科学·社会科学）》2004年第5期。

余四种精神作为基本元素围绕创新共同构成企业家精神。

至此,文化资本积累理论,对解释特定文化价值选择结果的企业家精神提供了可能思路。从这一思路出发,易于发现创新精神、诚信精神、合作精神、敬业精神和开放精神都反映了企业家价值观体系的不断扩展和创新,或者说是企业家文化资本的持续积累。创新精神并不仅指科学技术上的发现和发明,而主要是价值观的创新。无论是采用一种新产品、新的生产方式还是开辟一个新的市场、利用一种新资源、实现一种新组织,这些创新意味着企业家价值观体系的扩展。例如,从需求的角度看,企业家精神体现为将更多消费者的价值观纳入自身的价值观体系,了解消费者的喜好取向,对产品的价值判断,从而发现和发掘新需求,据此来开发新产品和新市场。换言之,企业的兴衰变换是对需求所作出的反应。这需要依赖"企业的进取心"——实际上是推动创新的企业家能力,也就是企业家调动文化资本,继而整合资本组合,实现创新的一个过程。

二、文化资本、企业家精神与经济增长

大量证据显示企业家精神与经济增长之间确实存在较为显著的相关关系,但二者之间存在关系的事实却长期缺乏理论支撑。现代主流的微观经济学无法对二者间的关系作出解释,这主要因为古典经济学将企业看成是一个"黑箱",厂商在其中更多扮演的是按照边际成本等于边际收益实现最大利润的神秘加工角色,至于企业家在其中发挥的作用,没有提及。理论研究与经营实践的脱节导致了"经济学家总是忽视企业家,无独有偶,企业家也总是不理睬经济学家"(Naisbitt 等,1991)①。随着经济发展问题研究的深入,学者们逐渐意识到企业家的重要性,熊彼特更是再三论述企业家精神对经济发展的作用。

---

① [美]约翰·奈斯比特、帕特丽夏·阿伯丹:《2000年大趋势:90年代十大新趋向》,夏冠颜、章玉和译,中国人民大学出版社1991年版。

　　熊彼特认为企业家在寻找市场机会、进行新要素的组合和推进技术进步方面发挥了重要作用，进而企业家精神成为促进经济增长的重要动力（Schumpeter，1934）。企业家精神是一种整合能力，它不断地打破经济的均衡，推动经济从当前静态向前发展，达到更高水平的均衡静态。在此期间，新的产品、工艺、市场、原料供给或新的组织方式涌现。由此可见，熊彼特关注的是个体与整体经济循环中的互动关系。

　　后期的经济学家继承了熊彼特的观点，从知识内生支持经济发展逐步推演到企业家精神资本（Entrepreneurship Capital）促进经济进步。以罗默为代表的早期内生增长理论最早把知识纳入了经济增长模型，将知识创新和产品创新等"创造性破坏"活动内生化于经济增长模型中，为将企业家精神内化进入经济增长模型奠定了基础。阿吉翁和豪伊特（Aghion 和 Howitt，1992）[1]改进了罗默（Romer，1992）[2]内生模型中知识等同创新以及缺乏对企业运行微观机制进行分析，将知识描述为知识竞赛问题。后来，这个理论上的局限性又被奥德兹和基尔巴赫（Audretsch 和 Keilbach，2004）[3]、艾克等（Acs 等，2009）[4]提出的企业家精神资本理论所解决。

　　企业家精神资本指一定范围内的地区或社会产生新企业的能力。它既包含了企业家的创业问题，还包括承担创业风险的银行、风险投资机构以及法律和法规环境等。奥德兹和基尔巴赫（Audretsch 和 Keilbach，2005）[5]通过对德国 327 个地区 1992 年数据进行分析，结果表明企业家精神资本可以显著提高

　　① Aghion，P.，Howitt，P.，"A Model of Growth through Creative Destruction"，*Econometrica*，Vol.60，1992.

　　② Romer，P.M.，"Two Strategies for Economic Development：Using Ideas and Producing Ideas"，*The World Bank Economic Review*，Vol.6，No.1，1992.

　　③ Audretsch D.B.，Keilbach M.，"Entrepreneurship and Regional Growth：An Evolutionary Interpretation"，*Journal of Evolutionary Economics*，Vol.14，2004.

　　④ Acs，Z.J.，Braunerhjelm，P.，Audretsch，D.B.，et al.，"The Knowledge Spillover Theory of Entrepreneurship"，*Small Business Economics*，Vol.32，No.1，2009.

　　⑤ Audretsch D.B.，Keilbach M.，"Entrepreneurship Capital and Regional Growth"，*The Annals of Regional Science*，Vol.39，2005.

劳动生产率;知识密集型行业的企业家精神资本对人口稠密地区的经济增长具有更显著的作用。这很大程度上推动经济增长从原来的仅与有形要素投入有关的认识上扩展了,现代经济增长也与社会的制度环境、知识积累、文化氛围有关。

研究表明,企业家精神是促进经济增长的重要原因。企业家精神是人们理性进行文化投资的结果,这是企业家精神研究内化的一个开拓。在整合其他影响因素的基础上,可以简要勾勒出文化资本与企业家精神对经济增长的影响机制(见图8-1)。

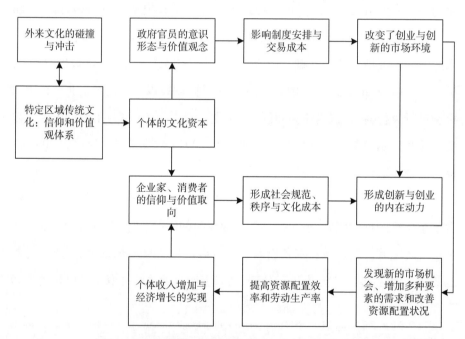

图 8-1　文化资本、企业家精神与经济增长的影响机制

首先,文化会通过社交网络影响当地人们的价值观体系和信仰,形成文化资本。文化资本又从两方面影响创新创业:一方面,文化资本会影响该地区的制度安排和交易成本状况,为创新创业活动提供有利的或不利的环境;另一方面,文化资本会影响当地民众的信仰及价值观取向,从而界定了社会规范的状况和文化成本(即改变原有价值观所付出的心理代价和物质代价)的高低,决定了是否具有创新创业的内在动力。上述两个方面结合起来,就会在特定地区显示出在创新创业活动上的巨大差异。而那些创新创业活动盛行的地方,无疑能够增加多种要素的投入,改善原有的资源配置状况,在提高所有参与者收入水平的同时也实现了经济增长。

在资本纯理论中,有学者将生产结构描述为各种投入要素的"投资阶段",同时资本是异质的。对资本异质性研究最突出的是拉赫曼,他认为,企业家的主要作用是在不同的要素组合中选择生产特殊的物品(决定是否这些物品被生产),其强调了真实世界中的企业家精神主要包括在不同的资本组合中进行选择,即企业家精神具有了生产功能。正如拉赫曼(Lachmann,1956)①指出的:"……我们生活在一个未被预期到的世界上,因此资本组合也在不断地变化中,我们发现了企业家真正起作用之处,企业家的功能是对具体的资本形式进行确定并作出决策,他确定和修改计划布局……如果我们不考虑资本的一致性,在一个没有度量活动的同质世界中,企业家的真正功能则不能被发现。"

企业家对资本组合投入生产的这一资本试验方式可能依赖于科兹纳所言的"敏感",即面对着至今未曾想象到的事物行动,这就需要价值观拓展,需要文化创新。正如道格拉斯·C.诺斯提出正式规则和非正式规则都要受到人们对周围世界的主观认识左右。企业家精神参与到经济建设中去,同时通过资本组合选择影响着经济的发展。

企业家精神的发挥离不开文化资本的积累,同时也要认识到文化资本积累的过程不是单一的。文化资本积累意味着新观念的持续创新,它会与技术创新、制度创新相融合,他们在经济发展中关系密切。事实上,技术创新和制度创新之所以不能产生,是由于文化创新未能发生。因为"要有效地开发借

---

① Lachmann,L.M.,*Capital and its Structure*,Ludwig Von Mises Institute,1956.

用的技术，就必须进行适宜的制度创新，而制度创新的形式主要受文化传统的限制。根据诱致性创新模型，预期利润是诱致技术和制度创新的动力。然而不管诱致的力量有多么强大，如果他们同植根于人们头脑中的传统规范不一致，对社会有利的创新就不可能实现"（速水佑次郎等，2009）①。企业家出于对利润的追求，有很强的创新动力，这意味着企业家往往具有较高的文化资本积累水平，因此他们常常能勇于打破常规的束缚，更倾向于接受新事物从事创新，走出"低水平均衡陷阱"。

一般而言，文化的发展以及文化因素对经济增长的影响通常是长期的、缓慢的，体现在深层次上。其中一个重要原因在于文化是通过多渠道发挥作用的，在文化资本积累的这一过程与技术创新、知识创新和制度创新紧密联系，文化资本通过多渠道来促进经济发展。一是借鉴外来有效制度，降低交易费用和推动创新；二是通过技术交流和技术溢出推动经济发展；三是通过各类生产要素的流动和合理配置推动经济发展。

在生产过程中，企业家投入的正是文化资本这种稀缺资源。事实上，企业的建立，离不开特定的文化资本投资。在此前提下，才会有土地、资本、劳动力、技术和数据等生产要素的投入。从企业面临的外部环境来看，也需要通过那些文化资本积累较高的企业家进行一系列的制度创新，包括从"打擦边球""活用政策"到"创造性的对策""推动制度变革"等。从企业成长来看，企业中的任何创新，如技术创新、管理制度创新等，通常会遭到激烈的反对，只有那些成功实现了价值体系扩展的企业才能不断推进创新。这种文化资本投资的行为首先是由企业家来完成的，而后又不断地扩展到企业的员工中去，进而维持一个企业不断提升自己的创新能力和增加经济货物与服务的能力，即获得经济持续增长的能力。

从上述意义上讲，企业家就是那些具有更多文化资本积累的人，他们所提

---

① ［日］速水佑次郎等：《发展经济学：从贫困到富裕》第三版，李周译，社会科学文献出版社 2009 年版，第 293 页。

供给社会的是创新的观念。企业家精神是一种极其稀缺的资源，这是因为进行文化资本投资是困难的，主要在于人们要突破传统价值观念的束缚绝不容易。只有在突破常规、实现文化创新、拓展价值观体系的时候，技术创新、知识创新和制度创新才能产生。

第二节　价值观拓展与企业家精神

一、价值观融合与企业家精神的区域差异

空间上，企业家精神通常在各个不同的地区呈现出一种不可比的差异化现象。这种差异化现象集中表现为企业家精神总是容易在文化交会地区、文化边缘地区以及外来群体中出现。恰恰是在这些地区文化价值观不仅呈多样化，而且个人的价值观是经常性的，这必然为文化资本的积累，即企业家精神的兴盛奠定了基础。

企业家精神的区域性首先体现在它通常是与城市而不是与农村联系在一起的，城市成为企业家精神发展的重要场所。一方面，随着城镇化，大量的人口涌入城市，大量的企业和其他组织坐落于城市，企业家成长的环境也必然在城市。另一方面，城市文化逐渐成为国家和民族文化的实体形态，是主流文化的繁衍地。芒福德（Mumford，1989）①把城市称为"人类文化的容器"。城市空间是人类文化、人力资本、社会财富的聚集地，城市充满人类智慧和文化，是人类文化的集中展示。众多的人口流入，在物质奋斗途中也实现了价值观的冲击与融合，新的价值观念不断在汇总中推陈出新。亚当·斯密心目中的"经济人"实际上是当时"市民阶级"这一时代新人的"化身"，这些新的市民阶级互相结合，逐渐形成了其本身固有的文化和价值观，他们自己教育自己，

---

① Mumford，L.，*The City in History：Its Origins，Its Transformations，and Its Prospects*，1961，San Diego and New York：Harcourt，Brace Co.，1989，p.62.

聚集成一个与封建文化诀别的新兴思想阶层。他们要求自由行动，实现"利己心"，为此他们必须遵守社会正义的一般规律，具有"勤勉""节约""慎重""机敏""质朴""细心周到"等品质（朱绍文，1987）[①]。可见企业家精神的兴盛与市民阶层的出现是有必然关系的。同时约翰·斯图尔特·穆勒（1991）[②]强调这种冲击的重要性，"在现如今人类进步很低的情况下，使人们接触与自己不同的人，接触自己不熟悉的思想方法和行为方式，其意义之大，简直是无法估计的……这种交往一直是进步的源泉，在现代尤其如此"。可见，这种文化资本的积累会对经济产生多大影响。

企业家精神的区域性在文化边缘地区体现得更加明显，文化的"边缘"地带往往使不同的文化价值观得以并存、冲突和融合，为文化资本的积累提供了一个天然的滋养环境。文化的边缘并不是说文化空白或者文化冲突，它更多地增加了文化流派冲击的可能，为文化资本积累提供更多的可能。

目前，文化价值观的并存在我国很多城市中出现，这也推动了当地企业家精神的兴起。例如，深圳重视"解放思想"，乐于吸纳众多人才，实现文化价值观创新的举措，使当地年轻人的企业家精神得到新加坡学者的认可。深圳是一个移民城市，和上海、香港一样，那里的企业家大多是外来者，这些外来者能很快地吸收当地文化价值观，同时还能拓展本地文化，而新加坡领导人认识到企业家精神的重要性，大力呼吁国人重视企业家精神的重要性，但由于缺乏外来文化的冲击，新加坡的企业家精神日渐衰落。那些旅居海外的民族往往更加重视本民族价值观的传承，通常表现出更强烈的企业家精神。例如，旅居东亚和东南亚的华人、东非的印度人、西非的黎巴嫩人、散布欧洲与北美的犹太人和加尔文派教徒都在工商业上取得巨大的成功，尽管这与少数民族面对的生存压力相关，但这一现象也证明了对文化价值观的重视，旅居所收获的文化

---

① 朱绍文：《〈国富论〉中"经济人"的属性及其品德问题》，《经济研究》1987 年第 7 期。

② [美]约翰·斯图尔特·穆勒：《政治经济学原理及其在社会哲学上的若干应用》，朱泱等译，商务印书馆 1991 年版，第 123 页。

资本能有效地提升企业家精神,更有助于取得商业上的成功。

企业家精神还与不同区域的文化相关。浙江作为一个资源匮乏的省份,却取得了跨越限制下的区域经济增长,这被称为"浙江现象"。浙江号称"七山一水两分田",长期缺地、缺铁、缺煤、缺油、缺大宗工业原材料,但就是在这里,却涌现了全国数量最多、比例最高、分布最广、影响最大、创新能力最强的经营者群体——浙商。吴敬琏(2006)[①]曾赞誉浙江是一个具有炙热企业家精神的地方。浙商所表现出的"敢为天下先,敢争天下强"的企业家精神与能力本身就赋能于浙江的发展。从文化环境视角看,经济行动者是生活在现实文化环境中的学习者。

区域的文化价值观是对本地区在长期历史实践中集体行动的思想概括,它为本地区社会成员明确或隐含地提供了一整套行动准则和标准,包括什么是值得追求的目标,以及以什么方式达到目标才是合适的。浙商的企业家精神也与其区域文化相关。从历史上看,浙江属于越文化,远离中原文化,受战争破坏少,商业经济发育有连续性,企业家的市场经济意识强,容易出现工商业并重的局面。

企业家精神的地域性特征在全球化趋势下也依旧保持,这与全球信息化现实并不冲突,因为文化的载体是人,信息化传播的是知识、是既得的结果,而文化是需要习得的,需要与大规模的人员流动和开发相配合,基于文化所形成的比较优势难以模仿。当然,全球化也促进了文化价值观的传播,带动部分地区和城市的文化资本积累。中华文化下的企业家精神既促进了我国经济的增长,也吸引了大量资源的涌入。

二、价值观拓展与企业家精神的演变分化

工业革命时期是企业家精神的"大爆炸"时代。然而,工业革命的实质并

---

① 吴敬琏:《中国增长模式抉择》,上海远东出版社 2006 年版。

非人们通常所认为的仅是技术创新与制度创新的结果。实际上,正是文化价值观的创新与扩展激发了推动工业革命发生的企业家精神。米瑟斯(Misès,1996)①明确指出,"产业革命"只不过是一些经济学说所导致的意识形态革命的产物,准确地说,英国的政治经济学与法国的重农学派是资本主义的推动者。从更广泛的文化价值观来看,从 1517 年马丁·路德提出新教义开始,随之而来的 18 世纪的"启蒙思想家们"都渴望欧洲的文化能与基督教脱离,新的思想观念层出不穷。与笛卡尔、帕斯卡、洛克和休谟等联系在一起的经验主义哲学家卢梭、孟德斯鸠等思想家以及以亚当·斯密为代表的经济学家纷纷提供自己的思想。可以说,一旦垄断被打破,文化思想市场空前活跃,人们就可以挑选自己需要的文化观念和理论体系,这使文化资本的积累成为可能实现。

从中国企业家的成长来看,同样是以文化多样化为前提的。"西学东渐"之时,就是中国企业家开始产生之日,而这些民族企业家大多吸收了传统文化与西方文化的精华。当"解放思想"和改革开放成为时代的主流时,企业家和企业家精神开始在中国大地上迅速兴起。这些事实表明,理解中国的经济增长奇迹离不开对文化资本和企业家精神因素的探索。

企业家精神的演变分化体现在每一个企业的成长过程中。从微观和纵向的层面来看,所有企业的发展都离不开文化资本的积累。文化资本的积累一般通过企业文化反映出来,并具体体现在企业对各种利益相关者价值观的包容与扩展程度上。企业能否具有竞争力,在于能否通过企业文化的建设实现价值观的扩展,否则,在某一特定时期成功和存在的企业家精神可能会逐渐衰亡、消失。只有保持价值观的持续扩展,企业才能够不断吸收到新的资源,获得持续的竞争优势。具体来说,企业文化是一种主导性的价值观体系,它同时也是企业家精神的复制与扩散。只有企业主充分重视员工、股东、顾客、供应

---

① Misès, R., "De Quelques Préalables Au Changement Dans Les Pathologies Limites L'enfant", *Revue Française De Psychanalyse*, Vol.60, No.4, 1996.

商、社区和政府各自的价值观念取向,对这些利益相关者关于企业目标、收入分配等观念加以考虑,企业内的文化资本积累才能持续不断地进行。

历史考察表明,从最初的个体企业、家族企业(或泛家族企业)发展到现在的公司制企业乃至跨国公司,企业都经历了一个文化资本积累的过程,表现在企业文化上就是持续地包容各利益相关者不同群体的价值取向。自主创业的个体企业无疑具有十分强烈的企业家精神,它们不仅能够发现社会上未得到满足的需求,而且敢于突破传统思维的束缚。当个体企业开始快速成长后,就面临着吸收外部资源的问题,这也是对企业家精神能否扩展的第一个考验。通常情况下,企业家更容易吸引那些价值观相近的人员,其结果就是家族企业(或泛家族企业)在世界上成为一个普遍现象。由于家族企业是基于地缘和血缘联系扩张的,其内部成员的价值观更容易获得认同,但对于外部其他群体的价值观往往难以包容。能否实现更进一步的文化资本积累,是家族企业中企业家精神发展的重要标志。而当一部分企业突破家族企业价值观的束缚,成长为公众性的公司制企业甚至继续扩张成为跨国公司时,企业的文化价值观将包容更多国家、种族、社区、顾客、员工、股东群体的价值取向。

事实上,世界上那些经营业绩最突出的企业通常也正是这样做的。一些研究表明,人们正逐渐认识到领导权、雇员满意度、雇员拥有权利、客户满意度、客户拥有权利与销售利润之间的密切关系。将员工、客户和股东价值结合起来,成为公司获得长期成长的关键。国际上三大企业框架的评比原则中,最重要的就是为所有利益相关者创造价值。而那些能够荣登各类"最受崇拜公司"评比名单的企业则大多在吸引投资者、吸引雇员、吸引顾客和吸引社区等方面作出成绩。然而,企业文化资本的积累通常是很困难的,因为改变和扩展文化价值观需要极大的勇气和长远的见识。当企业组织内部的价值观趋同且难以扩展时,通常需要从外部引入新的价值观加以改变,具体来说,需要那些具有新思想的外来者推动企业的文化资本积累。

上述分析表明了企业家精神形成的方式及其困难所在，这一分析有助于理解全球所有企业家都面临的一个难题，即如何持续地在企业全体员工中保持企业家精神。一些研究发现，当企业做大做强以后，最初的创业精神越来越淡薄。大企业都在思考如何在企业中创造一种环境，使全体员工都有一种"我们要创业"的企业家精神。从文化资本积累的角度来看，企业家精神的这种不能长久延续和广泛发展的泡沫化现象和个案现象主要受制于原有价值观的限制，只有当企业尽最大可能包容和反映利益相关者的价值取向，并积极从外部引进新思想时，企业家精神的持续扩展和创新才有可能实现。

第三节　基于信任的文化创新与企业家精神

信任作为决定一个社会制度绩效的因素，对社会经济实体的规模、组织方式、交易规模和交易形式产生直接影响（福山，1998）①。改革开放以来，中国的经济发展取得了举世瞩目的骄人成就，但社会道德水平却遭遇严峻挑战。急剧的社会转型带来诸多价值冲突，从而导致公众之间频发的信任危机。信任水平的衰弱对企业家精神、创新创业活动，乃至经济的持续发展都构成了巨大的挑战。

本节选取"信任"作为文化资本的代理变量，利用中国家庭追踪调查（China Family Panel Studies，CFPS）的数据来测量人与人之间的信任水平，通过建立实证模型进一步探究检验其对创业决策的影响，以此考察文化资本对企业家精神的影响程度。

一、"信任"与企业家精神

根据以往研究，本书认为，人与人之间的信任水平可能从以下几个方面对

---

① ［美］福山：《信任：社会道德和繁荣的创造》，郭华译，远方出版社 1998 年版。

创业决策产生影响。

创业充满了风险和不确定性。信任他人的人，在自己遇到困难时会预期得到别人的帮助，更愿意进行有风险的创业决策。

信任可以增加群体间的信息流动（Putman，1993①；Seligman，2000②）。信任他人的人更能够接受别人与自己的不同，愿意与他人交往。能拥有更多别人所不了解的新信息，获得信息价值和创业机会（Shane，2000）③。

制度环境方面，信任是一种非正式制度（North，1994④；Ingram 和 Clay，2000⑤），是正式制度的补充（Bradach 和 Eccles，1989）⑥。创业者经常面临小额借贷等问题，通过正式制度难以解决时，基于信任的非正式制度往往能够更快、更低成本地解决这类问题。

基于此，本节提出研究假说1。

假说1：作为一种文化资本，信任能够显著提升家庭创业决策的可能性。

二、变量选择与模型设定

（一）数据来源

本节研究所使用的数据主要来自中国家庭追踪调查。中国家庭追踪调查是由北京大学中国社会科学调查中心组织实施的两年一次的跟踪调查，旨在通过收集全国代表性个体、家庭、社区三个层次的信息，来全面反映中国经济

---

① Putman Briton，D.，Noor，M.C.，"The Somalis.Their History and Culture"，*CAL Refugee Fact Sheet*，1993.

② Seligman，A.B.，"Trust and Civil Society"，*Trust and Civil Society*，Springer，2000，pp.12-30.

③ Shane，S.，"Prior Knowledge and the Discovery of Entrepreneurial Opportunities"，*Organization Science*，Vol.11，No.4，2000.

④ North，D.C.，"Economic Performance through Time"，*The American Economic Review*，Vol.84，No.3，1994.

⑤ Ingram，P.，Clay，K.，"The Choice-Within-Constraints New Institutionalism and Implications for Sociology"，*Annual Review of Sociology*，Vol.26，No.1，2000.

⑥ Bradach，J.L.，Eccles，R.G.，"Price，Authority，and Trust：From Ideal Types to Plural Forms"，*Annual Review of Sociology*，Vol.15，No.1，1989.

发展和社会变迁的状况。中国家庭追踪调查于 2010 年正式开展基线访问,目前已开展完成第四轮追踪调查(2018 年)。

(二)变量说明

被解释变量为家庭创业决策,选取中国家庭追踪调查"过去一年中的数据,您家是否有家庭成员从事个体经营或开办私营企业"这一问题来构造关于创业决策一个二值虚拟变量,即若回答为"是"则赋值为 1,若为"否"则赋值为 0。

核心解释变量为信任程度,与家庭层面的创业决策对应,采用户主的受访回答来定义关于信任的虚拟变量。采用受访者对于"一般来说,您认为大多数人是可以信任的,还是和人相处要越小心越好?"这一问题的回答,若选择前者则赋值为 1,否则为 0。经过样本限定后,本书的家庭数为 3690 户,创业比例约为 12%,约 56% 的户主回答"大多数人是可以信任的"。本书利用对父母的信任来反映人际交往中的强联系,利用对陌生人的信任打分反映人际交往中的弱联系。在样本中,对父母的信任平均分为 9.46,对陌生人的信任平均分为 2.45(见表 8-1)。

表 8-1 变量定义与测算说明

变量类型	变量名称	计算方式
因变量	创业选择	根据中国家庭追踪调查问卷调查中被访者的赋值,私营赋值为 1,其他为 0"过去一年,您家是否有家庭成员从事个体经营或开办私营企业"
自变量	信任	"一般来说,您认为大多数人是可以信任的,还是和人相处要越小心越好?"前者赋值为 1,否则为 0
	对父母的信任	分值 0—10,分值越高,信任程度越强
	对陌生人的信任	分值 0—10,分值越高,信任程度越强

续表

变量类型	变量名称	计算方式
控制变量	户主性别	根据户主性别赋值,男性赋值为1,女性赋值为0
	户主年龄	无
	家庭规模	无
	户主受教育年限	无
	户主婚姻状况	根据中国家庭追踪调查问卷赋值,未婚和同居赋值为0,其他为1
	户主党员	根据中国家庭追踪调查问卷编码,党员赋值为1,其他赋值为0
	户主健康	根据中国家庭追踪调查问卷题项依次赋值,不健康赋值为0,一般赋值为1,比较健康赋值为2,很健康赋值为3,非常健康赋值为4
	户籍	根据中国家庭追踪调查问卷编码,非农业户籍赋值为1,农业户籍赋值为0
	家庭总收入	根据中国家庭追踪调查问卷的回答数值取对数
	家庭存款余额	根据中国家庭追踪调查问卷的回答数值取对数
	银行借贷	根据中国家庭追踪调查问卷赋值,有银行借贷赋值为1,否则为0
	民间借贷	根据中国家庭追踪调查问卷赋值,有民间借贷赋值为1,否则为0

(三)模型设定

鉴于被解释变量家庭创业决策是一个二值虚拟变量,故本书采用 Probit 模型进行回归估计。

$$Prob(entre_{ij} = 1) = \Phi(\alpha_0 + \alpha_1 Trust_{ij} + \alpha_2 X_{ij} + \lambda Prov_j + \varepsilon) \tag{8-1}$$

其中,$entre_{ij}$ 代表来自第 j 省份的家庭 i 是否创业的二元虚拟变量,$Trust_{ij}$ 是信任虚拟变量。X_{ij} 代表家庭和户主信息的一系列控制变量,包括户主性别、年龄、家庭规模、教育年限、党员身份、婚姻状况、健康状况,以及家庭总收入(取对数)、家庭存款余额(取对数)、银行借贷虚拟变量、民间借贷虚拟变量、户口虚拟变量(农村户口、非农户口)等。$Prov_j$ 是省份虚拟变量,通过加入省份虚拟变量以控制创业环境的地区差距;ε 表示残差。所有变量的描述性统计结果见表8-2。

表8-2　描述性统计结果四

变量名称	观测值	均值	标准差
创业选择	3690	0.12	0.34
信任	3690	0.56	0.50
对父母的信任(0—10)	3690	9.46	1.27
对陌生人的信任(0—10)	3690	2.45	2.21
户主性别	3690	0.56	0.50
户主年龄	3690	36.63	10.04
家庭规模	3690	3.39	1.82
户主受教育年限	3690	8.98	5.02
户主婚姻状况	3690	0.83	0.38
户主党员	3690	0.02	0.13
户主健康	3690	2.19	1.13
户籍	3690	0.25	1.37
家庭总收入(元)	3690	73001.07	84185.7
家庭存款余额(元)	3690	52686.04	149876
银行借贷	3690	0.13	0.34
民间借贷	3690	0.15	0.36

三、"信任"与家庭创业决策

表8-3 呈现了 Probit 模型的回归结果。其中列(1)只加入信任这一核心解释变量,从中可以看出,户主回答"大多数人是可以信任的"的家庭与回答"和人相处要越小心越好"的家庭相比,创业概率高出 3.8 个百分点。表8-3 结果表明,信任确实有利于家庭进行创业。在控制了其他相关变量的情况,信任对创业决策的显著正向影响仍达到 3.1 个百分点。

表 8-3　Probit 基准回归结果

自变量	（1）	（2）	（3）
信任水平	0.038*** （0.011）	0.039*** （0.011）	0.031*** （0.011）
户主性别		0.012 （0.011）	0.016* （0.011）
户主年龄		-0.001 （0.001）	0.001 （0.001）
家庭规模		0.021*** （0.003）	0.014*** （0.003）
户主受教育年限			0.004** （0.002）
户主婚姻状况			0.070*** （0.021）
户主党员			-0.054 （0.044）
户主健康			0.003 （0.005）
户籍			-0.011 （0.015）
家庭总收入（元）			0.039*** （0.013）
家庭存款余额（元）			0.001 （0.001）
银行借贷			0.043*** （0.015）
民间借贷			0.041*** （0.015）
省份虚拟变量			Yes
观测值	3690	3690	3690

注：***、**、*分别表示在 1%、5% 和 10% 的水平下显著,括号内是聚类标准误差。

四、"信任"程度差异与家庭创业决策

已有文献研究表明,信任会影响信息传递(Kwon 和 Arenius,2010)①,信息有效传递有利于企业家发现创业机会,推动创业。本处将度量信任的二值虚拟变量替换成对父母的信任分值和对陌生人的信任分值(均为 0—10 打分),以前一个变量度量强联系的信任程度,以后一个变量度量弱联系的信任程度,分别估计其对创业决策的效果。

表 8-4 的回归结果显示,对父母的信任度和对陌生人的信任度都对创业决策有显著的正向效应。其中,对父母的信任对创业决策的促进作用更为显著。这说明强、弱联系各自都发挥了作用,通过强联系提升创业的效果更为突出。但由于对父母信任值的平均分已经达到 9.46,而对陌生人信任值的平均分仅为 2.45。

表 8-4　新人对创业的影响:强联系、弱联系

变量	(1)	(2)	(3)	(4)
对父母的信任(0—10)	0.015 *** (0.005)	0.010 ** (0.005)		
对陌生人的信任(0—10)			0.003 * (0.002)	0.001 * (0.003)
控制变量		Yes		Yes
省份虚拟变量		Yes		Yes
观测值	3690	3690	3690	3690

注: *** 、 ** 、 * 分别表示在 1%、5% 和 10% 的水平下显著,括号内是聚类标准误差。

---

① Kwon S-W., Arenius P., "Nations of Entrepreneurs: A Social Capital Perspective", *Journal of Business Venturing*, Vol.25, No.3, 2010.

第四节 营造企业家精神成长的文化环境

2015 年中央政府工作报告提出，"打造大众创业、万众创新和增加公共产品、公共服务'双引擎'，推动发展调速不减势、量增质更优，实现中国经济提质增效升级"。研究创业的驱动因素，对政策制定和学术研究都具有重要意义。在本章中，我们基于中国家庭追踪调查 2018 年的调查数据，研究了信任水平对创业活动的影响。结果发现，信任作为一种重要的文化资本，可以显著提高创业决策的可能性。同时，通过对陌生人的信任这一"弱关系"渠道，仍有更大的潜力和空间来增强创业动力。社会信任的增加可以补充正规机构的完善，以促进创业活动。因此，社会信用体系的发展对增强社会信任尤为重要。

从本章对企业家精神本质的剖析来看，企业家是那些拥有较多文化资本积累的人，他们为社会提供的是创新的理念。将企业家精神定义为文化资本积累，不仅是一种理论假说，也有大量的事实支持。从文化资本的角度来看，它可以更好地解释企业家精神所表现出来的显著的空间和时间差异，显示出企业家精神形成和变化的一些内在特征。将企业家精神视为文化资本积累的结果，既有利于进一步解释经济增长的国际和地区差异，也可以深入了解企业家精神影响经济增长的内在机制。事实上，创新创业活动在增加就业和推动经济增长方面的重要作用已被众多实证研究证实。然而，对企业家精神来源的探索仍相对缺乏。因此，在本章中，企业家精神不仅被认为是促进经济增长的重要因素之一，而且也是人们对文化资本理性投资的结果。此外，本章通过实证研究，选择"信任"作为文化资本的替代变量，考察了文化资本对企业家精神的影响。结果显示，在控制了可能影响创业决策的各种变量后，信任水平对家庭创业决策有明显的正向影响。在回答"一般来说，你认为大多数人是可以信任的，还是认为与人交往要谨慎"的问题时，选择前者的人比选择后者的人更有可能让家庭参与商业活动，参与概率要高 3.1 个百分点。通过分析研究对父母和陌生人信任的影响，我们证明了"弱关系"在促进创业方面的重要性和潜力。

在"大众创业、万众创新"的时代，为更好地发挥企业家精神的积极效应，优化企业创新环境，基于上述研究结论，本章主要得到以下几点政策启示。

第一，完善社会信用监管体系，健全正规信用制度，共同促进企业创新文化发展。本章研究发现信任水平对家庭创业决策显著正向影响。信用体系的建立对提升社会信任至关重要，企业家精神对企业创新活动具有重要影响。具体来说：一方面，在工商登记、产权保护、税收监督和信贷等方面继续完善制度、提高效率、改进服务质量；另一方面，通过政治建设、社会建设、文化建设等手段提升社会整体的信用水平。

第二，弘扬"大众创业、万众创新"文化，培育企业家创新创业精神。本章研究发现"弱关系"在促进创业方面是重要的潜力因素。因此，激发企业家创新创业活力，要充分利用"弱联系"在传播信息、创造创业机会等方面的积极作用，挖掘"弱联系"助推企业家创新创业的潜力。

第三，营造良好的营商环境，营造信守承诺的社会氛围。加强知识产权保护，建立企业信用数据库，鼓励企业家诚信经营；加强市场监管，规范市场秩序。

第三篇

制度环境与高质量发展

第九章　知识产权保护与产品质量提升

生产的目的是消费。高质量发展阶段,生产和消费高质量产品是扩大内需、引领消费升级的产品保障。实际上,向消费者提供高质量的产品(或服务)正是企业的企业家精神的产品体现,也是企业的企业家精神的最终目标。然而,高质量产品的生产不仅需要企业在创新层面不断增加投入,也依赖于保护创新利润的制度环境。从这一点看,知识产权保护作为与创新联系最密切的制度安排,其重要性不言而喻。对政府和政策制定者而言,制定适宜且高效的知识产权保护制度对培育创新、提升产品质量和推动高质量发展意义重大,这也正是企业家精神的体现。因此,本章从知识产权保护这一制度环境入手,将产品质量提升作为落脚点,研究企业家精神、制度环境和高质量发展之间的关系。

第一节　知识产权保护推动产品
质量提升和高质量发展

过去40多年来,中国经济发展基本是沿着"以投资促增长,以开放建市场"的发展模式前进,并取得了举世瞩目的经济增长奇迹。然而,随着近年来国内外经济形势的巨大变化,这种发展模式的可持续性受到了挑战。根据国家统计局数据,投资需求对经济增长的贡献率从2009年的86.5个百分点下降至 2018 年的 32.4 个百分点,而货物和服务净出口对经济增长的贡献率从 2006 年起基本为负,表明投资和对外贸易对经济增长的贡献锐减。此外,由于受国内投资过剩影响和国际贸易环境的持续恶化,传统粗放型增长和外向依赖型增长受到了挑战,经济发展方式亟待调整。

经济理论和发展经验均表明,转向消费主导型经济增长是新发展阶段的发展模式。早在 1959 年,罗斯托就指出随着经济社会发展,经济增长方式会逐步从投资主导型向消费主导型阶段过渡。郭其友和芦丽静(2009)①对发达国家的数据进行了经验分析,他们发现当人均国民收入达到 3000—4000 美元时,消费对经济增长的拉动作用快速提高,经济增长方式将进入消费主导型增长方式。根据 WDI 数据库数据,2004 年中国人均 GNI 为 3190 美元(按 2010 年不变价美元计算),已超过 3000 美元,表明中国已具备了经济增长方式转型的基础条件。近年来,中共中央也开始强调构建消费型社会的重要性。党的十八大报告已明确强调中国经济发展要更多地依靠内需,特别是消费需求驱动;党的十九大报告提出要增强消费对经济发展的基础性作用,积极培育消费的新增长点。因此,着力构建消费主导型的经济增长方式促进经济高质量发展是当前急需解决的重要问题。

构建消费主导型的经济增长方式需要突出供给侧结构性改革。高质量发展不仅在于收入水平和社会发展质量的提升,还在于提高供给质量以更好满足市场需求转型升级的需要,提升供给体系对需求的适配性。产品质量在供需两端对经济增长质量都有影响。从需求看,随着收入的增加,消费者更愿意消费高质量的产品,高质量产品提升了消费者的隐性福利。从供给看,高质量产品的供给需要更多的人力资本和物质资本的投入,这会促使企业和地区构筑人力资本优势,优化要素配置,倒逼产业转型升级(高波等,2012)②。产品

---

① 郭其友、芦丽静:《经济持续增长动力的转变——消费主导型增长的国际经验与借鉴》,《中山大学学报(社会科学版)》2009 年第 2 期。

② 高波等:《区域房价差异、劳动力流动与产业升级》,《经济研究》2012 年第 1 期。

质量提升离不开创新,在内生增长理论中,按照创新类型,可将创新分为两类:一类是产品创新,表现为在生产活动中引入或者开发一种新产品,这种变化可以视之为基础创新,类似于开创一个新的行业;另一类是过程创新,过程创新指能降低现有产品的生产成本的创新,表现为引入更低成本的生产技术和生产出更高质量(或更高版本)的产品。在实践中,过程创新可能更为重要和频繁,这些创新导致了机器或者设备的更换和产品的更新换代,并带来生产者和创新者之间的竞争。同时,消费者的支付意愿可能更依赖于产品质量而不是数量。因此,以质量为目标的生产活动可能更为常见(巴罗等,2013[①];阿西莫格鲁,2019[②])。中国与发达国家或地区的技术差距较大,消化吸收和模仿创新仍然存在,更要加强产品创新和基础创新。因此,以产品创新和过程创新推进产品质量提升是当前以及今后中国产品质量提升的主要路径。

创新是一个充满了不确定性的过程,需要制度保障,特别是对过程创新。由于过程创新并没有开发全新的产品,只是投入生产要素的升级和产品的更新换代,这意味着其模仿成本较低。在信息和网络技术高度发达的今天,过程创新很容易受到竞争对手的效仿,因此需要特定的制度保障,以提高模仿成本和保护创新者利益。在所有保护创新的制度中,知识产权保护制度的重要性在理论和现实中都得到了强调。专利是知识产权制度的主要机制。一项专利授予发明人一系列垄断所有权特权,尽管其时间有限,但能保护发明人免受其他公司模仿或以极低的成本侵占发明利润。专利制度中的保护期奖励可以有效刺激发明人对创新生产活动的投资,甚至激励他们创造更具有社会价值的发明(Sweet 和 Maggio,2015[③])。这在提升产品质量方面至关重要。因为产品

---

① [美]罗伯特·J.巴罗、夏威尔·萨拉-伊-马丁:《经济增长》,夏俊译,格致出版社、上海三联书店、上海人民出版社2013年版,第271页。

② [美]达龙·阿西莫格鲁:《现代经济增长导论》,唐志军、徐浩庆、谌莹译,中信出版社2019年版,第581页。

③ Sweet, C. M., Maggio, D. S. E., "Do Stronger Intellectual Property Rights Increase Innovation?", *World Development*, Vol.66, 2015.

质量提升并不是发明一种新产品，其模仿成本相对较低。良好的知识产权保护制度可以提升潜在模仿者的进入成本和模仿成本，从而促进创新。基于以上优点，世贸组织将其编入了与贸易有关的知识产权协议（TRIPs），这充分体现了全球各国对知识产权保护的重视。近年来，随着国际贸易争端频现，知识产权保护再次成为国家之间角逐竞争优势的政策焦点。近期一些发达国家签署的诸如反仿冒贸易协议（ACTA）、跨太平洋伙伴关系协定（TPP）、跨大西洋贸易与投资伙伴关系协定（TTIP）等协议进一步提升了知识产权保护的标准，并要求包括中国在内的发展中国家提升知识产权保护力度。由此，对中国而言，是否要按照西方部分发达国家要求的那样，突破式提升知识产权保护力度呢？提升知识产权保护力度是否真的会促进国内企业增加研发投入，从而提升产品质量呢？回答这一问题，不仅对推动中国发展方式转型、构建消费主导型社会至关重要，也可为中国参与国际谈判的政策取向提供理论支撑。基于此，本章通过构建理论模型和实证分析来研究知识产权保护和产品质量提升之间的关系，为中国高质量发展提供政策建议。

第二节　知识产权保护和产品质量的研究现状

与本章相关的文献有两类：一类是研究知识产权保护与创新的文献；另一类是研究产品质量的文献。

一、知识产权保护与创新

关于知识产权保护与创新的文献，其观点有两种。一种观点认为知识产权保护可以促进创新。这种观点相对统一，均认为知识产权可以通过强化创新成果排他性、保障发明者权利等途径促进创新（Ang，2010[①]；Naghavi 和

[①] Ang，J.B.，"Financial Reforms，Patent Protection，and Knowledge Accumulation in India"，*World Development*，Vol.38，No.8，2010.

Strozzi,2015①;纪祥裕和顾乃华,2021②）。创新使企业的利润从零提升到某个正值,于是加强知识产权保护将提升利润水平,而强化竞争则会降低利润水平(阿吉翁等,2021)③。另一种观点持反对意见,该观点相对分散,可以总结为以下几点:第一,许多创新发生在专利之外。例如,在1851年,参加世博会展览的英国展品中,只有11%的展品获得了专利。如此低的专利率可能与对企业家文化的强调(Landes,2003)④、知识的自由交换(Allen 1983⑤,Nuvolari,2004⑥)和对科学的投资(Arora和Rosenberg,1998)⑦更为相关。第二,专利制度对创新并非必要,缺乏专利制度并不会阻止没有专利制度的国家进行创新。例如,1851年,每100万瑞士公民贡献110幅展览品,这是国家(地区)平均值的两倍,是印度的三倍(Moser,2016)⑧。第三,发明人并不在意是否有专利制度。墨瑟(Moser,2016)指出,尽管美国的专利申请费远低于英国,但从展览的结果来看,美国的专利申请率只是略高于英国。第四,专利的诉讼风险高。尽管专利申请成本低,但执行成本却很高。诉讼风险会被发明者纳入预期专利

---

①　Naghavi,A.,Strozzi,C.,"Intellectual Property Rights,Diasporas,and Domestic Innovation",*Journal of International Economics*,Vol.96,No.1,2015.

②　纪祥裕、顾乃华:《知识产权示范城市的设立会影响创新质量吗?》,《财经研究》2021年第5期。

③　[法]菲利普·阿吉翁、赛利娜·安托南、西蒙·比内尔:《创造性破坏的力量》,中信出版集团2021年版,第67页。

④　Landes,D.S.,"The Unbound Prometheus:Technological Change and Industrial Development in Western Europe from 1750 to the Present",*Cambridge University Press*,2003.

⑤　Allen,R.C.,"Collective Invention",*Journal of Economic Behavior Organization*,Vol.4,No.1,1983.

⑥　Nuvolari,A.,"Collective Invention During the British Industrial Revolution:The Case of the Cornish Pumping Engine",*Cambridge Journal of Economics*,Vol.28,No.3,2004.

⑦　Arora,A.,Rosenberg,N.,"Chemicals:A U.S.Success Story",In:Arora,A.et al.(Eds),*Chemicals and Long-Term Economic Growth:Insights from the Chemical Industry*,New York:Wiley,1998,p.71-102.

⑧　Moser,P.,"Patents and Innovation in Economic History",*Annual Review of Economics*,Vol.8,2016.

成本中,并尽可能避免使用专利(Lakwete,2005)①。第五,专利池会阻碍创新。兰普和墨瑟(Lampe 和 Moser,2013)②通过对专利和公司进入的相关数据的研究发现,专利池的创建将创新从技术池转移到已经被认为是劣等的替代技术。只要专利池通过许可费制度在成员和外部人之间建立了楔子,外部人就会进入替代技术行列,因为他们需要避免许可和诉讼,这种技术替代实际上是对社会财富的浪费。第六,强制许可会阻碍创新。强制许可是知识产权政策的另一个突出特征,它允许政府机构在未经外国专利所有人同意的情况下将外国拥有的专利和发明许可给国内公司。如果与外国专利拥有者的谈判失败,世界贸易组织的规则允许发展中国家使用它,例如巴西和泰国等国家通过强制许可来获取治疗艾滋病的药品,这会削弱研发企业新产品研发的动力(Moser,2016)。第七,专利制度会改变创新的方向。由于行业对专利制度的敏感性不同,那么专利不仅会影响创新的总量,还会影响创新和技术变革的方向。当创新易于逆向工程时,对专利的需求最为强烈,因此发明人不能(或不再)依靠保密来保护其创新。在整个经济领域,这种差异影响了技术变革的方向(Moser,2016)。

二、产品质量的研究

研究产品质量的文献有两类。一类文献聚焦于对产品质量本身的测算。如乔尔(Joel,2011)③、坎德瓦尔(Khandelwal,2010)④、施炳展和邵文波(2014)⑤

① Lakwete,A.,*Inventing the Cotton Gin: Machine and Myth in Antebellum America*,JHU Press,2005.

② Lampe,R.,Moser,P.,"Patent Pools and Innovation in Substitute Technologies—Evidence from the 19th-Century Sewing Machine Industry",*The RAND Journal of Economics*,Vol.44,No.4,2013.

③ Joel,M.D.,*Competition,Innovation,and the Sources of Product Quality and Productivity Growth*,Mimeo,2011.

④ Khandelwal,A.,"The Long and Short(of) Quality Ladders",*The Review of Economic Studies*,Vol.77,No.4,2010.

⑤ 施炳展、邵文波:《中国企业出口产品质量测算及其决定因素——培育出口竞争新优势的微观视角》,《管理世界》2014 年第 9 期。

的研究。另一类文献聚焦于影响出口产品质量的因素上,研究视角涉及市场结构(王永进和施炳展,2014)[1]、汇率(毛日昇和陈瑶雯,2021)[2]、金融发展(张杰等,2016)、劳动力成本(许和连和王海成,2016)[3]、中间品贸易(许家云等,2017)[4]、产业集聚(苏丹妮等,2018)[5]、贸易政策(苏理梅等,2016)[6]、外商直接投资(杜威剑和李梦洁,2015)[7]等方面。针对知识产权保护和产品质量提升的文章只有林秀梅和孙海波(2016)[8]1 篇。

从文献整理可以看出,尽管不少人认为知识产权保护可以促进创新,但在实践中知识产权保护和创新的关系并不确定。研究产品质量的文献都集中在出口产品质量上,几乎没有关注本地产品质量提升的文献,将知识产权和本地产品质量提升联系起来的文献也寥寥无几。因此,本章的研究内容可以丰富以上研究。

第三节 知识产权保护推动产品质量提升的理论模型

如前所述,本章将构建一个产品质量升级模型来研究知识产权保护、技术进步和产品质量提升之间的关系。本章的基础理论模型来自塞格斯特罗姆

---

① 王永进、施炳展:《上游垄断与中国企业产品质量升级》,《经济研究》2014 年第 4 期。

② 毛日昇、陈瑶雯:《汇率变动、产品再配置与行业出口质量》,《经济研究》2021 年第 2 期。

③ 许和连、王海成:《最低工资标准对企业出口产品质量的影响研究》,《世界经济》2016 年第 7 期。

④ 许家云等:《中间品进口与企业出口产品质量升级:基于中国证据的研究》,《世界经济》2017 年第 3 期。

⑤ 苏丹妮等:《产业集聚与企业出口产品质量升级》,《中国工业经济》2018 年第 11 期。

⑥ 苏理梅等:《贸易自由化是如何影响我国出口产品质量的?——基于贸易政策不确定性下降的视角》,《财经研究》2016 年第 4 期。

⑦ 杜威剑、李梦洁:《对外直接投资会提高企业出口产品质量吗——基于倾向得分匹配的变权估计》,《国际贸易问题》2015 年第 8 期。

⑧ 林秀梅、孙海波:《中国制造业出口产品质量升级研究——基于知识产权保护视角》,《产业经济研究》2016 年第 3 期。

(Segerstrom,1998)[①]、林秀梅和孙海波(2016)。

假定经济体中有连续的 w 个行业, $w \in [0,1]$ 。在每个行业中,企业间是以产品质量 j 区分的,每种创新会把产品质量提升一个阶梯,阶梯是成比例等距离的,每一次提升质量都会按比例增加 λ , $\lambda > 1$ 。这些质量提升带来了技术进步和经济增长。假设在初始期,行业中最高产品质量为 $j = 0$,即初始时,各企业只能生产基础产品,并不知道如何生产高质量产品。因此,企业间会展开研发竞赛,经过 j 次质量改进后,产品质量可表示为 λ^j 。

一、消费者部门

假定经济体中有固定数量的家庭,家庭的每个成员无弹性提供 1 单位劳动,家庭成员的增长速度为 $n > 0$ 。经济体初始人口标准化为 1,那么经济体中的劳动供给为 $L(t) = e^{nt}$ 。代表性家庭的终生效用函数为:

$$U = \int_0^\infty e^{-(\rho-n)\,t}\ln u(t)\,\mathrm{d}t \tag{9-1}$$

其中, ρ 为折现因子,且满足 $\rho > n$ 。 $u(t)$ 为瞬时效用,其具体形式为:

$$\ln u(t) = \int_0^1 \ln\left[\sum_j \lambda^{j(wt)}\,\mathrm{d}(jwt)\right]\mathrm{d}w \tag{9-2}$$

其中, $\lambda^{j(wt)}$ 表示 w 行业在 t 时刻经过 j 次质量改进后的产品质量, $\mathrm{d}(jwt)$ 表示在 t 时刻对行业 w 产品的需求量。代表性家庭的终生效用最大化的约束条件为:

$$\int_t^\infty e^{nt-R(t)}\,c(t)\,\mathrm{d}t = a(0) + \int_t^\infty w(t)\,e^{-R(t)}\mathrm{d}t \tag{9-3}$$

t 时刻消费者的消费总量为:

$$c(t) = \int_0^1\left[\sum_j p(jwt)\,\mathrm{d}(jwt)\right]\mathrm{d}w \tag{9-4}$$

---

① Segerstrom, P.S., "Endogenous Growth without Scale Effects", *American Economic Review*, Vol.88, No.5, 1998.

求解消费者效用最大化问题可得：

$$\frac{p(jwt)}{p(j-1wt)} = \lambda \tag{9-5}$$

$$\mathrm{d}(jwt) = \frac{c(jwt)}{p(jwt)} \tag{9-6}$$

其中，式(9-5)表明消费者在相邻两种质量产品上的支付意愿等于产品质量提升比例，式(9-6)是单个消费者的需求函数。若消费者分配终身财富，那么根据以上求解可得欧拉方程：

$$\frac{c(i)}{c(t)} = r(t) - \rho \tag{9-7}$$

二、生产者部门

假定劳动力是唯一的生产要素，且生产满足规模报酬不变。不管产品质量如何，1单位劳动力可以获得1单位产出。进一步假定劳动力市场是完美市场，劳动力都赚取均衡工资并单位化为1。在每一个行业内，有一个质量领导厂商。存在知识产权的情况下，为防止其他厂商模仿和直接生产领导厂商的产品，领导厂商会向政府相关部门缴纳一定的知识产权保护费，以维护自己的产品竞争优势。同时由于知识产权保护的存在，领导厂商在销售商品时能够获得一定的溢价。假定知识产权保护力度为φ，对每1单位产品支付的知识产权费为δ，$0 < \delta < 1$，那么质量领导厂商为每1单位产品支付的知识产权保护成本就为$\varphi\delta$。如果知识产权保护为厂商带来的溢价为$\theta\varphi$，那么单位产品的获利就可以表示为$p(1+\theta\varphi) - \varphi\delta - 1$，从而领导厂商的利润函数就可以表示为：

$$\pi = \left(\frac{p(1+\theta\varphi) - \varphi\delta - 1}{p}\right) c(t)L(t) \tag{9-8}$$

质量领导厂商与其他厂商展开伯特兰德(Bertrand)价格竞争，其竞争结果是领导厂商将价格设定为边际成本，这样进入者才会无利可图，即满足

$p = \lambda > 1$。因此，式(9-8)可以改写为：

$$\pi = \left(\frac{\lambda(1 + \theta\varphi) - \varphi\delta - 1}{\lambda}\right) c(t)L(t) \tag{9-9}$$

三、研发竞赛

假定劳动力是行业内企业研发投入的唯一要素，且可以在行业内外自由流动。企业可以自由进出研发竞赛活动。某行业内任一企业 i 使用 L_i 单位劳动力进行研发，其研发技术参数为 A，那么企业 i 在 t 时刻研发成功高质量产品的概率为 $AL_i/X(wt)$，$X(wt)$ 为技术研发难度。参与研发竞赛的回报在企业、行业和时间上独立，那么在 t 时刻全行业的研发成功概率就为：

$$I(wt) = \frac{A L_I(wt)}{X(wt)} \tag{9-10}$$

其中，$L_I(wt) = \sum_i l_i$ 为全行业研发投入人员。随着行业内企业研发投入增加，技术研发难度 $X(wt)$ 会按下式变动：

$$\frac{\dot{X}(wt)}{X(wt)} = \mu I(wt) \tag{9-11}$$

式(9-11)中，$\mu > 0$ 是技术研发难度变化参数，表示随着产业内技术质量的提高，想要进一步提高产品质量会越发困难。令 $v(wt)$ 表示 w 行业在 t 时刻的期望利润，质量领导厂商的利润最大化问题为：$\max\{v (wt) AL_I(wt) /X(wt) - L_I(wt)\}$，当且仅当 $v(wt) = X(wt) /A$ 时，领导厂商实现利润最大化。股票市场对垄断利润的估值预期利润贴现和瞬时利率相联系的均衡条件。在时间间隔 dt 内，领导厂商的利润为 πdt，同时其股票估值增值为 $\dot{v}dt$。由于每个领导厂商都是其他厂商的模仿和竞争目标，如果追随者开发出更高质量的产品，那么领导厂商损失 $v(wt)$ 的估值收益。假定模仿成功的概率为 $\sigma(t) = \xi/\varphi$，ξ 体现了追随厂商的技术吸收能力。有效的金融市场要求质量领导厂商的预期股票收益率等于无风险利润回报，即满足：

$$\pi + \dot{v} - v\sigma(t) = vr \qquad\qquad (9-12)$$

整理可得:

$$v(t) = \frac{\pi(t)}{r(t) + \sigma(t) - \dfrac{\dot{v}(t)}{v(t)}} \qquad\qquad (9-13)$$

式(9-12)对知识产权保护力度 φ 求导可得:

$$\left(\frac{\theta\lambda - \delta}{\lambda}\right) c(t) L(t) = -\frac{\xi}{\varphi^2} v(t) \qquad\qquad (9-14)$$

将式(9-13)代入式(9-14)可得:

$$\left(\frac{\theta\lambda - \delta}{\lambda}\right) c(t) L(t) = -\frac{\xi}{\varphi^2} \times \frac{\pi(t)}{r(t) + \sigma(t) - \dfrac{\dot{v}(t)}{v(t)}} \qquad\qquad (9-15)$$

由领导厂商实现利润最大化条件 $v(wt) = X(wt)/A$,可得:

$$\dot{v}(t)/v(t) = \dot{X}(wt)/X(wt) = \mu I(t) \qquad\qquad (9-16)$$

从式(9-16)中可以解出:

$$I = \frac{\delta\varphi(\xi + r\varphi) - \lambda(\xi + \theta\xi\varphi + r\theta\varphi^2)}{(\delta - \theta\lambda)\mu\varphi^2} \qquad\qquad (9-17)$$

进一步地,定义 $Q = \int_0^1 (\lambda - 1) \lambda^{j(wt)} dw$ 为所有行业产品质量的平均水平。

当质量领导厂商以 I 概率创新成功时,平均质量的动态方程就可以表示为:

$$\dot{Q}(t) = \int_0^1 (\lambda - 1) \lambda^{j(wt)} I dw \qquad\qquad (9-18)$$

由式(9-18)可得:

$$\frac{\dot{Q}(t)}{Q(t)} = (\lambda - 1)I \qquad\qquad (9-19)$$

将式(9-17)代入式(9-19)并对知识产权保护程度求导可得:

$$\frac{d(\dot{Q}/Q)}{d\varphi} = \frac{(\lambda - 1)\xi[-\delta + \lambda(2 + \theta\varphi)]}{(\delta - \theta\lambda)\mu\varphi^3} \qquad\qquad (9-20)$$

根据式(9-20)，当 $\varphi < \dfrac{2\lambda}{\delta - \theta\lambda}$ 时，$\dfrac{\mathrm{d}(\dot{Q}/Q)}{\mathrm{d}\varphi} > 0$。此时，提升知识产权保护力度有利于产品质量的提升。当 $\varphi > \dfrac{2\lambda}{\delta - \theta\lambda}$ 时，$\dfrac{\mathrm{d}(\dot{Q}/Q)}{\mathrm{d}\varphi} < 0$，此时进一步提升知识产权保护力度会抑制产品质量的提升。因此，可以提出以下命题：在其他条件不变的情况下，知识产权保护力度与产品质量提升之间呈先上升后下降的非线性关系。

第四节　知识产权保护与产品质量提升的研究设计

一、计量模型设定

基于理论推演，为实证检验知识产权保护对产品质量提升的影响，本章选用中国省际面板数据作为研究对象。因此，本章设定以下计量方程：

$$Q = \alpha + \beta_1 \ln PTR_{it} + \beta_2 (\ln PTR_{it})^2 + \rho X_{it} + \mu_t + \vartheta_i + \varepsilon_{it} \tag{9-21}$$

其中，i 表示省份，t 表示年份，介绍指标时不再赘述。Q 表示产品质量，PTR 表示知识产权保护强度。根据本章的数理模型和研究假说，在计量模型中还加入了 PTR 的二次项，以探求二者之间的非线性关系。系数 β_1 和 β_2 反映了知识产权保护对创新的影响，根据本章的理论研究，预测 β_1 为正，β_2 为负。X 是一系列影响创新的控制变量。μ_t 和 ϑ_i 分别是时间固定效应和个体固定效应。ε_{it} 是随机误差项。α 是截距项。

二、指标选取

（一）被解释变量

根据本章的理论模型，被解释变量是地区产品质量（Q）。现有文献中对产品质量的研究都集中在出口产品质量上,其测算方式都是基于坎德瓦尔(Khandelwal,2010)[1]、阿米蒂和坎德瓦尔(Amiti 和 Khandelwal,2013)[2]的需求信息回归推断法。这种测算方式需要微观产品层面的产品销售额和产品销售价格等数据。对于出口产品,海关统计数据库有详细的统计数据。但在国内地区层面,尚未公布详细的相关数据,因此该方法并不适用。我们注意到在《中国统计年鉴》和《中国第三产业统计年鉴》中公布了基于 75 个重点工业城市抽样数据的分地区产品质量情况。该抽样结果汇报了地区产品的优等品率、质量损失率和产品质量合格率,这三个指标能够反映出企业工业产业的质量及水平变化情况,在企业、行业和地区之间具有横向和纵向的可比性。因此,本书采用优等品率作为地区产品质量的代理指标。

(二) 核心解释变量

地区知识产权保护力度 PTR 是本书的核心解释变量。目前,对知识产权的衡量都是针对国家层面的,其常用的知识产权保护指数有这样几种。第一种是早期的一些知识产权保护指数。这些指数要么是基于调查问卷,要么是调查问卷和个人经验结合得出的指数(Seyoum,1996[3];Sherwood,1996[4])。这种指数过于陈旧,大多是与贸易有关的知识产权协议生效之前的数据,且指数缺乏客观性,不适用于近期数据的分析。第二种是某类单一指数。这类指数只关注某种类型或某个部门的知识产权,这种指数不适合国家和地区层面的

① Khandelwal,A.,"The Long and Short(of) Quality Ladders",*The Review of Economic Studies*,Vol.77,No.4,2010.

② Amiti,M.,Khandelwal,A. K.,"Import Competition and Quality Upgrading",*Review of Economics and Statistics*,Vol.95,No.2,2013.

③ Seyoum,B.,"The Impact of Intellectual Property Rights on Foreign Direct Investment",*The Columbia Journal of World Business*,Vol.31,No.1,1996.

④ Sherwood,R.M.,"Intellectual Property Systems and Investment Stimulation:The Rating of Systems in Eighteen Developing Countries",*Idea*,Vol.37,1996.

比较和研究。如拉普和罗泽克（Rapp 和 Rozek,1990）①的指数中忽略了与服务业相关的知识产权保护。刘和克鲁瓦（Liu 和 Croix,2015）②发布的指数只涉及药品行业,坎比和诺瓦拉利（Campi 和 Nuvolari,2015）③的研究只关注植物品种。第三种是 G—P 指数。G—P 指数最早由吉娜和帕克（Ginarte 和 Park,1997）④提出,该指数将一国的知识产权保护强度分为未加权的 5 个子项,且样本只有 110 个国家,时间延伸至 1990 年。帕克和利普多特（Park 和 Lippoldt,2008）⑤再次对该指数进行了更新,将样本扩展至 122 个国家,时间扩展至 2005 年。此外,在原来文献的基础上,他们对各分项指标赋予权重,构建了一个反映国家知识产权保护程度的总指标。此后,该指数被广泛应用,被称为 G—P 指数。第四种指数来自世界发展指标数据库,该数据的特点是按每 5 年进行平滑,也就是说每 5 年才有一个数据。这样平滑虽然可以削弱测量误差等问题,但在实证分析中,每 5 年数据作为一个样本点,会丢失众多数据,数据利用度会下降。从现有的指标来看,G—P 指数是比较全面且适合长时间序列分析的指标。但 G—P 指数的致命缺陷是无法用于国内地区层面的研究。许春明和单晓光（2008）⑥对 G—P 指数进行了重新修订,使之能有效衡量国内地区层面知识产权保护。

① Rapp,R.T.,Rozek,R.P.,"Benefits and Costs of Intellectual Property Protection in Developing Countries",*Journal of World Trade*,Vol.24,1990.

② Liu, M., La, Croix. S., " A Cross-Country Index of Intellectual Property Rights in Pharmaceutical Inventions",*Research Policy*,Vol.44, No.1,2015.

③ Campi,M.,Nuvolari,A.,"Intellectual Property Protection in Plant Varieties：A Worldwide Index(1961-2011)",*Research Policy*,Vol.44, No.4,2015.

④ Ginarte,J.C.,Park,W.G.,"Determinants of Patent Rights：A Cross-National Study",*Research Policy*,Vol.26, No.3,1997.

⑤ Park, W. G., Lippoldt, D. C., *Technology Transfer and the Economic Implications of the Strengthening of Intellectual Property Rights in Developing Countries*,OECD Publishing,2008.

⑥ 许春明、单晓光:《中国知识产权保护强度指标体系的构建及验证》,《科学学研究》2008年第4期。

（三）控制变量

在控制变量(X)的选取上,本章根据数理模型、经济理论和相关文献选取了以下指标作为控制变量。

1. 进出口贸易

有大量的文献研究了国际贸易以及对外直接投资对国家技术进步、产品质量以及经济增长的影响(Helpman,1992[①];樊海潮等,2020[②];Frankel 和 Romer,1999[③])。因此,本书选择国际贸易 IE 作为控制变量,使用进出口贸易占 GDP 比重作为衡量指标。

2. 市场规模

施穆科勒(Schmookler,2013)[④]提出了需求引致创新理论,他认为企业是为了追求市场利润才进行创新,市场需求是企业创新的主要原因。如果企业预期未来市场需求会上升,企业会自主或者被动地投入创新活动之中以获取更大的市场份额。市场规模扩大意味着更高的市场需求,企业增加要素投入进行创新的意愿就更为强烈。因此,本书使用市场规模 MS 来衡量市场需求,并用最终产品消费占 GDP 比重来衡量。

3. 金融发展

熊彼特(Schumpter,1934)、阿罗(Arrow,1962)[⑤]均强调了金融发展对创新的重要性。良好的金融市场可以从四个方面促进创新的发展:第一,它能有效评估和筛选最有前途的企业家或者研发项目,保证资金使用效率。第二,它

---

① Helpman, E., "Innovation, Imitation, and Intellectual Property Rights", *NBER Working Papers*, 1992.

② 樊海潮等:《进口产品种类、质量与企业出口产品价格》,《世界经济》2020 年第 5 期。

③ Frankel, J. A., Romer, D. H., "Does Trade Cause Growth?", *American Economic Review*, Vol.89, No.3, 1999.

④ Schmookler, J., *Invention and Economic Growth*, Harvard University Press, 2013.

⑤ Arrow, K. J., "The Economic Implications of Learning by Doing", *The Review of Economic Studies*, Vol.29, No.3, 1962.

能筹集市场资金并降低筹资成本。第三,它能为创新提供风险分担机制,金融市场提供的多样化金融产品能帮助企业家分担创业风险,提高其承担风险的能力。第四,它能够对预期收益进行估值,准确解释预期利润现值,揭示创新回报,提升投资者投资意愿。因此,本书将金融发展 *FIN* 作为控制变量加入回归方程,该指标用各地区金融机构存贷款余额占 GDP 的比重来衡量。

4. 人力资本

在本章的模型中,人力资本也是创新产出的重要生产要素。宇泽弘文(Uzawa,1965)[1]的模型认为,知识和技术进步是人力资本有意识地学习而获得的,肯定了人力资本对知识积累、技术进步的主导作用。因此,人力资本 *HC* 是本书的重要控制变量,由地区人均受教育年限表示。

5. 经济发展水平

一般而言,一国的经济发展水平越高,其创新支撑要素就越强,创新成功力就越高(Weng 等,2009)[2]。因此,本书也将控制该指标,实际选取人均GDP 对数 PGDP 作为衡量指标,并作基础(以 2000 年为基期)处理。

三、数据来源与统计性描述

本书的被解释变量产品优等率来自《中国统计年鉴》和《中国第三产业统计年鉴》。构建核心解释变量的原始数据来自《中国统计年鉴》《中国科技统计年鉴》《中国律师年鉴》。其他控制变量均来自《中国统计年鉴》《中国金融统计年鉴》和各省份《统计年鉴》。经过原始数据的筛选和处理,最终选取了30 个省(自治区、直辖市)2007—2018 年的数据作为本书的实证分析样本。[3]

---

[1] Uzawa,H.,"Optimum Technical Change in an Aggregative Model of Economic Growth", *International Economic Review*, Vol.6, No.1,1965.

[2] Weng,Y.,Yang,C.H.,Huang,Y.J.,"Intellectual Property Rights and US Information Goods Exports: The Role of Imitation Threat", *Journal of Cultural Economics*, Vol.33, No.2,2009.

[3] 因西藏部分指标缺失严重,所以剔除西藏。2007 年之前部分数据缺失严重,所以研究样本从 2007 年开始。

各变量的统计性描述见表9-1。

表 9-1　描述性统计结果

变量	观测值	均值	标准差	最小值	最大值
Q	326	52.55	20.65	1.140	95.82
PTR	360	9.512	3.161	3.153	17.86
IE	360	29.79	36.09	1.686	172.1
MS	360	49.99	7.294	37.46	74.01
FIN	360	288.3	112.3	128.8	813.1
HC	360	8.859	0.961	6.764	12.50
lnPGDP	360	10.87	0.588	9.139	12.36

第五节　知识产权保护与产品
质量提升的实证分析

一、基准回归

首先用双向固定效应模型考察产权保护和产品质量之间的关系。表9-2显示了基准回归结果。在回归过程中,遵循由简到繁逐步加入控制变量的策略进行回归。表9-2中列(1)反映了未加任何控制变量时,知识产权保护和产品质量之间的关系。列(1)的回归结果显示知识产权和产品质量二次项的回归系数在1%的水平下显著为负,知识产权保护一次项的系数在5%的水平下显著为正。这表明在不控制其他变量的情况下,知识产权保护与产品质量之间呈显著的倒"U"型关系。列(2)至列(6)中,逐步加入控制变量后,核心解释变量知识产权保护和其二次项系数的显著性未发生变化,只是回归系数大小有一定变化。这在一定程度上说明了知识产权保护和产品质量之间呈显著的倒"U"型关系是稳健的。从总体上来看,列(1)至列(6)的回归结果充分验证了本书的理论假说。

表 9-2　2007—2018 年基准回归结果

变量	（1）	（2）	（3）	（4）	（5）	（6）
PTR	4.352** (2.30)	4.053** (2.42)	4.145** (2.35)	1.359** (2.41)	2.468** (2.36)	2.558** (2.28)
PTR^2	−0.113*** (−2.90)	−0.093*** (−2.68)	−0.106*** (−2.69)	−0.021*** (−2.73)	−0.051*** (−2.84)	−0.052*** (−2.73)
IE		0.055*** (2.58)	0.065*** (2.61)	0.146*** (2.71)	0.141*** (2.77)	0.136*** (2.62)
MS			0.372* (1.71)	0.161** (2.24)	0.053** (2.12)	0.084** (2.18)
FIN				0.104* (2.73)	0.102* (2.68)	0.100* (2.72)
ln*PGDP*					3.402*** (3.46)	1.855*** (2.93)
HC						2.196 (0.38)
截距项	22.16 (1.63)	21.43 (1.60)	2.831 (0.10)	−0.929 (−0.03)	34.34 (0.38)	35.17 (0.39)
观测值	326	326	326	326	326	326
个体固定效应	Yes	Yes	Yes	Yes	Yes	Yes
时间固定效应	Yes	Yes	Yes	Yes	Yes	Yes
R^2	0.204	0.209	0.216	0.224	0.230	0.231

注:***、**、*分别表示在 1%、5% 和 10% 的水平下显著,括号内为 t 统计量。

　　控制变量中,进出口贸易与产品质量的回归系数在 1% 的水平下显著为正。该回归系数表明进出口对地区产品质量提升有显著的促进作用。结合现有研究(卢盛峰等,2021)[①],可以发现进出口贸易不仅有利于提升出口产品质

_____

　　① 卢盛峰等:《"一带一路"倡议促进了中国高质量出口吗?——来自微观企业的证据》,《中国工业经济》2021 年第 3 期。

量,对本地产品质量也有明显的提升。市场规模与产品质量的回归系数显著为正,表明市场规模可以有效促进本地产品质量提升。在市场规模较大的地区不仅意味着多样化的产品和服务,还可以消费到高质量的产品。金融发展水平的回归系数在10%的水平下显著为正,表明金融发展不仅是技术进步和经济增长的重要因素,同时也可以通过提升产品质量提高消费者福利。人均GDP与技术进步之间呈显著的正相关关系,其回归系数在1%的水平下显著为正。这说明地区居民收入的提高和社会福利的增加会促使技术进步和本地产品质量的提升。人力资本和产品质量之间的回归系数为正但不显著,表明人力资本对产品质量的促进作用在中国尚未显现。

二、稳健性检验和内生性讨论

本章分别使用改变估计模型和方法以及加入其他控制变量进行稳健性检验。首先,本章采用的样本数据为11年面板数据,可能存在异方差、截面相关和序列相关问题。为处理这个问题,本书使用 D—K(Driscoll 和 Kraay,1998)[1]标准误差进行了面板固定效应估计。D—K 标准误差允许面板数据回归后误差项存在异方差与自相关,同时对可能存在的截面相关也保持稳健。此外,该方法对截面个数没有限制,允许截面个数大于时间跨度。表9-3中列(1)的回归结果显示,在使用了 D—K 标准误差回归以后,除回归系数大小有所变化以外,知识产权保护的一次项和二次项系数的符号和显著性都没有发生变化,与列(1)至列(6)的结果保持一致。为了进一步检验估计方法对回归结果的影响,列(2)取消了对个体固定效应的控制,使用混合最小二乘法(Pooled OLS)进行估计。估计结果显示知识产权保护和产品质量之间的回归系数符号和显著性都没有发生变化,只是回归系数发生了变化。其他控制变量的回归结果虽然系数有变化,但并没有影响到核心解释变量和被解释变量

---

① Driscoll, J. C., Kraay, A. C., "Consistent Covariance Matrix Estimation with Spatially Dependent Panel Data", *Review of Economics and Statistics*, Vol.80, No.4, 1998.

之间的关系。这表明,本章的实证结果不会因实证模型和方法不同而改变,结果稳健。其次,本章的实证分析仍存在遗漏变量的可能性。尽管在前文的理论模型中,产品质量提升的要素投入只有劳动力一种,但在现实生产中,产品质量提升还需要研发资本的投入。因此,本书进一步将研发投入作为控制变量加入回归方程中。研发投入使用的是地区研发投入占 GDP 的比重,即研发强度(RD),该数据来自《中国科技统计年鉴》。列(3)报告了加入研发强度的回归结果。从回归结果来看,研发强度与产品质量之间的回归系数为正,但不显著。加入新的变量后回归结果仍没有发生明显变化,表明知识产权和产品质量之间的倒"U"型关系是稳健的。

表 9-3 2007—2018 年稳健性检验与内生性处理结果

变量	(1)	(2)	(3)	(4)
$L.Q$				0.354***
				(8.25)
PTR	2.559**	2.628**	2.498**	3.461**
	(2.48)	(2.56)	(2.43)	(2.41)
PTR^2	−0.052***	−0.027***	−0.048***	−0.145**
	(−2.89)	(−3.14)	(−3.34)	(−1.69)
IE	0.136***	0.070**	0.128	0.063**
	(2.76)	(1.92)	(1.83)	(2.29)
MS	0.085**	0.255**	0.084**	0.117
	(2.42)	(2.34)	(2.18)	(0.500)
FIN	0.101*	0.005*	0.102***	0.020*
	(1.81)	(1.67)	(2.90)	(1.76)
$\ln PGDP$	1.855***	2.268***	1.629***	0.373***
	(3.33)	(3.44)	(2.85)	(2.78)
HC	2.196	1.742	2.059	1.102
	(0.98)	(0.66)	(0.36)	(0.28)
RD			1.289	1.410
			(0.37)	(0.2)
截距项	35.18	48.58	33.53	4.872
	(0.61)	(0.85)	(0.37)	(0.08)
观测值	326	326	326	285

续表

变量	（1）	（2）	（3）	（4）
个体固定效应	Yes	Yes	Yes	Yes
时间固定效应	Yes	Yes	Yes	Yes
R^2	0.231	0.217	0.234	
$AR(1)$				0.005
$AR(2)$				0.288
$Sargan\ P$				0.940

注:*** 、** 、* 分别表示在1%、5%和10%的水平下显著,括号内为 t 统计量,列(4)括号内为 Z 值。

本书的实证分析可能因为以下原因存在内生性问题。一是测量偏误。对知识产权保护的测量可能会存在偏误。二是反向因果。产品质量提升可能会进一步促进地区加强知识产权保护。由于寻找合适的工具变量较为困难,本书采用系统 GMM 的方法来缓解可能存在的内生性。列(4)报告了系统 GMM 的回归结果。模型(4)中,$AR(1)$ 和 $AR(2)$ 的检验结果表明扰动项差分一阶自相关,二阶不相关,表明扰动项无自相关。萨甘检验的结果接受了所有工具变量都是有效的原假设,这表明工具变量与扰动项不相关,是有效的。根据列(4)的回归结果,产品质量滞后一期与当期产品质量的回归系数在1%的水平下显著为正,知识产权保护一次项和二次项的回归系数正、负符号与表9-2列(1)至列(6)、表9-3列(1)至列(3)的回归系数保持一致。这表明,在处理了内生性之后,知识产权保护与产品质量之间的倒"U"型关系仍然稳健。

第六节　完善知识产权保护制度
推动产品质量提升

构建消费主导型经济增长方式是实现高质量发展的重要内容。产品质量从供需两端影响消费主导型经济增长方式的建立。知识产权作为促进创新和经济增长的重要制度之一，对产品质量提升有重要影响。基于此，本章首先构建了一个理论模型，研究知识产权保护与产品质量之间的关系。通过理论推导发现，知识产权保护与产品质量之间呈现先上升后下降的倒"U"型关系。这意味着对产品质量而言，存在一个最优的知识产权保护力度。进一步地，本章使用中国 2007—2018 年的省际面板数据验证了理论假说。本书对中国知识产权保护和提升产品质量、构建消费主导型经济增长方式有重要的理论价值和实践意义。

根据上述理论研究和实证分析，提出以下政策建议：

第一，在全面认识和理解发达国家知识产权保护制度和发展战略的基础上，根据中国国情制定适当的知识产权保护制度。当前，中国仍是一个发展中国家，由发达国家主导的过高的知识产权保护标准并不适合中国经济发展现状。中国应依据本国经济发展阶段、技术进步条件和经济增长速度，分阶段、有步骤地建立既与世界接轨又符合自身国情的知识产权保护制度。一方面，要遵守世界贸易组织以及与贸易有关的知识产权协议中有关知识产权保护的相关规定，并完善中国现有知识产权保护制度和法律体系。另一方面，要防止设定过高的知识产权保护标准，损害国内创新主体的积极性，造成对国外先进技术的过度依赖，不利于中国产品质量的提升，阻碍中国经济的长期增长。

第二，提升中国知识产权保护执法强度，加大宣传力度，增强中国创新主体和公众的产权意识，培育自主创新能力。根据本书的理论模型和实证分析，适度的知识产权保护力度有助于本地产品质量提升和国家自主创新能力的成长。目前，虽然中国制定了知识产权保护法律，但是知识产权保护执法力度相对较低，不仅受到国外非议，还不利于中国自主创新能力的提升。因此，加大知识产权保护力度，除了建立完善的知识产权保护法律制度，更重要的是切实加大知识产权保护的执法力度。

第三,实施有差别的知识产权战略。区域间的发展差异不仅体现在国家之间,也体现在国内各地区之间。国内区域间发展不平衡是目前中国经济发展的重要特征。如果采取"一刀切"的知识产权保护制度,可能会进一步拉大地区间产品质量差距。在模仿威胁较大的地区应率先出台指导性政策文件,推进知识产权保护和管理体系建设,提高知识产权工作影响力(魏浩和巫俊,2018)①。在提高知识产权保护的同时,应采取其他措施促进西部地区高质量产品引进,以消除知识产权保护力度的加大对西部地区产品质量的不利影响,或者采取有差别的地区性知识产权保护政策,着重在东部地区完善知识产权基础能力建设,完善各级知识产权管理体系,加大知识产权宣传和意识培养。

第四,推进金融体制改革,充分发挥金融发展的产品质量提升效应。金融发展对产品质量的提升效应显著,因而要加大金融体制改革力度,促进产品质量提升。首先,加快国有银行改革,提高国有银行效率,加大对民营企业的资金支持力度。其次,降低准入门槛,推进中小金融机构、非国有银行的发展。相比大型金融机构来讲,中小金融机构与中小企业之间的借贷行为具有比较优势,这种优势主要来自银企双方的"长期互动"和"共同监督",这对解决创新主体融资问题和调整信贷结构和范围有积极意义。最后,构建和完善现代金融体系,健全多层次资本市场体系。从股票、债券和现代保险服务业入手,整合资本市场体制机制,赋予居民和企业的金融选择权。

第五,释放人力资本促进产品质量的提升效应。当前,人力资本对产品质量提升的作用不明显,因而要加强人力资源和人力资本的供给。首先,调整人口政策,全面支持生育。从根本上解决长期劳动力供给数量问题。其次,加大劳动力教育和技能培训力度,解决劳动力供给质量问题。目前,中国劳动力市场正处于从低技术型的艰苦体力劳动为主向以大多数工人受过教育和技能培

---

①　魏浩、巫俊:《知识产权保护与中国工业企业进口》,《经济学动态》2018年第3期。

训的劳动力形态转换的关键期。而中国的劳动力还未达到高工资、高技能、以创新为基础的经济所需要的技能或人力资本水平。因此，加大教育水平和增强劳动力技能培训力度将是中国提高人力资本水平的重要抓手。

第十章　双向直接投资协调发展与出口产品质量提升

　　当前,在国际贸易摩擦加剧与国内贸易红利渐失的大环境下,持续提高利用外资和对外投资的质量效益,在加速构建国内大循环为主体、国内国际双循环相互促进的新发展格局的过程中更好地构建双向直接投资协调发展机制,从而提升我国出口产品质量已刻不容缓。近年来,学术界对双向直接投资协调发展程度与出口产品质量的定量研究日臻成熟,这为实证探究二者间的关系提供了可能。基于此,在国内大循环为主体、国内国际双循环相互促进的新发展格局背景下,本章测度了中国省级层面的双向直接投资协调发展程度和企业层面的出口产品质量,试图探讨双向直接投资协调发展的出口产品质量效应,并从产业结构和出口技术复杂度方面揭示二者间的作用机制,从而丰富双向直接投资协调发展和企业出口行为的相关研究。这对于提高我国利用外资和对外投资的深度,促进更高水平的对外开放,稳步提升出口竞争力,实现经济高质量发展具有重要的现实意义。

第一节　双向直接投资与出口产品质量的文献述评

　　与本章相关的文献有两类:一类是双向直接投资协调发展的测度与效应

的文献；另一类是研究出口产品质量的文献。

一、双向直接投资的测度与效应

目前，学术界关于双向直接投资的研究多集中在二者协调发展的测度与效应等方面。关于如何量化双向直接投资协调发展水平，有两种较为常见的测度方式：一是基于外商直接投资和对外直接投资的替代与互补机制，构建二者的交互项（龚梦琪等，2019）[①]。二是基于物理学中的容量耦合系统模型，测算双向直接投资的耦合度，并进一步引入耦合协调发展指标来捕捉双向直接投资的互动发展水平（黄凌云等，2018）[②]。随着双向直接投资的量化方法日臻成熟，诸多学者从环境、产业结构、出口等视角探究了双向直接投资协调发展的贸易效应。双向直接投资的迅猛增长与二者良性互动有助于抑制污染排放，驱动绿色全要素生产率的提升，在一定程度上能够推动产业结构调整（龚梦琪和刘海云，2018）[③]。双向直接投资是技术溢出的重要渠道，二者协调发展是影响出口转型升级的关键驱动因素，现有研究基于外商直接投资、对外直接投资和双向直接投资的视角，从宏观区域层面、中观行业层面和微观企业层面探讨了国际直接投资对出口竞争力和出口升级的效应。李坤望和王有鑫（2013）[④]的实证研究发现，相较于港澳台投资，外商直接投资能够稳健地提升我国出口产品质量；景光正和李平（2016）[⑤]聚焦于投资动机，指出对外直接投资通过技术反馈、产业升级、市场深化和资源配置机制促进出口产品质量升

① 龚梦琪等：《中国工业行业双向 FDI 如何影响全要素减排效率》，《产业经济研究》2019年第 3 期。

② 黄凌云等：《对外投资和引进外资的双向协调发展研究》，《中国工业经济》2018 年第3 期。

③ 龚梦琪、刘海云：《中国工业行业双向 FDI 的环境效应研究》，《中国人口·资源与环境》2018 年第 3 期。

④ 李坤望、王有鑫：《FDI 促进了中国出口产品质量升级吗？——基于动态面板系统 GMM方法的研究》，《世界经济研究》2013 年第 5 期。

⑤ 景光正、李平：《OFDI 是否提升了中国的出口产品质量》，《国际贸易问题》2016 年第8 期。

级。李琛等(2020)①基于中国省级层面数据,发现双向直接投资协调发展通过技术优势培育和产业转型优化显著提升了制造业出口竞争力。

二、出口产品质量的测度与影响因素

产品质量是衡量产品在国际市场中是否具有竞争力的重要因素,也是综合国力的体现(余静文等,2021)②。长久以来依靠扩张出口规模推动对外贸易发展的道路已越走越窄,产品技术升级和产品质量提升才是对外贸易发展提质增效的应有之义。目前,学术界对于出口产品质量的测算及其决定因素的研究较为丰富。出口产品质量测算方法主要从以下两个方面展开:第一,单位价值法。即用出口产品的单位价格作为衡量产品质量的标准,高质量的产品对应较高的出口价格。这种测度方法操作简便,数据可获得性高。如肖特(Schott,2004)③,李坤望和王有鑫(2013)等都采用出口产品单位价格作为企业与行业层面出口产品质量的代理变量。然而,这种方法未将成本因素考虑在内,因而不能全面反映产品质量的好坏。第二,需求信息回归反推法。这一方法的逻辑是在相同产品价格的条件下,产品的市场绩效越好,则意味着产品质量越高,通过将消费者质量偏好引入消费需求函数中,根据消费者最优选择反推出产品质量。具有代表性的是施炳展和邵文波(2014)利用海关与工业企业数据库,测算出 2000—2006 年中国企业出口产品质量,并发现我国出口产品质量基本呈上升趋势。这类测算方法逻辑更为清晰,可操作性强,运用最为广泛。

总的来说,现有文献对梳理双向外商直接投资协调发展与出口产品质量之间的关系具有较大的理论参考意义,但仍有以下几点不足之处:第一,既有

---

① 李琛等:《双向 FDI 协同与制造业出口竞争力升级:理论机制与中国经验》,《产业经济研究》2020 年第 2 期。

② 余静文等:《对外直接投资与出口产品质量升级:来自中国的经验证据》,《世界经济》2021 年第 1 期。

③ Schott P.K., "Across-product versus within-product Specialization in International Trade", *The Quarterly Journal of Economics*, Vol.119, No.2, 2004.

研究尚未从宏观区域视角探究双向直接投资协调发展对微观企业层面出口产品质量的效应与影响机制。第二，从中国贸易发展的客观现实来看，党的二十大报告再次锚定加快建设贸易强国的目标，但中国贸易发展对外面临着全球贸易摩擦与个别国家脱钩断链风险，对内存在自主创新能力不强、产业结构发展失衡等短板(黄群慧，2018)①，需要通过实证分析发现制约中国出口产品提质增效的内在因素。

  与以往研究相比，本章创新点在于：(1)既有研究大多关注于外商直接投资、对外直接投资对一国或某行业出口规模、出口产品技术复杂度或者出口产品质量的影响，本章将外商直接投资与对外直接投资置于同一研究视域，分析双向直接投资互动协调发展对出口产品质量的影响，进而丰富该领域的研究，得出更为准确的研究结论。(2)本章拓展了双向直接投资与出口产品质量的测度方法，讨论双向直接投资协调发展对我国企业出口的影响，提高了估计结果的可靠性。在构建以国内大循环为主体、国内国际双循环相互促进的新发展格局和企业出口提质增效的大背景下，本章的研究结论对于提升中国企业在全球价值链中的地位和企业自身的出口竞争能力具有指导价值。(3)本章从中观层面产业结构演进和宏观区域层面出口技术含量的视角，拓展了双向直接投资协调发展与企业出口产品质量之间的作用机制分析，为建设"贸易强国"提供了新的经验证据。

第二节　双向直接投资提升出口
产品质量的机制分析

一、双向直接投资的出口产品质量效应研究

  在开放型经济体中，外商直接投资、对外直接投资以及二者的互动发展可

---

  ①　黄群慧：《改革开放 40 年中国的产业发展与工业化进程》，《中国工业经济》2018 年第 9 期。

以通过技术溢出效应、规模与结构效应、资源配置效应、产品升级与关联效应、学习效应与人员流动效应等直接或间接地提高研发技术水平、促进价值链转移和升级、改善生产竞争环境,对我国产品出口技术含量与出口单位价值的提升贡献了不可或缺的力量,进而促进经济增长(Chen 和 Swenson,2007[①];邵玉君等,2017[②])。在全球化的浪潮中,发展中国家通过吸收和利用外商直接投资带来的优质外资,实现本国知识增长、技术发展和产业升级,借助于外溢效应、学习效应和比较优势实现技术赶超,弥补本国经济的短板(高波,2013[③])。当前,我国出口产品质量不断提升,外商直接投资的流入有助于推动我国整体出口产品质量升级,且这种促进作用在资本密集型行业和高外资进入行业中更为显著,从外商直接投资来源上看,相较于港澳台投资,来自国外的外商直接投资对出口产品质量具有更明显的助推作用(李坤望和王有鑫,2013;曹毅和陈虹,2021[④])。王孝松等(2014)[⑤]将外商投资和行业技术水平置于同一研究视角,采用定量分析的方法捕捉影响中国出口产品技术含量的因素,结果发现,外商直接投资能显著提升行业技术水平。基于对外直接投资的研究视域,发达国家作为投资母国本就具有先发优势和先发利益,在良好有序的国际竞争环境中,通过对外直接投资实现产业转移和成本压缩,从而实现利润增长和出口规模的扩大。陈俊聪(2015)[⑥]将研究对象扩展到全球 112 个经济体的服务行业,并由出口规模延伸到出口技术含量,实证发现随着发达国家对外直接

① Chen H., Swenson D. L., " Multinational Firms and New Chinese Export Transactions ", *Canadian Journal of Economics*, Vol.41, No.2, 2007.

② 邵玉君等:《FDI、OFDI 与国内技术进步》,《数量经济技术经济研究》2017 年第 9 期。

③ 高波:《全球化时代的经济发展理论创新》,《南京大学学报(哲学·人文科学·社会科学版)》2013 年第 1 期。

④ 曹毅、陈虹:《外商直接投资、全要素生产率与出口产品质量升级——基于中国企业层面微观数据的研究》,《宏观经济研究》2021 年第 7 期。

⑤ 王孝松等:《中国出口产品技术含量的影响因素探究》,《数量经济技术经济研究》2014 年第 11 期。

⑥ 陈俊聪:《对外直接投资对服务出口技术复杂度的影响——基于跨国动态面板数据模型的实证研究》,《国际贸易问题》2015 年第 12 期。

投资规模的扩大，其外溢效应有助于拓展生产技术边界，激励技术创新，从而提升母国出口技术复杂度。毛海欧和刘海云（2018）①的研究验证了上述结论，对外直接投资主要通过技术效应提升我国的出口技术含量。随着以国内大循环为主体、国内国际双循环相互促进的新发展格局的构建，部分学者将外商直接投资和对外直接投资二者纳入同一个分析框架，并构建了双向直接投资协调发展的指标，发现双向直接投资的协调发展有助于增加知识存量、培育技术优势，助推制造业出口竞争力升级。此外，双向直接投资能通过技术、结构与规模效应显著提高我国出口技术含量，并且与发达国家之间存在协同增长效应。通过梳理现有文献，提出假说1。

假说1：双向直接投资协调发展有助于提升我国企业出口产品质量。

二、双向直接投资对出口产品质量的影响机制

现有文献大多将结构效应视作双向直接投资影响出口贸易的重要机制之一。学术界普遍认为，任何地区在吸引外商直接投资和进行对外直接投资的过程中都会对地区的产业结构产生影响，而产业结构的优化升级是改善出口商品结构、提高经济发展质量的必由之路（张宇和蒋殿春，2014）②。党的十八大以来，国家一直着力于解决制约我国经济发展的结构性问题，其中产业结构的调整十分紧迫也是重中之重。党的二十大报告强调，建设现代化产业体系，促进产业结构调整优化，有助于实现宏观经济的高质量发展，其中，出口产品质量的提升则是中国经济高质量发展在对外贸易领域的体现。现有理论研究已经关注到了这一作用机制，先后衍生出了小岛清的边际产业转移理论、坎特韦尔和托兰偈诺的技术创新产业升级理论等。实证研究发现，双向直接投资

---

① 毛海欧、刘海云：《中国 OFDI 如何影响出口技术含量——基于世界投入产出数据的研究》，《数量经济技术经济研究》2018 年第 7 期。

② 张宇、蒋殿春：《FDI、政府监管与中国水污染——基于产业结构与技术进步分解指标的实证检验》，《经济学（季刊）》2014 年第 2 期。

对中国产业结构升级具有显著的长期促进效应(贾妮莎等,2014)①。随着中国外商直接投资流入规模的扩大,带动了中国产业结构升级,进而提升了中国产品出口份额,大大增强了出口竞争力(文东伟等,2009)②。对外直接投资有利于母国集中发展本国优势产业,大力扶持新兴产业,助推产业结构转型升级,还可以通过空间溢出效应促进邻近省份的产业结构优化(Herrigel 等,2013③;李东坤和邓敏,2016④)。

随着对外贸易发展的不断深入,我国出口结构呈现出劳动密集型产品占比逐步降低,资本与技术密集型产品比重缓慢上升的动态特征。技术密集型产品出口的异军突起意味着我国出口产品的技术含量与附加值不断增加,即产品出口技术复杂度的提升与出口产品质量水平的升级。高质量的出口产品在一定程度上具有较为复杂的生产技术。母国通过扩大对外直接投资的规模,以正向技术溢出效应直接提高母公司出口产品的技术含量;同时也将产生逆向技术溢出效应,即通过学习与吸收投资国先进的技术水平、知识积累与管理经验,带动本国企业生产技术进步,最终提高出口产品质量(余静文等,2021)。在行业层面,罗军(2020)⑤认为,生产型服务业外商直接投资有助于提升东道国专业化技术水平和创新能力,从而带动出口技术复杂度水平的提高,这与韩玉军等(2016)⑥的结论相吻合,即服务业外商直接投资与出口产品

---

① 贾妮莎等:《中国双向 FDI 的产业结构升级效应:理论机制与实证检验》,《国际贸易问题》2014 年第 11 期。

② 文东伟等:《FDI、产业结构变迁与中国的出口竞争力》,《管理世界》2009 年第 4 期。

③ Herrigel,G.,Wittke,V.,Voskamp,U.,"The Process of Chinese Manufacturing Upgrading: Transitioning from Unilateral to Recursive Mutual Learning Relations",*Global Strategy Journal*,Vol.3, No.1,2013.

④ 李东坤、邓敏:《中国省际 OFDI、空间溢出与产业结构升级——基于空间面板杜宾模型的实证分析》,《国际贸易问题》2016 年第 1 期。

⑤ 罗军:《生产性服务 FDI 对制造业出口技术复杂度的影响研究》,《中国管理科学》2020 年第 9 期。

⑥ 韩玉军等:《服务业 FDI 对出口技术复杂度的影响研究——基于 OECD 国家和中国的经验数据考察》,《国际商务(对外经济贸易大学学报)》2016 年第 3 期。

技术复杂度呈正相关。此外，当以出口技术复杂度作为制造业出口竞争力提升的代理变量时，双向直接投资的互动发展通过技术溢出、示范效应和竞争效应等途径提高了企业生产率与技术创新水平，从而显著提升出口竞争力（李琛等，2020）。基于此，本章提出假说2。

假说2：双向直接投资协调发展有助于推动产业结构高级化，提升产品出口技术复杂度，进而促进我国出口产品质量升级。

三、双向直接投资的出口产品质量效应具有区域异质性和企业特征异质性

中国区域间经济发展不平衡的情况长期存在，近年来区域间差异日趋扩大，东强西弱的格局逐渐固化。究其原因，东部地区和中部地区经济发展水平较高，对高质量外资的接受程度和消化能力较强，在引入新技术后能够加大研发投入，进行二次创新，最终提高产品技术水平。刘宏等（2020）[①]将企业区位异质性纳入实证分析后发现，对外直接投资的出口产品质量提升效应具有显著的区域异质性，东部地区和西部地区对外直接投资的不平衡导致其对出口产品质量的提升效应具有较大差异。在微观企业领域，李瑞琴等（2018）[②]指出，外商直接投资有助于显著提升非国有企业的出口产品质量，但是对国有企业却存在相反作用；李伟和路惠雯（2019）[③]将样本划分为内资企业和外资企业，研究发现对于外资企业而言，外商直接投资的出口产品质量效应更为显著。企业规模是企业特征异质性的重要载体，不同规模的企业在出口规模、产品种类及生产技术水平等存在显著差异。曹毅和陈虹（2021）的研究表明，外

---

① 刘宏等：《对外直接投资、创新与出口产品质量升级——基于中国微观企业的实证研究》，《国际商务（对外经济贸易大学学报）》2020年第3期。

② 李瑞琴等：《FDI与中国企业出口产品质量升级——基于上下游产业关联的微观检验》，《金融研究》2018年第6期。

③ 李伟、路惠雯：《FDI对我国出口产品质量的影响分析——基于企业异质性理论的视角》，《经济问题探索》2019年第10期。

商直接投资的出口产品质量效应在小微企业样本中显著为正,但在大中型企业样本中并不显著。此外,企业要素密集度差异也会导致其对双向直接投资的敏感性存在异质性,资本密集度的提高相应地带来企业出口产品质量的提升(祝树金等,2019)①。基于上述分析,本章提出假说3。

假说3:双向直接投资协调发展的出口产品质量效应存在不同程度的区域异质性和企业特征异质性。

第三节　双向直接投资与出口产品质量研究设计

一、计量模型构建

为了考察中国省际双向直接投资协调发展对企业层面出口产品质量的影响,本章设定以下基准回归模型:

$$QEP_{cit} = \alpha_0 + \alpha_1 IDL_{ct} + \alpha_2 X_{cit} + \mu_i + \upsilon_t + \varepsilon_{cit} \tag{10-1}$$

其中,c 代表 c 省份,i 表示 i 企业;t 表示第 t 年;QEP 表示中国企业出口产品质量,IDL 表示双向直接投资互动发展水平;X 是控制变量向量,主要包括省级层面和企业层面可能存在的影响因素。μ_i 为个体固定效应,υ_t 为时间固定效应,ε_{cit} 为随机误差项。

此外,为了检验假说2,本章在此处构建多重中介效应模型。借鉴普里彻和海斯(Preacher 和 Hayes,2008)②和陈贵富等(2022)③的做法,来检验双向直接投资协调发展对中国出口产品质量总效应的影响机制。

---

① 祝树金等:《制造业服务化、技术创新与企业出口产品质量》,《经济评论》2019 年第 6 期。

② Preacher, K. J., Hayes, A. F., "Asymptotic and Resampling Strategies for Assessing and Comparing Indirect Effects in Multiple Mediator Models", *Behavior Research Methods*, Vol. 40, No. 3, 2008.

③ 陈贵富等:《城市数字经济发展、技能偏向型技术进步与劳动力不充分就业》,《中国工业经济》2022 年第 8 期。

$$IS_{ct} = \delta_0 + \delta_1 IDL_{ct} + \delta_2 X_{ct} + \mu_{2c} + \upsilon_{2t} + \varepsilon_{2ct} \qquad (10-2)$$

$$ETC_{ct} = \gamma_0 + \gamma_1 IDL_{ct} + \gamma_2 X_{ct} + \mu_{3c} + \upsilon_{3t} + \varepsilon_{3ct} \qquad (10-3)$$

$$QEP_{cit} = \lambda_0 + \lambda_1 IDL_{ct} + \lambda_2 X_{ct} + \lambda_3 ETC_{ct} + \lambda_3 X_{cit} + \mu_i + \upsilon_t + \varepsilon_{cit}$$

$$(10-4)$$

式(10-2)的被解释变量 IS 为省级层面的产业结构高级化指数。式(10-3)的被解释变量 ETC 为省际产品出口技术复杂度,其他变量的含义同式(10-1)。

此处重点关注的是式(10-2)和式(10-3)的估计系数,若 δ_1 和 γ_1 均显著为正,则代表双向直接投资协调发展会促进产业结构优化升级,同时也将提高省际产品出口技术复杂度。在式(10-4)中,若系数 λ_1、λ_2 和 λ_3 均显著,说明产业结构高级化和出口技术复杂度发挥部分中介效应;若 λ_1 不显著但 λ_2 和 λ_3 显著,说明产业结构高级化和产品出口技术复杂度在双向直接投资协调发展对出口产品质量的影响中具有完全中介效应。

二、变量说明与数据来源

本章选取的控制变量主要包括省级和企业两个层面。省级层面的控制变量包括:(1)对外开放度(OPEN),对外开放的程度与辖区投融资环境息息相关,从而波及出口产品质量的提升。此处借鉴张林(2016)[①]的做法,以各地区进出口总额占 GDP 的比重衡量对外贸易开放的程度。(2)城镇化率(UR),城镇化是衡量一个国家或地区经济社会发展进步的重要标志。根据国家统计局规定,用城镇人口与总人口的比值来衡量城镇化率。(3)人均 GDP(PGDP),GDP 衡量了地方资源禀赋条件。此处采用人均 GDP 衡量区域经济发展水平,为了保持数据的平稳性,以人均 GDP 的自然对数作为经济发展水平的测度指标。(4)劳均资本存量(PK),资本存量反映了某阶段物质生产手段,衡量了企

---

① 张林:《中国双向 FDI、金融发展与产业结构优化》,《世界经济研究》2016 年第 10 期。

业现存的全部资产,也是宏观经济分析中重要的基础性变量。本章用实际资本存量与劳动力的比值衡量劳均资本存量。(5)金融发展水平(FD),根据比较优势理论,发达国家金融发展水平普遍优于发展中国家,因此发达国家具有较高的技术创新水平和产品研发能力,从而在国际贸易中凭借技术比较优势获得高额的出口贸易利润。现有研究普遍认为,金融发展水平会影响贸易经济发展。采用各省金融机构存贷款余额与GDP的比值衡量该地区的金融发展水平。

企业层面的控制变量包括:(1)企业年龄(AGE),采用样本年份与企业成立年份的差值加1,回归中将企业年龄取对数。(2)企业规模(EMP),用企业从业人数的对数表示。哈德洛克和皮尔斯(Hadlock 和 Pierce,2010)[1]提出,企业年龄和规模的组合能较好地度量企业面临的融资约束程度。一般认为,企业面临的融资约束会制约企业的资源投入,从而对产品质量产生影响。因此,企业年龄越大,规模越大,越容易通过外部融资获取资金。(3)利润率(PRO),用净利润与总资产之比表示,该变量可以衡量企业运营和生产的效率,运营和生产效率对出口产品质量有积极影响(Huang 和 Zhang,2017)[2]。(4)杠杆率(LEV),用企业负债总额占总资产的比重表示。杠杆率是衡量企业负债风险的监管性指标,侧面反映出企业的还款能力。学术界普遍认为,企业的融资渠道与研发投入息息相关,最终会影响其出口行为(刘晴等,2017)[3]。(5)资本密集度(KL),首先测算企业固定资产净值年平均余额与从业人数的比值,再对其取自然对数。

由于本书需要将中国工业企业数据库与海关数据库进行匹配,考虑到中国工业企业数据库在2013年后存在较大程度的数据缺失,且测度关键解释变

---

① Hadlock,C.J.,Pierce,J.R.," New Evidence on Measuring Financial Constraints:Moving Beyond the KZ Index", *The Review of Financial Studies*,Vol.23,No.5,2010.

② Huang,Y.,Zhang,Y.," How does Outward Foreign Direct Investment Enhance Firm Productivity? A Heterogeneous Empirical Analysis from Chinese Manufacturing", *China Economic Review*,Vol.44,2017.

③ 刘晴等:《融资约束、出口模式与外贸转型升级》,《经济研究》2017年第5期。

量所需的外商直接投资流量、对外直接投资流量数值在 2003 年之前同样存在数据缺失的情况,因而实证部分的样本区间确定为 2003—2013 年。除特别说明外,数据来源于《中国统计年鉴》《中国对外直接投资统计公报》《中国人口统计年鉴》《中国劳动统计年鉴》、中国海关企业数据库、中国工业企业数据库、EPS 数据平台。表 10-1 为主要变量的描述性统计。

表 10-1 描述性统计结果六

变量名称	观测值	均值	标准差	最小值	最大值
出口产品质量（QEP）	617011	0.7128	0.0.1111	0	0.9106
外商直接投资（lnfdi）	617001	15.8084	0.8263	9.4491	16.9323
对外直接投资（lnofdi）	617001	12.8110	1.5606	3.8949	15.1186
双向 FDI 互动（IDL）	617001	6.7115	0.7560	2.2940	7.7990
对外开放程度（OPEN）	617001	0.8015	0.4533	0.0250	1.6682
城镇化率（UR）	617001	0.5856	0.1300	0.1389	0.8961
人均 GDP（PGDP）	617001	10.5922	0.5108	8.1366	11.5667
劳均资本存量（PK）	617001	17.3835	10.1055	1.5372	57.0092
金融发展水平（FD）	617001	2.6362	0.9366	1.1684	8.8775
企业年龄（AGE）	616843	2.1186	0.6563	0	7.6069
企业规模（EMP）	366439	5.4892	1.0969	0	12.3159
利润率（PRO）	548283	0.0811	0.1625	−0.2342	0.8913
杠杆率（LEV）	548369	0.5480	0.2627	0.0213	1.2241
资本密集度（KL）	102605	3.7351	1.3359	0.3148	6.9393
产业结构高级化（IS）	617001	0.9117	0.3871	0.5271	4.0320
出口技术复杂度（ETC）	617001	10.3837	0.2320	9.2008	10.7501

三、中国企业出口产品质量测度

本章借鉴施炳展和邵文波（2014）及韩峰等（2021）①的做法,采用 KSW

---

① 韩峰等:《土地资源错配如何影响雾霾污染?——基于土地市场交易价格和 PM2.5 数据的空间计量分析》,《经济科学》2021 年第 4 期。

方法对中国出口产品质量进行测算。首先,构建中国企业出口产品质量测算计量模型。

$$\ln q_{imt} = \chi_{mt} - \sigma \ln p_{imt} + \varepsilon_{imt} \tag{10-5}$$

其中,i 代表企业,m 代表国家,t 代表年份。$\ln q_{imt}$ 是 m 国消费者 t 年对企业 i 生产商品种类的消费量的自然对数。χ_{mt} 为进口国—时间虚拟变量,$\ln p_{imt}$ 表示企业 i 在 t 年对 m 国出口产品的价格;ε_{imt} 测度企业 i 在 t 年对 m 国出口的产品的质量,作为残差项处理。σ 为产品间替代弹性,此处借鉴苏丹妮等(2018)[①]的研究,将 σ 取值为 3。

为了将产品种类纳入考量,在式(10-5)中加入进口国—时间虚拟变量,用以衡量出口企业的国外市场需求;借鉴黄玖立和李坤望(2006)[②]的做法,以国内各省份的国内生产总值的加权值衡量企业国内市场需求规模。此外,将企业在其他市场(除进口国 m)出口产品的平均价格作为工具变量,从而缓解内生性问题。对式(10-5)进行回归,将得出的式(10-6)定义为质量($quality_{imt}$)。

$$quality_{imt} = \ln \widehat{\lambda}_{imt} = \frac{\widehat{\varepsilon}_{imt}}{(\sigma - 1)} = \frac{\ln q_{imt} - \ln \widehat{q}_{imt}}{(\sigma - 1)} \tag{10-6}$$

将式(10-6)进行标准化处理后得到标准化质量指标($N\_quality_{imt}$),整体质量(TQ)定义如式(10-7)所示:

$$TQ = \frac{V_{imt}}{\sum_{imt \in \Omega} V_{imt}} \times N\_quality_{imt} \tag{10-7}$$

其中,Ω 代表某一层面的样本集合,v_{imt} 代表样本的价值量($value$)。

为了确保测算结果的准确性,需要对原始的海关数据进行一系列的清洗工作。如剔除掉信息缺失和单笔贸易交易规模较小的样本;海关数据编码转换后保留制造业样本数据,并将产品在 $SITC$ 三分位编码基础上划分为初级制

① 苏丹妮等:《产业集聚与企业出口产品质量升级》,《中国工业经济》2018年第11期。
② 黄玖立、李坤望:《出口开放、地区市场规模和经济增长》,《经济研究》2006年第6期。

成品(*PP*)、资源型制成品(*RB*)、低科技含量的制成品(*LT*)、中等科技含量制成品(*MT*)、高科技含量制成品(*HT*)；对保留下的数据再次筛选，剔除掉同质产品、剔除总体样本量较小的产品等。根据上文提及的工具变量回归，还需剔除只对一个国家出口的企业样本。

四、双向直接投资互动发展水平测度

在进行经济数据分析之前，有必要进行单位根检验以验证数据平稳性。此处借鉴黄凌云等(2018)的测算方法，首先运用面板向量自回归模型验证外商直接投资与对外直接投资之间是否存在互动效应。常见的面板单位根检验方法主要有 LLC 检验、HT 检验、Breitung 检验、IPS 检验和费雪式检验等。此处结合双向直接投资数据，对比各种单位根检验方法的特征，选取 LLC 检验、IPS 检验和费雪式检验三种方法考察主要变量的平稳性，检验结果见表 10-2。

表 10-2   平稳性检验结果

检验方法	$\Delta\ln FDI$	$\Delta\ln OFDI$
LLC	-6.6366***	-12.3688***
IPS	-7.7333***	-7.7903***
费雪式	-6.4557***	-7.8248***

注：*** 表示在1%的水平下显著，*LLC* 检验、*IPS* 检验和费雪式检验的结果分别对应的是 *t* 统计量、*z* 统计量和 *z* 统计量的值。

表 10-2 展示了 LLC、IPS 和费雪式检验结果，均在 1%的显著性水平下拒绝了存在单位根的原假设，因此认为外商直接投资和对外直接投资是平稳序列。为了进一步验证双向直接投资是否存在互动效应，本章还进行了格兰杰因果检验。检验结果表明，外商直接投资和对外直接投资平稳性良好且具有格兰杰因果关系。即外商直接投资和对外直接投资之间存在显著的动态互动效应。

接下来,借鉴物理学中的容量耦合系统模型,将双向直接投资的耦合度表示如下:

$$C_{it}(IO) = FDI_{it} \cdot OFDI_{it}/(\alpha FDI_{it} + \beta OFDI_{it})^{\gamma} \qquad (10\text{-}8)$$

其中,FDI_{it}、$OFDI_{it}$分别表示 i 地区在第 t 期的外商直接投资流量、对外直接投资流量。由于度量单位均为万美元,故采用人民币汇率年平均价换算。α 和 β 均设定为 0.5,γ 设定为 2。$C_{it}(IO)$ 的大小与耦合度呈正相关。但由于耦合度只能反映二者相互作用程度的强弱,且外商直接投资与对外直接投资存在差异,可能会出现二者数值较低但耦合度较高的结果。因此,进一步引入耦合协调发展指标。

$$D_{it}(IO) = (C \cdot T)^{1/2} \qquad (10\text{-}9)$$

其中,T 为投资综合指标:$T = (FDI_{it} + OFDI_{it})/2$;$D_{it}(IO)$ 表示 i 地区 t 期外商直接投资与对外直接投资的耦合协调度,$D_{it}(IO)$ 值越大,外商直接投资与对外直接投资耦合协调度越高,反之则越低。

结合式(10-8)和式(10-9),测算双向直接投资协调发展水平的公式如下:

$$D_{it}(IO) = [2 \cdot FDI_{it} \cdot OFDI_{it}/(FDI_{it} + OFDI_{it})]^{1/2} \qquad (10\text{-}10)$$

在式(10-10)中,FDI_{it} 表示 i 地区 t 期外商直接投资流量,$OFDI_{it}$ 表示 i 地区 t 期对外直接投资流量。由于 $D_{it}(IO)$ 代表 i 地区 t 期直接投资双向互动发展水平,其值越大,则双向直接投资协调发展程度越高;反之,则双向直接投资协调发展程度越低。

图 10-1 展示了 2003—2020 年中国外商直接投资流量、对外直接投资流量与双向直接投资协调发展水平。对外直接投资流量与双向直接投资协调发展水平于 2016 年达到峰值,此后呈下降趋势;外商直接投资流量整体上呈上升趋势,于 2020 年达到峰值。总体上看,中国外商直接投资流量、对外直接投资流量与省级层面的双向直接投资协调发展水平呈波动上升态势。图 10-2 显示,2003—2020 年中国 30 个省(自治区、直辖市)(因数据缺失,不包含西

藏)双向直接投资协调发展水平存在较大差异,广东、上海、浙江、江苏等东部沿海地区因其地理优势与经济禀赋,双向直接投资协调发展水平较高,中部地区、西部内陆地区则较低。

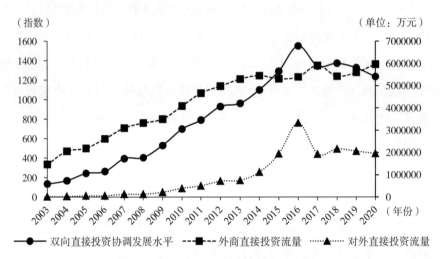

图 10-1 　2003—2020 年中国外商直接投资流量、对外直接投资流量与双向直接投资协调发展水平

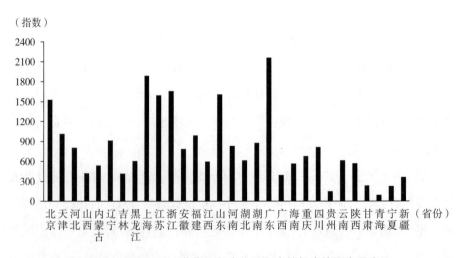

图 10-2 　2003—2020 年中国各省份双向直接投资协调发展水平

五、产业结构高级化测度

产业结构高级化指产业结构向高水平状态演进的动态趋势。配第—克拉克定理将非农业产值的占比作为衡量产业结构升级的指标,这一方法为测度产业结构升级奠定了理论基础。"经济结构服务化"是产业结构升级的重要特征,在此过程中的一个典型事实是第三产业的增长率要快于第二产业的增长率(干春晖等,2011)[①]。此处采用学术界的普遍做法,以第三产业增加值与第二产业增加值之比来测度产业结构高级化(IS)。

六、出口技术复杂度测度

本章参考吴楚豪和王恕立(2019)[②]的做法,首先测算微观产品层面的出口技术复杂度,再将其加总到宏观区域层面,对省际产品出口技术复杂度进行测度。从微观视角测度产品 g 的出口技术复杂度的方法如下:

$$ETC_g = \sum \left(\frac{e_{pg}}{\sum e_{pg}} \right) \cdot PGDP_p \qquad (10-11)$$

其中,e_{pg} 代表某省份 p 产品 g 的出口额占 p 省份出口总额的比重,$PGDP$ 为该省份的人均 GDP。

其次,测度单位价格产品出口质量。

$$QEP_{pg} = \frac{value_{pg}}{\sum_n (\gamma_{ng} \cdot value_{ng})} \qquad (10-12)$$

其中,$value_{pg}$ 表示省份 p 出口产品 g 的单位价值,γ_{ng} 表示省份 n 产品 g 在我国所有出口产品 g 中所占的比重。

再次,将式(10-11)和式(10-12)代入,修正产品 g 的出口技术复杂度。

---

① 干春晖等:《中国产业结构变迁对经济增长和波动的影响》,《经济研究》2011 年第 5 期。
② 吴楚豪、王恕立:《省际经济融合、省际产品出口技术复杂度与区域协调发展》,《数量经济技术经济研究》2019 年第 11 期。

$$ETC'_g = QEP^{0.2}_{pg} \cdot ETC_g \qquad\qquad (10\text{-}13)$$

最后，将式（10-13）加总到省际层面。

$$ETC = \sum e \cdot ETC'_g \qquad\qquad (10\text{-}14)$$

第四节　双向直接投资协调发展提升 出口产品质量的实证分析

一、基准模型分析

在研究方法上，首先判断应选择固定效应还是随机效应，通过豪斯曼检验发现拒绝原假设，因此采用固定效应模型。引入时间虚拟变量后，估计结果仍然显著拒绝原假设，说明存在时间固定效应。综上，本章采用双向固定效应模型，控制地区个体固定效应和时间固定效应以消除地区和时间因素的影响，同时使用聚类稳健标准误差来缓解异方差和序列相关对估计结果的影响。

在表10-3中，依次以外商直接投资、对外直接投资和双向直接投资协调发展作为自变量，因变量是企业层面的出口产品质量（QEP）。考虑到核心解释变量双向直接投资协调发展可能存在非线性关系及非平稳序列等计量问题，因此，在实证回归中，本章对核心解释变量采用了对数形式（IDL）。列（1）和列（2）分别单独考察了外商直接投资和对外直接投资的出口产品质量效应，回归结果发现外商直接投资和对外直接投资的系数均显著为正，即外商直接投资和对外直接投资在一定程度上有助于提高出口产品质量。外商直接投资通过技术溢出效应提高东道国的进出口数额和产业结构，有利于促使企业"走出去"。对外直接投资可以利用贸易国的高级生产要素，通过主动吸收技术外溢，提高资源配置效率，从而显著提高中国产品的出口质量。为了进一步考察双向直接投资协调发展对出口产品质量的效应，列（3）中以双向直接投资协调发展（IDL）作为自变量，并在列（4）、列（5）中逐步引入省级层面和企业层面的各控制变量。列(6)引入了全部控制变量,实证结果表明,双向直接投资协调发展(*IDL*)的系数在1%的水平下显著为正,由于双向直接投资协调发展的测度采用了取对数的形式,回归方程变成了半对数形式,其经济学含义是,双向直接投资协调发展程度每提高10%,对中国企业出口产品质量就有0.01220个单位的平均提升作用。这初步证明了本书的假说1,即双向直接投资对企业的出口产品质量具有明显的促进作用。在以国内大循环为主体、国内国际双循环相互促进的新发展格局下,中国营商环境明显改善,在全球价值链中的地位也发生了改变。随着更加立体、全面的开放型政策、"一带一路"倡议的推动,双向直接投资形成了良性互动和高质量发展,也为我国企业对外贸易的发展带来了机遇与挑战,充分缓解了中高端制造业和高新技术企业的融资压力,通过吸收外国先进的生产技术实现了传统制造业的转型升级,加快了企业融入全球价值链、产业链的步伐,完善了企业生产服务网络和流通体系,降低了企业的管理成本,提高了企业的人力资本、创新能力、管理能力和跨国经营水平,进而促进了产品出口质量的提升,推动了我国产品、技术、服务高质量走向国际舞台。

表 10-3　2003—2013 年基准模型实证结果

变量	(1) 出口产品质量	(2) 出口产品质量	(3) 出口产品质量	(4) 出口产品质量	(5) 出口产品质量	(6) 出口产品质量
FDI	0.1668*** (3.23)					
OFDI		0.1585*** (2.72)				
IDL			0.3016* (1.88)	0.2057* (1.86)	0.1351** (2.52)	0.1220*** (2.76)
OPEN	0.0225 (0.79)	0.0593** (2.07)		0.0942*** (4.96)		0.0588* (1.77)

续表

变量	（1）出口产品质量	（2）出口产品质量	（3）出口产品质量	（4）出口产品质量	（5）出口产品质量	（6）出口产品质量
UR	0.5611 ***	0.6612 ***		0.0519 ***		0.6675 ***
	(3.54)	(3.83)		(2.61)		(3.86)
PGDP	0.1553 **	0.1810 ***		0.0399		0.1812 ***
	(2.47)	(2.93)		(1.48)		(2.93)
PK	0.0387 **	0.0374 **		0.0016 **		0.0382 **
	(2.38)	(2.29)		(2.33)		(2.34)
FD	0.0605	0.0222		0.0011		0.0227
	(0.83)	(0.29)		(0.16)		(0.29)
AGE	0.1334 ***	0.1331 ***			0.1413 ***	0.1329 ***
	(3.11)	(3.08)			(3.28)	(3.08)
EMP	0.1558 ***	0.1570 ***			0.1555 ***	0.1570 ***
	(5.61)	(5.67)			(5.64)	(5.67)
PRO	0.0743	0.0775			0.0779	0.0776
	(1.35)	(1.40)			(1.41)	(1.40)
LEV	−0.0241	−0.0246			−0.0373 *	−0.0246
	(−0.51)	(−0.52)			(−1.68)	(−0.52)
KL	−0.0545	−0.0506			−0.0101 *	−0.0508
	(−0.38)	(−0.35)			(−1.80)	(−0.35)
常数项	2.0827 ***	2.1084 ***	0.6476 ***	0.6037 ***	0.5817 ***	2.1130 ***
	(3.54)	(3.61)	(226.01)	(22.69)	(5.36)	(3.62)
观测值	25753	25753	617000	617000	25753	25753
R^2	0.5588	0.5586	0.2254	0.2255	0.5567	0.5586
时间固定效应	Yes	Yes	Yes	Yes	Yes	Yes
地区固定效应	Yes	Yes	Yes	Yes	Yes	Yes

注：*** 、** 、* 分别表示在1%、5%和10%的水平下显著,括号内为 t 统计量。

二、稳健性检验

（一）变更双向直接投资互动发展水平的度量方式

现有文献关于双向直接投资协同效应的测度方式主要有两种：一是如龚梦琪和刘海云（2020）[①]、张林（2016）的研究思路，引入外商直接投资和对外直接投资的交互项来衡量两者的相互协同关系；二是以黄凌云等（2018）为代表，利用耦合协调模型测度外商直接投资与对外直接投资的互动发展水平。在基准回归中，考虑到耦合协调与双向直接投资的协同关系具有类似的互动机制，并且能反映出双向直接投资间的协同配合程度，因此采用耦合度公式测算互动发展水平作为双向直接投资协调发展的代理变量。但是该变量的测算采用的是省级层面外商直接投资流量、对外直接投资流量数据，可能存在测量误差导致估计结果是有偏的。为了进一步检验实证结果的稳健性，也为了较好地衡量双向直接投资二者协同溢出对出口产品质量的影响程度，此处借鉴龚梦琪和刘海云（2020）的做法，将外商直接投资和对外直接投资的交乘项（$\ln fdi \times \ln ofdi$）作为自变量进行稳健性检验。

在表10-4中，模型（1）是基准回归的实证结果，此处作为检验对照。列（2）—列（5）中以外商直接投资和对外直接投资的交乘项（$\ln fdi \times \ln ofdi$）作为自变量，因变量是企业层面的出口产品质量（QEP）。列（2）中仅引入双向直接投资的交乘项，自变量的系数为正，即以交乘项形式测度的双向直接投资互动发展的出口产品质量效应是正向的。为了进一步考察双向直接投资协调发展对出口产品质量的效应，在列（3）—列（5）中逐步引入省级层面和企业层面的控制变量，稳健性检验结果表明，自变量的系数至少在10%的水平下显著为正。列（5）中，关键解释变量的影响系数在1%的水平下显著为正，其经济

[①]　龚梦琪、刘海云：《中国双向FDI协调发展、产业结构演进与环境污染》，《国际贸易问题》2020年第2期。

学含义是,以外商直接投资和对外直接投资交乘项衡量的双向直接投资协调发展程度每提高10%,企业出口产品质量将会提高0.00364个单位。除了估计系数略有波动外,与基准回归的检验结果基本一致,说明本章基准回归的结果较为稳健,进一步验证了假说1。也就是说,双向直接投资协调发展对企业出口产品质量具有明显的促进作用。

表10-4 稳健性检验:变更双向直接投资互动发展水平的度量方式

变量	（1）出口产品质量	（2）出口产品质量	（3）出口产品质量	（4）出口产品质量	（5）出口产品质量
$\ln fdi \times \ln ofdi$		0.2059	0.2020 *	0.1087 **	0.0364 ***
		(0.38)	(1.90)	(2.02)	(2.96)
IDL	0.1220 ***				
	(2.76)				
OPEN	0.0588 *		0.0094 ***		0.0577 *
	(1.77)		(4.97)		(1.77)
UR	0.6675 ***		0.0052 ***		0.7156 ***
	(3.86)		(2.60)		(4.01)
PGDP	0.1812 ***		0.0041		0.1844 ***
	(2.93)		(1.52)		(2.98)
PK	0.0382 **		−0.0002 **		0.0041 **
	(2.34)		(−2.29)		(2.49)
FD	0.0227		0.0001		0.0017
	(0.29)		(0.12)		(0.22)
AGE	0.1329 ***			0.0141 ***	0.0132 ***
	(3.08)			(3.28)	(3.06)
EMP	0.1570 ***			0.0156 ***	0.0157 ***
	(5.67)			(5.64)	(5.68)
PRO	0.0776			0.0078	0.0077
	(1.40)			(1.41)	(1.40)

续表

变量	（1）出口产品质量	（2）出口产品质量	（3）出口产品质量	（4）出口产品质量	（5）出口产品质量
LEV	−0.0246 (−0.52)			−0.0037 (−0.79)	−0.0025 (−0.52)
KL	−0.0508 (−0.35)			−0.0010 (−0.70)	−0.0005 (−0.34)
常数项	2.1130*** (3.62)	0.6495*** (260.33)	0.6027*** (22.64)	0.5760*** (24.68)	2.1072*** (3.61)
观测值	25753	617000	617000	25753	25753
R^2	0.5586	0.2254	0.2255	0.5567	0.5587
时间固定效应	Yes	Yes	Yes	Yes	Yes
地区固定效应	Yes	Yes	Yes	Yes	Yes

注：***、**、*分别表示在1%、5%和10%的水平下显著,括号内为 t 统计量。

（二）变更出口产品质量的度量方式

本章在基准回归中借鉴施炳展和邵文波（2014）等的测算方法,采用 KSW 方法测算了 2003—2013 年中国出口产品质量。这种测算方法剔除了价格的影响因素,但是由于决定产品质量高低的因素会带来样本选择偏误,从而不可避免地会带来一定的测量误差。

杜威剑和李梦洁（2015）则将出口产品质量与产品单位价值联系起来,他们认为,产品单位价值与消费者支付意愿正相关,在一定程度上反映了相应产品质量的变化。卢盛峰等（2021）指出,当对外贸易处于加速转型期时,企业出口产品质量和出口产品价格均显著提高。因此,此处借鉴卢盛峰等（2021）的做法,将出口产品的单位价格（P）作为产品质量的代理变量。此外,基准回归中用到的出口产品质量,在测算时将产品间替代弹性取值为 3,此处借鉴樊海潮等(2020)[①]的做法,将产品间替代弹性赋值为5,进一步测算出口产品质量,并在此处将其作为被解释变量的另一个代理变量($QEP\text{-}e$),稳健性检验结果见表10-5。

表 10-5 稳健性检验:变更出口产品质量的度量方式

变量	(1) 出口产品质量	(2) 出口产品质量 (产品替代弹性为5)	(3) 出口产品质量 (产品替代弹性为5)	(4) 价格	(5) 价格
IDL	0.1220*** (2.76)	0.2298* (1.82)	0.1921** (2.15)	0.3469* (1.83)	0.2411*** (4.05)
OPEN	0.0588* (1.77)		0.0410** (2.33)		0.0828* (1.77)
UR	0.6675*** (3.86)		0.5520** (2.56)		0.8401** (2.54)
PGDP	0.1812*** (2.93)		0.1411*** (6.33)		0.2255*** (3.38)
PK	0.0382** (2.34)		0.0027 (0.38)		0.0517*** (8.26)
FD	0.0227 (0.29)		0.0341 (0.27)		0.0057 (0.33)
AGE	0.1329*** (3.08)		0.1547*** (2.87)		0.3304*** (5.68)
EMP	0.1570*** (5.67)		0.1659*** (6.25)		0.2507*** (3.14)
PRO	0.0776 (1.40)		0.0051 (0.56)		0.0405* (1.92)
LEV	-0.0246 (-0.52)		-0.0147 (-0.33)		-0.0319* (-1.89)

---

① 樊海潮等:《进口产品种类、质量与企业出口产品价格》,《世界经济》2020年第5期。

变量	（1）出口产品质量	（2）出口产品质量（产品替代弹性为5）	（3）出口产品质量（产品替代弹性为5）	（4）价格	（5）价格
KL	-0.0508		-0.0864		-0.1207
	(-0.35)		(-1.28)		(-0.47)
常数项	2.1130***	0.1138***	0.2118***	0.9841***	0.3374***
	(3.62)	(3.92)	(6.34)	(4.02)	(5.07)
观测值	25753	25753	25753	25753	25753
R^2	0.5586	0.1007	0.1934	0.2607	0.3379
时间固定效应	Yes	Yes	Yes	Yes	Yes
地区固定效应	Yes	Yes	Yes	Yes	Yes

注：***、**、* 分别表示在1%、5%和10%的水平下显著，括号内为 t 统计量。

表10-5列（1）是基准回归的实证结果，此处依然作为检验对照。自变量为双向直接投资协调发展（IDL），列（2）、列（3）中因变量是产品替代弹性为5的出口产品质量（QEP-e）。列（4）、列（5）中因变量是出口产品的单位价格（P）。回归结果发现，关键解释变量的系数至少在10%的水平下显著为正，仅在数值上略有波动，进一步检验了前文基准回归结果的稳健性。即无论是改变产品替代弹性重新测算出口产品质量，抑或将出口产品的单位价格作为产品质量的代理变量，双向直接投资协调发展显著提高了我国出口产品质量。

（三）变更样本区间

考虑到2008年国际金融危机对国际市场需求造成巨大冲击，加之全球经济形势急速下降与要素成本上升，可能导致该年度出口产品质量的测算和本章的实证结果出现结果偏误。为了进一步验证前文的实证结果，此处剔除了2008年的样本数据后重新检验，回归结果如表10-6所示。列（1）、列（2）单独考察了外商直接投资、对外直接投资的出口产品质量效应，列（3）、列（4）的自变量分别为双向直接投资协调发展（*IDL*）、外商直接投资和对外直接投资的交互项（ln*fdi*×ln*ofdi*），列（5）、列（6）的因变量分别是产品间替代弹性赋值为5的出口产品质量（*QEP-e*）和出口产品的单位价格（*P*）。此处重点关注列（3）—列（6）的估计结果，自变量的系数至少在10%的水平下显著为正，即剔除2008年的样本后，双向直接投资协调发展仍有助于提升我国出口产品质量，进一步验证了假说1。

表 10-6　稳健性检验：变更样本区间

变量	（1）出口产品质量	（2）出口产品质量	（3）出口产品质量	（4）出口产品质量	（5）出口产品质量（产品替代弹性为5）	（6）价格
FDI	0.1066 ***					
	(3.13)					
OFDI		0.0818 **				
		(2.02)				
IDL			0.1316 ***		0.1866 ***	0.2803 **
			(3.71)		(3.01)	(2.06)
ln*fdi*×ln*ofdi*				0.0401 *		
				(1.86)		
OPEN	0.0155	0.1090 *	0.0648 **	0.0329 *	0.1028 *	0.0918 **
	(0.79)	(1.90)	(2.27)	(1.90)	(1.67)	(2.47)
UR	0.4321 ***	0.5409 ***	0.6014 ***	0.6618 ***	0.7053 ***	0.8305 ***
	(2.94)	(3.22)	(4.00)	(5.31)	(3.84)	(6.06)
PGDP	0.1393 **	0.1543 **	0.3072 ***	0.1954 ***	0.1812 ***	0.2913 ***
	(2.04)	(2.03)	(3.79)	(3.08)	(3.44)	(3.03)
PK	0.0239 **	0.0127 *	0.1228 **	0.0166 *	0.1073 **	0.0618 **
	(2.11)	(1.84)	(2.43)	(1.69)	(2.08)	(2.49)
FD	0.0162	0.0127	0.1009	0.0103	0.1159	0.1013
	(0.08)	(0.82)	(1.05)	(0.08)	(1.09)	(1.06)

续表

变量	（1）出口产品质量	（2）出口产品质量	（3）出口产品质量	（4）出口产品质量	（5）出口产品质量（产品替代弹性为5）	（6）价格
AGE	0.1428 ***	0.0872 ***	0.2123 ***	0.0207 ***	0.3007 ***	0.2663 ***
	（3.66）	（6.87）	（4.11）	（2.97）	（4.22）	（5.18）
EMP	0.2075 ***	0.1955 ***	0.2092 ***	0.1247 ***	0.2004 ***	0.3319 ***
	（3.69）	（4.28）	（3.57）	（3.92）	（4.07）	（3.47）
PRO	0.0672	0.0578	0.0611	0.0146	0.0113	0.0385
	（1.15）	（1.25）	（1.02）	（1.53）	（1.52）	（1.38）
LEV	−0.0125	−0.0118	−0.0053	−0.0137	−0.0068	−0.0224
	（−0.37）	（−1.54）	（−1.02）	（−1.09）	（−0.67）	（−1.02）
KL	−0.0205	−0.0135	−0.0422	−0.0543	−0.0735	−0.2035
	（−1.08）	（−0.82）	（−1.05）	（−1.36）	（−1.36）	（−1.07）
常数项	6.1126 ***	3.0089 ***	2.6650 ***	3.2243 ***	6.0428 ***	4.2271 ***
	（4.50）	（6.04）	（7.16）	（4.66）	（3.14）	（3.82）
观测值	23241	23241	23241	23241	23241	23241
R^2	0.5188	0.5086	0.5026	0.5340	0.5207	0.4638
时间固定效应	Yes	Yes	Yes	Yes	Yes	Yes
地区固定效应	Yes	Yes	Yes	Yes	Yes	Yes

注：***、**、*分别表示在1%、5%和10%的水平下显著，括号内为 t 统计量。

（四）内生性问题

本章在基准回归中控制了时间固定效应和个体固定效应，并且在上述稳健性检验中已经将测量误差纳入考量范围并进行了回归分析，可以在较大程度上解决内生性问题。但本章的核心解释变量是采用省级层面外商直接投资和对外直接投资流量数据测度的双向直接投资协调发展，被解释变量是企业层面的出口产品质量，二者之间可能存在反向因果关系从而引发内生性问题，不利于作出正确的结果推论，为了确保工具变量的外生性，此处借鉴苏丹妮等

（2018）的做法，将滞后一期的双向直接投资协调发展作为工具变量，并采用二阶段最小二乘法进行回归。

表 10-7 是工具变量法的回归结果。首先检验工具变量的选取是否有效，列（1）是双向直接投资协调发展的一阶段回归结果。回归结果表明，双向直接投资协调发展的估计系数在 1% 水平下显著为正，说明此处选取的工具变量有效。此外，F 统计量的结果为 109.43（远大于 10），根据经验准则可以认为不存在弱工具变量的问题。列（2）—列（4）展示了二阶段的回归结果，被解释变量分别为产品间替代弹性为 3 的出口产品质量（QEP）、产品间替代弹性为 5 的出口产品质量（QEP-e）和出口产品的单位价格（P）。虽然双向直接投资协调发展的估计系数略有波动，但都至少在 5% 的水平下显著，本章基准回归部分的结论并没有改变，再一次验证了本章的假说 1。

表 10-7　内生性讨论：工具变量法

变量	一阶段	工具变量法		
	（1）	（2）	（3）	（4）
	双向 FDI 互动	出口产品质量	出口产品质量（产品替代弹性为 5）	价格
iv-IDL	0.3747 ***			
	（10.46）			
IDL		0.0433 ***	0.0354 **	0.2356 **
		（2.59）	（2.04）	（2.16）
$OPEN$	2.4647 ***	0.1807 ***	0.1566 ***	0.2118 **
	（12.89）	（2.59）	（3.55）	（2.22）
UR	18.4883 ***	-0.6497 *	-0.5521 *	0.3522 ***
	（32.31）	（-1.94）	（-1.69）	（6.55）
$PGDP$	0.9638 ***	0.2054 ***	0.3357 ***	0.6320 ***
	（6.96）	（8.50）	（6.35）	（7.47）
PK	0.1127 ***	0.0013	0.0026 *	1.2541 **
	（16.66）	（0.56）	（1.88）	（2.44）

变量	一阶段	工具变量法		
	（1）	（2）	（3）	（4）
	双向 FDI 互动	出口产品质量	出口产品质量（产品替代弹性为 5）	价格
FD	0.3409***	0.0391***	0.0657***	0.3255***
	（11.86）	（3.07）	（9.40）	（3.45）
AGE	0.0346**	0.0107*	0.0257**	0.0221
	（2.40）	（1.77）	（2.53）	（1.55）
EMP	0.0183**	0.0140***	0.0354***	0.1025***
	（2.15）	（4.45）	（4.22）	（9.60）
PRO	0.0130	0.0111*	0.0247**	0.2388***
	（0.69）	（1.86）	（2.02）	（4.96）
LEV	0.0201	−0.0046	−0.0061*	−0.0016
	（1.06）	（−0.81）	（−1.70）	（−0.85）
KL	0.0034	0.0002	0.0017	1.0220***
	（0.56）	（0.12）	（0.69）	（6.25）
常数项	0.0034**	0.3514*	0.5562**	0.3215***
	（2.04）	（1.93）	（2.39）	（3.59）
观测值	9332	9332	9332	10552
R^2	0.6504	0.5798	0.5589	0.4014
时间固定效应	Yes	Yes	Yes	Yes
地区固定效应	Yes	Yes	Yes	Yes

注：***、**、*分别表示在1%、5%和10%的水平下显著，括号内为 t 统计量。

第五节　双向直接投资协调发展提升
出口产品质量的进一步分析

一、机制分析

通过上述理论梳理和实证分析，双向直接投资协调发展对中国出口产品质量具有显著的提升效应。为了进一步检验二者间的作用机制，此处引入产业结构高级化指数和出口技术复杂度作为中介变量构建中介效应模型。式（10-2）式（10-3）如表10-8列（1）和列（2）所示，核心解释变量双向直接投资协调发展（IDL）的估计系数分别在5%和1%的水平下显著为正。这表明，双向直接投资协调发展显著促进了产业结构升级，提高了产品出口技术复杂度。式（10-4）如表10-8列（3）所示，与基准回归相比，同时加入中介变量和核心解释变量后，产业结构高级化（IS）和出口技术复杂度（ETC）的估计系数在1%的水平下皆显著为正，双向直接投资协调发展（IDL）的系数仍显著为正且小于基准回归系数，符合多重中介效应模型的检验条件。也就是说，产业结构高级化和出口技术复杂度在双向直接投资协调发展的出口产品质量效应中发挥了部分中介传导效应，验证了假说2。

表 10-8　双向直接投资与中介变量的实证结果

变量	（1）	（2）	（3）
	产业结构高级化	出口技术复杂度	出口产品质量
IDL	0.0741**	0.0138***	0.0201***
	（2.05）	（43.65）	（3.72）
IS			0.0451***
			（3.05）
ETC			0.0041***
			（2.83）

续表

变量	（1）	（2）	（3）
	产业结构高级化	出口技术复杂度	出口产品质量
控制变量	Yes	Yes	Yes
常数项	8.1424*** （95.31）	7.4790*** （509.39）	2.9353*** （4.60）
观测值	617000	617000	25753
R^2	0.6120	0.9792	0.5595
时间固定效应	Yes	Yes	Yes
地区固定效应	Yes	Yes	Yes

注：***、**、*分别表示在1%、5%和10%的水平下显著,括号内为 t 统计量。

二、区域异质性分析

由于我国国土面积辽阔,区域间资源禀赋和经济环境具有较大差异,因而双向直接投资协调发展可能存在不同程度的区域异质性。测算 2003—2020 年我国东部地区、中部地区、西部地区双向直接投资协调发展度的均值,分别为 1339.44、645.01 和 426.06。从图 10-3 来看,东部地区双向直接投资协调发展程度明显高于中部地区和西部地区,中部地区和西部地区双向直接投资协调发展程度在 2014 年后差距逐渐扩大。总的来说,无论是从数值还是趋势图来看,双向直接投资协调发展程度在东部地区、中部地区、西部地区确实存在一定差异,具体表现为,东部地区双向直接投资协调发展程度最高,中部地区和西部地区双向直接投资协调发展程度较低。据此可以认为,双向直接投资协调发展对出口产品质量的影响可能存在地区异质性,此处通过分样本回归,依次对东部地区、中部地区、西部地区的样本数据进行分组检验。

表 10-9 展示了分地区回归结果,被解释变量是出口产品质量（QEP）,关键解释变量分别为双向直接投资协调发展（IDL）、外商直接投资与对外直接投资的交乘项（lnfdi×lnofdi）。实证结果表明,双向直接投资协调发展对东部

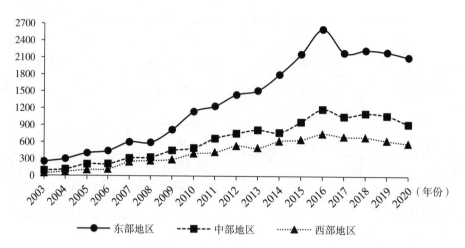

图 10-3　2003—2020 年中国东部地区、中部地区、西部地区双向直接投资协调发展水平

地区、中部地区、西部地区出口产品质量的边际效用皆为正,但是在数值和显著性上存在一定差异。即双向直接投资协调发展对出口产品质量的影响存在区域异质性,具体表现为东部地区双向直接投资协调发展对出口产品质量的提升效应最大,中部地区次之,西部地区最小。东部地区具有天然的地理优势和良好的经济基础,贸易开放水平较高,随着双向直接投资互动发展的不断深化,可以充分发挥其对出口产品质量的提升作用。中部地区和西部地区由于在区位交通、产业结构、营商环境等方面存在劣势,对外资的吸引力不强,对外直接投资难度较高,因此,该地区产品质量提升仍有较大困难。

表 10-9　区域异质性分析实证结果

变量	(1)	(2)	(3)	(4)	(5)	(6)
	东部	东部	中部	中部	西部	西部
	QEP	*QEP*	*QEP*	*QEP*	*QEP*	*QEP*
IDL	0. 1510**		0. 0287**		0. 0111	
	(2. 17)		(2. 39)		(1. 55)	
ln*fdi*×ln*ofdi*		0. 0304**		0. 0061*		0. 0015
		(2. 10)		(1. 92)		(1. 41)

续表

变量	（1）	（2）	（3）	（4）	（5）	（6）
	东部	东部	中部	中部	西部	西部
	QEP	*QEP*	*QEP*	*QEP*	*QEP*	*QEP*
控制变量	Yes	Yes	Yes	Yes	Yes	Yes
常数项	1.8506 **	1.7515 **	15.8699 ***	12.9680 ***	5.7849	4.4563
	（2.46）	（2.34）	（2.84）	（2.80）	（1.18）	（0.94）
观测值	23416	23416	1593	1593	744	744
R^2	0.5716	0.5716	0.4671	0.4666	0.3939	0.3950
时间固定效应	Yes	Yes	Yes	Yes	Yes	Yes
地区固定效应	Yes	Yes	Yes	Yes	Yes	Yes

注：*** 、** 、* 分别表示在1%、5%和10%的水平下显著，括号内为 *t* 统计量。

三、企业特征异质性分析

考虑到企业特征异质性可能会影响双向直接投资协调发展的出口产品质量效应，本章按照企业所有制类型、企业规模和要素密集度将样本划分为三类，实证结果如表10-10所示。关于企业所有制类型，根据国家统计局2011年印发的《关于划分企业登记注册类型的规定》，将样本划分为内资企业和外商投资企业，其中内资企业包括：国有企业、集体企业、股份合作企业、联营企业、有限责任公司、股份有限公司、私营企业、其他企业。外商投资企业包括：中外合资经营企业、中外合作经营企业、外资企业、外商投资股份有限公司、其他外商投资企业。结合样本期内出口导向型的经济模式，外资企业由于流动性较强，所受限制较少，能够独立自主地开展母公司的全球战略，拥有掌握母公司先进技术的直接渠道，学习能力较强，能够敏锐地捕捉到产品质量差距。因此，对于外资企业而言，双向直接投资协调发展能够显著提升出口产品质量，这一效应在内资企业样本中并不显著。

表 10-10　企业特征异质性分析实证结果

变量	（1）出口产品质量	（2）出口产品质量	（3）出口产品质量	（4）出口产品质量	（5）出口产品质量	（6）出口产品质量	（7）出口产品质量
	内资企业	外商投资企业	大型企业	中型企业	小型企业	资本密集型企业	劳动密集型企业
IDL	0.0169 (0.38)	0.1667 ** (2.28)	0.0024 (0.15)	0.0054 (0.18)	0.0632 ** (2.27)	0.1127 *** (3.00)	0.0133 (1.33)
控制变量	Yes	Yes	Yes	Yes	Yes	Yes	Yes
常数项	2.5013 ** (2.43)	0.2758 *** (4.15)	4.5741 (0.98)	0.4606 *** (5.34)	1.6032 ** (2.41)	0.8792 *** (6.65)	2.1586 (0.08)
观测值	9747	3449	385	5399	19969	5634	20119
R^2	0.4707	0.5547	0.5726	0.5845	0.5532	0.5607	0.5571
时间固定效应	Yes	Yes	Yes	Yes	Yes	Yes	Yes
地区固定效应	Yes	Yes	Yes	Yes	Yes	Yes	Yes

注：***、**、*分别表示在1%、5%和10%的水平下显著,括号内为t统计量。

　　关于企业规模,根据工业企业数据库中的划分。大、中型企业由于其资产规模和从业人数较大,监管措施严格,企业诚信度较高,因此双向直接投资协调发展对出口产品质量的影响较小。然而,双向直接投资协调发展对小型企业的出口产品质量效应在5%的水平下显著为正,这是由于小企业机制灵活,具有区域优势和较强的社会亲和力,在双向直接投资发挥技术溢出与资源配置效应时,显著提升出口产品质量。

　　关于企业要素密集度,借鉴黄先海等(2018)①的划分方法,首先测算出资本密集度的均值为 132.3101,将大于该数值的样本划分为资本密集型企业,

---

　　① 黄先海等：《出口、创新与企业加成率：基于要素密集度的考量》,《世界经济》2018 年第 5 期。

其余划分为劳动密集型企业。资本密集型企业具有市场优势、全产业链优势和地区产业集聚优势,企业有能力占据价值链高端环节,随着双向直接投资互动程度不断加深,更有利于企业提升生产技术和研发创新能力,从而促进出口产品质量的提升。综上所述,本章假说 3 得到验证。

第六节　在双向直接投资协调发展中推动出口产品质量提升

本章基于海关数据库和工业企业数据库,测度了中国 30 个省(自治区、直辖市)双向直接投资协调发展程度和企业层面出口产品质量,实证分析了我国双向直接投资协调发展与出口产品质量的影响关系与作用机制。研究发现:第一,在国际市场需求疲弱、外贸传统竞争优势弱化与贸易摩擦加剧的背景下,双向直接投资的协调发展显著促进了我国出口产品质量的提升。稳健性检验中,通过变换双向直接投资协调发展程度和出口产品质量的度量方式,排除 2008 年的样本,以及采用工具变量法弱化内生性问题,均验证了本章基本结论的可靠性。第二,机制分析发现,双向直接投资协调发展有助于推动产业结构高级化,提升产品出口技术复杂度,进而促进我国出口产品质量升级。第三,双向直接投资协调发展对出口产品质量的提升效应存在不同程度的区域异质性和企业特征异质性。东部地区双向直接投资协调发展对出口产品质量的提升效应最大,中部地区次之,西部地区最小。关于企业特征异质性分析,双向直接投资协调发展对外商投资企业、小企业和资本密集型企业的出口产品质量具有较大的提升作用。基于以上结论,本章提出以下政策建议。

第一,在以国内大循环为主体、国内国际双循环相互促进的新发展格局下,提高企业出口产品质量是我国实现质量强国的重要前提。"十四五"规划中对"进出口协同发展,提高国际双向投资水平"提出了明确要求。未来要进一步深化对外开放、推进贸易自由化改革,提升引进外资带来的技术溢出效应,逐步提高外商直接投资的质量门槛,鼓励优质外资流入高新技术企业,同时在该领域出台相应的财政配套措施,降低贸易型企业的进口成本与民营企业的融资约束、拓宽各类高质量中间品的来源渠道,扩大税收优惠、财政补贴的对象与范围,实现制度资本与物质资本的优良互动,这对于我国出口产品质量的提质增效具有重要的现实意义。

第二,建立健全涉外法治体系,营造一流的法治环境和营商环境。不断提高政府决策与财政收支的透明度,继续深入推进"放管服"改革和实施"大众创业、万众创新"的政策措施,简化行政审批流程,严厉打击腐败和寻租行为,塑造更加便捷、规范、公平和开放的企业营商环境,为有效利用外资和对外投资,促进出口产品质量升级提供内在动力。

第三,在持续推进供给侧结构性改革和市场化改革的进程中,充分了解各地区和各类型企业在对外开放领域的功能定位,以区域特色和企业特征提升出口产品质量。事实上,我国中西部地区的要素禀赋和区域特征差异较大,精准识别各地区的角色定位和区域优势将有助于加强各地区的贸易联动。因此,应更加注重中部地区、西部地区营商环境、市场体制的建设,加快提高外资企业、小微企业的占比。在提高企业自身竞争力的基础上,通过吸引外资带动企业发展,充分激发双向直接投资协调发展对提升出口产品质量的作用。

第十一章　所有制结构与企业创新效率

　　企业创新效率是企业创新能力的重要表征。企业创新效率提高,有利于企业在市场上获取竞争优势,占据更大的市场份额,进而提升企业的经营绩效。企业的所有制结构对资源配置效率和 CEO 激励产生一定影响,进而决定了企业创新效率。大量理论研究和实践经验表明,不同地区和不同行业的企业创新效率存在差异性。改革开放以来,中国所有制结构发生了很大变化。公有制经济的主体地位不断加强,非公有制经济从无到有、从小到大,在经济社会发展中发挥着越来越重要的作用,是坚持和发展中国社会主义市场经济的重要力量。党的二十大报告强调"坚持和完善社会主义基本经济制度,毫不动摇巩固和发展公有制经济,毫不动摇鼓励、支持、引导非公有制经济发展"。"全面构建亲清政商关系,促进非公有制经济健康发展和非公有制经济人士健康成长",科学阐明了公有制经济和非公有制经济的关系。在当前的学术文献研究中,企业所有制类型的分类按照不同所有制企业主要包括国有企业、集体企业、私营企业、港澳台企业、外商投资企业和混合所有制企业六类。本章重点研究所有制结构变革对企业创新效率的影响及对不同发展阶段企业创新效率影响的差异。

第一节　所有制结构变革过程中的企业创新动力

改革开放以来,中国的经济社会发展取得了举世瞩目的成就,所有制结构的变迁在其中发挥了重要作用。赵峰等(2022)①从社会主义基本经济制度方面有力地揭示了中国经济长期增长的奇迹,他们对所有制结构变革在中国经济发展过程中发挥的作用给予了充分肯定。图11-1呈现了改革开放以来不同所有制新建企业数量占比的演化过程,在此期间我国各类微观主体蓬勃发展,所有制结构不断优化。截至2018年,新建混合所有制企业数量占比约为

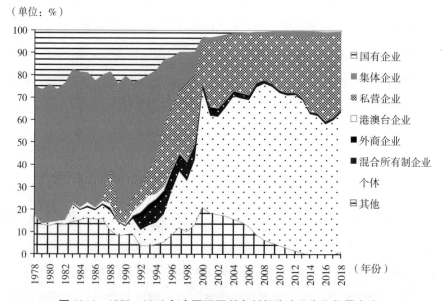

图 11-1　1978—2018 年中国不同所有制新建注册企业数量占比

注:笔者根据 RESSET 中国大企业数据平台的工商信息数据库中对企业的分类,将企业根据不同所有
　　制主要归为以下六类:国有企业、集体企业、私营企业、港澳台企业、外商企业和混合所有制企业,同
　　时还考虑了个体工商户。

---

①　赵峰等:《社会主义基本经济制度与中国经济的长期增长奇迹》,《学习与探索》2022 年第 2 期。

0.91%,超过了国有企业。所有制结构变革通过激发微观经济主体的发展活力(赵峰等,2022),增强了经济发展动力,推动了经济高质量发展。

随着全面深化改革的持续推进,学术界和实践部门普遍关注所有制结构变革对不同类型企业创新效率的影响。关于这类主题主要聚焦于以下两个方向:一是不同所有制企业的创新效率存在差异性。李政和陆寅宏(2014)考察了 2010 年我国制造业上市企业的企业所有权属性差异是否会引起创新绩效的变化。他们得出结论,国有控股企业通常具有较高的股权集中度,其创新绩效也明显高于民营企业。孙晓华和王昀(2013)[①]选取我国大中型工业企业作为研究对象,样本区间为 2004—2009 年,使用 CCR 模型基于 Malmquist 指数测算和比较不同所有制企业创新效率。他们发现,国有企业、国有联营企业和联营企业的技术创新效率变化指数分别位列前三,外商投资企业、港澳台商独资企业和港澳台商投资企业分别列为末三位。并且,他们将企业技术创新效率低下归因于研发资源浪费、科技人员冗余和基础设施利用率低等因素。达斯等(Dachs 等,2008)[②]发现,由于外商企业受益于母公司转移先进技术资源,协助子公司开展创新活动,以及鼓励国内合作伙伴利用其所有权股份作为杠杆,在研发方面进行更多投资,因而其创新产出水平与劳动生产率高于国有企业。二是企业的产权集中度与创新效率存在显著关系。一种观点认为,产权集中度越高,越有利于提高企业创新效率。冯根福等(2006)[③]将中国工业部门研发效率的提升归功于国有企业。任广乾等(2022)[④]发现,国有控股能够正向调节高管股权激励和企业创新效率的关系。杰菲逊等(Jefferson 等,

---

① 孙晓华、王昀:《企业所有制与技术创新效率》,《管理学报》2013 年第 7 期。
② Dachs, B., Ebersberger, B., Lööf, H., " The Innovative Performance of Foreign-Owned Enterprises in Small Open Economies",*The Journal of Technology Transfer*,Vol.33,No.4,2008.
③ 冯根福等:《中国工业部门研发效率及其影响因素实证分析》,《中国工业经济》2006 年第 11 期。
④ 任广乾等:《国有控股、高管激励与企业创新效率》,《经济体制改革》2022 年第 2 期。

2006)[1]基于中国大中型制造业企业的面板数据,研究了企业的研发绩效。他们在控制了行业、企业规模和资本密度之后得出,研发绩效更多地集中于国有企业和国有控股企业,很少集中于外商企业和外国企业中。他们通过构建知识生产函数,发现国有企业在知识生产中的效率最低,但一旦获得新知识,似乎比其他所有制企业能够更有效地利用创新。另一种观点认为,产权集中度越高,越不利于提升企业创新效率。黄和徐(Huang 和 Xu,1998)[2]将国有企业创新效率损失归因于在研发投入中缺乏资金约束,以及 CEO 或经理人在财务决策中没有严重的利益冲突。欧嘉·阿特高尔茨等(Ortega-Argilés 等,2005)[3]研究了 2001 年西班牙的企业所有权结构、控制权和企业创新活动之间的联系,由于企业决策岗位的所有权与控制权之间缺乏认同而产生的代理问题会影响企业创新活动。他们认为,所有权的高度集中不利于研发支出和产出,而因为分散的所有权有利于管理者的灵活性和专业化,对创新产生积极的影响。

通过对已有文献的梳理和归纳发现,关于所有制结构对企业创新效率影响的研究主要侧重将国有企业和非国有企业作为比较对象,考察二者之间的异质性。本章在检验所有制结构对企业创新效率影响关系时,拓展了考察企业的类型,其中包括国有企业、集体企业、私营企业、港澳台企业、外商企业和混合所有制企业,同时将个体工商户也纳入考核范围。

第二节 所有制结构对企业创新效率的理论阐述

基于社会制度的视角,所有制制度是经济体制改革的重要组成部分;基于

---

① Jefferson,G. H.,Bai,H. M.,Guan,X. J.,et al.,"R&D Performance in Chinese Industry", *Economics of Innovation and New Technology*,Vol.15,No.4-5,2006.

② Huang,H.,Xu,C.,"Soft Budget Constraint and the Optimal Choices of Research and Development Projects Financing",*Journal of Comparative Economics*,Vol.26,No.1,1998.

③ Ortega-Argilés,R.,Moreno,R.,Caralt,J.S.,"Ownership Structure and Innovation:Is there a Real Link?",*The Annals of Regional Science*,Vol.39,No.4,2005.

企业制度的视角,产权制度影响企业创新效率。从马克思对所有制与产权关系的理论分析可知,产权关系是所有制关系(生产关系)的法律形式。以科斯等为典型代表的经济学家从企业绩效的角度探讨了所有制与企业绩效之间的关系,他们认为,产权的明晰程度显著影响企业绩效。众所周知,企业的盈利能力在很大程度上取决于其创新效率。企业创新效率是提高企业竞争力和获取更大市场份额的关键性因素,已有研究结果表明,不同所有制企业能够通过资源配置效应和CEO激励机制等方面作用于企业创新效率。

所谓资源配置效应是指,当固定投入量时,若采取方式一配置资源时,获取产出 N;若换取方式二配置资源时,获取产出 N+1,则表明资源配置效应得到了有效提升。新中国成立以来,中国经济的运行机制发生的阶段性变化能够充分体现在所有制结构的变迁中。以国有企业混合所有制改革为例,实质是以国有资本为主进行资源配置。国有企业逐步引入私营、外商等非公有资本,使企业的产权实现了多元化的发展。非国有资本的进入通过缓解国有企业面临的预算软约束问题和政策性负担来降低国有企业创新效率损失问题。此外,还能扩大混改后企业获取外部资源的社交网络,以及提升企业内部资源的整合能力。混合所有制企业通过多元产权资本优势互补,提升了其创新效率(何瑛和杨琳,2021)[①],有利于发挥规模经济效应。随着市场化程度的提高,尤其是非国有经济的发展,为市场上各类经济主体提供了进行公平竞争的营商环境,企业所有制结构日趋完善,进而实现包括资本、劳动、土地和数据等重要资源的合理流动和有效配置,促进了企业创新效率。

经济学中的基本假设是理性人假设,即经济决策的主体在从事某一经济活动时,其行为准则是追求自身利益最大化,不同所有制企业所具有的激励功能存在差异。代理理论认为,在企业内部,经理人与不同所有者(如股东和债权人)存在利益冲突,是因为双方利益最大化存在差异。究其原因,企业从事

---

① 何瑛、杨琳:《改革开放以来国有企业混合所有制改革:历程、成效与展望》,《管理世界》2021 年第 7 期。

创新活动具有风险性高、投资周期长、投入资金额大等特点。根据公司治理理论，股东们可以通过持有一揽子股票以分散风险，但是经理人与企业的短期利益保持一致，其获取的个人财富和短期内企业绩效密不可分。因此，他们与企业所有者更加厌恶风险，尽可能地规避因创新失败导致的经济损失及其职业前途。然而，这种冲突可以通过适当的 CEO 薪酬激励予以缓解，以此来抑制企业的委托—代理矛盾和规避创新活动所带来的风险。从长期利益来看，企业经理人和所有者的利益趋于一致。在同等激励条件下，国有企业的 CEO 对创新的促进作用没有其他所有制企业的效用明显。

第三节　所有制结构影响企业创新效率的实证分析

一、模型构建

首先，在研发阶段，考察包含所有制结构因素对企业创新效率的影响效应，计量模型如下：

$$TFP1_{it} = \alpha_0 + \alpha_1 RE_{it} + \alpha_2 RP_{it} + \alpha_3 ES_{it} + \alpha_4 EC_{it} + \alpha_5 FIN_{it} +$$

$$\beta_j D_{jt} + \varepsilon_{it} \qquad (j = 1, 2, \cdots, 5) \tag{11-1}$$

其中，$TFP1$ 表示企业研发阶段创新效率，RE 表示研发经费投入强度，RP 是研发人员投入强度，ES 是企业规模，EC 为企业资金投入，FIN 表示金融发展水平，D 是所有制结构，以国有企业为基准组，j 取值为 1、2、3、4 和 5，当 $D_{jt} = 1$ 时，分别表示私营企业、港澳台企业、外商企业、集体企业、混合所有制企业，否则就为其他企业，ε 为随机扰动项。

其次，在成果转化阶段，考察包含所有制结构因素对企业创新效率的影响效应，计量模型是：

$$TFP2_{it} = \gamma_0 + \gamma_1 PT_{it} + \gamma_2 ES_{it} + \gamma_3 FIN_{it} + \theta_j D_{jt} + \varepsilon_{it} \qquad (j = 1, 2, \cdots, 5)$$

$$\tag{11-2}$$

其中,*TFP*2 表示企业成果转化阶段创新效率,*PT* 是专利申请数,其他变量的经济含义同上。

二、变量选取

(一) 研发阶段

被解释变量:企业创新效率(*TFP*1)。由于 DEA 方法能实现多产出的设定,故选取基于投入产出法运用 DEAP2.1 软件使用 Malmquist 生产率指数来测算 2009—2019 年分阶段的中国规模以上工业企业创新效率。在指标选取上,借鉴朱有为和徐康宁(2006)①关于投入和产出变量的选择以及相关数据的处理过程。投入变量包含人力资本和物质资本投入,分别使用研发人员全时当量和研发经费内部支出衡量;产出变量为专利申请数。由于研发的投入与产出之间通常存在滞后效应,因此,在数据处理上,采取产出滞后一年,即初始投入为 t 年,最终产出为 $t+1$ 年。具体而言,投入指标的年份是 2009—2018 年,对应的产出指标为 2010—2019 年,并且以 2009 年为基期,通过 CPI 指数剔除通货膨胀因素。

核心解释变量:企业所有制结构用虚拟变量(*D*)表示,选取国有企业为基准组,$D_1=1$ 表示是私营企业,若为 0,则表示是其他企业;$D_2=1$ 表示是港澳台企业,若为 0,则表示是其他企业;$D_3=1$ 表示是外商企业,若为 0,则表示是其他企业;$D_4=1$ 表示是集体企业,若为 0,则表示是其他企业;$D_5=1$ 表示是混合所有制企业,若为 0,则表示是其他企业(相关的指标衡量,下同,不再赘述)。

控制变量:研发经费投入强度(*RE*),采用研发经费内部支出与新产品销售收入的比值衡量;研发人员投入强度(*RP*),选用研发人员数量与年末就业总人数的比值表示;企业规模(*ES*),利用企业总资产与企业数量的比值表示

---

① 朱有为、徐康宁:《中国高技术产业研发效率的实证研究》,《中国工业经济》2006 年第 11 期。

企业平均资产。企业资金投入(EC),选取企业资金在研发经费内部支出中所占的比重表示;由于缺乏详细的流向规模以上工业企业的金融机构本外币贷款余额,故市场环境中的金融发展水平(FIN),选取企(事)业单位贷款余额在金融机构贷款中的比重表示。

(二)成果转化阶段

被解释变量:企业创新效率($TFP2$)。投入变量包括专利申请数、新产品开发经费支出、引进国外技术经费支出、引进技术消化吸收经费支出、购买国内技术经费支出和技术改造经费支出;产出变量是新产品销售收入,因2010年的数值缺失,运用线性插值法补齐。数据处理方式同上。

核心解释变量:所有制结构(D),具体衡量方法同上。

控制变量:专利申请数(PT),用国内发明、实用新型和外观设计三种类型专利申请数来表征。企业规模(ES)和金融发展水平(FIN)的度量方法同上。

数据主要来源于国家统计局、EPS数据库、历年《中国工业经济统计年鉴》《中国科技统计年鉴》《中国统计年鉴》等。

三、企业创新效率的典型事实分析

(一)研发阶段企业创新效率

表11-1是研发阶段2011—2019年全要素生产率指数,即DEA方法中测算出的Malmquist生产率指数(下同)。其中,我们可以直观地看出,国有企业除了在2013年全要素生产率有稍微下降之外,其余年份均有所提高;外商企业、集体企业和混合所有制企业在考察期内全要素生产率均表现为6年上升、3年下降的态势;港澳台企业呈现为4年上升、5年下降的趋势;私营企业则仅表现在2012年、2017年和2018年呈正的增加态势,且2018年是所有不同所有制企业中最大值。在考察期中,有5年的最大值出现在集体企业,但是其波

动性也较大。横向来看,2012 年所有不同所有制企业的全要素生产率均得到提升。

表 11-1　2011—2019 年不同所有制企业研发阶段全要素生产率指数

年份	国有企业	集体企业	私营企业	港澳台企业	外商企业	混合所有制企业
2011	1. 0990	1. 1430	0. 9410	0. 9480	1. 0040	0. 9640
2012	1. 2900	1. 0300	1. 1130	1. 0580	1. 0080	1. 0870
2013	0. 9820	0. 7780	0. 9690	0. 9430	0. 9560	1. 0010
2014	1. 2450	1. 7650	0. 9040	0. 9090	1. 0010	0. 9840
2015	1. 0240	1. 2400	0. 9100	0. 9600	0. 8650	0. 9370
2016	1. 0600	0. 7370	0. 9850	1. 0070	1. 0690	1. 1800
2017	1. 1240	3. 4570	1. 0020	1. 0850	0. 9170	1. 1520
2018	1. 2150	0. 0510	1. 2800	0. 9500	1. 1430	1. 0160
2019	1. 1800	3. 8390	0. 9640	1. 0060	1. 0530	1. 0330

资料来源:笔者根据整理数据使用 DEAP 2.1 软件进行测算。

（二）成果转化阶段企业创新效率

根据表 11-2 所示,我们可以直观地看出,港澳台企业除了在 2018 年全要素生产率有一定幅度的下降之外,其余年份均有所提高,且在 2011 年、2019 年的值是所有不同所有制企业中最大的;混合所有制企业表现为除 2018—2019 年之外,其他年份也均有所提高;私营企业在 2013 年、2015 年和 2018 年达到所有不同所有制企业中最大值,且在考察期内全要素生产率有 6 年处于正的增长态势、3 年呈现负的下降趋势,其中仅 2019 年下降幅度较大。国有企业和集体企业在考察期内全要素生产率均表现为 5 年上升、4 年下降的态势;值得注意的是,集体企业在 2018—2019 年一再跌破历史最低值。外商企业则大体上表现为前 3 年增加后,逐渐走向下降趋势。并且,我们发现,2011—2012 年所有不同所有制企业的全要素生产率均得到有效提升。

表 11-2 2011—2019 年不同所有制企业成果转化阶段全要素生产率指数

年份	国有企业	集体企业	私营企业	港澳台企业	外商企业	集体企业	混合所有制企业
2011	1.0580	1.1000	1.0870	1.1650	1.1310	1.1000	1.0710
2012	1.1520	2.7060	1.1860	1.1910	1.0210	2.7060	1.0040
2013	0.8230	0.4030	1.3860	1.1910	1.0840	0.4030	1.2750
2014	1.3910	1.9500	1.1080	1.0110	0.9910	1.9500	1.0740
2015	0.6870	0.6560	1.2060	1.0960	0.9080	0.6560	1.1250
2016	0.9550	1.8840	0.9380	1.2000	1.4770	1.8840	1.3440
2017	1.6170	1.3030	0.9930	1.2840	0.7830	1.3030	1.2270
2018	0.7870	0.0360	1.6690	0.9410	0.9930	0.0360	0.9210
2019	2.1450	0.0235	0.7910	3.5670	0.6940	0.0235	0.9880

资料来源:笔者根据整理数据使用 DEAP 2.1 软件进行测算。

为了比较分阶段不同所有制企业创新效率,表 11-3 汇报了 2011—2019 年不同所有制企业全要素生产率指数在研发阶段和成果转化阶段的效率值。首先,从效率均值来看,成果转化阶段的效率更大,说明整体而言,各类所有制企业的创新效率在该阶段更为高效。其次,分阶段来考察,在整个阶段,全要素生产率指数除了港澳台企业有些许下降之外,在其他类型所有制企业中均表现为上升。在研发阶段,尽管集体企业的效率值最高,但是在 2018 年和 2019 年持续两年出现异常值,方差较大,效率值的波动幅度最大,为了结论的稳健性,集体企业在此处不予以考虑。在剩余不同所有制企业中,国有企业、混合所有制企业和私营企业分别依次位列前三;在成果转化阶段,港澳台企业、国有企业和私营企业分别依次位列前三。这说明不同所有制企业在研发阶段和成果转化阶段的创新效率存在差异。

表 11-3 2011—2019 年不同所有制企业创新效率

企业类型	研发阶段	成果转化阶段
国有企业	1.1354	1.1794
集体企业	1.5600	1.1179

企业类型	研发阶段	成果转化阶段
私营企业	1.0076	1.1516
港澳台企业	0.9851	1.4051
外商企业	1.0018	1.0091
混合所有制企业	1.0393	1.1143
均值	1.1215	1.1629

资料来源:笔者根据整理数据使用 DEAP 2.1 软件进行测算。

四、实证结果分析

根据对不同所有制企业的创新效率测算结果,初步可推断出,企业创新效率因所有制结构而异,且存在阶段差异性,本小节的实证分析将分成以下两个部分。

(一)所有制结构影响企业研发阶段创新效率的实证分析

根据表 11-4 的回归结果可知,在研发阶段,与国有企业相比,私营企业、港澳台企业、外商企业、集体企业、混合所有制企业对研发效率的影响存在明显差异。从统计学上看,与国有企业相比,港澳台企业和外商企业在95%的置信水平下显著为负,而私营企业、集体企业和混合所有制企业不存在显著性关系。从经济意义上看,与国有企业相比,港澳台企业和外商企业的研发效率更低。同时,还表明至少没有比国有企业对研发阶段的创新效率影响更大,这与前文中,在研发阶段,国有企业效率排位较高的结论在一定程度上保持一致。

从其他非所有制的影响因素来看,企业内部的研发经费投入强度、企业规模和市场环境中的金融发展水平对企业创新效率呈现显著负相关性,这说明在研发过程中,企业规模越大,越不利于研发效率的提升,小企业更具有创新优势。由于小企业在研发过程中,能够摆脱传统思想的束缚,创造出具有新颖性和多样性的新产品、新服务、新营销模式等;小企业的灵活性有利于随时应对市场上不断变化的消费者需求。此外,小企业内部的沟通渠道更短,有利于更轻松地共享研发信息,因而更能提升企业的创新效率。企业资金投入(正向)却不显著,表明在规模以上工业企业中企业资金的投入金额仍然缺乏,还有提升空间。尽管在这些企业中研发经费内部支出约有90%来源于企业资金,仍有约10%的资金来源于融资机构和政府支持等渠道,金融发展水平符号为负,说明市场环境中的金融发展水平越高,越不利于提高企业研发阶段的创新效率。因为企业在一定程度上倾向于寻找金融机构进行融资,从而降低了企业内部资金的份额。研发人员投入强度表现为不显著负相关,因为科技人员冗余是造成创新效率损失的重要因素,以及研发经费投入强度的负相关性可归结为研发资源浪费(孙晓华和王昀,2013)。

表 11-4 2009—2019 年所有制结构对研发阶段的
规模以上工业企业创新效率的估计结果

变量	系数	z	P>|z|	95%置信区间	
RE	-0.099** (0.046)	-2.18	0.029	-1.189	-0.010
RP	-6.516 (4.072)	-1.60	0.109	-14.497	1.464
ES	-0.090* (0.054)	-1.67	0.095	-0.196	0.016
EC	0.013 (0.035)	0.38	0.705	-0.056	0.083
FIN	-0.070** (0.030)	-2.34	0.019	-0.128	-0.011
D_1	-1.779 (1.089)	-1.63	0.102	-3.913	0.355
D_2	-2.341** (1.140)	-2.05	0.040	-4.575	-0.107

续表

变量	系数	z	P>|z|	95%置信区间	
D_3	-2.247^{**} (1.098)	-2.05	0.041	-4.399	-0.094
D_4	-1.819 (1.251)	-1.45	0.146	-4.271	0.633
D_5	-0.984 (0.920)	-1.07	0.285	-2.786	0.819
常数项	7.959 (5.508)	1.44	0.148	-2.837	18.755

注:使用STATA 14软件进行回归估计,其中,*** 、** 、* 分别表示在1%、5%和10%的水平下显著,括号内为标准误。

(二)所有制结构影响企业成果转化阶段创新效率的实证分析

根据表11-5的回归结果可知,在成果转化阶段,与国有企业相比,私营企业、港澳台企业、外商企业、集体企业、混合所有制企业对成果转化效率存在明显差异。从统计学上看,与国有企业相比,港澳台企业在90%的置信水平下显著为正,且回归系数最大,为1.652,而私营企业、外商企业、集体企业和混合所有制企业不存在显著性关系。从经济意义上来看,说明与国有企业相比,港澳台企业对成果转化阶段的创新效率影响最大,这正好证明了前文对成果转化阶段不同所有制企业的创新效率值,港澳台企业要高于其他所有制企业,也表明港澳台企业更善于利用研发成果进行新产品的生产。

从其他非所有制的影响因素来看,在成果转化阶段,专利申请量、企业规模和金融发展水平的回归系数符号均为正,但不具备统计意义上的显著性。专利申请量不显著的主要原因是大部分企业为获取垄断利润,将专利作为商业机密而未公开所导致。企业规模越大,越有利于成果转化效率的提升,大企业更能利用规模经济将研发成果转化为创新效益,大规模地降低分摊成本,进而产生更多的绝对利润率。较大的企业更容易获得市场上的融资机会,通过再投资利润和金融机构融资，也有利于成果转化效率的提升，不显著的原因可理解为当前的金融发展水平还不够完善，仍需进一步放宽对从事科技成果转化企业获取融资的权限。

表 11-5　2009—2019 年所有制结构对成果转化阶段的
规模以上工业企业创新效率的估计结果

变量	系数	z	P>|z|	95%置信区间	
PT	9.38e-07 (0.1.84e-06)	0.51	0.610	-2.67e-06	4.55e-06
ES	0.069 (0.046)	1.48	0.139	-0.022	0.160
FIN	0.027 (0.027)	0.99	0.321	-0.026	0.080
D_1	1.394 (1.075)	1.30	0.195	-0.712	3.501
D_2	1.652* (1.001)	1.65	0.099	-0.310	3.614
D_3	1.190 (0.959)	1.24	0.215	-0.690	3.069
D_4	1.544 (1.115)	1.38	0.166	-0.641	3.730
D_5	1.095 (0.940)	1.16	0.244	-0.690	3.069
常数项	-2.387 (2.764)	-0.86	0.388	-7.805	3.032

注：使用 STATA 14 软件进行回归估计，其中，*** 、** 、* 分别表示在 1%、5%和 10%的水平下显著，括号内为标准误。

第四节　提高企业创新效率的实现路径

本章以我国不同所有制规模以上工业企业 2009—2019 年面板数据为样本，基于 DEA 方法的 Malmquist 指数，对不同所有制企业创新效率进行测算、比较以及探讨了所有制结构对企业创新效率的影响效应。

第一，从企业创新的效率值来看，不同所有制企业的创新效率存在差异性，这种差异性体现在不同阶段。在研发阶段，国有企业由于充裕的资金、雄厚的资本以及政府集中资源引导大量的研发投入，使其表现最优。在成果转化阶段，港澳台企业由于明晰的产权、企业文化和组织管理结构优于其他企业，吸引了更多高技能人才的流入，使其成果转化效率表现最优。值得注意的是，集体企业在两阶段中的效率值方差较大，波动性也很大。

第二，无论是研发阶段，还是成果转化阶段，均表示所有制因素对企业创新效率存在显著性关系。具体而言，与国有企业相比，私营企业、港澳台企业、外商企业、集体企业、混合所有制企业的研发效率之间存在明显差异。首先，在研发阶段，国有企业的所有制形式对研发效率的影响要高于港澳台企业和外商企业，回归结果表明，至少没有比国有企业对研发阶段的创新效率影响更大的其他所有制企业。其次，在成果转化阶段，与国有企业相比，港澳台企业对成果转化效率更高，其他所有制企业不显著为正。因此，国有企业在考虑承担社会责任的基础上，可以学习和借鉴港澳台企业、私营企业和混合所有制企业等的内部激励、管理经验和资源配置方式。诸如，效仿私营企业的 CEO 薪酬激励机制、加快推进国有企业混合所有制改革。

第三，企业规模和金融发展水平在不同阶段呈现差异化结果，小企业有利于研发效率的提升，大企业有利于科技成果的转化。金融发展水平有待提升，且它更能促进成果转化过程中的效率改进。企业融资渠道也存在阶段性区别，在研发阶段需要增加内部融资，在成果转化阶段仍需增加外部融资。因此，政府有必要合理引导小企业开展创新研发项目和大中型企业从事创新成果转化项目，对二者予以政策和资金上的倾斜，鼓励和引导更多的金融资本流入从事成果转化的企业中，促进成果转化效率的提升。

第十二章　数字经济生态与高技术
产业创新效率[①]

　　改革开放以来,中国高技术产业迅猛发展,产业规模位居世界前列,但创新效率与发达国家相比仍存在不小差距。近年来,中美贸易摩擦不断升级,中国高技术产业多个领域均受到不同程度的影响与遏制,为中国产业安全与发展敲响警钟。随着中国经济由高速增长阶段转向高质量发展阶段,传统国家盈利模式面临新的拐点,经济增长必须超越低成本优势,并实施创新驱动发展战略,不断提升高技术产业创新效率,进而培育和释放经济增长新动能。在创新驱动发展战略引导下,数字经济作为实现高质量发展的新动能,可以充分发挥自身优势,强化高技术企业间的共享合作关系,重塑企业传统生产组织形式,利用数字技术改善资源配置、降低生产成本,大幅提升高技术产业自动化和智能化水平,推动数字产业化与产业数字化快速发展。这不仅有利于产业结构升级,更能为中国高质量发展带来新的契机。面对新一轮科技革命和产业变革大趋势,中国经济正由数量追赶转向质量赶超。在此背景下,数字经济快速发展,将推动高技术产业创新效率的提升,进而实现创新驱动高质量发展。

---

　　①　袁徽文、高波:《数字经济发展与高技术产业创新效率提升——基于中国省级面板数据的实证检验》,《科技进步与对策》2022 年第 10 期,编入本书时做了适当修改。

第一节　数字经济与高技术产业
创新效率的文献述评

数据作为一种重要的生产要素,对经济发展发挥着越来越重要的功能。以数据资源为核心要素的数字经济,在远程办公、网络授课、线上问诊、娱乐消费等方面形成了不可替代的优势。数字经济的快速发展为提升高技术产业创新效率带来了新的契机。洛拉和巴克(Lola 和 Bakeev,2019)①认为,数字技术能够推动生产经营模式的转变,尤其是在制造业与数字经济相互融合的过程中,为经济发展提供了更多的契机。从微观的角度来看,荆文君和孙宝文(2019)②提出,数字经济能够更好地发挥价格机制的作用,实现需求与供给的高效匹配,从而促进经济效率的提升。从宏观的角度来看,数字经济可以通过要素投入、资源配置效率和全要素生产率这三条路径推动经济长期稳定增长。张勋等(2019)研究发现,发展数字金融能够提供更为高效便捷的金融服务,尤其是对农村低收入群体而言,数字金融在增加居民收入、鼓励创业、增加就业岗位、改善收入分配状况等方面发挥着重要的作用,有利于中国经济的包容性增长。王文(2020)③认为,人工智能已成为当前数字经济发展的主要标志,中国工业智能化的发展有效推动就业结构向高级化转变,并对就业人员的综合水平提出更高的要求,从而会对就业结构产生一定程度的冲击。李等(Li等,2021)④认为,数字技术能够通过提高信息处理能力、降低信息使用成本、

①　Lola,I.S.,Bakeev,M.,"Measurement of Digital Activity in Medium,High-Tech and Low-Tech Manufacturing Industries",*HSE Working Papers*,2019.
②　荆文君、孙宝文:《数字经济促进经济高质量发展:一个理论分析框架》,《经济学家》2019 年第 4 期。
③　王文:《数字经济时代下工业智能化促进了高质量就业吗》,《经济学家》2020 年第 4 期。
④　Li,D.,Chen,Y.,Miao,J.,"Does ICT Create a New Driving Force for Manufacturing?——Evidence from Chinese Manufacturing Firms",*Telecommunications Policy*,No.102229,2021.

优化资源配置等方式推动企业创新，同时，完善的数字基础设施建设还能够扩大知识的溢出效应，进而促进企业全要素生产率的提升，实现产业间的协调高效运转。

迄今为止，直接研究数字经济与高技术产业创新效率的文献较少，只有少数学者研究了数字经济与创新发展之间的关系。李等（Li 等，2021）认为，亚洲国家通过实施相应的鼓励政策促进数字经济的发展，加强传统制造业与数字经济的相互融合，通过数字化生产模式提升整体产业的创新能力，为融入全球价值链打下坚实的基础。谢雪燕和朱晓阳（2021）[1]提出数字金融能够通过缓解企业融资约束、技术溢出、拉动市场消费需求、推动电子商务发展等途径推动中小企业进行技术创新。尤尼斯等（Yunis 等，2018）[2]提出企业家精神能够将数字技术深度融入研发生产的战略布局中，优化生产要素的配置效率，营造出企业发展所需要的氛围环境，充分发挥数字技术对企业创新的驱动作用。宋等（Song 等，2021）[3]提出，高技术领域中的各细分行业会依据其发展水平选择不同的模式参与到全球价值链中。吴等（Wu 等，2016）[4]提出，数字网络能够将原有的单向知识传输模式升级为双向知识交流模式，借助数字渠道深入挖掘外部信息，简化产品设计流程，降低研发成本，从而提升企业创新效率。迪亚兹等（Díaz-Chao 等，2015）[5]认为，通过公共政策的实施，推动数字技术的

---

① 谢雪燕、朱晓阳：《数字金融与中小企业技术创新——来自新三板企业的证据》，《国际金融研究》2021 年第 4 期。

② Yunis, M., Tarhini, A., Kassar, A., "The Role of ICT and Innovation in Enhancing Organizational Performance: The Catalysing Effect of Corporate Entrepreneurship", *Journal of Business Research*, Vol.88, 2018.

③ Song, Y., Yu, C., Hao, L., et al., "Path for China's High-Tech Industry to Participate in the Reconstruction of Global Value Chains", *Technology in Society*, Vol.65, No.5, 2021.

④ Wu, J., Wu, Z., Si, S., "The Influences of Internet-Based Collaboration and Intimate Interactions in Buyer-Supplier Relationship on Product Innovation", *Journal of Business Research*, Vol.69, No.9, 2016.

⑤ Díaz-Chao, Á., Sainz-Gonzalez, J., Torrent-Sellens, J., "ICT, Innovation, and Firm Productivity: New Evidence From Small Local Firms", *Journal of Business Research*, Vol.68, No.7, 2015.

发展,能够有效带动企业效率的提升。尹和苏(Yin 和 Su,2021)[1]认为,我国所实施的创新驱动发展战略使高技术产业创新水平一直处于上升趋势,但各地区的发展状态仍存在显著的差异。林等(Lin 等,2021)[2]认为,中国高技术产业创新效率较低,位于创新前沿的省份并不固定,总体表现出波浪状的发展趋势,且创新效率在不同的省份、区域、行业间存在较大的发展差异。贾俊生和刘玉婷(2021)[3]研究发现,数字金融的优势在于能够以低成本、低门槛、多渠道的方式为企业融资提供更多的机会,能够利用先进的算法技术提高审核的效率和缩短业务办理的时间,更能够有效应对信息不对称的情形,提升风险防范水平。这些优势能够有效解决企业在创新过程中所遇到的资金问题,因而数字金融能够对提升企业创新水平产生正向作用。综合来看,数字经济具有可持续性、高渗透性、边际收益递增性等特点,能够带动产业集聚、促进区域内要素的充分流动、推动产业结构升级,提升高技术产业的创新效率。鉴于此,研究数字经济与高技术产业创新效率之间的关系,实施创新驱动发展战略,推动中国经济高质量发展具有重要意义。

纵观现有文献,本章的边际贡献主要体现为:第一,尝试从新的维度来衡量数字经济发展水平,使研究结论更加客观准确。第二,从静态和动态两个角度对数字经济与高技术产业创新效率二者之间的关系进行研究分析。第三,系统论证数字经济驱动高技术产业创新效率发展的影响机制,弥补研究数字经济对高技术产业创新效率影响机制的不足。第四,将企业家精神纳入数字经济与高技术产业创新效率的研究框架中,揭示了企业家精神在数字经济驱

---

① Yin,J.,Su,Y.,"Study on Evaluating Innovation Ability of High-Tech Industry Based on Particle Swarm Synthesis Optimization", *Tehnički Vjesnik*, Vol.28, No.2,2021.

② Lin,S.,Lin,R.,Sun,J.,et al.,"Dynamically Evaluating Technological Innovation Efficiency of High-Tech Industry in China: Provincial, Regional and Industrial Perspective", *Socio-Economic Planning Sciences*, Vol.74, No.100939,2021.

③ 贾俊生、刘玉婷:《数字金融、高管背景与企业创新——来自中小板和创业板上市公司的经验证据》,《财贸研究》2021 年第 2 期。

动高技术产业创新效率发展过程中所发挥的中介效应，丰富了现有研究成果。

第二节　数字经济提升高技术产业 创新效率的理论机制

一、数字经济提升高技术产业创新效率的直接影响机制

参照菲德(Feder,1983)[①]三部门经济模型，假定整个经济体的创新产出由三个部门所构成，即传统经济部门的创新产出、高技术产业部门的创新产出和数字经济部门的创新产出。具体生产函数，如下所示：

$$C = C(K_C, L_C, E) \tag{12-1}$$

$$G = G(K_G, L_G, E) \tag{12-2}$$

$$E = E(K_E, L_E) \tag{12-3}$$

$$Y = C + G + E \tag{12-4}$$

其中，K_C 和 L_C 分别代表传统经济部门的资本和劳动投入，K_G 和 L_G 分别代表高技术产业部门的资本和劳动投入，K_E 和 L_E 分别代表数字经济部门的资本和劳动投入，总创新产出记为 Y。首先，对式(12-2)进行全微分，即：

$$\frac{\mathrm{d}G}{\mathrm{d}t} = \frac{\partial G}{\partial K_G} \cdot \frac{\mathrm{d}K_G}{\mathrm{d}t} + \frac{\partial G}{\partial L_G} \cdot \frac{\mathrm{d}L_G}{\mathrm{d}t} + \frac{\partial G}{\partial E} \cdot \frac{\mathrm{d}E}{\mathrm{d}t} \tag{12-5}$$

同时，假定数字经济的创新产出能够以弹性 θ^2 对传统经济部门和高技术产业部门产生影响，因此，式(12-2)可以化简为：

$$G = E^{\theta^2} S'(\cdot) \tag{12-6}$$

对式(12-6)两边同时取对数可得：

$$\ln G = \theta^2 \ln E + \ln S(\cdot) \tag{12-7}$$

---

① Feder, G., "On Exports and Economic Growth", *Journal of Development Economics*, Vol.12, No.1-2, 1983.

对式(12-7)取 E 的偏导数可得：

$$\frac{\partial G}{\partial E} = \frac{\theta^2}{E} \cdot G \tag{12-8}$$

通过式(12-2)可知，$\frac{\partial G}{\partial K_C}$ 和 $\frac{\partial G}{\partial L_C}$ 分别代表高技术产业部门的创新产出对资本与劳动投入的边际产量。由此，通过式(12-8)可知，$\frac{\partial G}{\partial E}$ 大于 0，这表明数字经济能够促进高技术产业部门创新效率的提升。

数字经济发展能够推动高技术产业创新效率提升，主要体现在以下几个方面：第一，数字经济能够充分发挥市场的调节作用，提升高技术产业信息透明度，改善信息不对称，激发企业间的良性竞争，促使高技术企业不断完善自身经营模式、组织架构、研发生产等环节，并对产品升级、外观设计、功能用途等方面进行持续创新，确保企业在激烈的市场竞争中保持核心竞争力。同时，数字技术还可以对各生产环节进行智能监测，提升企业产品合格率，有助于实现高技术产业创新效率提升。第二，数字经济能够将生产端与消费端有机结合，使企业可以及时获取市场动态信息，并通过数字技术对市场需求进行全方位推演分析，更高效地开展产品研发设计，提升高技术企业研发成果的市场转化率，加快核心领域核心技术攻关突破，进而实现高技术产业创新效率的有效提升。第三，数字经济能够突破时间与空间限制，将各行业创新主体紧密联系起来，协同合作探索新领域，使高技术产业创新边界得到极大拓展。同时，数字经济带来的智能化生产工艺，能够对简单重复的工作环节进行替代，促使高技术企业加快建设尖端人才队伍，有利于实现高技术产业创新效率提升。第四，数字经济与高技术产业深度融合能够充分发挥大数据作为新型生产要素的作用，使部门间与企业间能够实现有效沟通，合理构建网络化协作平台，形成技术共享与协同研发的运转机制。同时，这种深度融合能够提升高技术企业数字化程度，充分发挥数据信息在生产过程中的作用，利用大数据分析调整原有要素投入比例结构，资源配置优化则进一步降低高技术企业生产经营成本,从而实现高技术产业创新效率有效提升。

基于上述分析,提出以下研究假说1。

假说1:数字经济发展能够有效提升高技术产业创新效率。

二、数字经济提升高技术产业创新效率的间接影响机制

弘扬企业家精神,促进产业结构升级是实现创新发展的重要引擎。罗兰特等(Roelandt等,2021)[①]认为,董事会成员对高技术企业的创新发展发挥着至关重要的作用,其经验越丰富就越能给高技术企业带来更多的发展机会与提升空间。企业家精神在数字经济与高技术产业创新效率之间所发挥的作用,主要体现在以下三个方面:第一,企业家精神能够驱动高技术企业管理者主动地发现市场中潜在的商业机会,有序地开展市场调研活动,坚持以市场为导向的原则。良好的数字经济生态能够更好地发挥企业家的主观能动性,为企业管理者提供对市场信息的预测分析,对生产工艺和研发方向进行及时调整,在市场中树立企业品牌效应和文化影响力,提升企业产品在全球价值链中的地位和市场占有率。第二,企业家精神能够促使企业管理者采用开放式的战略理念去吸收学习先进企业的科学管理模式和研发技术,提升企业自身的核心竞争力。数字经济所构建的网络化协作平台,能够进一步发挥企业家精神的积极作用,增强知识的溢出效应,帮助高技术企业加快对先进技术的理解和消化。第三,企业家精神能够充分调动企业管理者的个人努力和前瞻性的视野,提升高技术企业的创新效率,制定明确的战略目标,改善高技术企业的经营状况,增加企业的营业收入,为企业的科研创新活动提供充足的现金流。企业家作为企业的形象和代表,所具备的企业家精神更是企业的灵魂核心,其所表现出来的优秀品质和管理能力更是企业持续健康发展的重要保证。企业家精神作为企业宝贵的无形资产,能够有效地吸引其他投资者的关注,为企业

---

① Roelandt, J., Andries, P., Knockaert, M., "The Contribution of Board Experience to Opportunity Development in High-Tech Ventures", *Small Business Economics*, Vol.58, No.3, 2021.

的创新发展带来更多的资源和机会。数字经济的发展为企业家精神提供了充分展示的契机,数字经济能够突破传统时空的限制,搭建技术合作和信息交流的网络平台,提升市场信息技术的透明度和扩散速度,更加高效地发挥企业家精神对高技术产业创新效率的提升作用。此外,赵庆(2018)①认为,产业结构的优化升级是生产要素从低效率行业向高效率行业自发性转移的过程,并在价格机制的作用下,引导各种资源进行合理有效的配置,生产格局的重塑必然会带动创新效率的提升。数字经济发展通过产业结构的升级路径促进高技术产业创新效率的提升,主要表现在以下两个方面:一是数字经济发展能够有效降低高技术产业生产过程中信息获取与处理的成本,通过数字化共享平台强化知识的外溢效应,促进不同企业间进行协同研发和专业化分工,改善资源的配置效率,颠覆传统的生产组织形式,突破原有的均衡状态,实现整体产业结构升级,进而促进高技术产业创新效率的有效提升。二是数字经济在产业结构升级的过程中得到极大的推广应用,不仅与高技术产业的传统生产组织形式进行深度融合,更是催化了新兴行业创新方式的诞生,进而能够不断推动高技术产业创新效率的提升。

基于上述分析,提出研究假说2。

假说2:数字经济的发展能够有效激发企业家精神,促进产业结构升级,进而推动高技术产业创新效率的提升。

三、数字经济对高技术产业创新效率的异质性影响

近年来,数字经济快速发展,其经济规模不断扩大,2020年中国数字经济核心产业增加值占GDP比重达到7.8%,数字经济在经济发展过程中的作用进一步凸显。但由于中国各地区经济水平和通信基础设施的发展不平衡,使数字经济的发展状况存在显著的区域差异和两极分化的现象。具体表现为,

---

① 赵庆:《产业结构优化升级能否促进技术创新效率?》,《科学学研究》2018年第2期。

东部地区数字经济发展的程度明显超过中部地区、西部地区。尽管各地区存在明显的"数字鸿沟"，但中西部地区的部分省份，数字经济的发展仍保持着较高的增速。因此，数字经济发展的区域差异使其对高技术产业创新效率的影响不同。

在高技术产业的内部，各个细分行业的发展程度也存在明显的异质性特征，这主要是由于细分行业在规模、市场需求、技术水平和政策支持等方面存在差异。具体来说，医药制造业和医疗仪器设备及仪器仪表制造业起步晚，投入巨大，市场需求旺盛，但投入要素存在冗余的现象，资源利用率较低。电子及通信设备制造业产品升级换代速度快，市场竞争激烈，提高创新效率成为企业在市场中脱颖而出的重要途径。计算机及办公设备制造业内部存在明显的技术门槛，企业发展呈现出明显的两极分化现象，对于处在低技术门槛的企业来说，积极推动生产结构的优化调整，努力向产业链高附加值环节转变，更能够推动企业实现高效发展。由于高技术产业各细分行业的发展状况存在差异，因而数字经济对其创新效率的提升作用也存在明显的差异。

基于上述分析，提出研究假说3。

假说3a：数字经济发展对高技术产业创新效率的影响存在显著的区域异质性。

假说3b：数字经济发展对高技术产业创新效率的影响存在显著的行业异质性。

第三节　数字经济提升高技术产业创新效率的研究设计

一、计量模型设定

基于上述的理论分析和研究假说，本章将基准模型设定为以下形式：

$$Te_{it} = \alpha_0 + \alpha_1 Score_{it} + \alpha_2 Z_{it} + \mu_i + \delta_t + \varepsilon_{it} \tag{12-9}$$

其中，i 表示省份，t 表示年份，Te_{it} 为被解释变量高技术产业创新效率，$Score_{it}$ 为解释变量数字经济发展水平，向量 Z_{it} 为一系列控制变量，包括了货运量（$weight_{it}$）、消费能力（$income_{it}$）、一般公共预算支出（$budget_{it}$）、技术合同成交总额（vol_{it}）、房地产开发企业商品房平均销售价格（$price_{it}$）。μ_i 表示个体固定效应，δ_t 表示时间固定效应，ε_{it} 表示随机干扰项。

基准模型主要研究数字经济对高技术产业创新效率的直接影响，除此之外，为了更进一步探讨数字经济对高技术产业创新效率的间接影响，本章通过企业家创新精神、企业家创业精神和产业结构升级这三个中介变量，建立中介效应模型分析数字经济影响高技术产业创新效率的机制和路径，并将计量模型设定为以下形式：

$$Media_{it} = \beta_0 + \beta_1 Score_{it} + \beta_2 Z_{it} + \mu_i + \delta_t + \varepsilon_{it} \tag{12-10}$$

$$Te_{it} = \gamma_0 + \gamma_1 Score_{it} + \gamma_2 Media_{it} + \gamma_3 Z_{it} + \mu_i + \delta_t + \varepsilon_{it} \tag{12-11}$$

在上述模型中，$Media_{it}$ 代表中介变量，包括企业家创新精神（$inno_{it}$）、企业家创业精神（$star_{it}$）和产业结构升级（$structure_{it}$）。具体检验步骤：（1）若系数 α_1 显著，则继续下一步骤。若系数 α_1 不显著，则终止中介效应检验。（2）在系数 α_1 显著的前提下，检验系数 β_1 是否显著。（3）在确保系数 α_1、β_1 都显著之后，观察系数 γ_1、γ_2 是否显著，并对中介效应作出具体分析。

同时，在模型（12-9）的基础之上，分析各经济变量所产生的门槛效应，因此，将货运量、消费能力、一般公共预算支出、技术合同成交总额和商品房平均销售价格这五个指标分别作为门槛变量，将面板门槛模型设定为以下形式：

$$Te_{it} = \omega_0 + \omega_1 Score_{it} \cdot I(q_{it} \leqslant \theta) + \omega_2 Score_{it} \cdot I(q_{it} > \theta) + \omega_3 Z_{it} + \delta_t + \varepsilon_{it} \tag{12-12}$$

在模型（12-12）中，q_{it} 为门槛变量，θ 为门槛值。$I(\,\cdot\,)$ 作为指示函数，当括号内条件满足时取值为 1，反之则为 0。

二、指标选取与变量说明

(一)被解释变量:高技术产业创新效率(Te_{it})

1. 产出指标

高技术产业研发投入较大,过程复杂且风险性高,产品日新月异,迭代速度较快,对知识产权的保护尤为重视。尽管高技术产业的创新过程中,有许多因素难以量化,例如,技术、灵感等,但在历经众多研发环节后,会将研发成果申请为专利,使其知识产权得到有效的保护。故本书选取专利申请量作为高技术产业的产出指标。

2. 投入指标

研发资金投入和人力资本投入是影响高技术产业发展的两大重要因素,人力资本是高技术产业进行研发活动的前提条件,而资金投入则是高技术产业创新活动顺利开展的重要保障。参考相关文献,结合数据的实用性和可获性,本书选取高技术产业研发经费和研发人员作为高技术产业的投入指标。由于研发经费属于流量数据,本处采用永续盘存法将其转化为存量指标,具体公式,如下所示:

$$K_{it} = K_{it-1} + (1 - \delta) \cdot I_{it} \qquad (12-13)$$

其中, i 和 t 分别表示省份和年份, K_{it} 为当期资本存量, K_{it-1} 为上一期资本存量, I_{it} 表示当期研发经费投入。相对于常见的固定资产来说,高技术产业的技术设备升级更新较快,这使其折旧速度也变得更快,因此,本处将折旧率 δ 设定为15%。

3. 计算方法

目前关于投入产出效率分析的方法主要有两种,即以随机前沿模型为代表的参数估计和以数据包络分析为代表的非参数估计。相对于数据包络分析来说,随机前沿模型可以将环境变化和随机因素对生产所带来的影响纳入考虑的范围之内,并且能够测算出每个单位的效率值,在实证分析中得到广泛的运用。因此,本处采用随机前沿模型对高技术产业创新效率进行测算。

在随机前沿模型中,常见的生产函数形式主要由函数和超越对数生产函数组成。鉴于超越对数生产函数不仅考虑要素之间的替代关系,更是考虑生产要素的希克斯中性,较为符合高技术产业研发生产过程中的实际情况。故本处将随机前沿模型的生产函数形式设定为超越对数生产函数,具体形式,如下所示:

$$\ln Y_{it} = \beta_0 + \beta_1 \ln K_{it} + \beta_2 \ln L_{it} + \beta_3 T + \beta_4 \ln K_{it} \cdot \ln L_{it} + \beta_5 \ln K_{it} \cdot T + \beta_6 \ln L_{it} \cdot$$

$$T + \frac{I}{2}\beta_7 (\ln K_{it})^2 + \frac{I}{2}\beta_8 (\ln L_{it})^2 + \frac{I}{2}\beta_9 (T)^2 + V_{it} - U_{it} \quad (12-14)$$

其中,i 和 t 分别表示省份和年份,产出 Y_{it} 为专利申请量,资本投入 K_{it} 为研发资本存量,劳动投入 L_{it} 为研发人员。T 为时间趋变量,象征着技术进步的变动,引入时间趋势变量的二次项,将技术的非单调变化列入考虑的范围之内,同时,引入时间趋势变量与各生产要素的交叉项,将要素的非技术中性变化列入考虑的范围之内。V_{it} 为随机误差项,U_{it} 为技术非效率项。

需要说明的是,高技术产业中各细分行业的创新效率也采用同样的产出指标、投入指标及计算方法,即与高技术产业创新效率(Te_{it})的测度过程保持一致。

(二)核心解释变量:数字经济($Score_{it}$)

由于数字经济受基础设施、人才培养、企业服务以及产业发展等诸多因素的影响,国内外的专家学者提出了众多不同的测量方法和指标体系,尚未形成统一完善的量化标准。许宪春和张美慧(2020)[①]界定了数字经济发展模式的

① 许宪春、张美慧:《中国数字经济规模测算研究——基于国际比较的视角》,《中国工业经济》2020 年第 5 期。

内涵与特征，认为数字经济包括数字化赋权基础设施、数字化媒体、数字化交易和数字经济交易产品这四个方面。吕延方等（2020）[1]认为，数字经济产业是由数字化的技术设施产业、媒体产业和交易产业所组成。范鑫（2020）[2]采用网络就绪指数来表示世界各国的数字经济发展水平，具体包括信息通信技术的环境状况、应用情况以及社会群体的就绪度。也有学者借鉴郭峰等（2020）编制的《北京大学数字普惠金融指数》作为数字经济的替代指标，该指标体系从覆盖广度、使用深度和数字化程度这三个角度全方位地刻画了我国普惠金融的发展程度。

常见的指标体系测度方法有因子分析法、主成分分析法、熵值法、层次分析法、变异系数法、聚类分析法等。由于熵值法是依据数据所提供的信息来确定相应权重的测度方法，在处理指标的重复信息方面具有优势，对于构建指标测度体系表现得更为客观，能够有效提高指标体系的合理性和准确性，在研究分析中得到广泛的应用。

本处在参考既有文献的基础之上，采用熵值法构建数字经济指标体系，从数字基础设施、数字产业发展、数字企业应用和数字渗透程度这四个维度对各省份数字经济发展水平进行测算。其中，数字基础设施是支撑数字经济顺利发展的底层构架，更是为各类数字应用场景奠定坚实的技术基础，具体包括光缆线路长度、互联网宽带接入端口数、快递业务收入和移动电话基站个数。数字产业发展是数字经济的动力之源，尤其是信息产业的发展，它涉及数字经济众多的关键技术和核心领域，能带来生产效率的提升和经济发展，具体包括软件业务收入、软件业务研发费用、软件业务从业人员和电子信息产业企业个数。数字企业应用是数字经济的重要组成部分，能够促进数字经济与实体制造业相融合，有利于推动产业结构优化升级，具体包括电子商务企业比重、电

① 吕延方等：《中国服务贸易融入数字全球价值链的测度构建及特征研究》，《数量经济技术经济研究》2020年第12期。
② 范鑫：《数字经济发展、国际贸易效率与贸易不确定性》，《财贸经济》2020年第8期。

子商务销售额、企业拥有网站数和期末使用计算机数。数字渗透程度包括固定电话用户数、宽带接入用户数、移动电话用户数和数字电视用户数等。数字经济指标体系如表12-1所示。

表12-1　数字经济指标体系

主指标	一级指标	二级指标
数字经济指标体系	数字基础设施	光缆线路长度
		互联网宽带接入端口数
		快递业务收入
		移动电话基站个数
	数字产业发展	软件业务收入
		软件业务研发费用
		软件业务从业人员
		电子信息产业企业个数
	数字企业应用	电子商务企业比重
		电子商务销售额
		企业拥有网站数
		期末使用计算机数
	数字渗透程度	固定电话用户数
		宽带接入用户数
		移动电话用户数
		数字电视用户数

（三）工具变量

在实证分析的过程中,尽管已经对相关变量进行了控制,但依然还会存在内生性的问题。具体表现为:一方面,数字经济与高技术产业创新效率之间可能存在反向因果的关系;另一方面,影响高技术产业创新效率的因素有很多,对于目前已采用的控制变量来说，有可能存在遗漏变量的现象。因此，本章借鉴黄群慧等（2019）①的思路，选取 1984 年各省份邮电局数量以及邮电业务总量作为数字经济的工具变量。主要有以下两方面的原因：第一，早期人们通过邮局系统进行相互联系，之后又通过邮局架设电话进行沟通交流，随着信息技术的不断发展，互联网最初通过电话拨号的形式逐渐走进人们的生活，因此，邮局系统在一定程度上会影响互联网的推广普及，进而也会影响数字经济的发展进程。因此，选取 1984 年各省份邮电局数量以及邮电业务总量作为数字经济的工具变量符合相关性的要求。第二，1984 年各省份邮政系统的发展状况对目前高技术产业创新效率的发展来说几乎没有影响，因而选取 1984 年各省份邮电局数量以及邮电业务总量为数字经济的工具变量符合排他性的要求。

需要说明的是，1984 年各省份邮电局数量以及邮电业务总量为截面数据，而本章样本所采用的是面板数据，由于数据形式不匹配，无法直接将其应用于面板数据的实证分析。为了解决这个问题，本处借鉴纳恩和钱（Nunn 和Qian，2014）②的处理方法，采用上一年互联网网站数分别同 1984 年各省份邮电局的数量以及邮电业务总量构建交互项，作为数字经济的工具变量。

（四）中介变量

在激烈的市场竞争中，企业家能够充分发挥其主观能动性，整合与调配身边的资源要素，促进企业全要素生产率的提升，并且在企业家精神作用的过程中，能够带来明显的正向外部效应，从而更有利于提升企业的竞争实力，促进经济高质量发展。本处选用企业家精神作为中介变量。借鉴孔令池（2020）③

---

① 黄群慧等：《互联网发展与制造业生产率提升：内在机制与中国经验》，《中国工业经济》2019 年第 4 期。
② Nunn，N.，Qian，N.，"US Food Aid and Civil Conflict"，*American Economic Review*，Vol.104，No.6，2014.
③ 孔令池：《制度环境、企业家精神与高技术产业集聚》，《中国经济问题》2020 年第 2 期。

的思路,采用发明、实用新型和外观设计三种专利的授权数之和同总人口的比值来衡量企业家创新精神($inno_{it}$),采用私营个体和私营企业从业人员占总就业人数的比重来衡量企业家创业精神($star_{it}$)。采用第三产业增加值与第二产业增加值之比来衡量产业结构升级($structure_{it}$)。

(五) 控制变量

1. 货运量($weight_{it}$)

货运量的增长一定程度上能够带动区域内交通基础设施的建设,有利于时空压缩和降低物质资本的运输成本,吸引外部资金和高技术人才的流入,缓解研发过程中的融资约束,提高知识的溢出效应,促进区域内高技术产业的集聚以及生产各要素的流动,从而带动高技术产业结构升级,提升高技术产业的创新效率。因此,本处采用货运量的对数值来进行衡量。

2. 消费能力($income_{it}$)

中国消费市场具有广阔的前景,消费对推动中国经济高质量发展发挥着重要的作用。消费需求是驱动企业加大研发力度,提升创新效率的重要动力来源。随着生活水平的提升,消费需求也变得日益多样,高品质、高性能、个性化、多元化成为广大消费者关注的重点内容。及时有效地改善生产技术,促进高技术产业提高产品科技含量,成为满足市场需求缺口的关键途径。中国消费结构升级与科技创新之间呈现出"U"型关系,即初期的消费结构升级不利于科技创新的发展,而拐点之后的消费结构升级能够推动科技创新的发展。本处采用居民人均可支配收入的对数值来进行衡量。

3. 一般公共预算支出($budget_{it}$)

高技术产业的健康发展需要政府的大力支持,政府在基础设施、产业引导和税收政策等方面对高技术产业的创新发展发挥着重要作用。具体来说,政府能够为高技术产业的创新发展提供必要的资金支持,完善相应的基础设施建设,为高技术产业的创新发展提供必要的基础条件。此外,政府能够通过制定相关的产业政策,引导高技术产业的创新方向,提高产业研发的技术效率,将研发成果有效地转化为市场收益,构成产业发展的有效循环。因此,本处采用一般公共预算支出的对数值来进行衡量。

4. 技术合同成交总额(vol_{it})

技术合同成交总额能够有效地反映出各省份的技术市场化行为,是研发创新与市场需求相匹配后的最终结果。技术合同的交易推动了创新成果的市场化进程,丰富了技术市场的交易品种,实现技术要素的合理配置,有利于激发企业加大研发投入,提高科研创新效率,实现产业结构升级。因此,本处采用技术合同成交总额占本省 GDP 的比重来进行衡量。

5. 商品房平均销售价格($price_{it}$)

随着生活水平的提高,商品房已成为人们日常生活中不可或缺的部分,但房价水平不仅影响居民的生活成本,而且还会影响企业的战略方向和研发创新。因此,房价因素涉及生活的方方面面,已经成为创新研究中不可忽视的重要因素。本处采用商品房平均销售价格的对数值来进行衡量。

三、数据来源与描述性统计

本章采用 2013—2019 年我国 30 个省(自治区、直辖市)的相关数据进行实证分析,其中,西藏及港澳台地区数据缺失过多而被剔除。数据来源于中经网统计数据库和《中国统计年鉴》《中国科技统计年鉴》《中国高技术产业统计年鉴》等。由于个别指标存在缺失的情况,采用插值法对缺失的数据进行填补。

在高技术产业细分行业的实证研究中,由于近几年统计口径出现过变动,为了保证数据的连续性和准确性,本章选取医药制造业、电子及通信设备制造业、计算机及办公设备制造业和医疗仪器设备及仪器仪表制造业这四个高技术产业的细分行业进行实证研究。变量描述性统计见表 12-2。

表 12-2 描述性统计结果七

类型	指标名称	符号	均值	标准差	最小值	最大值
因变量	高技术产业创新效率	*te*	0.552	0.142	0.270	0.903
	计算机及办公设备制造业创新效率	*comp*	0.268	0.164	0.0693	0.773
	电子及通信设备制造业创新效率	*elec*	0.526	0.162	0.225	0.859
	医疗仪器设备及仪器仪表制造业创新效率	*mach*	0.549	0.197	0.0679	0.957
	医药制造业创新效率	*medi*	0.451	0.176	0.187	0.891
自变量	数字经济发展水平	*score*	0.206	0.213	0.00400	0.967
控制变量	货运量	*weight*	152564	98842	13576	446018
	一般公共预算支出	*budget*	5304	2750	922.5	17298
	商品房平均销售价格	*price*	8052	5446	3886	35905
	消费能力	*income*	24451.26	10680.73	10954.4	69441.56
	技术合同成交总额	*vol*	4.157×10^{6}	7.928×10^{6}	6525	5.695×10^{7}
中介变量	企业家创新精神	*inno*	3.685	4.142	0.0197	22.34
	企业家创业精神	*star*	0.384	0.197	0.114	1.129
	产业结构升级	*structure*	1.365	0.729	0.665	5.234

第四节 数字经济提升高技术产业创新效率的实证检验

一、基准估计结果

表 12-3 呈现了数字经济发展水平与高技术产业创新效率的基准回归结果。其中,列(1)为全样本回归,从模型回归结果来看,数字经济发展水平每提升 1 个单位,高技术产业创新效率则会提升 0.217 个单位,且在 1% 水平下

显著，这表明数字经济能够显著地提升高技术产业的创新效率，这也验证了假说1。同时，考虑到数字经济发展对高技术产业创新效率的滞后影响，分别在模型中引入数字经济发展水平的滞后1—4期，具体结果，见列（2）—列（5）。从模型回归结果来看，数字经济发展水平滞后1—4期的系数分别为0.176、0.177、0.104、0.133，随着时间的推移，显著性水平也开始下降，这表明数字经济的发展对高技术产业创新效率的影响存在持续性，但随着滞后期的增加，这种持续影响将变得越来越弱。此外，在列（1）中，就控制变量而言，一般公共预算支出与技术合同成交总额的系数均为负值，说明其对高技术产业创新效率均存在负向影响。而消费能力的提升能够带动高技术产业创新效率的发展，这也从侧面说明消费需求是创新的动力源泉。面对消费趋势的变化，为了更好地迎合用户需求，必须转变经营模式，深入分析用户心理，提升创新的有效性和实用性，推动高技术产业的健康发展。

表 12-3　2013—2019 年基准回归结果

变量	（1）	（2）	（3）	（4）	（5）
	全样本	滞后一期	滞后二期	滞后三期	滞后四期
	高技术产业创新效率	高技术产业创新效率	高技术产业创新效率	高技术产业创新效率	高技术产业创新效率
score	0.217*** (6.94)				
L.score		0.176*** (4.72)			
L2.score			0.177*** (4.23)		
L3.score				0.104* (1.82)	
L4.score					0.133* (1.73)

续表

变量	（1）	（2）	（3）	（4）	（5）
	全样本	滞后一期	滞后二期	滞后三期	滞后四期
	高技术产业创新效率	高技术产业创新效率	高技术产业创新效率	高技术产业创新效率	高技术产业创新效率
Constant	−1.164***	0.227	0.181	−0.200	0.353
	（−2.61）	（0.30）	（0.22）	（−0.19）	（0.27）
R^2	0.923	0.926	0.932	0.929	0.940
控制变量	Yes	Yes	Yes	Yes	Yes
地区固定效应	Yes	Yes	Yes	Yes	Yes
年份固定效应	Yes	Yes	Yes	Yes	Yes

注：***、**、*分别表示在1%、5%和10%的水平下显著，括号内为 t 统计量。

二、工具变量估计结果

表12-4报告了工具变量的估计结果。列（1）采用上一年互联网网站数同1984年各省份邮电局的数量构建交互项作为数字经济的工具变量，此时数字经济的回归系数为0.603，且在1%的水平下显著。列（2）采用上一年互联网网站数同1984年各省份邮电业务总量构建交互项作为数字经济的工具变量，结果显示，数字经济的发展能够有效地推动高技术产业创新效率的提升，且在5%的水平下显著。相比于基准回归结果，工具变量的估计结果没有发生明显改变。这表明，基准回归的结果是可信的，本章的核心结论具有良好的稳健性。

表12-4　2013—2019年工具变量回归结果

变量	（1）	（2）
	工具变量1	工具变量2
score	0.603***	0.340**
	（0.133）	（0.143）

续表

变量	（1）	（2）
	工具变量 1	工具变量 2
Constant	10.80 ***	6.628 ***
	（2.208）	（2.239）
R^2	0.749	0.874
控制变量	Yes	Yes
地区固定效应	Yes	Yes
年份固定效应	Yes	Yes

注:*** 、** 、* 分别表示在 1%、5% 和 10% 的水平下显著,括号内为 *t* 统计量。

三、稳健性检验

为了验证基准回归结果的有效性,本章进一步从三个方面进行稳健性检验,具体结果如表 12-5 所示。第一,列（1）采用两步系统 GMM 模型对样本进行回归,对被解释变量进行对数处理,结果显示,数字经济的发展能够促进高技术产业创新效率的提升。第二,列（2）采用一步系统 GMM 模型对样本进行回归,对被解释变量进行对数处理,数字经济的回归系数为 0.051,且在 1% 的水平下显著。第三,对样本数据进行缩尾处理,具体结果,如列（3）所示,回归系数与显著性均未发生明显变化。综上所述,稳健性检验的结果与前文的实证结果并无明显差异,说明本章的研究结论是稳健可信的。

表 12-5　2013—2019 年稳健性检验结果

变量	（1）	（2）	（3）
	两步系统 GMM	一步系统 GMM	缩尾处理
L.te	1.788 ***	1.797 ***	
	（3.18）	（9.45）	
score	0.069 *	0.051 ***	0.198 ***
	（1.95）	（2.96）	（5.57）

续表

变量	（1）	（2）	（3）
	两步系统 GMM	一步系统 GMM	缩尾处理
Constant	−1.366^{**} （−1.97）	−0.859 （−1.51）	−1.252^{**} （−2.48）
AR（2）	0.133	0.623	
Sargen	0.719	0.596	
R^2			0.871
控制变量	Yes	Yes	Yes
地区固定效应	Yes	Yes	Yes
年份固定效应	Yes	Yes	Yes

注：*** 、** 、* 分别表示在 1%、5% 和 10% 的水平下显著，括号内为 t 统计量。

第五节　数字经济提升高技术产业创新效率的拓展分析

一、传导机制检验

表 12-6 呈现了中介效应模型的回归结果，所有的系数均显著为正。其中，列（1）为全样本回归，数字经济发展水平的系数为 0.217。列（2）和列（3）呈现了企业家创新精神为中介变量的回归结果。其中，数字经济发展水平每提高 1 个单位，企业家创新精神会提升 2.107 个单位，高技术产业创新效率会提升 0.199 个单位，说明数字经济的发展是能够通过提升企业家创新精神的方式，进而驱动高技术产业创新效率的提升。列（4）和列（5）呈现了企业家创业精神为中介变量的回归结果。在列（4）中，数字经济发展水平每提高 1 个单位，企业家创业精神则提升 0.211 个单位，说明数字经济的发展可以有效提升企业家的创业精神。在列（5）中，数字经济发展水平的系数为 0.140，相对

全样本的回归结果,系数略微变小。而企业家创业精神的系数为0.363,说明数字经济的发展是能够通过提升企业家创业精神的渠道,进而推动高技术产业创新效率的提高。列(6)和列(7)呈现了产业结构升级为中介变量的回归结果。其中,在列(6)中,数字经济发展水平每提高1个单位,产业结构升级则提升0.113个单位,说明数字经济的发展可以有效推动产业结构升级。在列(7)中,数字经济发展水平的系数为0.088,产业结构升级的系数为0.081,说明数字经济的发展可以通过产业结构升级来实现高技术产业创新效率的有效提升。

表12-6 2013—2019年中介效应回归结果

变量	(1)高技术产业创新效率	(2)企业家创新精神	(3)高技术产业创新效率	(4)企业家创业精神	(5)高技术产业创新效率	(6)产业结构升级	(7)高技术产业创新效率
score	0.217*** (6.94)	2.107*** (3.79)	0.199*** (6.42)	0.211*** (3.94)	0.140*** (5.48)	0.113** (2.27)	0.088*** (2.86)
inno			0.009*** (4.36)				
star					0.363*** (10.43)		
structure							0.081* (1.87)
Constant	−1.164*** (−2.61)	−31.685** (−2.38)	−0.191 (−0.47)	−3.864*** (−5.06)	0.240 (0.64)	−1.519 (−1.32)	−0.490 (−0.88)
R^2	0.923	0.797	0.920	0.886	0.953	0.820	0.893
控制变量	Yes	Yes	Yes	Yes	Yes	Yes	Yes
地区固定效应	Yes	Yes	Yes	Yes	Yes	Yes	Yes
年份固定效应	Yes	Yes	Yes	Yes	Yes	Yes	Yes

注:***、**、*分别表示在1%、5%和10%的水平下显著,括号内为 t 统计量。

综上所述,数字经济的发展能够有效发挥企业家精神和产业结构升级的作用,进而推动高技术产业创新效率的提升,即验证假说 2。

二、异质性检验

1. 区域异质性检验

鉴于数字经济的发展水平存在较为明显的区域差异,本章按照地理位置将样本划分为三大区域,即东部地区、中部地区、西部地区,深入分析数字经济发展水平与高技术产业创新效率在不同区域中的作用。具体分析结果见表 12-7。

表 12-7　2013—2019 年三大区域的回归结果

变量	（1）	（2）	（3）	（4）	（5）	（6）
	东部地区	中部地区	西部地区	东部地区	中部地区	西部地区
score	0.321***	−0.127	0.266***			
	(15.69)	(−1.35)	(7.35)			
L.score				0.130***	−0.028	0.174***
				(4.62)	(−0.33)	(4.90)
Constant	3.076***	5.987***	5.952***	−1.098*	3.656	−0.287
	(5.43)	(6.10)	(7.64)	(−1.76)	(1.55)	(−0.23)
R^2	0.909	0.979	0.961	0.966	0.991	0.967
控制变量	Yes	Yes	Yes	Yes	Yes	Yes
地区固定效应	Yes	Yes	Yes	Yes	Yes	Yes
年份固定效应	Yes	Yes	Yes	Yes	Yes	Yes

注:***、**、*分别表示在1%、5%和10%的水平下显著,括号内为 t 统计量。

在东部地区和西部地区,数字经济发展水平的系数分别为 0.321 和 0.266,且在 1% 的水平下显著,说明东部地区、西部地区数字经济的发展能够有效地促进高技术产业创新效率的提升。但二者背后的动力机制却不相同。

就东部地区而言,一方面,东部地区基础设施完善,数字经济发展程度较高,作为一种新的经济发展形态,数字经济已经渗透到社会生活的方方面面。数字经济的发展能够让市场信息被实时传输与精准分析,并由此催生出大量的就业岗位和新的经营模式,进而推动产业价值链的发展与完善,但这一切都需要依靠高技术产业创新效率的不断提升。另一方面,东部地区生产体系趋于智能化,与传统制造业相融合的程度已达到较高的发展水平,这使东部地区产业的投入产出效率较高,从而实现全要素生产率的快速攀升,并最终推动高技术产业创新效率的提升。就西部地区而言,尽管西部地区基础设施较为薄弱,经济发展程度较低,但随着数字经济的出现,突破传统的时空限制,转变了以往的经济发展模式,促进区域内要素的优化配置,西部地区充分利用数字经济发展的红利,努力实现新兴领域的突破发展,逐步缩小区域间的发展差异,进而推动高技术产业创新效率的提升。

而中部地区,数字经济发展水平的系数为-0.127且并不显著,这说明在中部地区数字经济对高技术产业创新效率的影响作用较小。目前中部地区数字经济发展的基本格局已经形成,经历过快速增长的黄金期后,整体行业增速逐步放缓,要素资源错配的现象开始加剧,一定程度上抑制了创新效率的提升。因此,中部地区数字经济的发展对高技术产业创新效率的影响作用呈现出负值。同时,列(4)—列(6)中,数字经济发展水平的滞后1期对高技术产业创新效率的影响作用同当期的结果基本保持一致。综上所述,数字经济的发展对高技术产业创新效率的影响存在显著的区域异质性,即验证了假说3a。

2. 行业异质性检验

考虑到高技术产业包含着许多细分行业,本章选取医药制造业(medi)、医疗仪器设备及仪器仪表制造业(mach)、电子及通信设备制造业(elec)、计算机及办公设备制造业(comp)这四个细分行业,深入研究数字经济发展水平与高技术产业创新效率在不同细分行业中的作用关系。具体分析结果见表

12-8。

表 12-8　2013—2019 年细分行业的回归结果

变量	（1）医药制造业创新效率	（2）医疗仪器设备及仪器仪表制造业创新效率	（3）电子及通信设备制造业创新效率	（4）计算机及办公设备制造业创新效率	（5）医药制造业创新效率	（6）医疗仪器设备及仪器仪表制造业创新效率	（7）电子及通信设备制造业创新效率	（8）计算机及办公设备制造业创新效率
score	-0.131 ***	-0.162 ***	0.210 ***	0.003				
	（-3.07）	（-3.52）	（5.53）	（0.06）				
L.score					-0.145 **	-0.018	0.177 ***	-0.163 **
					（-2.11）	（-0.27）	（2.82）	（-2.38）
Constant	0.047	-4.417 ***	4.400 ***	-1.783 **	0.546	0.364	2.947 **	-7.053 ***
	（0.07）	（-5.81）	（7.00）	（-2.44）	（0.34）	（0.23）	（1.99）	（-4.39）
R^2	0.875	0.820	0.916	0.831	0.885	0.850	0.921	0.858
控制变量	Yes	Yes	Yes	Yes	Yes	Yes	Yes	Yes
地区固定效应	Yes	Yes	Yes	Yes	Yes	Yes	Yes	Yes
年份固定效应	Yes	Yes	Yes	Yes	Yes	Yes	Yes	Yes

注：***、**、* 分别表示在 1%、5% 和 10% 的水平下显著,括号内为 t 统计量。

在医药制造业和医疗仪器设备及仪器仪表制造业中,数字经济发展水平的系数分别为 -0.131 和 -0.162,且在 1% 的水平下显著。这表明数字经济的发展对这两个行业创新效率的发展存在显著的负向影响。由于中国医药制造业和医疗仪器设备及仪器仪表制造业起步较晚,尽管每年都会投入大量的资源用于相关领域的科研活动,但所投入的科研经费与科研人员普遍存在冗余的情况,使得资源利用效率不高,投入产出率较低,与世界顶尖的研发水平仍然存在一定的差距。而数字经济的发展,在一定程度上优化了要素资源的配置情况,缓解了科研经费与科研人员的冗余程度,尽管在短期内不利于医药制造业和医疗仪器设备及仪器仪表制造业创新效率的提升,但从长远来看,数字经济有利于形成合理高效的创新环境，这样才能使产业创新得到高质量发展。

在电子及通信设备制造业中，数字经济发展水平的系数为 0.210，且在 1% 的水平下显著，说明数字经济的发展能够有效地推动电子及通信设备制造业创新效率的发展。由于电子及通信设备制造业中，个体小企业数量众多，产品迭代周期相对较短，面对日益激烈的市场竞争，数字经济的发展能够有效推动要素的合理配置，提高市场信息的透明度，同时，能够拓宽中小企业的融资渠道，有利于研发成果的市场化转型，从而推动整个行业创新效率的提升。而数字经济的发展对计算机及办公设备制造业创新效率的影响并不显著。这主要是由于计算机及办公设备制造业内部的研发门槛存在显著的差异性所造成的。对于研发门槛较高的产品，市场竞争不够充分，产品创新意愿并不强烈。而对于研发门槛较低的产品，市场竞争已足够激烈，数字经济的发展对产品创新的推动作用较为有限。因此，数字经济的发展对计算机及办公设备制造业创新效率的影响并不显著。综上所述，数字经济的发展对高技术产业创新效率的影响存在显著的行业异质性，即验证了假说 3b。

三、非线性论证

依据上述研究结果，数字经济的发展能够显著地推动高技术产业创新效率的提升。但由于各地区经济发展程度不同，数字经济对高技术产业创新效率的影响可能存在门槛效应的特征。因此，本章从非线性关系的角度来构建门槛回归模型，采用货运量、消费能力、一般公共预算支出、技术合同成交总额和商品房平均销售价格这五个维度作为门槛变量，深入分析数字经济对高技术产业创新效率的影响作用及规律特征。通过对门槛效应进行显著性检验，发现货运量和技术合同成交总额通过双重门槛检验，而消费能力、一般公共预算支出和商品房平均销售价格则仅通过单一门槛检验。具体分析结果见表 12-9。

表 12-9　2013—2019 年门槛模型回归结果

变量	（1）	（2）	（3）	（4）	（5）
	货运量	消费能力	一般公共预算支出	技术合同成交总额	商品房平均价格
1_score	0.059***	0.028	0.094***	0.073***	0.065***
	（3.57）	（1.13）	（4.46）	（4.16）	（2.87）
2_score	0.073***	0.062***	0.079***	0.093***	0.074***
	（4.49）	（2.74）	（3.76）	（5.33）	（3.23）
3_score	0.086***			0.070***	
	（5.10）			（4.07）	
Constant	0.381	5.070***	4.323***	2.110***	5.060***
	（0.82）	（13.29）	（10.71）	（5.23）	（13.07）
R^2	0.948	0.890	0.910	0.940	0.888
控制变量	Yes	Yes	Yes	Yes	Yes

注：***、**、*分别表示在1%、5%和10%的水平下显著，括号内为 t 统计量。

其中，列（3）和列（4）回归结果有着共同的特征，即数字经济的发展对高技术产业创新效率的推动作用会随着门槛变量的发展而略有下降。这说明一般公共预算支出和技术合同成交总额的影响作用存在一个最优边界，其能够最大程度地发挥数字经济对高技术产业创新效率的提升作用。同时，根据列（1）、列（2）和列（5）的回归结果，随着门槛变量的变化，数字经济发展水平的系数均有所增加，这说明货运量、消费能力和商品房平均销售价格是数字经济影响高技术产业创新效率呈现非线性门槛特征的重要因素。其中，消费能力的影响作用相对较弱，说明应当充分发挥消费对经济发展的拉动作用，营造良好的消费环境，创造新的消费热点，推动消费升级的顺利完成。

第六节　数字经济提升高技术产业创新效率的路径选择

中国正处于转变发展方式的关键时期,数字经济的蓬勃发展为经济高质量发展注入新的活力,对提升高技术产业创新效率具有显著的正向作用。本章采用2013—2019年省级面板数据,构建数字经济发展水平的指标体系,运用随机前沿模型测度高技术产业的创新效率,实证检验数字经济发展对高技术产业创新效率的影响效应。研究结果表明:(1)数字经济能够显著提升高技术产业的创新效率,并对其存在持续影响。但随着滞后期的增加,这种持续影响会逐渐减弱。(2)数字经济的发展能够有效激发企业家精神,促进产业结构升级,进而推动高技术产业创新效率的提升。(3)数字经济的发展对高技术产业创新效率的影响存在显著的区域和行业异质性。在区域异质性上,东部地区、西部地区数字经济的发展能够有效地促进高技术产业创新效率的提升,而在中部地区,数字经济对高技术产业创新效率的影响作用较小。在行业异质性上,数字经济的发展对医药制造业和医疗仪器设备及仪器仪表制造业创新效率的发展存在显著的负向影响,对计算机及办公设备制造业创新效率的影响不显著,但能够有效地推动电子及通信设备制造业创新效率的提升。(4)数字经济对高技术产业创新效率的影响存在门槛效应的特征。其中,一般公共预算支出和技术合同成交总额在数字经济影响高技术产业创新效率的过程中存在一个最优边界,其影响作用会随着门槛变量的发展而略有下降。而货运量、消费能力和商品房平均销售价格这三个门槛变量的发展越充分就越能有效地推动数字经济提升高技术产业创新效率,其中消费能力的影响作用相对较弱,说明消费拉动经济增长仍有很大的发展空间,消费升级是实现高质量发展的重要路径。

基于本章的研究结论,为更好地推动数字经济的发展,促进高技术产业创新效率的提升,提出以下几点建议。

第一,进一步推动数字经济的发展,坚持市场与政府相结合的方式对数字资源进行配置,缩小区域间数字经济发展水平的差距,并通过资金、技术、人才、政策等方面的支持推动数字经济与高技术产业相融合。利用数字化平台对产业链进行资源整合,推动上下游企业完成信息共享与技术联动,共同挖掘科研成果的应用领域及所带来的有效市场需求,并提升高技术产业创新效率。

第二,培育企业家精神,加强对企业家合法权益的保护,营造良好的创新创业环境。企业家会运用自身丰富的知识积累和敏锐的市场嗅觉,抓住市场中的潜在机会,从全局的角度对企业的未来发展进行引导,这样不仅能够提供大量的就业岗位,催生出全新的市场需求,更有利于高技术研发成果的产业化应用,促进产业数字化的高效发展,并最终实现高技术产业创新效率的有效提升。

第三,不同区域应合理评估产业发展水平,充分利用自身优势条件,引进高端人才和先进技术,积极推动区域间的合作与交流,并制定相关的规划政策,对区域内高技术产业结构的转型升级进行引导和支持,逐步缩小区域间的发展差距,进而提升高技术产业创新效率。

第四,加大研发投入力度,实现对技术壁垒的有效突破,进一步提升电子及通信设备制造业的产品竞争力。同时,扩展新技术的应用范围,带动低门槛企业的转型升级,实现对产业链上下游企业的重新整合,进一步推动计算机及办公设备制造业整体实力的提升。此外,提升资源的利用效率,改善医药制造业和医疗仪器设备及仪器仪表制造业投入产出效率较低的局面。这将对提升高技术产业创新效率十分有效。

第十三章 制度环境与高技术产业集聚^①

中国是制造业大国,但"大而不强"却是不争的事实。大力发展高技术产业有助于突破全球价值链低端锁定,极大地促进低中端产业升级转型为中高端产业,提高产业质量并提升生产效率,不断增强中国经济的创新力和竞争力。高新技术产业的集聚是资本、技术、人才和知识等生产要素向某个特定区域内不断汇集的过程,汇集的速度和程度取决于弘扬企业家精神的制度环境。一整套优良的投资、产权和激励制度能够有力地推进高新技术产业的发展和集聚,例如风险投资制度和有限合伙制度不仅能为高技术产业提供融资支持,还能为高技术产业提供管理、咨询等智力支持(郑辛迎等,2014)^②。本章聚焦制度环境以及制度环境下的企业家精神对高技术产业集聚的影响,相关制度环境的优化有利于降低企业家从事创新创业活动的事前预估风险,营造企业家创新创业行为的成长环境,是高技术产业发展的必要条件。那么,如何从制度环境改善入手,引导和鼓励创新创业型城市完善营商环境,全面激发和保护企业家精神,促使企业家更好地发挥作用,进而推动高技术产业集聚,正是本

---

① 孔令池:《制度环境、企业家精神与高技术产业集聚》,《中国经济问题》2020年第2期,编入本书时做了适当修改。

② 郑辛迎等:《市场范围、制度质量和企业一体化:来自中国制造业的证据》,《南开经济研究》2014年第1期。

章研究立意之所在。

第一节　产业集聚的制度环境基础

从经济增长效应看,2000—2016年中国高技术产业对经济增长直接贡献率达到5.05%。在这样的现实背景下,党的十九大明确提出:"促进我国产业迈向全球价值链中高端,培育若干世界级先进制造业集群。"由此可见,以高新技术产业园区为载体,集成资源,分层次培育,形成一批具有核心竞争力的产业集群和企业群体是当前中国政府面临的重要任务。这就要求对高技术产业集聚的影响因素及形成机理作出更为科学与系统的阐释。

产业集聚是一种常见的经济现象,大量国内外文献分别从理论和经验等角度,就产业集聚的测度及其影响机制进行了深入的研究。一般而言,影响产业集聚的因素包括产业政策、运输成本、贸易开放、要素禀赋、市场潜力、技术外溢、规模效应、关联效应、外部效应与交易成本等。然而,这些研究忽略了企业家精神这一特定要素的影响。企业是创新最主要的力量,是新技术的采用主体、研发主体,更是技术创新的投资主体。换言之,创新是企业生存发展之本,而承担创新职能的却是企业家。从产业集聚的生命周期来看,企业家精神在它的形成、发展、繁荣到衰退阶段都起到关键作用。弘扬企业家精神有利于整合创新资源,创造产品、过程、商业模式等变化,通过推广、区分和往复运动的过程引进新环境,并转化为现实生产力,不断提升高技术产业集聚程度(Sorenson,2003[1];Frenken 和 Boschma,2007[2];Stam,2009[3];

① Sorenson, O., "Social Networks and Industrial Geography", *Journal of Evolutionary Economics*, Vol.13, No.5, 2003.

② Frenken, K., Boschma, R. A., "A Theoretical Framework for Evolutionary Economic Geography", *Journal of Economics Geography*, Vol.7, No.5 2007.

③ Stam, E., "Entrepreneurship, Evolution and Geography", Papers in Evolutionary and Economic Geography, 2009.

Kemper 等，2011①；欧雪银，2013②）。近年来，中国政府作出了"大众创业、万众创新"的战略部署，明确提出激发和保护企业家精神，鼓励更多社会主体投身创新创业，依托自由贸易试验区、国家自主创新示范区、战略性新兴产业集聚区等创新创业资源密集区域，培育一批具有核心竞争力的产业集群和具有全球影响力的创新创业中心③。综上所述，我们有理由认为，企业家精神是高技术产业集聚的内生力量，以创新创业为内核的企业家精神，正是高技术产业集聚创新与发展的不竭动力。

产业集聚本质上是产业和资源优化配置的一种具体表现，其增长和发展不可能发生在制度真空中，需要一个良好的制度环境。按照要素禀赋论的分析框架，有研究认为，制度环境的改善会通过不完全诚信、专业化分工和投资不确定性等对行业产生差异化影响，有利于提高具有制度依赖性行业逐步建立起比较优势。还有研究发现，正确的政府引导和支持以及相应有效的政府政策是导致高技术产业集聚的重要原因（金煜等，2006）④。王永进等（2010）⑤通过一个两地区垄断竞争模型，考察了诚信制度对产业集聚影响的微观机制，研究发现，良好的诚信制度有助于缓解诚信不完全所导致的投资不足，促进技术进步和提高劳动生产率，对厂商的区位选择和产业集聚有重要影响。谢里和张敬斌（2016）⑥明确提出，当一个地区的制度环境越好时，制造业

---

① Kemper, J., Engelen, A., Brettel, M., "How Top Management's Social Capital Fosters the Development of Specialized Marketing Capabilities: A Cross-Cultural Comparison", *Journal of International Marketing*, Vol.19, No.3, 2011.

② 欧雪银：《企业家精神与产业集聚关系研究新进展》，《经济学动态》2013 年第 6 期。

③ 引自《国务院关于大力推进大众创业万众创新若干政策措施的意见》（国发〔2015〕32 号）。

④ 金煜等：《中国的地区工业集聚：经济地理、新经济地理与经济政策》，《经济研究》2006 年第 4 期。

⑤ 王永进等：《契约制度与产业集聚：基于中国的理论及经验研究》，《世界经济》2010 年第 1 期。

⑥ 谢里、张敬斌：《中国制造业集聚的空间技术溢出效应：引入制度环境差异的研究》，《地理研究》2016 年第 5 期。

劳动力向该地区集中,即制造业企业向该地区集聚。

不同的制度安排隐含着不同的激励结构,从而导致行为模式的差异,对企业家精神的有效发挥具有至关重要的影响。制度质量的良莠会影响企业家精神的发展水平(Lu 等,2017)①。鲍莫尔(Baumol,1990)提出,经济制度的激励结构可能是决定企业家才能配置状况的深层次原因。程俊杰(2016)②研究发现,制度环境所产生的激励结构变化诱使企业家精神的配置方向、释放程度发生演变,影响企业家的创新创业行为。李后建(2013)基于我国 30 个省级区域 1998—2009 年的面板数据,研究发现由于相关制度的市场化改革进程滞后,腐败会打击企业家创新创业精神。吴一平和王健(2015)③利用 2010 年转型国家住户调查数据,实证研究表明构建良好的制度环境对培育企业家创业精神发挥至关重要的作用。郑馨等(2017)④重点研究了社会规范对创业活动的影响,实证检验发现塑造良好、支持性的社会规范对创业活动具有显著的促进作用。

基于以上分析,本章采用 1997—2009 年和 2008—2014 年中国省级面板数据,实证检验了制度环境、企业家精神与高技术产业集聚之间的内在联系。与既有文献相比,本章的边际贡献主要体现在:第一,从企业家精神视角分析了高技术产业集聚的动力问题,对企业家精神影响高技术产业集聚的知识溢出效应、示范效应和社会网络效应等理论机制进行了系统阐述,并对理论假说进行了实证检验,为全面理解高技术产业集聚的动力机制提供一个有价值的理论视角;第二,将制度环境、企业家精神与高技术产业集聚纳入同一个分析

---

① Lu,Y.,Tao,Z.,Zhu,L.,"Identifying FDI Spillovers",*Journal of International Economics*,Vol.107,2017.

② 程俊杰:《制度变迁、企业家精神与民营经济发展》,《经济管理》2016 年第 8 期。

③ 吴一平、王健:《制度环境、政治网络与创业:来自转型国家的证据》,《经济研究》2015 年第 8 期。

④ 郑馨等:《社会规范与创业——基于 62 个国家创业数据的分析》,《经济研究》2017 年第 11 期。

框架,通过交互效应的考察,弥补了关于企业家对制度环境反馈机制的忽视,是对现有文献的有力补充;第三,从制度环境视角揭示了影响企业家精神的情境机制,具体考察了政府与市场关系、非国有经济的发展、产品市场的发育程度、要素市场的发育程度以及市场中介组织的发育和法律制度环境对企业家精神的影响差异,丰富和拓展了已有的研究。

第二节 制度环境影响高技术产业集聚的内在机制

一、制度环境对高技术产业集聚的影响机制

产业集聚是企业寻求交易成本降低和经济效益提高的结果,它的形成和发展有赖于各种制度安排的激励和约束。按照新制度经济学的解释,交易成本是制度运行的成本,与生产成本一样,影响着产品的相对总成本。如果说降低生产成本和交易成本,寻求高的生产率和交易效率是产业集聚创新和发展的动力,那么制度环境则是决定交易成本大小和交易效率的重要影响因素(Fleisher,2010)[1]。产业集聚通过专业化的分工、协作,在集聚区域内形成了一种有效率的交易网络和市场结构,促使长期正式的合作以及非正式交流企业、机构间建立一种相对稳定的关系,既防止了相互之间的机会主义行为,也节约了一部分交易成本。可以说,交易成本是制度环境与高技术产业集聚的理论桥梁。竞争性的市场制度和清晰的产权、诚信制度等,为企业带来了强烈的竞争压力和相对公平的竞争环境,形成了良好的信用基础和社会秩序,促成柔性的问题解决机制,从而降低不确定性风险,减少企业交易的搜寻成本、谈判成本、执行成本和监督成本,进而提升产业竞争的成本优势,推动各类要素、

---

① Fleisher,B.,Li,H.,Zhao,M.,"Human Capital,Economic Growth and Regional Inequality in China",*Journal of Development Economics*,Vol.92, No.2,2010.

资本的流动及重组,对高技术产业集聚起着基础性、稳定性的作用。同时,政府政策指导与宏观调控也可为产业集聚的形成和成长提供必需的公共产品。以产业政策为例,支持符合产业规划的企业进入特定的开发园区从事生产,可在一定程度上促进企业的地理集中,并形成产业集聚。除此之外,共同的价值观念、伦理道德、风俗习惯、意识形态等非正式制度、文化以及关系规则等加深了企业的社会根植性等,有助于增进交易各方策略行为的相互理解程度,促成"面对面"的交易和传递信息,与高技术产业集聚有着紧密联系。

假说1:通过减少交易成本或提高交易效率,制度环境的改善促进高技术产业集聚。

二、企业家精神对高技术产业集聚的影响机制

高技术产业集聚不会天然形成,企业家精神是积累社会财富过程中最具生产性的因素。企业家精神影响高技术产业集聚的内在机制和动力是由知识溢出效应、示范效应和社会网络效应决定的。第一,知识溢出效应。弘扬企业家精神有利于整合创新资源,吸引相关技术研发中心、科研机构等在创新中心集聚,有利于知识的空间外溢,推进集聚区域内企业间的集体学习和互动创新(Marshall,1982)[1],促进知识创造和交互式学习,从而降低科学发现和技术商业化的成本,促使相关企业以较低的成本获取相对先进的外部知识,导致知识的社会边际报酬大于个人边际报酬,提高和保持企业的成长性,并逐步发展为具有外部竞争力的高技术产业集聚。第二,示范效应。领先企业家的创业成功,会产生较强的外部性,吸引大批企业家追随和模仿。随着企业家群体的扩大,逐步建立起健全的产业组织体系,吸引更多新企业进入,趋于形成改善创业外部环境的合力,降低创业的搜寻成本和风险,并形成规模外部经济,是吸引其他产业内企业和相关企业集聚在周围的决定性因素。第三,社会网络效

---

① Marshall, A., "Principles of Economics: An Introductory Volume", *Journal of Economic Literature*, Vol.20, No.4, 1982.

应。新企业的形成过程中企业家并不是单独的个体，企业家是以社会网络形式普遍存在于市场环境中。企业家可以凭借社会网络关系打破资源约束，获取更多的资源、信息和支持，促成知识共享，为企业的创新创业决策提供关键性补充。与此同时，企业家之间的分工、协作或竞争的社会网络关系，吸引潜在创业者利用已获得的技能在相同及相关的行业进行个体创业或者联合创业，形成人员流动，降低了产业集聚区域内企业家的创业门槛，通过市场接近效应和价格指数效应推动高技术产业集聚的"螺旋式上升"。

假说2：企业家精神通过知识溢出效应、示范效应和社会网络效应对高技术产业集聚产生影响，即企业家创新创业活力的释放，有利于高技术产业在空间上形成集聚。

三、制度环境与企业家精神对高技术产业集聚影响的交互机制

制度环境与企业家精神是密不可分的，制度环境，为企业家提供了创新创业活动的选择权，而企业家作为行为者，他们的创新创业活动要有一定的规范，即受制度约束。从信号传递理论来看，良好的制度环境可为投资者提供稳定的投资和创业环境；反之，不良的制度环境增加了市场的不确定性和风险，不能为潜在投资者和创业者提供稳定的商业环境，同时不良的制度环境限制了创业资金的可获得性和技术创新。从资源配置角度来看，制度环境的质量决定着企业家精神是配置到创造财富的生产性活动中还是配置到分配财富的非生产性活动中（简泽等，2017）①。良好的制度环境具有明显的制度可信性、环境可靠性和规则公平性，有利于确保企业家精神更多地配置于创新创业等生产性活动中，推动企业公平交易的开展以及在复杂经济活动中的合作，降低交易成本、改善企业家的境况，提升和改进企业生产效率、竞争能力与创新意识，从而促进高技术产业集聚发展。与之相对，不良的制度环境有效性偏低、

---

① 简泽等：《市场竞争的创造性、破坏性与技术升级》，《中国工业经济》2017年第5期。

可执行性也较差,迫使企业家精神更多地配置于非生产性活动中,进行腐败交易,明显增加了监督成本及交易成本,限制了交易规模和交易范围,甚至发生破坏性活动,以致阻碍高技术产业集聚发展。

在隐含最优制度的假设前提下,经济学很大程度上忽视了企业家创新创业行为对制度环境的反馈作用(Douhan 和 Henrekson,2007)[①]。企业的基础在于社会的制度环境,制度的变迁一定程度上是由企业家的行为推动的。企业家为了消除熊彼特式的创造性破坏过程,追求收益最大化,势必要不断创新,实现新的技术手段、新的经营理念、新的管理模式等,这必将打破旧平衡、创造新平衡。在这一过程中,为了更好地管理不确定和风险,企业家往往选择直接获取政治权利、通过代理人、间接游说或"用脚投票"等方式影响制度规则的创新与变革,以使其更有利于企业家的行为,创造企业最大化收益,这自然也为高技术产业集聚营造了更高效率的制度环境。

假说3:制度环境与企业家精神之间存在着交互效应,二者合力推动高技术产业集聚。

第三节　制度环境影响高技术产业集聚的研究设计

本章实证分析的技术路径是,首先对假说1、假说2和假说3进行检验,即考察制度环境、企业家精神及制度环境与企业家精神的交叉项对高技术产业集聚的影响,并采用系统 GMM 估计和两阶段最小二乘法进行内生性处理,进一步在空间上划分出东部、中部、西部三个地区,验证上述影响效应的空间异质性。此外,通过更换样本、更换计量模型和变量替换的方法,进行稳健性检验。最后,进一步探讨制度环境对企业家精神的影响效应。

---

① Douhan,R.,Henrekson,M.,"The Political Economy of Entrepreneurship:An Introduction", *Social Science Electronic Publishing*,*Working Paper*,No.688,2007.

一、计量模型设定

为了检验第二节的研究假说 1 和研究假说 2,设定以下基准回归模型:

$$aggl_{it} = \alpha + \beta_1 institution_{it} + \beta_2 IE_{it} + \beta_3 BE_{it} + \beta'_4 X_{it} + \mu_i + year_t + \varepsilon_{it}$$

$$(13\text{-}1)$$

式(13-1)中,下标 i 代表地区,t 代表年份。$aggl_{it}$ 是被解释变量,表示高技术产业集聚程度。IE_{it} 是企业家创新精神,BE_{it} 是企业家创业精神,$institution_{it}$ 表示制度环境。X 是由多个控制变量构成的向量,包括市场潜力、人力资本、交通运输条件、外商直接投资、金融发展、每千人拥有医疗卫生机构床位数、人均拥有公共图书馆藏书量等。μ_i 为不随时间变化的个体固定效应,$year_t$ 为时间固定效应,ε_{it} 为随机误差项,并假设服从独立同分布。

对于假说 3,即制度环境与企业家精神之间存在交互作用,对此,我们在式(13-1)的基础上加入了 $institution_{it} \times IE_{it}$ 和 $institution_{it} \times BE_{it}$ 这两个交叉项,分别考察制度环境与企业家创新精神、制度环境与企业家创业精神的交互效应,其余变量的含义均与式(13-1)相同。基准回归模型进行以下修正:

$$aggl_{it} = \alpha + \beta_1 institution_{it} + \beta_2 IE_{it} + \beta_3 BE_{it} + \beta_4 institution_{it} \times IE_{it} +$$
$$\beta_5 institution_{it} \times BE_{it} + \beta'_6 X_{it} + \mu_i + year_t + \varepsilon_{it} \qquad (13\text{-}2)$$

二、变量选取与说明

(一)被解释变量

高技术产业集聚($aggl$):产业集聚指众多不同的企业,集中分布于同一区位空间形成的经济地理现象。本章更多地从地区产业份额角度出发,重点研究高技术产业内部企业的空间扎堆现象,故而参考张辉等(2016)[①]的做法,采用区位熵指数作为衡量高技术产业集聚程度的指标,计算公式为:

---

① 张辉等:《金融空间分布、异质性与产业布局》,《中国工业经济》2016 年第 12 期。

$$aggl_{it} = \frac{q_{ij}/\sum_j q_{ijt}}{\sum_i q_{ijt}/\sum_i \sum_j q_{ijt}}$$

（13-3）

式（13-3）中，$aggl_{it}$ 是被解释变量，表示高技术产业的集聚程度。q_{ijt} 表示第 t 年 i 地区 j 产业部门的经济活动水平，$\sum_j q_{ijt}$ 表示第 t 年 i 地区所有工业部门的经济活动水平，$\sum_i q_{ijt}$ 表示第 t 年全国 j 产业部门的经济活动水平，$\sum_i \sum_j q_{ijt}$ 表示第 t 年全国所有工业部门的经济活动水平。以 1 为参照，若 $aggl_{it} > 1$ 说明该地区 i 第 t 年的高技术产业处于集聚状态；若 $aggl_{it} < 1$，则相反。数据来源于历年《中国高技术产业统计年鉴》。

（二）核心解释变量

制度环境（ *institution* ）：制度是一个社会的博弈规则集，包括正式制度和非正式制度。通常情况下，正式制度包括法治化水平、政府治理和市场机制等，非正式制度包括习俗、文化、传统、道德、价值观、行为习惯等。限于数据的可获得性，本章并未测度非正式制度环境，仅参考樊纲等（2011）编制的《中国市场化指数——各地区市场化指数相对进程 2011 年报告》以及最新出版的《中国分省份市场化指数报告（2016）》（王小鲁等，2017）[①]，分别刻画了中国各省（自治区、直辖市）1997—2009 年和 2008—2014 年的正式制度特征。

企业家精神：企业家精神是反映企业家创造就业机会和增长潜力的关键指标。在本质上企业家精神体现为企业家创新精神和企业家创业精神。这里借鉴李宏彬等（2009）采用的指标，选取发明、实用新型和外观设计三种专利的授权数之和作为企业家创新精神（ *IE* ）的测度指标，企业家创业精神（ *BE* ）则采用个体和私营企业就业人数占就业人口的比重加以衡量。其中，企业家创新精神数据来源于《中国科技统计年鉴》。

---

① 王小鲁等:《中国分省份市场化指数报告（2016）》,社会科学文献出版社 2017 年版。

（三）控制变量

此处在关注制度环境与企业家精神这两个主要解释变量显著性的基础上，结合本章模型和相关理论，借鉴已有文献的有益成果，加入相关控制变量，以尽量避免由于遗漏变量带来的内生性偏误等问题。本章的控制变量包括市场潜力、人力资本、交通运输条件、外商直接投资、金融发展以及基本公共服务等。

市场潜力（mp）：市场潜力是对该地区接近市场可能性的度量，反映该地区可能获得市场空间规模的能力。根据新经济地理和集聚外部性理论，邻近市场可以发挥市场外部性，节约贸易成本、获取规模经济效益，是形成产业集聚的重要来源。本章参考哈里斯（Harris，1995）[1]提出的"市场潜力函数"，计算公式为：

$$mp_{it} = \frac{\sum_{i \neq j} Y_{jt}}{d_{ij}} + \frac{Y_{it}}{d_{ii}} \tag{13-4}$$

式（13-4）中，mp 代表该地区的市场潜力，Y 为该地区的社会消费品零售总额。借鉴邵朝对等（2016）[2]的做法，d_{ij} 表示地区 i 与地区 j 之间的距离，利用对应省会城市中心坐标，通过 Stata 软件 geodist 命令运算获取；d_{ii} 为 i 地区的内部距离，按照国际通用的 $d_{ii} = (2/3) \sqrt{area_i/\pi}$ 计算得到，其中 $area$ 为该地区的面积。

人力资本（$human$）：科技创新是高技术产业发展的根本，而人力资本是科技创新的主体。高素质劳动力和专业化人力资本构成了高技术产业集聚的重要前提条件。本章采用人均受教育年限予以衡量，即平均受教育年限＝（小

① Harris，C.D.，"The Market as a Factor in The Localization of Industry in The United States"，*Annals of the Association of American Geographers*，Vol.44，No.1，1995.
② 邵朝对等：《房价、土地财政与城市集聚特征：中国式城市发展之路》，《管理世界》2016年第2期。

学学历人数×6+初中学历人口数×9+高中学历人口数×12+大专及其以上学历人口数×16)÷6 岁以上人口数。

交通运输条件(ttc):通常情况下,运输成本主要反映的是生产要素、产品等在地区间流动所发生的费用。空间经济理论对"运输成本"的内涵进行了拓展和延伸,认为交通运输条件的优越性决定了技术外部性作用范围的空间距离,是影响产业集聚的重要机制。本章采用公路和铁路营运总里程与该区域面积的比值反映交通运输的便捷度。

外商直接投资(fdi):开放经济有助于技术溢出或技术外部性的充分发挥,是影响高技术产业集聚的一个重要来源。本章选取实际利用外资额与各地区 GDP 之比来衡量,其中实际利用外资额需要依据当年平均汇率换算成人民币数值。

金融发展($finance$):金融发展对市场经济起润滑及推进作用,为激发企业家精神提供融资需求,强化了企业家的创新创业动力,是促进产业集聚的重要影响因素。通常,衡量金融发展水平的指标是"金融相关率",即存贷款之和与 GDP 之比。

基本公共服务:基本公共服务影响劳动力区际流动及企业选址,为高技术产业集聚提供重要保障。基本公共服务涉及领域较为广泛,本章选取每千人拥有医疗卫生机构床位数(bed)和人均拥有公共图书馆藏书量($book$)作为代理变量,简单反映基本公共服务水平。

三、数据来源与描述性统计

根据实际情况与数据来源限制,本章选取 1997—2009 年和 2008—2014 年中国 30 个省(自治区、直辖市)(剔除数据缺失的西藏自治区和港澳台地区)面板数据进行实证分析。如无特殊说明,原始数据均来自 Wind 数据库、CNKI 中国经济与社会发展统计数据库和历年中国统计年鉴以及各省(自治区、直辖市)统计年鉴。另外,需要说明的是,为了消除数据中存在的异方差

及量纲上的差异,本章在实证研究中对所有变量做自然对数处理。表 13-1
给出了主要变量原始数据的描述性统计特征。

表 13-1　描述性统计结果八

变量	符号	观测数	平均值	最大值	中间值	最小值	标准差
时期 1:1997—2009 年							
高技术产业集聚	aggl	390	0.92	3.28	0.59	0.10	0.80
制度环境	institution	390	5.67	11.80	5.34	1.29	2.02
企业家创新精神	IE	390	5629.10	87286.00	2228.00	56.00	10749.10
企业家创业精神	BE	390	0.15	0.58	0.13	0.04	0.09
市场潜力	mp	390	207.05	630.66	205.30	27.41	100.03
人力资本	human	390	7.84	11.17	7.81	4.69	1.01
交通运输条件	ttc	390	0.49	1.89	0.40	0.02	0.37
外商直接投资	fdi	390	0.56	5.71	0.29	0.03	0.70
金融发展	finance	390	2.55	10.16	2.16	0.13	1.67
人均医疗卫生机构床位数	bed	390	2.91	5.54	2.66	1.53	0.89
人均拥有公共图书馆藏书量	book	390	0.45	3.58	0.30	0.12	0.56
时期 2:2008—2014 年							
高技术产业集聚	aggl	210	0.78	3.14	0.54	0.04	0.75
制度环境	institution	210	6.00	9.95	5.89	2.53	1.69
企业家创新精神	IE	210	28305.28	269944.00	11062.50	228.00	46188.33
企业家创业精神	BE	210	0.25	0.72	0.21	0.08	0.12
市场潜力	mp	210	354.18	1126.40	315.64	34.79	210.43
人力资本	human	210	8.82	12.03	8.75	6.90	0.90
交通运输条件	ttc	210	0.87	2.11	0.84	0.08	0.48
外商直接投资	fdi	210	0.34	4.47	0.18	0.05	0.47
金融发展	finance	210	2.91	10.87	2.45	0.14	1.80
人均医疗卫生机构床位数	bed	210	4.03	6.22	3.96	2.33	0.83
人均拥有公共图书馆藏书量	book	210	0.58	3.39	0.43	0.17	0.51

第四节　制度环境与企业家精神对高技术产业集聚影响的假说检验

一、初步回归结果

表13-2列出了实证模型（1）和实证模型（2）的检验结果，即制度环境与企业家精神以及高技术产业集聚之间的关系。本章的基准回归采用的是普通最小二乘法估计，同时控制了时间固定效应和地区固定效应。为了便于比较，本章采用逐步回归过程以检验制度环境与企业家精神对高技术产业集聚影响效应的稳健性。具体检验结果见表13-2。

表13-2　1997—2014年初步回归结果

变量	（1）	（2）	（3）	（4）	（5）	（6）
ln*institution*	1.0286 *** (0.1686)		0.5314 *** (0.2002)	0.5063 *** (0.1907)	0.5086 *** (0.1847)	0.5032 *** (0.1834)
ln*IE*		0.2832 *** (0.0486)	0.2811 *** (0.0465)	0.2807 *** (0.0462)	0.2809 *** (0.0463)	0.2105 *** (0.0360)
ln*BE*		0.1821 ** (0.0908)	0.1798 ** (0.0876)	0.1569 ** (0.0763)	0.1791 ** (0.0875)	0.1646 ** (0.0783)
ln*institution* × ln*IE*					0.2115 *** (0.0701)	0.1073 *** (0.0336)
ln*institution* × ln*BE*					1.3935 *** (0.2110)	1.0884 *** (0.1835)
ln*mp*				0.1054 ** (0.0528)		0.0907 ** (0.0437)
ln*human*				0.8599 ** (0.3706)		0.9851 *** (0.3821)
ln*ttc*				0.1896 *** (0.0538)		0.1953 *** (0.0561)
ln*fdi*				0.5099 *** (0.0386)		0.4131 *** (0.0499)

续表

变量	(1)	(2)	(3)	(4)	(5)	(6)
ln*finance*				0.0638* (0.0331)		0.0508** (0.0256)
ln*bed*				0.6505*** (0.1731)		0.5695*** (0.1697)
ln*book*				0.3973*** (0.0691)		0.2945*** (0.0719)
Constant	−1.2442*** (0.2966)	−1.1692 (0.3306)	−1.3049*** (0.0996)	−0.8262 (0.8358)	−1.4234*** (0.3624).	−1.3796 (0.8780)
时间固定效应	Yes	Yes	Yes	Yes	Yes	Yes
地区固定效应	Yes	Yes	Yes	Yes	Yes	Yes
R^2	0.3636	0.4082	0.4084	0.6064	0.4459	06256
F	15.82***	17.77***	16.80***	60.94***	19.41***	55.18***
观测值	390	390	390	390	390	390

注:括号内为标准误,***、**、*分别表示在1%、5%和10%的水平下显著。

由表13-2中回归结果可以发现,不管是对制度环境和企业家精神的分别检验,还是交互分析,核心变量均显著为正,与理论预期相吻合。在列(1)和列(3)—列(6)的回归结果中,制度环境的估计系数都显著,意味着建立系统完备、科学规范、运行有效的制度体系对高技术产业集聚呈现明显的推动作用。列(2)—列(6)的回归结果显示,企业家创新精神与高技术产业集聚呈正相关,且在1%的水平下显著;企业家创业精神与高技术产业集聚也呈正相关,且在5%的水平下显著。这说明企业家精神在驱动高技术产业集聚形成和发展过程中起着重要作用。发挥企业家精神有助于整合和共享创新资源,吸引更多新企业家的加入,从而集聚在高技术产业链条周围。在列(5)和列(6)的回归结果中,制度环境与企业家精神的交互项系数均在1%的水平下显著为正,说明制度环境与企业家精神之间存在交互作用,制度环境的改善释放了企业家精神的潜能,具备提升高技术产业集聚的作用效果;受制度环境影响的同时,企业家也趋于主动影响制度环境,以降低行业发展的不确定性和外部性,最大化高技术产业的集聚效应。上述实证检验结果,初步验证了前文的研究假说1、假说2和假说3。

其他控制变量方面,表13-2中回归结果显示,市场潜能的回归系数为正且显著,说明较大的市场需求容量和供给容量是提升高技术产业集聚的必要条件。人力资本对高技术产业集聚的影响显著为正。这说明,随着劳动者知识和技术存量的增大有助于将先进技术引入生产过程中,促进知识溢出和产业创新,为推动高技术产业集聚发展提供了技术支持和人才支撑。交通运输条件的影响系数显著为正,表明改善交通运输条件可以降低产品的运输成本,更易于获取投入品或出售产品,形成区域内部的需求联系,强化中心—外围格局,形成磁场效应,推进高技术产业集聚。外商直接投资参数估计也显著为正,原因在于外商直接投资在一定程度上弥补了国内企业的资金短缺问题,并通过技术外溢效应,推动先进技术和管理经验的扩散,对高技术产业集聚具有积极的促进作用。金融发展与高技术产业集聚存在显著正向关系,说明金融存贷款规模的稳步上升,为高科技产业发展提供了充足的资金保证。此外,每千人拥有医疗卫生机构床位数和人均拥有公共图书馆藏书量等基本公共服务水平的提高,为高技术产业集聚的创新与发展创造了良好的外部环境。

二、内生性处理

制度环境、企业家精神与高技术产业集聚之间存在内生性问题。一方面,建设高科技产业园区以及对高科技产业的鼓励政策直接刺激了企业家创业和企业创新发展,企业家精神与高技术产业集聚可能存在互为因果的关系,即企业家精神属于内生变量。另一方面,如果采用一般的面板数据模型回归,理论上还存在两个方面的内生性问题,一是被解释变量滞后项与随机扰动项相关,可能产生的内生性问题;二是遗漏变量可能导致的内生性问题。因此,为了避免所得到的回归结果是有偏的,本章拟采用系统GMM估计进行内生性处理。

高技术产业集聚从长期来看是一个动态的过程,既与当前因素相关,也受过去因素的影响。因而考虑在模型中加入被解释变量的滞后项,进行动态面板回归。系统广义矩估计方法(System GMM)可以克服动态面板数据中可能出现的上述问题(Arellano 和 Bover,1995)①。同时,为了解决模型中可能存在的内生性问题,我们借鉴连玉君等(2008)②的做法,使用内生变量的滞后项作为工具变量进行回归,以控制或减少内生性问题,并对差分方程随机扰动项进行二阶序列相关检验,且对工具变量的有效性进行萨甘过度识别约束检验。系统 GMM 估计结果见表 13-3。

表 13-3　1997—2014 年系统 GMM 估计结果

变量	(1)	(2)	(3)	(4)
$L.\text{ln}aggl$	0.9295 *** (0.0490)	0.8410 *** (0.0442)	0.8688 *** (0.0479)	0.8360 *** (0.0350)
ln$institution$	0.4655 ** (0.1850)	0.3218 ** (0.1423)	0.4168 ** (0.1856)	0.2862 ** (0.1326)
lnIE	0.2866 *** (0.0481)	0.1991 ** (0.0356)	0.2465 *** (0.0467)	0.1962 *** (0.0327)
lnBE	0.2014 ** (0.0935)	0.1875 ** (0.0888)	0.1982 ** (0.0923)	0.1863 ** (0.0871)
ln$institution$ × lnIE			0.1576 ** (0.0724)	0.1313 ** (0.0566)
ln$institution$ × lnBE			1.2351 *** (0.2272)	0.9390 *** (0.1645)
lnmp		0.1007 ** (0.0494)		0.0861 ** (0.0394)
ln$human$		0.8483 ** (0.3676)		0.8257 *** (0.3464)
lnttc		0.1446 ** (0.0615)		0.1186 ** (0.0517)

---

① Arellano,M.,Bover,O.,"Another Look at the Instrumental Variable Estimation of Error-Components Models",*Journal of Econometrics*,Vol.68,No.1,1995.

② 连玉君等:《现金—现金流敏感性能检验融资约束假说吗?》,《统计研究》2008 年第10 期。

续表

变量	（1）	（2）	（3）	（4）
lnfdi		0.5038 *** (0.0372)		0.5089 *** (0.0366)
ln$finance$		0.0480 ** (0.0236)		0.0476 ** (0.0230)
lnbed		0.5192 ** (0.2046)		0.4706 ** (0.1934)
ln$book$		0.3087 * (0.1596)		0.3083 * (0.1595)
$Constant$	−1.4218 *** (0.3734)	−1.4799 (0.9527)	−1.2789 *** (0.3733)	−1.1112 (0.8988)
时间固定效应	Yes	Yes	Yes	Yes
地区固定效应	Yes	Yes	Yes	Yes
$AR(1)test$	0.000	0.000	0.000	0.000
$AR(2)test$	0.144	0.255	0.185	0.132
$Sargan\ test$	0.849	0.846	0.886	0.865
观测值	377	377	377	377

注：括号内为标准误，***、**、*分别表示在1%、5%和10%的水平下显著。

从表13-3，我们不难看出，$AR(1)$显著，$AR(2)$检验的伴随概率大于10%的显著水平，这表明计量模型残差无自相关。Sargan过度识别检验显示在10%的显著性水平下不能拒绝工具变量有效的原假设，即工具变量的选择整体上也是有效的。由此可见，本章选择使用的系统GMM估计方法及估计结果是合适的。从整体估计结果来看，系统GMM估计中滞后1期的高技术产业集聚的回归系数显著为正，意味着高技术产业集聚具有明显的惯性特征和时间累积效应。制度环境每改善1%，高技术产业集聚显著增加0.29个百分点；企业家创新精神每增加1%，会促进高技术产业集聚增加0.20%；企业家创业精神每增加1%，会导致高技术产业集聚提升0.19%；列（3）和列（4）交叉项的回归系数均在1%的水平下显著，经计算可知，企业家创新精神对高技术产业集聚的具体影响为0.1962+0.1313×ln$institution$，企业家创业精神对高技术产业集聚的具体影响为 $0.1863 + 0.9390 \times \ln institution$ 。上述实证检验结果,制度环境、企业家精神以及制度环境与企业家精神的交叉项与高技术产业集聚之间均存在显著的正相关关系,结果与前文的结论一致,进一步证实了本章的研究假说1、假说2和假说3。

三、分地区样本估计

中国具有大国经济特征,地区间制度基础及企业家精神禀赋差异明显,对高技术产业集聚的影响在各省(自治区、直辖市)的表现也可能并不相同。因此,有必要对东部地区、中部地区、西部地区进行分样本估计(不含西藏),以避免产生较大的系统误差。回归结果见表13-4。

表 13-4　1997—2014 年分地区样本估计结果

变量	东部地区		中部地区		西部地区	
	(1)	(2)	(3)	(4)	(5)	(6)
$L.\ln aggl$	0.8543*** (0.0625)	0.8107*** (0.0512)	0.8282*** (0.0563)	0.8155*** (0.0475)	0.8405*** (0.0673)	0.8212*** (0.0537)
$\ln institution$	0.3700*** (0.1033)	0.3335*** (0.0859)	0.3259*** (0.0864)	0.3055** (0.0721)	0.1154** (0.0576)	0.1078** (0.0426)
$\ln IE$	0.2223* (0.0714)	0.2162** (0.0523)	0.1070** (0.0425)	0.1056*** (0.0389)	0.1007** (0.0457)	0.0953*** (0.0089)
$\ln BE$	0.4504*** (0.1406)	0.4033*** (0.0948)	0.3478*** (0.0660)	0.3338*** (0.0626)	0.2887*** (0.0587)	0.2748*** (0.0542)
$\ln institution \times \ln IE$	0.1631*** (0.0534)	0.1383** (0.0468)	0.1365** (0.0476)	0.1275** (0.0322)	0.1088** (0.0120)	0.0976** (0.0097)
$\ln institution \times \ln BE$	0.7695*** (0.2079)	0.7217*** (0.1805)	0.6966*** (0.1439)	0.6626*** (0.1296)	0.5798*** (0.0964)	0.5277*** (0.0718)
$\ln mp$		0.1242*** (0.0309)		0.1088*** (0.0296)		0.0809* (0.0435)
$\ln human$		0.8877*** (0.1433)		0.7814*** (0.1070)		0.6598*** (0.0903)

续表

变量	东部地区		中部地区		西部地区	
	（1）	（2）	（3）	（4）	（5）	（6）
ln*ttc*		0.1896* (0.1029)		0.1741* (0.0956)		0.1290** (0.0559)
ln*fdi*		0.1637 (0.1284)		0.1088** (0.0475)		0.1013* (0.0602)
ln*finance*		0.1084** (0.0525)		0.0874** (0.0397)		0.0786** (0.0217)
ln*bed*		0.6898*** (0.1491)		0.6345*** (0.1744)		0.5656** (0.2595)
ln*book*		0.3065*** (0.1114)		0.27855 (0.0899)		0.2434 (0.0524)
Constant	−1.1537* (0.6331)	−1.1190*** (0.2692)	−1.1855*** (0.3486)	−1.2891** (0.5667)	−1.5537*** (0.3412)	−1.4763* (0.8793)
时间固定效应	Yes	Yes	Yes	Yes	Yes	Yes
地区固定效应	Yes	Yes	Yes	Yes	Yes	Yes
AR(1)*test*	0.000	0.001	0.001	0.021	0.000	0.028
AR(2)*test*	0.204	0.243	0.289	0.311	0.254	0.295
Sargan test	0.590	0.570	0.382	0.322	0.366	0.420
观测值	130	130	104	104	143	143

注:括号内为标准误,***、**、*分别表示在1%、5%和10%的水平下显著。

表13-4中,分地区样本回归结果可知,制度环境、企业家精神以及制度环境与企业家精神交互项的系数估计值在各区域均显著为正,研究结论与上文一致,估计结果较为稳健。从影响程度上看,东部地区制度环境、企业家精神及其交互项对高技术产业集聚的促进效果要强于中西部地区,存在显著的空间异质性。这在一定程度上解释了为什么高技术产业集聚在浙江、广东、江苏等东部沿海地区率先发展并表现良好,而中西部地区发展缓慢的原因。上述研究结论启发我们,理应加强中西部地区制度与规则的供给,不断刺激中西部地区企业家创新和创业意愿的释放。值得注意的是,对外直接投资对东部

地区高技术产业集聚作用不显著,意味着外商直接投资已出现集聚不经济,引进技术的消化和吸收以及自主创新显得尤为重要。与此同时,中西部地区人均拥有公共图书馆藏书量的参数系数并不显著,原因在于中西部地区经济基础薄弱,基本公共服务投入严重不足,有必要大力推进东部、中部、西部地区间基本公共服务均等化。

四、稳健性检验

(一)稳健性检验Ⅰ:更换样本

为了确保得到稳健的估计结果,本章同时借鉴王小鲁等(2017)编制的《中国分省份市场化指数报告(2016)》,运用2008—2014年的研究样本替代1997—2009年的研究样本进行稳健性检验。表13-5中罗列了2008—2014年的回归结果,实证检验表明两个时期样本替换所得的结果差别不大,本章研究假说得到了进一步验证。

表13-5　2008—2014年更换样本的估计结果

变量	(1)	(2)	(3)	(4)
$L.\ln aggl$	0.9169*** (0.0522)	0.8836*** (0.1248)	0.8714*** (0.0506)	0.7916*** (0.1472)
$\ln institution$	0.4065*** (0.0607)	0.3837*** (0.0574)	0.3979*** (0.0551)	0.3892*** (0.0557)
$\ln IE$	0.2446*** (0.0468)	0.2059*** (0.0377)	0.2482*** (0.0482)	0.2231*** (0.0736)
$\ln BE$	0.4627*** (0.1393)	0.4388*** (0.0936)	0.4282*** (0.0853)	0.4225*** (0.0771)
$\ln institution \times \ln IE$			0.2301*** (0.0552)	0.2242* (0.0539)
$\ln institution \times \ln BE$			0.9655*** (0.1354)	0.9142*** (0.1054)
$\ln mp$		0.1002*** (0.0301)		0.1003*** (0.0301)

续表

变量	（1）	（2）	（3）	（4）
ln*human*		0.8821*** （0.1655）		0.8413** （0.1174）
ln*ttc*		0.1645* （0.0879）		0.1458* （0.0794）
ln*fdi*		0.1053** （0.0477）		0.0864** （0.0397）
ln*finance*		0.1692*** （0.0423）		0.1460*** （0.0354）
ln*bed*		0.7311*** （0.1037）		0.6573*** （0.1385）
ln*book*		0.4452*** （0.1352）		0.4495*** （0.1364）
Constant	−1.1428 （1.2149）	−0.1717 （0.8317）	−1.3114*** （0.4089）	−0.1370 （0.5518）
时间固定效应	Yes	Yes	Yes	Yes
地区固定效应	Yes	Yes	Yes	Yes
AR（1）*test*	0.001	0.000	0.000	0.000
AR（2）*test*	0.874	0.945	0.988	0.892
Sargan test	0.608	0.712	0.454	0.727
观测值	180	180	180	180

注:括号内为标准误,***、**、*分别表示在1%、5%和10%的水平下显著。

（二）稳健性检验Ⅱ:更换估计方法

考虑到可能由空间因素引致的计量结果偏差,本章建立以下形式的空间自回归模型(Spatial Autoregressive Model,SAR)、空间杜宾模型(Spatial Durbin Model,SDM)和空间自相关模型(Spatial Autocorrelation Model,SAC),进一步检验模型结果的稳健性。此外,本章同时采用了经济距离的空间权重矩阵和地理距离的空间权重矩阵。其中,地理距离使用各省(自治区、直辖市)的省会城市之间的大圆距离衡量,经济距离使用的是地区间人均GDP的差额。表

13-6中,空间面板模型估计结果仍然支持前文的结论,所有核心解释变量的估计系数正负号无变化,只是显著性略有变化,为本章结论的稳健性提供了支持。

表13-6 1997—2014年更换估计方法的回归结果

变量	经济距离的空间权重矩阵			地理距离的空间权重矩阵		
	SAR	SDM	SAC	SAR	SDM	SAC
$L.\ln aggl$	0.7474 *** (0.0732)	0.7053 *** (0.0628)		0.8223 *** (0.0811)	0.8222 *** (0.0811)	
$\ln institution$	0.3454 *** (0.1173)	0.3446 *** (0.1165)	0.3503 *** (0.1181)	0.3253 *** (0.1035)	0.2651 *** (0.0932)	0.3541 *** (0.1157)
$\ln IE$	0.1903 *** (0.0302)	0.1863 *** (0.0286)	0.1995 *** (0.0341)	0.1182 *** (0.0395)	0.1179 *** (0.0388)	0.1482 *** (0.0475)
$\ln BE$	0.4397 *** (0.0217)	0.4056 *** (0.0208)	0.4138 *** (0.0206)	0.3448 *** (0.0850)	0.3445 *** (0.0848)	0.3695 *** (0.0811)
$\ln institution \times \ln IE$	0.1165 ** (0.0274)	0.1163 ** (0.0272)	0.1154 ** (0.0269)	0.1204 ** (0.0301)	0.1202 ** (0.0300)	0.1265 *** (0.0303)
$\ln institution \times \ln BE$	0.5515 *** (0.1483)	0.5483 *** (0.1452)	0.5424 *** (0.1421)	0.5902 *** (0.1671)	0.5896 *** (0.1668)	0.6132 *** (0.1805)
$\ln mp$	0.1001 * (0.0533)	0.1091 ** (0.0532)	0.1041 ** (0.0500)	0.1051 ** (0.0523)	0.1061 * (0.0585)	0.1052 ** (0.0506)
$\ln human$	0.6362 *** (0.2355)	0.6301 *** (0.2303)	0.6242 *** (0.2295)	0.6662 *** (0.2455)	0.6658 *** (0.2445)	0.6569 ** (0.2612)
$\ln ttc$	0.1331 *** (0.0382)	0.1267 *** (0.0355)	0.1123 *** (0.0340)	0.1102 ** (0.0517)	0.1099 ** (0.0511)	0.1368 *** (0.0483)
$\ln fdi$	0.0606 (0.0520)	0.0543 (0.0411)	0.0500 (0.0404)	0.0732 (0.0614)	0.0730 (0.0611)	0.1041 (0.0885)
$\ln finance$	0.0554 ** (0.0224)	0.0483 ** (0.0201)	0.0510 * (0.0286)	0.0504 ** (0.0253)	0.0505 * (0.0260)	0.0503 ** (0.0254)
$\ln bed$	0.4505 (0.3401)	0.4483 (0.3372)	0.4379 * (0.2295)	0.4764 *** (0.1823)	0.4763 *** (0.1834)	0.4631 *** (0.1587)
$\ln book$	0.2212 (0.1753)	0.2200 (0.1742)	0.2114 (0.1711)	0.2301 * (0.1321)	0.2300 * (0.1320)	0.2434 (0.1577)

续表

变量	经济距离的空间权重矩阵			地理距离的空间权重矩阵		
	SAR	SDM	SAC	SAR	SDM	SAC
$w \times \ln institution$		0.0043 ** (0.0021)			0.0014 ** (0.0006)	
$w \times \ln IE$		0.0082 ** (0.0039)			0.0029 * (0.0016)	
$w \times \ln BE$		0.0091 ** (0.0044)			0.0012 * (0.0007)	
空间自回归系数	0.3261 *** (0.1144)	0.2854 *** (0.1089)	0.4568 *** (0.1513)	0.1021 * (0.0601)	0.1021 * (0.0601)	0.4612 *** (0.1543)
误差项的空间自回归系数			-0.4523 *** (0.1358)			-0.4447 *** (0.1292)
方差	0.1201 *** (0.0417)	0.1083 *** (0.0372)	0.1332 *** (0.0441)	0.1423 *** (0.0559)	0.1422 *** (0.0558)	0.1400 *** (0.0512)
R^2	0.906	0.891	0.745	0.948	0.948	0.802
观测值	360	360	390	360	360	390

注:括号内为标准误,***、**、*分别表示在1%、5%和10%的水平下显著。

(三)稳健性检验Ⅲ:变量替换

这里进一步采用该地区高技术产业从业人员平均人数占全国高技术产业从业人员平均人数的比重作为高技术产业集聚的替代变量做进一步稳健性检验。回归结果如表13-7所示,核心解释变量的系数在符号和显著性上均与前文研究结果无较大差别,再次证明了本章的实证结论具备较强的稳健性。

表 13-7　1997—2014 年变量替换的估计结果

变量	(1)	(2)	(3)	(4)
$L.\ln aggl$	0.9169 *** (0.0522)	0.8836 *** (0.1248)	0.8714 *** (0.0506)	0.7916 *** (0.1472)

续表

变量	（1）	（2）	（3）	（4）
ln*institution*	0.5065*** (0.1007)	0.4837*** (0.0874)	0.4979*** (0.0951)	0.4892** (0.0957)
ln*IE*	0.2446*** (0.0668)	0.2059*** (0.0477)	0.2482*** (0.0682)	0.1631** (0.0336)
ln*BE*	0.3627*** (0.1393)	0.3388*** (0.0936)	0.3282*** (0.0853)	0.3225*** (0.0771)
ln*institution* × ln*IE*			0.1301*** (0.0352)	0.1442*** (0.0439)
ln*institution* × ln*BE*			1.2155*** (0.1754)	1.1642*** (0.1354)
ln*mp*		0.1002** (0.0501)		0.1003** (0.0502)
ln*human*		0.7821*** (0.2655)		0.7413*** (0.2174)
ln*ttc*		0.1645* (0.0879)		0.1458* (0.0794)
ln*fdi*		0.5053*** (0.1477)		0.4864*** (0.1097)
ln*finance*		0.0692** (0.0323)		0.0460* (0.0254)
ln*bed*		0.6311*** (0.1037)		0.5573*** (0.1385)
ln*book*		0.3452*** (0.0952)		0.2495*** (0.0864)
Constant	−1.1428 (1.2149)	−0.1717 (0.8317)	−1.3114*** (0.4089)	−0.1370 (0.5518)
时间固定效应	Yes	Yes	Yes	Yes
地区固定效应	Yes	Yes	Yes	Yes
AR(1)*test*	0.001	0.000	0.000	0.000
AR(2)*test*	0.874	0.945	0.988	0.892
Sargan test	0.608	0.712	0.454	0.827
观测值	360	360	360	360

注:括号内为标准误,***、**、*分别表示在1%、5%和10%的水平下显著。

第五节 制度环境对企业家精神的影响效应分析

在经济朝向形态更高级、分工更细致、结构更合理的高级阶段演化进程中,要推动高技术产业集聚,就必须充分重视制度改革与创新,厚植弘扬企业家精神的制度环境,剔除各种不利于培养企业家精神的正式约束或非正式约束,营造创新创业氛围,从而最大限度地解放和激发"大众创新、万众创业"的企业家精神所蕴含的巨大潜能。在中国转型经济制度背景下,制度对企业家精神的影响越来越受到重视。中共中央、国务院印发的《关于营造企业家健康成长环境弘扬优秀企业家精神更好发挥企业家作用的意见》明确提出,着力营造依法保护企业家合法权益的法治环境、促进企业家公平竞争诚信经营的市场环境、尊重和激励企业家干事创业的社会氛围,弘扬优秀企业家精神,引导企业家爱国敬业、遵纪守法、创新创业、服务社会,调动广大企业家积极性、主动性、创造性,发挥企业家作用。

基于上述分析,本章根据市场化指数的构成将制度环境分解为政府与市场的关系(market)、非国有经济的发展(non-state)、产品市场的发育程度(product)、要素市场的发育程度(elements)、市场中介组织的发育和市场的法制环境(legal)5 个方面。本章主要从制度环境的这 5 个特定方面,具体检验制度环境发生变化对企业家精神的不同影响效应。表 13-8 中,列(1)—列(4)报告了 1997—2009 年的检验结果,列(5)、列(6)报告了 2008—2014 年的检验结果。列(1)、列(2)、列(5)的被解释变量为企业家创新精神,列(3)、列(4)、列(6)的被解释变量为企业家创业精神。

表 13-8 1997—2014 年制度环境对企业家精神的影响效应分析

变量	时期 1：1997—2009 年			时期 2：2008—2014 年		
	（1）	（2）	（3）	（4）	（5）	（6）
ln*markrt*	0.1426 *** (0.0347)	0.1332 ** (0.0334)	0.1118 *** (0.0236)	0.1109 *** (0.0234)	0.1596 ** (0.0421)	0.1291 *** (0.0362)
ln*non − state*	0.0900 * (0.0517)	0.0823 (0.0586)	0.2213 *** (0.0528)	0.2232 *** (0.0527)	0.1019 (0.0762)	0.2335 *** (0.0533)
ln*product*	0.0680 ** (0.0213)	0.0684 *** (0.0209)	0.0394 *** (0.0127)	0.0356 *** (0.0127)	0.0852 *** (0.0265)	0.0524 *** (0.0156)
ln*elements*	0.0579 *** (0.0128)	0.0597 *** (0.0117)	0.0133 *** (0.0031)	0.0078 *** (0.0029)	0.0368 * (0.0213)	0.0176 *** (0.0043)
ln*legal*	0.1063 *** (0.0067)	0.0988 *** (0.0071)	0.0647 *** (0.0016)	0.0657 *** (0.0018)	0.1210 *** (0.0150)	0.0689 *** (0.0019)
ln*human*		0.2096 *** (0.0496)		0.2276 *** (0.0124)	0.2865 *** (0.0710)	0.2250 *** (0.0176)
ln*fdi*		0.1369 *** (0.0206)		0.0515 *** (0.0062)	0.1634 *** (0.0285)	0.0581 *** (0.0101)
ln*finance*		0.2061 ** (0.0835)		0.2456 *** (0.0616)	0.2546 ** (0.1235)	0.3106 *** (0.1087)
ln*bed*		0.1863 *** (0.0429)		0.0393 *** (0.0107)	0.2230 *** (0.0543)	0.0380 *** (0.0081)
ln*book*		0.1646 *** (0.0469)		0.0577 *** (0.0104)	0.1870 *** (0.0556)	0.0705 *** (0.0118)
Constant	0.8383 *** (0.2307)	0.8393 *** (0.2395)	−0.4207 *** (0.1318)	−0.4166 *** (0.1396)	0.8510 *** (0.2296)	−0.4527 *** (0.1118)
时间固定效应	Yes	Yes	Yes	Yes	Yes	Yes
地区固定效应	Yes	Yes	Yes	Yes	Yes	Yes
R^2	0.5848	0.7879	0.5900	0.8237	0.5883	0.7398
F	548.88 ***	610.65 ***	32.81 ***	35.94 ***	384.03 ***	56.92 ***
观测值	390	390	390	390	210	210

注：括号内为标准误，*** 、** 、* 分别表示在 1%、5% 和 10% 的水平下显著。

由表 13-8 中回归结果，可以发现，制度环境是培育企业家精神的重要外部动力。也就是说，没有良好的制度环境，就没有厚植企业家精神成长的土壤,就不能全面激发和保护企业精神,鼓励更多社会主体投身创新创业。这表现在,除非国有经济发展对企业家创新精神影响的检验系数未通过显著性检验,政府与市场的关系、产品市场的发育程度、要素市场的发育程度、市场中介组织的发育和市场的法制环境的参数估计均显著为正,非国有经济发展对企业家创业精神的参数估计也显著为正。这些意味着市场的公平性、竞争性与市场制度的发展结伴而生,能否有效发挥市场机制的决定性作用对企业家精神有直接影响;产品市场、要素市场以及市场中介组织的发育是显示企业创新成本和创业机会的信号装置,随着市场发育程度不断提高,对企业家精神的正面影响会不断提升;市场的法制环境是决定企业家创新创业积极性的必要条件,建立良好的市场法制环境,有助于降低交易成本和交易风险,较好地保护产权和投资收益,极大地激发和保护了企业家精神。非国有经济的发展拓宽了私营企业的发展空间,通过竞争提升了国有企业的运作效率,降低新企业的进入门槛,为企业家的创业行为创造了机会,故而非国有经济发展对企业家创业精神产生显著的正向作用。

从控制变量来看,人力资本的回归系数显著为正,即人均受教育水平的提高对企业家精神的提升起关键作用。外商直接投资的回归系数显著为正,说明外商直接投资是培育企业家精神的重要推动力,应继续保持开放的姿态,减少外资准入的限制;金融发展的回归系数在1%的水平下显著为正,说明了金融发展可以为企业家精神培育提高有力的资金保障,尤其是能够解决企业创业所面临的融资困境。每千人拥有医疗卫生机构床位数和人均拥有公共图书馆藏书量等基本公共服务建设体系的完善,为推动企业家精神营造了良好的氛围和时机。

第六节　制度环境优化推动高新技术产业集聚

制度环境为企业家精神的发挥和高新技术产业集聚提供良好的外部环

境。如何弘扬企业家精神,发挥制度环境对高技术产业集聚的促进作用是本章要解决的核心问题。为此,本章以新制度经济学和新经济地理理论为基础,使用1997—2009年和2008—2014年中国30个省(自治区、直辖市)面板数据,对制度环境、企业家精神与高技术产业集聚三者关系进行经验分析。结果显示:第一,提升企业家精神对高技术产业集聚呈显著正向溢出效应,改善制度环境对高技术产业集聚也呈显著促进作用;制度环境差异和企业家精神禀赋差异是导致高技术产业差异化布局的重要原因;第二,制度环境与企业精神之间存在交互作用,随着制度环境不断改善,企业家精神对高技术产业集聚的边际效应不断上升;与此同时,企业家也会主动影响制度环境,持续激发企业家精神可以为高技术产业集聚创造高效率的制度环境。第三,良好的制度环境是维持企业家持续创新和创业的保障,随着政府与市场关系、非国有经济的发展、产品市场的发育程度、要素市场的发育程度、市场中介组织的发育和市场的法制环境等不断改善,有助于激发企业家的创新创业活力。这些研究结论具有以下政策启示。

第一,深化供给侧结构性改革,加大各类制度创新与制度供给,着力发挥制度的激励功能,充分释放社会主体的活力,以提高企业家的创业积极性和创造力。一是明晰与合理界定好政府和市场关系,实现市场和政府的有效结合。一方面充分发挥市场在资源配置中的决定性作用,为市场主体活动营造良好的制度环境,以降低交易成本及交易风险;另一方面更好地发挥政府作为制度供给者在深化改革和制度创新中的主导作用,积极转换政府职能,通过制度杠杆引导和影响企业家精神,使其更多配置于生产性活动。二是以混合经济为突破口推进国有企业深层次改革,完善国有企业的公司治理制度,创造平等进入和退出的竞争环境,通过竞争打破国有企业垄断,激发各类市场主体活力,充分释放企业家精神。三是推进产品市场发育,促使产品市场对新产品信息的传递更为有效,使价格信号能够及时、准确地反映新产品供需关系的变化,不断激励企业家精神的生产性潜能。四是促进要素市场发育,引导要素的转移和调整,使其在企业间、行业间、地区间的流动更加方便、快捷,更好地扩散和推广先进技术,降低企业创新创业的难度及成本。五是培育和发展市场中介组织,创新法律体制、健全法律法规、改善市场的法制环境,解决不确定性风险和外部性,为企业家精神的有效发挥提供牢靠的产权保护和诚信维护。

第二,弘扬企业家精神、培育现代工匠精神,提升制造产品附加值和供给质量,促进高技术产业集聚发展。大力营造善于实践、崇尚创新、敢于冒险、容忍失败的学习氛围和企业文化,不断积累生产经验和技术能力,获取知识溢出,集聚创新创业合力。着力提升创业能力、拓展创业政策、建设创业载体、改进创业服务,鼓励有知识、技术、研究能力和管理能力等专长的人才在高新技术产业、战略性新兴产业等领域自主创业。提供义务教育等公共福利制度、建立普惠型的职业培训管理制度,健全职业社会保障、薪酬和奖励制度等,畅通技能人才成长通道,不断提升人力资本素质,形成一批精益求精、专心致志,不断创新工艺、改进产品质量的现代产业工人。

第十四章　环境规制与产业结构升级

产业结构转型升级是一个国家或地区的国民经济各产业及整个产业结构发生质变的过程。随着一个国家的经济发展,技术进步速率不断加快,资源配置的状况将会发生变化,导致新兴产业不断涌现,从而引发相应的产业结构升级。因此,在经济增长过程中,虽然引起产业结构转变的因素较多,但科技创新往往起到核心作用。新古典经济学家认为,企业是追求利润最大化的,在企业最优决策下,环境规制只会带来企业生产绩效的下降。然而,波特假说认为严格的环境规制将鼓励企业进行更多的科技创新活动,采取更加先进的生产技术,从而提高企业的竞争能力。综合上述分析,将环境规制、科技创新以及产业结构升级纳入同一个分析框架,将有助于更好地识别环境规制下的产业结构转型升级。

第一节　环境规制与产业结构升级的相关研究

中国经济过去 40 多年的高速增长伴随着工业化进程的快速推进,在这个过程中中国工业得到了空前的发展。国家统计局数据显示,改革开放以来,中国工业增加值从 1978 年的 1622 亿元增长至 2017 年的 28 万亿元,年均增长率达 14%。然而工业的高速增长不可避免地带来了严重的环境污染问题,由于经济水平和技术水平的限制,中国经济发展一度秉持"先污染、后治理"的观点,工业产业属于粗放型发展方式,存在环境污染严重、自然资源消耗较大、能源利用率较低等问题。近几年美国耶鲁大学和哥伦比亚大学发布的全球环境绩效指数报告中,中国的空气质量都排在参与国家的后列。除空气质量不断恶化外,中国水资源也受到了较大程度的污染。据环境保护部数据,从1998年到2014年,中国工业废水排放量从每年401亿吨增加至每年735亿吨,值得注意的是,2015—2017年废水排放量出现了逐年下滑的趋势,这或许与近年来国家对环境保护实施了更加严格的管控标准有关。

中国经济已步入高质量发展阶段。高质量发展阶段更加重视经济发展的可持续性。经济增长由高速增长转变为中高速增长,从单纯追求规模速度型的粗放增长转变为质量效益型的集约增长,从增量扩能为主转向优质增量、调整存量并存。过去高能耗、高污染换来的高速增长透支了自然资源和生态环境、损害了生态福利,增长不可持续。经济发展方式转变为可持续发展,中国经济增长除受资本、技术、劳动力的制约外,还必须受到资源利用限度和生态环境的制约。在可持续发展中采取积极措施,调整发展战略,减少向自然界的索取,增加对自然界的投入,改善自然资源的供给条件。建立绿色低碳循环发展方式,走向生态平衡、发展生态文明,实现可持续发展是高质量发展阶段中国经济的重要特征(洪银兴、曲福田等,2023)①。

近年来,为了有效改善自然环境质量、监督企业生产排污行为,中国政府相继推出了《排污费征收使用管理条例》《实行最严格水资源管理制度考核办法》《城镇排污与污水处理条例》和新《中华人民共和国环境保护法》《水污染防治行动计划》以及新《中华人民共和国大气污染防治法》等环境法律制度,体现出国家在环境管控方面的重视程度越来越高。在政府不断加强环境规制的同时,中国经济在中高速增长阶段,产业结构升级步伐明显加快。国家统计

---

① 洪银兴、曲福田等:《可持续发展经济学》第二版,商务印书馆2023年版,第72页。

局数据显示,从三次产业结构来看,中国第三产业产值占 GDP 的比重呈现不断上升的趋势,而第二产业产值占 GDP 比重呈现下降趋势。1999 年至 2018年,中国第三产业增加值占比从 38.6% 提升至 53.3%,第二产业增加值占比从 45.4% 降低至 39.7%,其中在 2012 年第三产业占 GDP 比重达 45.5%,首次超过第二产业占 GDP 的比重 45.4%。然而,尽管第三产业增加值占 GDP 比重提升较为迅速,但 2018 年第三产业就业人员占三次产业就业人员总数的比重只有 46.3%,低于第三产业增加值占 GDP 的比重,第一产业与第二产业就业人员占就业人员总数的比重分别为 26.1%、27.6%,这说明中国第三产业虽然实现了快速发展,但从就业人员结构来看,第一产业、第二产业的就业人员仍然占据较大比重,产业结构还有很大的优化空间。

结合国家环境规制力度不断加强、经济发展进入新阶段、产业结构还存在进一步升级的空间,本书考虑到如果实施环境规制有利于推动产业结构升级,那么环境规制将不仅仅是单一的减少环境污染的环境政策,同时也是促进产业结构升级、对经济高质量发展产生重要作用的综合政策。

学术界对环境规制与产业结构之间关系的看法并不统一,有研究认为是线性关系,也有研究认为是非线性关系。康德利夫和摩根(Condliffe 和 Morgan,2009)[1]研究了 1977 年美国清洁空气法修正案对污染密集型制造工厂的选址决策的影响,研究发现严格的环境规制会阻止出现新的制造工厂从而影响污染密集型资本流动,研究还认为更严格的环境监管对高污染密集型制造商的影响大于对中度污染制造商的影响。姚昕和刘希颖(2010)[2]比较了征收碳税这种环境管制手段对不同行业产出的影响,研究认为,征收碳税有利于农业、轻工业、服务业等行业产出增加,从而对产业结构形成调节作用,并且这种作用方向不随征收碳税的额度的改变而改变,改变征收碳税的数额只是

---

[1] Condliffe,S.,Morgan,O.A.,"The Effects of Air Quality Regulations on the Location Decisions of Pollution-Intensive Manufacturing Plants",*Journal of Regulatory Economics*,Vol.36,No.1,2009.

[2] 姚昕、刘希颖:《基于增长视角的中国最优碳税研究》,《经济研究》2010 年第 11 期。

会影响产业结构调整的幅度。李眺(2013)[1]认为,环境规制可能导致污染密集型制造业企业退出市场,但对服务业成本的影响很小,因此环境规制有利于服务业的增长,从而可以促进产业结构的优化。李强(2018)[2]的研究认为,环境规制会导致服务业部门产值相对工业部门提高,从而促进产业结构升级,环境规制强度越高,越能够促进服务业产值占比的提升。也有研究认为,环境规制对两个城市群的产业结构都有持续、显著的积极作用(Chong 等,2017)[3]。原毅军和谢荣辉(2014)[4]用面板门槛回归模型对 1999—2011 年中国 30 个省份的面板数据进行了门槛检验,并将样本根据不同的环境规制强度分为 4 组不同地区的数据,得出的门槛回归结果显示环境规制对产业结构的影响会随着环境规制强度的逐渐变强而呈现出先抑制、后促进、再抑制的影响。钟茂初等(2015)[5]也认为环境规制与产业结构的关系为"U"型,环境规制对产业结构升级的影响表现为先抑制、后促进。肖兴志和李少林(2013)[6]的研究表明我国环境规制对产业升级的影响为"U"型,即随着环境规制强度的增加,产业升级程度呈现出先下降后上升的趋势。李斌等(2013)[7]认为随着环境规制强度的逐渐加强,环境规制对工业发展方式转变的影响呈现先抑制、后促进、再抑制的影响。

---

①　李眺:《环境规制、服务业发展与我国的产业结构调整》,《经济管理》2013 年第 8 期。

②　李强:《产业升级促进了生态环境优化吗——基于长江经济带 108 个城市面板数据的分析》,《财贸研究》2018 年第 12 期。

③　Chong, Z., Qin, C., Ye, X., "Environmental Regulation and Industrial Structure Change in China: Integrating Spatial and Social Network Analysis", *Sustainability*, Vol.9, No.8, 2017.

④　原毅军、谢荣辉:《环境规制的产业结构调整效应研究——基于中国省际面板数据的实证检验》,《中国工业经济》2014 年第 8 期。

⑤　钟茂初等:《环境规制能否倒逼产业结构调整——基于中国省际面板数据的实证检验》,《中国人口·资源与环境》2015 年第 8 期。

⑥　肖兴志、李少林:《环境规制对产业升级路径的动态影响研究》,《经济理论与经济管理》2013 年第 6 期。

⑦　李斌等:《环境规制、绿色全要素生产率与中国工业发展方式转变——基于 36 个工业行业数据的实证研究》,《中国工业经济》2013 年第 4 期。

从环境规制影响产业结构升级的作用机制来看，龚海林（2013）①基于产业组织理论分析了消费需求、技术创新、国际贸易等中间变量在环境规制影响产业结构过程中的作用，文章采用省际面板数据进行实证检验，在检验中介效应显著性的基础上比较了不同中间变量的影响绩效，其中投资结构的影响绩效最大。肖兴志和李少林（2013）认为，环境规制通过需求因素及外商直接投资因素对产业结构升级的影响是负面的，但通过技术创新对产业结构升级的影响有促进作用。傅京燕和李丽莎（2010）②的研究表明环境规制对外商直接投资的影响显著为负，也就是说，中国环境规制强度的增加将削弱外商对中国投资的区位选择偏好。

通过对相关文献的回顾梳理，本书发现环境规制与产业结构相互关系的研究较为丰富。然而，就"环境规制与产业结构的关系""环境规制影响产业结构的作用机制"这两个问题而言，学术界均持有不同的看法。例如，对于"环境规制与产业结构之间的关系"这一个问题，部分研究认为环境规制与产业结构之间的关系是线性关系，也有部分研究认为两者之间是非线性关系，非线性关系中又分为"U"型、"倒 U"型和"N"型关系之分，出现不同结论的原因主要是文章在数据样本选择、指标选取及数据处理方面的差异。对于"环境规制影响产业结构的作用机制"这一问题，有的研究认为技术创新中介效应不显著，但有的研究认为技术创新中介效应显著；有的学者认为外商直接投资的中介效应显著，而有的学者认为环境规制不利于吸引外商直接投资，从而不利于产业结构升级。尽管以上文献的观点不一，但这些文献所使用的研究方法和研究思路为本书提供了诸多借鉴和启发。对此，本章先研究了环境规制对产业结构升级的直接作用，然后以科技创新作为中介变量，研究环境规制、

---

① 龚海林：《环境规制促进产业结构优化升级的绩效分析》，《财经理论与实践》2013 年第5 期。

② 傅京燕、李丽莎：《FDI、环境规制与污染避难所效应——基于中国省级数据的经验分析》，《公共管理学报》2010 年第 3 期。

科技创新与产业结构的关系。

第二节　环境规制、科技创新与产业结构升级

从本质上来说,产业结构受环境规制的影响取决于环境规制作用下的微观企业行为。对企业而言,环境规制的一个直接影响是导致企业面临的生产成本增加,企业面临这部分额外的成本会采取一定的应对措施。本书认为适当的环境规制将引导企业的生产行为向清洁型、高新技术型的方向发展。从产业层面来看,清洁型、高新技术型产业往往存在于第三产业中,而农业、造纸业、服装制造、化工品制造等污染型产业则多为第二产业。因此,企业从污染型企业逐渐转向清洁型企业的过程,从产业层面上则可能表现为产业结构的升级。值得注意的是,这种积极作用可能是依赖于环境规制本身的强度累积表现出来的,即企业生产行为会根据环境规制的强度来进行灵活的应变调节,在不同的环境规制强度下,企业选择的生产行为也会存在差异。一般来说,当环境规制强度较低时,污染型企业可能通过调节生产结构、扩大生产规模应对环境成本的增加,这时环境规制不利于产业结构升级。随着环境规制继续增强,对企业而言环境成本进一步提升,当环境成本提升到一定程度后,企业就有足够的动力去改善技术、更换生产线。若环境规制进一步加强,市场可能会出现挤出效应,不具有清洁生产技术或改进技术资本的企业会被淘汰出市场,这一阶段环境规制也会促进产业结构升级。也就是说,两者之间可能并非单一线性关系,随着环境规制强度的变化,其对产业结构的影响也有不同的表现。

假说1:环境规制与产业结构的关系为非线性,环境规制对产业结构升级的作用随着环境规制强度的变化而变化。

参考鲍莫尔(Baumol,1990)的两部门非均衡模型,本书构建一个两部门非均衡增长模型来刻画环境规制在推动产业结构升级中发挥的作用。假设一

个经济体分为两个部门,第一个部门为工业部门,污染程度相对较严重;第二个部门为服务业部门,污染程度相对较轻。本书假设工业部门的技术水平低于服务业部门,为了简便分析,假定工业部门生产效率维持在固定水平,而服务业部门技术存在进步更新,技术进步率为 r。假定两个部门只有一种生产要素,即劳动力要素 L。那么两部门的生产函数分别为:

$$Y_{1t} = a L_{1t}^{\gamma} \tag{14-1}$$

$$Y_{2t} = \varphi_{(b)} L_{2t}^{\gamma} e^{rt} \tag{14-2}$$

式(14-1)、式(14-2)中 $0<\gamma<1$。假设对任意的 t 有 $L_{1t} + L_{2t} = 1$,两部门间的劳动可以自由流动。b 为环境规制强度,$\varphi_{(b)}$ 为技术进步关于环境规制的函数,其中 $0<\varphi_{(b)}<1$,以波特假说的创新补偿理论作为理论基础,有 $\varphi'_{(b)} > 0$。劳动力均衡时,两个部门的工资水平相同,为 w_t。

对工业部门和服务业部门生产函数的劳动要素进行求导,得到:

$$\gamma a L_{1t}^{\gamma-1} = w_t \tag{14-3}$$

$$\gamma \varphi_{(b)} L_{2t}^{\gamma-1} e^{rt} = w_t \tag{14-4}$$

由此可得:

$$L_{2t} = (a^{-1} \varphi_{(b)} e^{rt})^{\frac{1}{1-\gamma}} L_{1t} \tag{14-5}$$

由 $L_{1t} + L_{2t} = 1$,则有:

$$L_{1t} = \frac{1}{1 + X} \tag{14-6}$$

$$L_{2t} = \frac{X}{1 + X} \tag{14-7}$$

$$w_t = a\gamma (1 + X)^{(1-\gamma)} \tag{14-8}$$

其中,$X = [a^{-1}\varphi(b) e^{rt}]^{\frac{1}{1-\gamma}}$,从式中可以看出,随着环境规制强度 b、技术进步率 r 增加,X 也会相应地增加。也就是说,由于环境规制的创新补偿效应,服务业部门技术水平提升,劳动力也会逐渐从工业部门向服务业部门流动。由于模型假设经济中的投入要素只有劳动力,因而两部门的产出比等于劳动力投入比。

$$\frac{Y_2}{Y_1} = \frac{L_2}{L_1} = X = [\, a^{-1}\varphi(b)\, e^{rt}\,]^{\frac{1}{1-\gamma}} \tag{14-9}$$

式(14-9)说明环境规制会进一步放大服务业部门和工业部门之间的技术差距,从而使劳动力不断从工业部门流向服务业部门,并进一步引起产业结构的调整。

假说2:环境规制能够通过刺激企业技术创新,进而促进产业结构升级。

第三节　环境规制影响产业结构升级的研究设计

一、模型设定

为了分析环境规制对产业结构的影响,本书采用2003—2018年中国285个地级市的静态面板模型进行实证检验,在回归时本书将根据F检验及豪斯曼检验的结果来选择回归模型。计量模型设定如下:

$$\ln ind_{it} = \beta_0 + \beta_1 \ln er_{it} + \beta_2 (\ln er_{it})^2 + \beta_3 \ln X_{it} + \varepsilon_{it} \tag{14-10}$$

式(14-10)中, ind 为 i 城市在 t 年份(下同)的产业结构, er 表示环境规制强度,本书在该模型中引入环境规制强度的二次项。由于现实情况中还存在很多其他变量将对产业结构调整产生影响,参考汪伟等(2015)[1],经济水平、教育水平、人口密度、市场化程度等指标也可能影响产业结构升级,因而本书选取以上因素作为控制变量。

为了验证前文的假说2,本书进一步采用中介效应模型进行实证分析(温忠麟和叶宝娟,2014),模型设定如下:

$$\ln pat_{it} = \beta_0 + \beta_1 \ln er_{it} + \beta_2 \ln X_{it} + \varepsilon_{it} \tag{14-11}$$

$$\ln ind_{it} = \beta_0 + \beta_1 \ln er_{it} + \beta_2 \ln pat_{it} + \beta_3 \ln X_{it} + \varepsilon_{it} \tag{14-12}$$

式(14-12)中, pat 表示科技创新。其他变量同上。

---

① 汪伟等:《人口老龄化的产业结构升级效应研究》,《中国工业经济》2015年第11期。

二、变量选取

（一）被解释变量

产业结构升级指数（ind）：参考汪伟等（2015），本书用第一产业增加值占 GDP 比重×1+第二产业增加值占 GDP 比重×2+第三产业增加值占 GDP 比重×3 构建产业结构升级指数。该指数越大，说明产业结构升级程度越高。

（二）核心解释变量

环境规制强度（er）：采用二氧化硫去除率和工业烟（粉）尘去除率两个单项指标构建环境规制综合指数。指数值越高，说明环境规制水平越高。

（三）中介变量

技术创新（pat）：采用各个地级市的发明专利数量作为科技创新的代理变量。

（四）控制变量

经济发展水平（$pgdp$）：随着经济发展水平的不断提高，产业结构将按照第一产业、第二产业和第三产业进行依次演进，采用人均国内生产总值来表示。教育水平（stu）：受教育程度较高的公众往往具有较强的环保意识，对环境质量的关注程度越高，进行环保行为的可能性越大，因而教育水平对环境污染也是一个监督因素，采用每万人中高等学校在校生人数来表示。人口密度（pop）：人口密度可能会影响一个地区对环境问题的关注程度，从而对企业的生产行为造成约束，采用单位行政区域面积上的常住人口数量来表示。市场化程度（$mark$）：褚敏和靳涛（2013）①认为，国有企业垄断可能会在一定程度

---

① 褚敏、靳涛：《为什么中国产业结构升级步履迟缓——基于地方政府行为与国有企业垄断双重影响的探究》，《财贸经济》2013 年第 3 期。

上抑制产业结构升级,市场化程度越高越容易促进一个地方技术复杂度较高的产业成长。因此,本书选择市场化程度作为控制变量,采用个体和私营企业单位从业人员数占总就业人员数的比重来衡量。

三、数据来源与描述性统计

本书采用 2003—2018 年 285 个中国地级市的面板数据(剔除了数据缺失较严重的西藏、甘肃、云南省内部分地级市),数据主要来源于中国研究数据服务平台(CNRDS)及历年《中国城市年鉴》。变量的描述性统计结果见表 14-1。

表 14-1　描述性统计九

变量	样本数	均值	标准差	最小值	最大值
ind	4560	2.3614	0.1438	1.7104	2.8059
pat	4560	432.4633	1939.0260	0.0000	46988.0000
er	4560	1.9913	3.8287	0.0002	124.9719
$pgdp$	4560	53085.8700	49922.8000	1841.1950	532351.1000
stu	4560	425.2919	395.8271	0.0000	2425.5100
pop	4560	0.0945	0.0939	0.0012	1.4052
$mark$	4560	0.8963	0.6289	0.0189	10.2918

资料来源:笔者整理。

第四节　环境规制影响产业结构升级的实证分析

一、基准回归分析

表 14-2 给出了环境规制影响产业结构升级的基准回归结果。列(1)和列(2)给出了随机效应模型的回归结果,列(3)和列(4)给出了固定效应模型

的回归结果。研究表明,环境规制的一次项估计系数和二次项估计系数均显著为正,说明环境规制总体上能够促进产业结构升级。从投资结构角度来看,政府加强环境管制,将直接导致污染型企业生产成本的提升,并挤占企业用于扩大再生产的资金,从而重污染型企业不得不减小在原有生产领域的再投资规模,将更多资源投资到轻污染型的产业中,使社会投资结构发生变动,重污染型产业的产值缩小,而技术含量较高的绿色环保产业产值增加,使产业结构呈现优化趋势。在环境规制约束下,企业需要为其生产活动产生的污染进行投资治理,而投资治理产生的额外成本,企业往往会转嫁给消费者,导致这类产品价格上涨,因而消费者可能会减少消费这种产品,从而引起消费结构变化,消费需求的变化反过来又会影响供给端的企业生产决策,进而从产业层面上促进产业结构升级。从环境规制的种类来看,明令控制型环境规制可以设置污染密集型产业在规模、盈利能力、生产模式或技术水平方面的进入门槛,使达不到该门槛值的潜在企业无法进入该产业,而这部分生产要素便会流向环境规制较弱的清洁型行业例如服务业,产业结构则表现为优化升级。市场激励型环境规制导致企业生产成本增加,对于潜在进入企业来说可能提高了相应产业的进入壁垒,潜在企业可能在资本方面或技术方面因环境规制的加强而不能满足要求,故而无法进入该市场,而规制强度较低的行业就能获得更多的进入机会。也就是说,环境规制可能通过对污染型产业形成进入壁垒,从而对产业结构形成调节作用。

表 14-2　2003—2018 年基准回归结果

变量	（1）	（2）	（3）	（4）
	随机效应	随机效应	固定效应	固定效应
lner	0.0064 *** (4.20)	0.0080 *** (5.06)	0.0070 *** (4.27)	0.0085 *** (4.96)
lner		0.0016 *** (3.56)		0.0015 *** (3.28)

续表

变量	（1）	（2）	（3）	（4）
	随机效应	随机效应	固定效应	固定效应
lnpgdp	0.0197 ***	0.0197 ***	0.0199 ***	0.0200 ***
	(8.53)	(8.79)	(8.16)	(8.38)
lnstu	0.0087 ***	0.0089 ***	0.0066 *	0.0065 *
	(2.78)	(2.94)	(1.79)	(1.82)
lnpop	0.0096 ***	0.0098 ***	0.0081 *	0.0082 *
	(2.94)	(3.08)	(1.91)	(1.95)
lnmark	0.0066 ***	0.0063 ***	0.0068 ***	0.0065 ***
	(3.78)	(3.64)	(3.86)	(3.73)
N	4560	4560	4560	4560
R^2	0.2675	0.2763	0.2685	0.2774

注：***、**、* 分别表示在1%、5%和10%的水平下显著。括号内为 t 统计量。

从控制变量来看,经济发展水平、教育水平、人口密度和市场化程度对产业结构升级均有显著的正向作用。根据"配第—克拉克定理",随着经济发展水平的提高,劳动力将按照第一产业、第二产业和第三产业进行顺次转移,从而实现产业结构的转型升级。高等教育人数占比越高的地区意味着教育水平越高,人力资本质量越高,同时也越倾向于对自然环境质量要求越高,因而教育水平会通过对人力资本和环境规制强度两个方面形成影响,进一步影响产业结构。人口密度越高的地区,产业结构的升级程度越高,这与理论预期是一致的,人口密度越高的地区人们可能对环境质量的要求越高,通过对企业生产行为的非正式环境管制促进产业结构升级。市场化程度越高,产业结构升级程度越高,这是由于市场化程度越高,越容易促进一个地方技术复杂度较高的产业成长。

二、中介效应检验

为了检验环境规制通过科技创新对产业结构的作用效果,这里采用中介效应模型予以实证分析,结果见表14-3。

表14-3 2003—2018年中介效应检验

变量	（1）产业结构	（2）科技创新	（3）产业结构
ln*er*	0.0070***	0.1648***	0.0056***
	(4.27)	(4.05)	(3.82)
ln*pat*			0.0085***
			(6.69)
ln*pgdp*	0.0199***	1.8501***	0.0042
	(8.16)	(30.7)	(1.09)
ln*stu*	0.0066*	−0.1181*	0.0076**
	(1.79)	(−1.87)	(1.97)
ln*pop*	0.0081*	−0.4579***	0.0120***
	(1.91)	(−4.51)	(2.78)
ln*mark*	0.0068***	0.1017**	0.0060***
	(3.86)	(2.51)	(3.47)
N	4560	4560	4560
R^2	0.2685	0.7239	0.3017

注:***、**、*分别表示在1%、5%和10%的水平下显著。括号内为t统计量。

根据列(1)—列(3)的估计结果,我们发现环境规制影响产业结构的估计系数为0.0070,且在1%的水平下显著为正,环境规制影响科技创新的估计系数为0.1648,且在1%的水平下显著为正,科技创新影响产业结构的估计系数为0.0085,且在1%的水平下显著为正,上述结果说明环境规制能够通过科技创新对产业结构升级产生显著的正向影响,这与前文的研究假说是一致的。波特假说认为,较强的环境规制能够激发企业的创新活力,从而有效地激发企业家创新创业精神,随着企业研发投入的持续提升,新产品和新技术得以广泛运用,使企业的产业结构趋向于高级化和合理化,最终推动全社会产业结构的转型升级。

三、异质性分析

为了分析环境规制对不同地区产业结构的作用效果,这里进一步将样本分为东部、中部和西部三个地区进行异质性分析,分析结果见表14-4。

表14-4　2003—2018年异质性分析

变量	(1)	(2)	(3)	(4)	(5)	(6)	(7)	(8)	(9)
	东部地区			中部地区			西部地区		
	产业结构	科技创新	产业结构	产业结构	科技创新	产业结构	产业结构	科技创新	产业结构
$lner$	0.0023 (0.93)	0.1260* (1.82)	0.0012 (0.56)	0.0084*** (3.23)	0.2807*** (3.88)	0.0064*** (2.64)	0.0088*** (2.92)	0.0594 (0.81)	0.0083*** (3.15)
$lnpat$			0.0086*** (4.35)			0.0074*** (3.50)			0.0094*** (4.20)
$lnpgdp$	0.0271*** (8.49)	2.2505*** (22.49)	0.0076 (1.29)	0.0157*** (3.95)	1.8879*** (18.77)	0.0016 (0.27)	0.0184*** (4.20)	1.5561*** (19.34)	0.0038 (0.63)
$lnstu$	0.0101 (1.48)	-0.3053*** (-2.85)	0.0127* (1.80)	0.0069 (1.20)	-0.2961*** (-2.73)	0.0091* (1.70)	0.0051 (0.95)	0.1481* (1.97)	0.0037 (0.72)
$lnpop$	0.0032 (0.54)	-0.2758** (-2.18)	0.0055 (0.96)	0.0153** (2.42)	-0.4633** (-2.40)	0.0187*** (2.91)	0.0136* (1.83)	-0.3272 (-1.38)	0.0167** (2.07)
$lnmark$	0.0043** (2.00)	0.1400* (1.70)	0.0031 (1.59)	0.0109*** (3.03)	0.1260** (2.12)	0.0100*** (2.83)	0.0046 (1.53)	0.0319 (0.53)	0.0043 (1.47)
N	1616	1616	1616	1600	1600	1600	1344	1344	1344
R^2	0.3938	0.8016	0.4275	0.2144	0.7208	0.2356	0.2643	0.6762	0.3085

注:***、**、*分别表示在1%、5%和10%的水平下显著。括号内为t统计量。

列(1)—(3)为东部地区的估计结果,环境规制对产业结构的估计系数为0.0023,结果不显著,说明东部地区的环境规制并没有对产业结构升级产生显著的促进作用。此外,我们还发现环境规制对科技创新估计系数也仅仅在10%的水平下显著为正,说明东部地区的环境规制对科技创新的影响效果也较为微弱。事实上,相对于中西部地区而言,东部地区的产业结构水平更高,说明环境规制对产业结构影响效果存在边际递减,单纯依靠环境规制的作用并不能持续提高产业结构水平,只有在产业结构水平较低的时候,环境规制才能更好地倒逼企业进行转型升级。列(4)—列(6)为中部地区的估计结果,环境规制对产业结构的估计系数为 0.0084,环境规制对科技创新的估计系数为 0.2807,科技创新对产业结构的估计系数为 0.0074,且三者的估计系数均在 1%的水平下显著为正,上述结果说明中部地区的环境规制能够通过科技创新提高产业结构水平,这与全国层面的估计结果是一致的。列(7)—列(9)为西部地区的估计结果,环境规制对产业结构的估计系数为 0.0088,且在 1%的水平下显著为正,环境规制对科技创新的估计系数为 0.0594,结果不显著,说明西部地区的环境规制并不是通过科技创新实现产业结构升级的。环境规制对产业结构的影响取决于"补偿"效应和"成本"效应的大小,前者认为环境规制能够通过提高科技创新水平来促进产业结构升级,后者则认为环境规制将增加企业的生产成本,从而抑制了企业的科技研发投入,这反而不利于科技创新水平的提升。结合西部地区的估计结果,本书认为西部地区的环境规制可能并没有促进科技创新水平的提高,而是进一步增加了企业的生产成本,从而挤出了研发投入。然而,西部地区的环境规制依然对产业结构升级产生了显著的促进作用,这可能是由于环境规制能够对企业的进入壁垒产生一定的显著作用,通常来说,由于东部地区的"腾笼换鸟",希望把落后的产业转移到西部地区,而西部地区环境规制的增强能够有效地甄别清洁型产业,从而促进西部地区的产业结构升级。

第五节　环境规制、科技创新与产业结构升级的路径分析

新一轮的科技革命和产业变革正在孕育兴起,中国产业发展面临新的形势和前所未有的挑战,迫切需要调整产业政策,摒弃原有的低效政策。环境规

制能够激发科技创新水平,从而推动产业结构的转型升级。因此,可以通过采用命令型、市场型等环境政策手段来提升中国的产业结构水平。本书发现:第一,环境规制能够对产业结构升级产生正向的促进作用。第二,中介效应结果显示,环境规制能够通过科技创新来提高产业结构水平。第三,异质性分析表明,环境规制在中部地区能够有效地通过科技创新推动产业结构升级,而在东部和西部地区的作用效果不明显。

基于上述研究结论,本书有以下政策启示。

第一,国家应充分重视环境规制对经济高质量发展的贡献与作用,持续加强环境规制,有效引导环境规制在产业结构优化中的作用,促进产业结构升级和经济高质量发展。同时,在设置环境规制工具时应考虑到环境规制基于不同途径促进产业结构升级的影响差异,进而获得最大化的环境规制效用。

第二,充分发挥环境规制对企业技术创新的刺激作用,采用市场激励型环境规制手段,例如环境税、排污权交易系统等来激发企业进行技术创新。与此同时,政府还可以辅以一定的技术创新补贴政策,用于鼓励企业加强研发投入,从而加强技术创新在环境规制推动产业结构升级中的传导作用。

第三,中国环境规制影响产业结构的中介效应不存在明显的区域间差异,但中介变量的传导力度是有一定差别的,因而中国政府可以针对不同地区设置不同强度的环境管制标准,发挥差别化的环境政策的调节作用,逐渐解决区域间的经济发展不平衡问题。

第十五章　国内统一大市场建设与区域环境质量改善

　　国内统一大市场建设,对于推动生态文明发展和改善环境质量具有重要作用。全国统一大市场指的是在政策统一、规则一致、执行协同的基础上,通过充分竞争与社会分工所形成的全国一体化运行的大市场体系(刘志彪,2022)①。国内统一大市场建设不仅有助于促进要素资源的自由流动,提高资源配置效率,而且其带来的市场规模扩大有助于分工深化,释放劳动者的创造性,进而促进全社会创新水平的提升。一般而言,科技创新是改善环境质量的重要途径。从"末端治理"来看,可以采用先进的回收分解技术,促进废弃物的循环使用,从而降低环境损害;从"前端防御"来看,技术进步通过改进生产设备、优化工艺流程等来控制污染物的排放,这些均对环境质量的改善有着重要的作用。

第一节　国内统一大市场建设促进环境质量改善的理论逻辑

　　改革开放以来,中国经济发展取得举世瞩目的"发展奇迹"。然而高速的经济增长也让中国付出了沉重的代价,生态破坏和环境污染等问题接踵而至,不

---

　　①　刘志彪:《全国统一大市场》,《经济研究》2022 年第 5 期。

仅废水排放量和固体废弃物排放量持续攀升,而且诸如二氧化硫、烟粉尘等废气污染物长期居高不下。《中国生态环境状况公报 2019》显示,在严格监测的 337 个地级及以上城市中,空气质量超标的城市占比仍然高达 53.4%,$PM_{2.5}$ 浓度达到一级即每立方米低于 15 微克的仅占 4.5%,接近一半的城市低于二级标准。环境问题不仅影响国民的身体健康,也对经济的可持续发展带来负面影响。尽管各级政府相继出台了一系列旨在改善环境的法律法规,包括《中华人民共和国水污染防治法》《中华人民共和国大气污染防治法》《中华人民共和国固体废物污染环境防治法》等,并且环境污染治理投资额逐年递增,从 2000 年的 1014 亿元增长到 2017 年的 9539 亿元,然而中国的环境问题依然严峻。

财政分权以及地方政府竞争可能并不是环境污染的直接原因,从理论上来讲,地方政府能够以较低的成本获取辖区的偏好和信息,在环境治理等公共品供给方面具有更高的效率(Tiebout,1956[1];Oates,1999[2])。实际上,在中国经济转型过程中,以放权让利为特征的财政分权改革使地方政府逐渐形成独立的经济利益主体,这直接引发了地方保护和市场分割行为,为了维护本地的经济增长、财税收入以及居民就业,地方政府不仅采取行政手段限制要素、商品的自由流动,更为重要的是以牺牲环境为代价最大化本地经济利益(傅勇和张晏,2007[3];王艺明等,2014[4]),由此直接带来环境治理的"囚徒困境"。然而,地方保护和市场分割总体上属于市场化改革过程中的产物,随着中国市场经济体制的不断完善,地区间的国内统一大市场建设程度也在逐步提高(孔令池,2019[5])。从

[1]　Tiebout,C.M.,"A Pure Theory of Local Expenditures",*Journal of Political Economy*,Vol.64,No.5,1956.

[2]　Oates.,Wallace,E.,"An Essay on Fiscal Federalism",*Journal of Economic Literature*,Vol.37,No.3,1999.

[3]　傅勇、张晏:《中国式分权与财政支出结构偏向:为增长而竞争的代价》,《管理世界》2007 年第 3 期。

[4]　王艺明等:《财政支出结构与环境污染:碳排放的视角》,《财政研究》2014 年第 9 期。

[5]　孔令池:《国内市场分割的测度及其影响因素分析》,《郑州大学学报(哲学社会科学版)》2019 年第 1 期。

政策层面看,党的十八届三中全会明确提出使市场在资源配置中起决定性作用和更好地发挥政府作用,党的十九大报告着重强调了"要素自由流动、价格反应灵活、竞争公平有序、企业优胜劣汰",这些政策有助于降低政府的行政干预,从而加速地区间的国内统一大市场建设。从实践层面来看,按照建设统一、开放、竞争、有序的市场体系要求,以京津冀、长三角、粤港澳、成渝等为代表的城市群发展如火如荼,城市群建设有助于打破市场分割,加强地区间的分工与协作,从而为国内统一大市场建设提供示范与借鉴。那么,国内统一大市场建设是否能够有效改善环境质量? 具体的传导机制是什么? 环境污染的协同治理能否得以实现? 上述问题的回答,对于推动国内统一大市场建设和环境污染治理具有较强的实践意义。

国内统一大市场建设是从国内市场分割状态转向国内统一大市场的一个过程,从要素流动、产业转移以及区域合作的三个典型特征来看,国内统一大市场建设可以有效降低地方保护,促进要素自由流动,在实现资源合理利用和有效配置的同时,也加快了地区间的产业集聚和扩散,随着合理的产业分工和空间重组的逐步推进,理性合作的利益逐渐显现,区域整体效益最大化的目标得以实现。结合上述国内统一大市场建设概念的界定,其对环境污染的相关研究也可以从以下三个方面进行综述:一是从要素层面来看,国内统一大市场建设在促进要素资源合理利用和有效配置的同时,也带来了环境质量的改善。宋马林和金培振(2016)①发现地方保护及其带来的资源错配对环境福利绩效产生显著的抑制作用。究其原因,在市场化转型过程中,各个地区依靠自身所拥有的对当地要素资源的控制权和管理权实行地方保护和市场分割,常常造成劳动力、资本以及能源等要素价格的扭曲,从而对环境质量产生威胁。实际上,要素价格的低估使企业更加倾向于使用有形要素,国内统一大市场建设则通过优化资源配置,实现要素价格的重估,从而更好地改善环境。二是从产业

---

① 宋马林、金培振:《地方保护、资源错配与环境福利绩效》,《经济研究》2016 年第 12 期。

层面来看,国内统一大市场建设在加速产业集聚和扩散的过程中,有助于地区间的产业分工与协作(范剑勇,2004)①。从产业转型升级来看,余东华和张昆(2020)②认为,市场分割带来的产业结构趋同是阻碍制造业高级化的重要因素,产业结构趋同不仅造成严重的产能过剩,也降低了企业创新能力。陈庆江等(2018)③认为,市场分割造成的资源错配使各类要素资源不能够自由地从低效率产业流向高效率产业,从而阻碍了产业结构合理化。短期内来看,地方政府通过市场分割扶持了本地产业发展,但是从长期来看,市场分割阻碍了规模经济效应和本地比较优势的发挥(踪家峰和周亮,2013)④。因此,国内统一大市场建设通过逐步打破市场分割,有助于产业结构高级化和合理化,从而改善环境质量(李强,2018)⑤。从产业集聚来看,国内统一大市场建设带来的贸易成本降低,使"本地市场效应"和"生活成本效应"得以发挥作用,促进产业集聚的形成,产业集聚可以通过规模经济、知识共享、技术溢出、产业升级等途径影响到生态环境(周锐波和石思文,2018)⑥。三是从区域层面来看,国内统一大市场建设降低了地方保护,有助于地区间寻求更多的利益结合点,环境污染的协同治理成为可能。徐现祥和李郇(2005)⑦认为,国内统一大市场建设有助于促进区域协调发展,张可(2018)⑧发现区域一体化能够实现区域协调

① 范剑勇:《市场整合、地区专业化与产业集聚趋势——兼谈对地区差距的影响》,《中国社会科学》2004 年第 6 期。

② 余东华、张昆:《要素市场分割、产业结构趋同与制造业高级化》,《经济与管理研究》2020 年第 1 期。

③ 陈庆江等:《信息化、市场分割与产业结构合理化》,《经济问题》2018 年第 6 期。

④ 踪家峰、周亮:《市场分割、要素扭曲与产业升级——来自中国的证据(1998—2007)》,《经济管理》2013 年第 1 期。

⑤ 李强:《产业升级促进了生态环境优化吗——基于长江经济带 108 个城市面板数据的分析》,《财贸研究》2018 年第 12 期。

⑥ 周锐波、石思文:《中国产业集聚与环境污染互动机制研究》,《软科学》2018 年第 2 期。

⑦ 徐现祥、李郇:《市场整合与区域协调发展》,《经济研究》2005 年第 12 期。

⑧ 张可:《区域一体化有利于减排吗?》,《金融研究》2018 年第 1 期。

联动和污染减排。尤济红和陈喜强(2019)①以长三角城市群扩容的准自然实验为考察对象,通过双重差分方法对扩容带来的污染排放变化进行了实证检验,发现城市群一体化建设具有显著的减排作用。然而,也有学者发现区域一体化可能带来污染产业转移,赵领娣和徐乐等(2019)②从排放和治理两个角度检验并比较了长三角扩容对水污染的影响,认为虽然长期来看,城市群层面的区域合作有助于环境改善,但是短期内的扩容政策可能会放松环境规制水平。

从现有文献来看,相关研究鲜有直接研究国内统一大市场建设与环境质量之间的关系,更多的是从国内统一大市场建设的基本特征出发,围绕国内统一大市场建设带来的要素、产业以及区域层面的变化,间接分析其对环境质量的影响,特别是国内统一大市场建设影响环境质量的机制分析相对薄弱。对此,本章的可能贡献在以下方面:(1)进行了异质性分析。鉴于国内统一大市场建设对环境污染的影响存在空间差异性,因而将样本分别按照地理区位、经济水平和人口规模进行了分组回归检验;(2)深化了科技创新的作用机制。从科技创新视角采用中介效应模型予以实证检验。

第二节　国内统一大市场建设促进环境质量改善的研究设计

一、模型设定

为了分析国内统一大市场建设对环境质量的直接影响,本章构建以下基本计量模型：

---

① 尤济红、陈喜强:《区域一体化合作是否导致污染转移——来自长三角城市群扩容的证据》,《中国人口·资源与环境》2019年第6期。

② 赵领娣、徐乐等:《投入产出视角下工业技术创新的环境规制协同效应》,《北京理工大学学报(社会科学版)》2019年第4期。

$$\ln poll_{it} = \beta_0 + \beta_1 \ln segm_{it} + \beta_2 \ln X_{it} + \varepsilon_{it} \qquad (15-1)$$

其中，poll 表示环境污染综合指数；mi 表示国内统一大市场建设；X 代表影响环境污染的其他控制变量；ε 为随机扰动项。

为了对科技创新的中介效应进行检验，本章借鉴温忠麟、叶宝娟（2014）的研究方法，构建以下中介效应模型：

$$\ln M_{it} = \beta_0 + \beta_1 \ln segm_{it} + \beta_2 \ln X_{it} + \varepsilon_{it} \qquad (15-2)$$

$$\ln poll_{it} = \beta_0 + \beta_1 \ln segm_{it} + \beta_2 \ln M_{it} + \beta_3 \ln X_{it} + \varepsilon_{it} \qquad (15-3)$$

其中，M 表示科技创新。其他变量同上。

二、变量选取

（一）被解释变量

环境污染指数（poll），鉴于工业污染是中国生态环境最主要的污染源，本章以工业废水排放量、工业二氧化硫排放量、工业固体废弃物产生量为基础数据，运用熵值法构建环境污染综合指数（poll），指数值越大说明生态环境污染越严重。具体计算方法如下：①数据标准化处理：$Z_{ij} = \dfrac{X_{ij} - \min X_{ij}}{\max X_{ij} - \min X_{ij}}$，其中，$X_{ij}$（$i = 1, 2 \cdots, m; j = 1, 2 \cdots, n$）为第 i 个地级市的第 j 项指标的原始值；②指标同度化处理：$Y_{ij} = \dfrac{Z_{ij}}{\sum\limits_{i=1}^{} Z_{ij}}$；③计算第 j 项指标的信息熵：$h_j = -\dfrac{1}{\ln m} \sum\limits_{i=1}^{m} Y_{ij} \ln Y_{ij}$；④计算信息熵的冗余度：$a_j = 1 - h_j$；⑤计算各项指标的权重：$w_j = \dfrac{a_j}{\sum\limits_{j=1}^{n} a_j}$；⑥计算环境污染综合指数：$poll_i = \sum\limits_{j=1}^{n} w_j Z_{ij}$。

（二）核心解释变量

国内统一大市场建设指数（mi），借鉴盛斌和毛其淋（2011）[①]的方法，具

---

① 盛斌、毛其淋：《贸易开放、国内市场整合与中国省际经济增长：1985—2008 年》，《世界经济》2011 年第 11 期。

体计算如下：

1. 构建三维面板数据

采用 2003—2015 年中国 204 个地级市 8 类商品（食品饮料烟酒、服装鞋帽、文化体育、日用品、药品、书报、燃料、建材）的零售价格指数，构建包括时间 t、地区 m 和商品 k 的三维（$t \times m \times k$）面板数据。

2. 计算相对价格绝对值

$$|\Delta Q_{ijt}^{k}| = |\ln(P_{it}^{k}/P_{jt}^{k}) - \ln(P_{it-1}^{k}/P_{jt-1}^{k})| = |\ln(P_{it}^{k}/P_{it-1}^{k}) - \ln(P_{jt}^{k}/P_{jt-1}^{k})|,$$

P_{it}^{k} 为地区 i 时期 t 商品 k 的零售价格指数。

3. 去均值

$$q_{ijt}^{k} = |\Delta Q_{ijt}^{k}| - \overline{|\Delta Q_{ijt}^{k}|} = (a^{k} - \overline{a^{k}}) + (\varepsilon_{ijt}^{k} - \overline{\varepsilon_{ijt}^{k}}),$$ $\overline{|\Delta Q_{ijt}^{k}|}$ 为 $|\Delta Q_{ijt}^{k}|$ 在 $m \times (m-1)/2$ 组相邻省份之间的均值，a^{k} 仅仅与商品种类有关，ε_{ijt}^{k} 与地区 i 和 j 的市场环境相关。

4. 计算市场分割指数

q_{ijt}^{k} 的方差表示为 $\mathrm{var}(q_{ijt}^{k})$，将 13×204×8 对地区组合的相邻方差按照省份合并，得到各省份的市场分割指数 $(\sum\limits_{i \neq j} \mathrm{var}(q_{ijt}^{k}))/N$，$N$ 表示相邻省份的个数。

5. 计算国内统一大市场建设指数

以市场分割指数的倒数表示国内统一大市场建设程度。

（三）中介变量

创新产出（rd），采用人均研发人员的发明专利数来表示。

（四）控制变量

经济发展水平（$pgdp$），采用实际人均国内生产总值来表示；产业结构（$strr$），采用第二产业总产值与国内生产总值的比重来表示；环境规制（er），采用二氧化硫去除率来表示;外商直接投资(fdi),采用外商直接投资总额与国内生产总值的比重来表示;能源强度(ei),采用能源消费总量占国内生产总值的比重来表示;人力资本(cs),采用万人高等学校在校生人数来表示;财政分权(fd),采用财政支出分权来表示,具体衡量方法如下:财政支出分权=人均地级市财政支出/(人均地级市本级财政支出+人均省本级财政支出+人均中央财政支出);交通基础设施(jt),采用公路网密度来表示。

三、数据来源和描述性统计

鉴于数据的可得性,本章选取2003—2015年中国204个地级市的面板数据作为样本。所有数据均来源于《中国城市统计年鉴》和各个地级市的统计年鉴。变量的描述性统计结果见表15-1。

表15-1　描述性统计结果十

变量	观测数	均值	标准差	最小值	最大值
$poll$	2652	0.9851	1.7917	0.0076	48.5165
mi	2652	3190.5150	2080.7870	128.4312	12033.6900
rd	2652	7.6600	37.5621	0.0000	849.0574
$pgdp$	2652	3.3269	2.3794	0.1707	36.4682
$strr$	2652	0.5106	0.1158	0.1433	0.9097
er	2652	0.4270	0.2774	0.0000	4.1170
fdi	2652	0.0293	0.0325	0.0000	0.2842
ei	2652	0.1269	0.0932	0.0008	0.9012
cs	2652	465.0482	414.2197	2.5350	2425.5100
fd	2652	0.4709	0.1369	0.1008	0.9124
jt	2652	11.0081	15.1052	0.0475	140.4932

第三节　国内统一大市场建设影响环境质量的结果分析

一、基准回归结果分析

为了检验国内统一大市场建设对环境质量的影响，这里分别采用普通面板、随机效应和固定效应模型进行实证检验。结果见表 15-2。

表 15-2　2003—2015 年基准回归结果

变量	（1）普通面板	（2）随机效应	（3）固定效应	（4）固定效应	（5）固定效应
lnmi	-0.1992 *** (-7.50)	-0.0567 *** (-2.64)	-0.0601 *** (-2.75)		
L.lnmi				-0.0553 ** (-2.51)	-0.0402 ** (-2.05)
L2.lnmi					-0.0527 *** (-3.41)
ln$pgdp$	-0.5896 *** (-15.99)	-0.9344 *** (-14.85)	-0.9386 *** (-12.90)	-0.9112 *** (-12.78)	-0.8674 *** (-12.19)
ln$strr$	0.4149 *** (5.78)	0.1567 (1.12)	0.0718 (0.49)	0.0727 (0.52)	0.0232 (0.16)
lner	-0.1034 *** (-6.51)	-0.1410 *** (-7.19)	-0.1434 *** (-7.39)	-0.1530 *** (-7.97)	-0.1533 *** (-8.00)
lnfdi	-0.0247 ** (-2.19)	0.0214 (1.48)	0.0275 * (1.89)	0.0289 ** (2.02)	0.0244 * (1.73)
lnei	0.6164 *** (21.32)	0.3614 *** (6.41)	0.3228 *** (5.43)	0.3174 *** (5.44)	0.3059 *** (5.24)
lncs	-0.0551 *** (-3.09)	0.0018 (0.04)	0.0322 (0.64)	0.0242 (0.48)	0.0374 (0.71)

续表

变量	（1）	（2）	（3）	（4）	（5）
	普通面板	随机效应	固定效应	固定效应	固定效应
$\ln fd$	−0.1955***	0.2481**	0.3010***	0.2723**	0.1874*
	(−2.92)	(2.26)	(2.69)	(2.60)	(1.92)
$\ln jt$	0.3536***	0.0994***	0.0331	0.0329	0.0776
	(24.15)	(2.67)	(0.70)	(0.65)	(1.37)
地区固定效应			Yes	Yes	Yes
年份固定效应			Yes	Yes	Yes
N	2575	2575	2575	2392	2200
R^2	0.5678	0.4740	0.6680	0.6437	0.6159

注：***、**、*分别表示在1%、5%和10%的水平下显著。括号中列示的是 t 统计量。

列（1）—列（3）分别采用混合最小二乘法、随机效应模型和固定效应模型进行实证回归，为了消除潜在的异方差对估计结果显著性的影响，估计方程均采用稳健标准误差的形式，同时，为了降低遗漏变量偏误，在固定效应模型中也控制了地区和行业变量。从三个方程的初步估计结果来看，国内统一大市场建设的估计系数分别为−0.1992、−0.0567、−0.0601，且均在1%的统计水平下显著为负，初步说明本章的结果是稳健的。豪斯曼检验结果表明采用固定效应模型更为合适，接下来，本章将根据列（3）对估计结果作进一步分析。

首先，国内统一大市场建设的估计系数显著为负，这说明国内统一大市场建设总体上有助于降低环境污染，这与前文的假设是一致的。改革开放以来，中央政府对地方政府进行放权让利的改革，地方政府逐渐形成了独立的经济利益主体，为了提高本地的经济发展水平和财政收入，维持本地的就业水平，一方面限制要素和商品的自由流动，另一方面在产业政策的规定和执行方面相互竞争，从而引发地区间的市场分割。然而，市场分割更多的是经济转型过程中的产物，随着市场机制的不断完善以及区域经济一体化的逐步推进，国内统一大市场建设程度正在逐渐提高，在此过程中，地区间的贸易壁垒逐渐被打破，各类要素资源能够按照市场机制配置到效率更高的地方，从而有助于资源的合理利用和有效配置，提高资源利用效率，降低环境污染。此外，国内统一大市场建设在逐步打破市场分割的过程中，也有助于降低地区间重复建设和产能过剩问题，从而推动地区产业结构的转型升级，改善环境质量。同时，鉴于环境污染以及环境治理的外部性特点，国内统一大市场建设在促进地区合作与交流的过程中，通过强化环境政策的规定与执行效果，即加强环境污染的联防联治机制建设，这有助于提升地区的环境质量。

其次，从列（3）的控制变量来看，经济发展水平的估计系数为-0.9386，在1%的水平下显著为负，说明经济发展水平与环境污染之间存在显著的负向关系，即经济发展水平越高的地区，环境污染程度越低。事实上，前文已经对环境污染的地区分布进行了描述性统计分析，经济发展水平较高的东部地区，其环境污染指数处于相对较低水平。同时，这说明在样本期间内，中国已经越过环境库兹涅茨曲线的最高点，随着经济发展水平的进一步提高，中国的环境质量将会逐步改善。环境规制的估计系数为-0.1434，在1%的水平下显著为负，说明环境规制水平越高的地区，环境污染程度越低，这与前文的分析是一致的。环境污染具有负外部性，从而造成私人成本与社会成本、私人收益与社会收益的不一致，即企业或个人的排污行为在对社会其他群体造成损失的时候，其本身并没有承担相应的利益补偿。对此，需要政府采取环境管制措施对企业或个人的排污行为进行干预，从而使私人成本与社会成本能够尽量保持一致，降低污染外部性带来的损失，改善环境质量。外商直接投资的估计系数为0.0275，且在10%的水平下显著为正，说明外商直接投资在一定程度上加剧了环境污染。虽然外商直接投资能够带来先进的生产技术和管理经验，然而盲目地引进外资并不能够有效地促进本地技术进步，进而改善环境质量。事实上，应该立足于长远目标，在引进外资的过程中，有针对性地选择那些质量高、效益好的外资企业，同时，在引进、消化和吸收的过程中，应该重视自主创新能力的提高,努力提高自身的技术水平。此外,在引进外资过程中,需要防止产业转移伴随的污染转移,对于那些不符合环保要求的外资企业,禁止其进入本国市场。能源消费强度的估计系数为0.3228,且在1%的水平下显著为正,说明能源消费强度越大,环境污染越严重。长期以来,我国的能源消费一直以煤炭为主,根据国家统计局的数据,2019年,我国各类能源消费占能源总消费量的比重分别如下:原煤比重为57.7%,原油比重为18.9%,天然气比重为8.1%,水电、核电、风电比重为15.3%。由于煤炭在燃烧过程中将会产生大量的二氧化硫、烟尘等污染物质,从而加剧了环境污染。因此,当前我国的能源消费可能并不是消费总量问题,更多的是消费结构问题,需要积极探索新能源和清洁型能源的开发和使用。财政分权的估计系数为0.3010,且在1%的水平下显著为正,说明财政分权程度越高,环境污染越严重。事实上,财政分权可能并不是导致环境污染的直接原因。在我国的分权体制下,地方政府倾向于发展那些周期短、见效快的项目,粗放型的发展方式往往会造成环境污染。从后者来看,分税制改革使财权上移和事权下移,导致地方政府面临较大的财政压力,为了扩大税基,地方政府可能更加偏向于生产性财政支出,而忽视环境保护支出,由此造成环境治理投入的不足。

最后,考虑到国内统一大市场建设对环境污染的影响效果可能存在一定的滞后性,对此,在本部分的研究中,列(4)和列(5)分别加入国内统一大市场建设的一阶滞后项和二阶滞后项,以检验国内统一大市场建设的滞后效应。列(4)和列(5)中国内统一大市场建设的估计系数均显著为负,说明不管从长期来看,还是短期来看,地区间国内统一大市场建设程度的提高均有助于降低环境污染。

二、城市异质性分析

为了检验国内统一大市场建设在不同地区影响环境污染的效果,本章按照地理区位和经济发展水平,分别进行异质性检验。分析结果见表15-3。

表 15-3　2003—2015 年城市异质性分析

变量	（1）	（2）	（3）	（4）	（5）
	地理区位			经济发展水平	
	东部地区	中部地区	西部地区	经济较高	经济较低
ln*mi*	−0.0572 ***	−0.0450 *	−0.0185	−0.0727 ***	−0.0297
	（−2.60）	（−1.67）	（−0.52）	（−2.94）	（−1.54）
ln*pgdp*	−0.7952 ***	−0.8067 ***	−1.1097 ***	−0.5532 ***	−1.0105 ***
	（−16.95）	（−12.14）	（−13.94）	（−9.33）	（−21.69）
ln*strr*	0.6048 ***	−0.0494	−0.3877 ***	0.4135 ***	0.0712
	（5.55）	（−0.42）	（−2.78）	（2.59）	（0.82）
ln*er*	−0.0955 ***	−0.1385 ***	−0.1832 ***	−0.2172 ***	−0.1251 ***
	（−6.62）	（−7.28）	（−9.28）	（−8.87）	（−10.79）
ln*fdi*	0.0450 ***	−0.0204	0.0191	0.0643 ***	0.0258 **
	（2.90）	（−1.11）	（1.02）	（2.92）	（2.27）
ln*ei*	0.5657 ***	0.3678 ***	0.1426 ***	0.3869 ***	0.2025 ***
	（11.70）	（6.73）	（3.03）	（7.34）	（5.82）
ln*cs*	0.0287	−0.0106	0.0483	−0.0178	0.0645 **
	（0.81）	（−0.23）	（1.03）	（−0.37）	（2.20）
ln*fd*	0.3147 ***	0.4704 ***	0.0777	0.1475	0.2574 ***
	（3.72）	（3.72）	（0.78）	（1.19）	（3.98）
ln*jt*	0.1160 ***	−0.0635	−0.0615	0.1962 ***	0.0234
	（3.91）	（−1.55）	（−1.05）	（4.13）	（0.88）
地区固定效应	Yes	Yes	Yes	Yes	Yes
年份固定效应	Yes	Yes	Yes	Yes	Yes
N	1166	774	635	905	1670
R^2	0.7001	0.6682	0.7013	0.5223	0.5892

注：***、**、* 分别表示在 1%、5% 和 10% 的水平下显著。括号内为 t 统计量。

　　首先,列(1)—列(3)给出了地理区位异质性的估计结果,国内统一大市场建设在东部地区的估计系数为−0.0572,且在1%的水平下显著,中部地区的估计系数为-0.0450,且在10%的水平下显著,西部地区的估计系数为-0.0185,结果不显著。上述结果说明国内统一大市场建设程度的提高对东部地区的污染减排效果最为有效,对中部地区的污染减排效果次之,而对西部地区的污染减排效果不明显。改革开放以来,东部地区凭借优越的地理位置和优惠的政策扶持,在较短的时间内催生了大量制造业企业,并获得了较快的经济增长,国内统一大市场建设不仅促进了要素资源的自由流动,更为重要的是加速了产业的集聚与扩散。对东部地区来说,国内统一大市场建设过程更加有利于其将传统产业转移到成本更低的内陆地区,这不仅能够适应要素比较优势的变化,也可以通过"腾笼换鸟",使东部地区逐步依靠科技创新和产业升级向价值链高端环节攀升,有助于其环境质量的改善。然而,对中西部地区而言,由于本身的经济发展水平较低,国内统一大市场建设程度的提高虽然有助于承接东部地区的产业,但也可能使其成为污染密集型产业的"避难所",更值得注意的是,随着长期粗放型增长方式的路径依赖,中西部地区的产业转型升级可能受阻,从而不利于环境质量改善。实际上,中西部地区本身拥有充足的资源,相对廉价的劳动力以及广阔的发展空间,即使提高环境规制水平,在市场配置资源的作用下,依然面临污染产业转入的威胁。因此,中西部地区应当把科技创新纳入国内统一大市场建设过程中,即在产业转入的过程中,有意识地强化科学技术的转入,以科技创新提升地区环境质量。

其次,列(4)和列(5)给出了经济发展水平异质性的估计结果,国内统一大市场建设在经济发展水平较高地区的估计系数为-0.0727,且在1%的水平下显著,在经济发展水平较低地区的估计系数为-0.0297,但结果不显著。上述估计结果说明国内统一大市场建设程度的提高对经济发展水平较高地区的污染减排效果更为有效,而对于经济发展水平较低地区的污染减排效果不明显。"污染避难所"假说认为经济发展水平较高的发达国家基于环境污染治理成本的考虑,倾向于将污染密集型产业转移到经济发展水平较低的欠发达国家,从而在改善前者环境质量的同时,也会加剧后者的环境污染。事实上,随着国内统一大市场建设程度的提高，产业转移更加频繁和便利，而其中可能伴随污染的转移与扩散。对经济发展水平较低的地区来说，为了更快地发展本地经济，在招商引资的过程中，可能会放松环境规制标准，从而带来高污染企业的入驻。因此，尽管国内统一大市场建设总体上有助于优化资源配置，改善产业结构，促进技术创新，从而提高环境质量。但是从短期内来看，随着市场分割和贸易壁垒的降低，经济发展水平较低的地区可能面临污染转入的威胁，从而使国内统一大市场建设的估计系数不显著。

三、基于科技创新的中介效应检验

根据前文的研究，国内统一大市场建设可以通过科技创新来降低环境污染水平，对此，本章以科技创新为中介变量，检验国内统一大市场建设、科技创新与环境污染的相互关系。分析结果见表15-4。

表15-4 2003—2015年基于科技创新的作用机制检验

变量	（1）	（2）	（3）
	环境污染指数	研发专利数量	环境污染指数
lnsegm	-0.0601***	0.4167***	-0.0149
	(-2.75)	(12.53)	(-0.76)
lnpat			-0.1260***
			(-6.03)
lnrd			
lnpgdp	-0.9386***	1.5390***	-0.7398***
	(-12.90)	(12.72)	(-9.63)
lnstrr	0.0718	-0.9575***	-0.0522
	(0.49)	(-4.01)	(-0.34)
lner1	-0.1434***	0.1410***	-0.1214***
	(-7.39)	(4.34)	(-6.39)

续表

变量	（1）	（2）	（3）
	环境污染指数	研发专利数量	环境污染指数
ln*fdi*	0.0275*	−0.0351	0.0177
	(1.89)	(−1.27)	(1.28)
ln*ei*	0.3228***	−0.3391***	0.2984***
	(5.43)	(−4.07)	(5.06)
ln*cs*	0.0322	0.2282***	0.0643
	(0.64)	(2.85)	(1.29)
ln*fd*	0.3010***	−0.0493	0.3049***
	(2.69)	(−0.34)	(2.69)
ln*jt*	0.0331	−0.0722	0.0164
	(0.70)	(−1.13)	(0.36)
N	2575	2544	2544
R^2	0.6680	0.7048	0.6854

注:***、**、*分别表示在1%、5%和10%的水平下显著。括号内为 *t* 统计量。

列(1)、列(2)和列(3)给出了以创新产出作为中介变量的估计结果。首先,列(1)中国内统一大市场建设影响环境污染的估计系数为−0.0601,且在1%的水平下显著为负,说明国内统一大市场建设程度的提高能够显著降低环境污染排放;其次,列(2)中国内统一大市场建设影响创新产出的估计系数为0.4167,且在1%的水平下显著为正,说明国内统一大市场建设有助于提高创新产出水平;最后,列(3)中创新产出影响环境污染的估计系数为−0.1260,且在1%的水平下显著为负,说明创新产出有助于降低环境污染排放。上述结果表明,国内统一大市场建设能够通过促进创新产出来降低环境污染。本书认为技术效应指国内统一大市场建设通过技术进步和技术溢出来提高环境质量。一方面,"市场范围"假说认为市场规模的扩大有助于分工深化,专业化分工的形成使劳动者专注于某一领域,有利于萌生熟练劳动力和专业化知识,从而释放劳动者的创造性,促进全社会创新水平的提升。此外,根据"需求引致创新"理论,国内统一大市场建设能够提供较大的需求规模和消费支付能力,使微观企业的研发活动能够得到足够的收益回报和补偿空间,企业将有更大的动力进行研发活动,从而为地区的科技创新提供了一个良性循环的内生激励,不断提升地区技术水平。另一方面,随着创新要素的自由流动,各种新知识、新技术的溢出更为频繁,有助于整体技术水平的提高。同时,本书也证实了创新产出和创新能力的提高均有助于降低环境污染,通常来说,科技创新带来的技术进步可以通过"末端治理"和"前端防御"来降低环境污染,前者是采用先进的回收分解技术,促进废弃物的循环使用,后者则通过改进生产设备、优化工艺流程等控制污染物排放,改善环境质量。

第四节　国内统一大市场建设与环境质量改善路径

本章首先明晰了国内统一大市场建设对环境质量的作用机理,进而采用2003—2015年中国204个地级市的面板数据予以实证检验。得出以下结论:第一,国内统一大市场建设总体上有助于降低环境污染,且国内统一大市场建设的滞后项也显著。第二,从异质性分析来看,国内统一大市场建设对东部地区、经济发展水平较高地区的环境污染具有更加显著的抑制作用。第三,中介效应检验表明,国内统一大市场建设能够通过科技创新的中介渠道改善环境质量。本章的政策启示如下:

第一,打破市场分割,构建国内统一大市场。可以从以下三个方面进行具体实施,从配置效应来看,一是逐步打破地区市场分割,可以对市场准入采取"负面清单"制度,从而为政府干预划定边界,增强要素、商品流动的透明度、自由度以及开放度,真正发挥市场配置资源的作用。二是逐步纠正要素价格扭曲,进一步深化要素资源的价格改革,促进市场化定价机制的形成,使价格能够真正反映要素资源的稀缺程度,从而发挥价格配置要素资源的作用。从结构效应来看,应该基于比较优势合理化布局地区产业,国内统一大市场建设加速了产业集聚和扩散,各地区应基于本地区位优势、发展目标以及产业关联程度,确定产业发展方向,进而实施产业集群式和差异化发展,避免盲目跟风引起的资源浪费和产能过剩现象。此外,以经济技术开发园区为载体,实现产业结构转型升级,在园区内做好统筹规划的同时,重点培育代表未来发展前景的战略性新兴产业和高新技术产业,实现地区产业由低技术含量向高技术含量的有序演进,推动产业结构高级化。从技术效应来看,一是营造良好的创新环境,国内统一大市场建设促进了创新要素的自由流动,而科技创新的真正落地依赖于地区的创新氛围,因而通过不断加大研发投入、人才支持与基础设施建设,对各类创新项目进行有效的扶持和引导,为创新要素的落地生根提供保障。二是以国内统一大市场建设为契机,构建区域协同创新网络,加强地区间科技创新的交流与合作,完善协同合作机制,从而更好地发挥技术溢出效应。

第二,实施差别政策,进行分类指导。鉴于各地区经济发展水平、生态状况、资源禀赋等存在差异,因而需要进行分类指导,国内统一大市场建设,需要重点关注中西部地区和资源型地区。对于中西部地区来说,国内统一大市场建设带来产业转入的同时,也要考虑产业转入对当地生态环境的影响。首先,建立相对合理的环境标准,特别是加强环境保护的执法力度,严格限制环境不友好的高污染产业进入本地市场。其次,加快技术改造,淘汰落后设备,通过不断引进先进的生产技术和治污技术,提高产业的绿色水平,降低环境损害。对于资源型地区,国内统一大市场建设面临要素资源的流失风险,这主要是由于资源型产业的弱关联性使其产业链较短,技术进步缓慢,因而可以通过加强其与制造业和服务业的前后向关联,延长产业链条,实现地区的工业转型,摆脱对资源型产业的过度依赖,从而实现地区的产业结构转型升级,降低环境污染。

第三,强化合作思维,推动联合治理。从根本上来说,环境污染的联合治理是在保证区域共同利益的基础上,通过统一规划和实施相应的环境治理方案,形成区域环境治理合力。因此,重点可以从以下两个方面入手:一是建立跨区域联合防治机构,实施超越行政区的管理和协调,特别是在重大基础设施建设、流域生态环境保护、战略性资源的开发和利用等方面进行统一规划,加强信息共享,并负责监督执行情况。二是搭建跨区域利益协调机制,通过纵向财政转移支付和横向生态补偿机制,平衡各方的利益诉求。由于各个地区经济发展水平、财政状况以及污染外溢程度的不同,在地区增长压力下,地区合作意愿存在差异。一方面通过财政转移支付机制对经济薄弱地区进行污染治理的专项补贴,鼓励其进行设备的更新和改造;另一方面对因环境保护而失去发展机会的地区进行生态补偿,不仅可以采用资金补偿形式,也可以采取对口帮扶、共建园区、技术扶持等多维补偿方式。

第十六章　制度环境、城市创新质量与区域一体化①

中国幅员辽阔,地区差异大,现阶段推进区域一体化发展将对中国经济发展产生强大动力。"十四五"规划和"2035 年远景目标纲要"强调要深入实施区域重大战略和区域协调发展战略,并对京津冀协同发展、长江经济带发展、粤港澳大湾区建设和长三角一体化发展提出了更高的要求。这意味着中国区域一体化发展的任务相当繁重,是现代化进程中面临的重大难题。

中国进入高质量发展阶段,创新是区域高质量发展的第一动力,而与传统要素驱动不同,创新驱动具有较强的外部性与外溢效应,创新要素的跨地区和跨部门交流与合作是提高创新绩效的要求,而区域间生产要素的自由流动是区域一体化的重要特征。落后地区利用后发优势,学习先进地区的技术和管理经验,进行模仿创新,能够降低创新风险和成本,迅速缩短与先进地区的技术差距,实现经济跨越式发展,并缩小区域内经济发展差距,推动区域一体化(Edwin,1981)②。与此同时,创新具有空间集聚效应,先进地区和城市具有强

---

①　高波:《城市创新质量、制度环境与区域一体化》,《河北学刊》2023 年第 6 期,编入本书时做了适当修改。

②　Edwin, M., "Imitation Costs and Patents: An Empirical Study", *The Economic Journal*, Vol.91, No.364, 1981.

大的资金实力、完备的人才体系和雄厚的科技基础，能够为这些地区创新驱动提供支撑，导致地区创新能力差距加大。而且，知识创新中外溢知识的利用虽具有非竞争性和非排他性特征，但外溢的知识多为默会性知识，无法长距离传播，是一种本土化公共物品，这无疑会阻碍区域一体化。制度环境对要素市场作用的发挥具有重要影响，影响了创新要素的集聚与外溢，并最终影响区域一体化进程。本章的研究重点在于探究制度环境和创新如何影响区域一体化进程。

第一节　制度环境、创新与区域一体化

一、制度环境与区域一体化

制度和政府政策是影响区域一体化的重要因素。不同于西方国家的"小政府、大市场"模式，中国政府拥有较强的资源获取和配置能力。这一能力一方面有利于政府快速集聚资源，推动有效市场的建设、支持落后地区发展和区域协调发展，为区域一体化建设提供保障（李兰冰，2020）[①]；另一方面在财政分权的作用下，为追求短期地方利益最大化，地方政府之间进行激烈的竞争，并可能采取地方保护和行政分割的政策和制度，阻碍区域一体化（周业安和宋紫峰，2009）[②]。政府主导的发展模式下，政府的宏观调控和规制政策对区域发展产生重要影响，地方政府的财政补贴、土地供应方式和环境规制政策通过影响基础设施建设、区域产业布局和营商环境对区域一体化产生重要影响。制度对区域经济发展产生更重要的作用，制度决定了社会的演进方式，良好的制度环境能保障要素自由流动促进全国统一大市场的形成和区域一体化发展

---

① 李兰冰：《中国区域协调发展的逻辑框架与理论解释》，《经济学动态》2020 年第 1 期。

② 周业安、宋紫峰：《中国地方政府竞争 30 年》，《教学与研究》2009 年第 11 期。

（Paul 和 Venables，1995）①。汤放华等（2018）②对长株潭城市群的测度研究表明制度环境对区域一体化的影响作用最大。刘志彪（2019）③指出，制度的阻碍是长期和持续扭曲区域一体化进程的主要力量，一体化的实质在于在一个较大的区域经济范围内通过改革开放清除人为的阻碍资源和要素自由流动的制度障碍，实现区域一体化需要政府行政权力的整合、充分利用市场竞争的力量和规范竞争规则。面对区域一体化的制度阻碍，陈修颖和汤放华（2014）④指出应重构上下级政府和同级政府间的府际关系，协调各层级和各地方政府职能实现一体化。毛艳华和杨思维（2019）⑤对粤港澳大湾区一体化的研究指出政府应通过合作制度的创新，克服政治、经济和文化等方面的合作障碍，营造良好的制度环境，推动粤港澳大湾区更深层次的整合。无论是政府规划或政策，还是重构府际关系加强对市场的管理，抑或创新政府间协调合作方式强化市场作用，无一不是为了创造良好的制度环境以推动区域一体化发展。

二、创新与区域一体化

创新驱动会对区域发展格局变化产生重要影响。改革开放以来，随着对内改革和对外开放的持续推进，资源、劳动力和资本成为拉动经济增长的主要驱动力，并对区域发展产生了深刻影响（樊杰和刘汉初，2016）⑥。这些传统的

---

① Paul，K.，Venables，A.J.，"Globalization and the Inequality of Nations"，*Quarterly Journal of Economics*，Vol.110，No.4，1995.

② 汤放华等：《长株潭城市群一体化程度测度与评价》，《经济地理》2018 年第 2 期。

③ 刘志彪：《长三角区域高质量一体化发展的制度基石》，《人民论坛·学术前沿》2019 年第 4 期。

④ 陈修颖、汤放华：《城乡一体化背景下地方府际关系重构与政府职能转型》，《经济地理》2014 年第 12 期。

⑤ 毛艳华、杨思维：《粤港澳大湾区建设的理论基础与制度创新》，《中山大学学报（社会科学版）》2019 年第 2 期。

⑥ 樊杰、刘汉初：《"十三五"时期科技创新驱动对我国区域发展格局变化的影响与适应》，《经济地理》2016 年第 1 期。

经济增长驱动因素容易受到一地区资源禀赋、气候条件、交通和地理位置的影响,并导致区域内发展差距拉大(林斐,2020)①。随着自然资源的消耗、环境污染、人口红利逐步消失和生产要素的边际报酬递减,传统要素无法支撑中国经济持续增长,我国进入创新驱动的高质量发展阶段(霍国庆等,2017)②。相比于传统的生产要素,创新驱动对区域发展格局产生了不一样的影响。阿布拉莫维茨(Abramovitz,1968)③认为,后发国家和地区通过向发达国家和地区学习先进的科技和知识,提升自身创新能力,能够极大地缩短追上发达国家科技水平的时间甚至超越发达国家,同时实现经济飞跃和向发达国家收敛。这主要是由于传统产业集聚和扩散所造成的"中心—边缘"区域发展格局不同,创新向外围地区的扩散有自身的特点,创新成果的扩散受到地理空间制约较小且能够带来区域的跨越式发展,有利于加快区域一体化进程。杨朝峰等(2015)④采用中国省级面板数据针对全国的研究表明中国区域经济增长呈现条件 β 收敛特征,创新驱动有利于加快区域经济收敛速度并实现区域协调发展和区域一体化。程风雨(2020)⑤利用粤港澳大湾区城市层面数据研究了创新的区域收敛特征,研究表明在2000—2018年大湾区三大都市圈创新协同性不断增强,科技发展差异下降。段德忠等(2015)⑥研究了城市内创新分布,他们考察了北京市和上海市创新的空间分布演变,发现城市内创新单元的协同性增强,区域内创新产出的差距在缩小,且创新结构由单核驱动向多核共振转

---

① 林斐:《共建共治共享:创新经济视域下的区域一体化——以长三角一体化发展为例》,《西部论坛》2020年第3期。
② 霍国庆等:《新常态背景下中国区域创新驱动发展理论模型的构建研究》,《科学学与科学技术管理》2017年第6期。
③ Abramovitz, M., "Catching Up, Forging Ahead, and Falling Behind", *The Journal of Economic History*, Vol.46, No.2, 1968.
④ 杨朝峰等:《区域创新能力与经济收敛实证研究》,《中国软科学》2015年第1期。
⑤ 程风雨:《粤港澳大湾区都市圈科技创新空间差异及收敛性研究》,《数量经济技术经济研究》2020年第12期。
⑥ 段德忠等:《上海和北京城市创新空间结构的时空演化模式》,《地理学报》2015年第12期。

变。但也有学者认为单纯市场经济条件下的创新驱动会导致区域创新能力的集聚和区域经济差异加大,阻碍区域一体化进程(王业强等,2017)①。

综上所述,关于制度环境、创新与区域一体化的研究,较少注意制度环境在创新对区域一体化中发挥的作用,且较少研究创新质量对区域一体化的影响,现有研究主要集中在创新对区域发展差距的影响上。中国进入高质量发展阶段,创新成为发展的第一动力,协调成为发展的内生特点,有必要探究制度环境、创新质量与区域一体化的作用机制,以及如何更好地发挥创新对区域一体化的推动作用。本章利用284个地级市2003—2020年面板数据,实证检验了城市制度环境、创新质量和区域一体化之间的内在关系。本章的边际贡献是:第一,将制度环境纳入创新对区域一体化影响的体系中,探究制度环境如何影响创新与区域一体化之间的关系。第二,将创新质量分为实质性创新、绿色创新、协同创新和数字创新四个维度,分别探讨其对区域一体化的影响。第三,引入外生的官员任期和城市年平均气温作为制度环境和创新的工具变量,克服制度环境和创新对区域一体化影响的内生性,使研究结论更为可信。第四,探究了制度环境和创新对不同发育程度城市群区域一体化影响的异质性,为不同发育程度城市群和不同区域一体化水平城市提出差异化的政策建议。

第二节　制度环境、创新质量与区域一体化的理论机制与研究假说

一、制度环境对区域一体化的影响机制

巴拉萨(Balassa,1994)②最早提出系统性的区域一体化概念,他们指出区

---

① 王业强等:《科技创新驱动区域协调发展:理论基础与中国实践》,《中国软科学》2017年第11期。

② Balassa,B.,"The Theory of Economic Integration",*Kyklos*,Vol.14,No.1,1994.

域一体化既是一种过程,又是一种状态。过程方面主要指消除各国之间差别经济待遇的措施,状态方面则主要指各国差别待遇的消除。早期区域一体化定义局限在地理上的相邻国家之间。马赫鲁普(Machlup,1977)①进一步指出国家间的区域一体化定义过于狭窄,区域一体化既可以是国家间的也可以是国家内各区域之间的。但无论何种范围内的一体化,其目的都是为了打破市场分割和地方保护主义,实现商品和生产要素自由流动并最终整合区域经济。

制度环境在打破市场分割的过程中发挥了重要作用。(1)良好的制度环境有利于降低交易费用进而推动区域一体化。交易成本包括所有在鲁滨逊·克鲁索经济中不存在的成本,在这种经济中没有产权、交易和各种经济组织。交易成本即一系列的制度成本,包括信息成本、产权成本、谈判成本、合约成本和制度成本,制度也是因交易成本而产生,交易本身也是一种制度费用。制度的无效和不协调会导致交易成本上升,如各地方政府对产品实施不同的认证和准入标准会提高企业生产成本和重复认证成本,阻碍产品在区域间流通。而良好的制度环境和区域内政策协调能够打破市场分割,降低交易成本,提高区域间交易效率,促进生产资料和产品在区域内流通和区域一体化。(2)良好的制度环境有利于规范政府竞争、强化市场竞争并推动区域一体化。政府竞争是地方政府为了吸引资本、劳动力和技术等要素,在税收政策、环境政策、土地供给、补贴等政策方面开展跨地区政府间竞争。在中国,地方政府拥有三重身份属性,既是地方经济主体、管理主体,又是地方利益主体,同时地方官员的晋升与地区经济增长密切相关。这导致各地方政府为了在招商引资中进行激烈的竞争,并采用市场分割和地方保护主义的手段保护本地企业。无序的地方政府竞争和区域间贸易壁垒导致市场分割的同时弱化了企业跨区域竞争,阻碍了区域一体化进程。良好的制度环境能够推动区域间统一竞争规则的设立,保障区域内企业竞争公平公正,防止企业利用地方势力和行政垄断权力进

---

① Machlup,F.,"The History of Thought on Economic Integration",*Journal of Economic History*,Vol.38,No.1,1977.

行市场分割,提高竞争效率,通过加强区域间市场竞争加快地区生产要素流动,推动区域一体化进程。通过一体化的制度建设和科学的规划,贯彻、实施破除市场分割的政策,能够为区域一体化创造有效的社会条件。

假说1:制度环境的改善能够降低交易成本和强化市场竞争,推动区域一体化进程。

二、创新质量对区域一体化的影响机制

创新是区域经济增长的动力之源,在经济高质量发展阶段,科技进步、劳动者素质的提高和管理方式的变革是推进地区经济发展的重要因素,并对区域发展格局产生重要影响。创新主要通过产业转移效应、经济发展效应和创新溢出效应促进区域一体化。

首先是产业转移效应。高质量创新带来的产业梯度转移最终推动区域一体化。弗农(Vernon,1966)[1]提出了工业生产生命周期理论,将工业部门和产品分为创新、发展、成熟和衰退四个阶段。区域经济学家将其扩展为区域经济的梯度转移理论,该理论认为地区经济部门和产业结构所处的阶段会决定区域经济增长和收入提升速度,并形成高梯度地区。而创新活动大多发源于高梯度地区,新产品随着生命周期的推移会逐渐向低梯度地区转移,带动低梯度地区发展。另外,创新活动产生的新产品往往具有较大的市场需求量,当创新发源地没有足够的产能或没有能力单独生产这一产品时,邻近区域会通过与创新发源地的技术合作接收部分产能,加强与创新地区的经济和技术联系,带动区域一体化。

其次是经济发展效应。克鲁格曼的"中心—外围"模型将经济活动的空间结构分为离散型、聚集型、扩散型和均衡型四种,在经济发展的不同阶段会导致核心区与外围区关系的变化。经济发展初期,城市间空间结构由离散型

---

① Vernon, R., "International Investment and International Trade in the Product Cycle", *Quarterly Journal of Economics*, Vol.80, No.2, 1966.

向集聚型转变，核心区吸纳外围区的资源要素，对外围区进行控制。核心区的经济集聚有利于提升核心区创新水平，并进一步推动核心区集聚和发展。核心区城市规模扩大到一定程度会产生集聚不经济和扩散，带动外围地区发展，外围小城镇的分工和协作加强，区域内商品、资本和信息等网络形成，多中心、网络化的城市体系形成，推动区域一体化发展。

最后是创新溢出效应。内生增长理论认为创新推动了经济持续增长，且知识和技术创新具有很强的溢出效应。高质量技术创新具有共享性和可转让性。熊彼特认为，技术创新的模仿性推动了创新溢出和扩散，一项降低成本提升生产效率的技术在少部分企业运用后产生的示范效应吸引大部分企业模仿，提升行业生产效率和经济繁荣。创新是一个企业研发部门和外部合作者（上下游部门和科研机构）组成的创新网络共同研发和相互学习的过程（Rothwell，1994）[1]。通过企业间的相互贸易、联合投资和合作创新，新的知识和技术能够在企业间便利地传播，特别是合作创新，不仅能分摊风险、提高企业创新能力，还能提高创新效率。创新的溢出效应能够极大地推动区域内科研技术人员的流动、创新成果的转化和企业合作研发，区域内各城市之间的交流与合作加强，外围城市通过学习中心城市的知识和技术提升创新能力，实现跨越式发展，加快区域一体化进程。

假说2：创新通过产业梯度转移、经济发展效应和创新溢出效应促进区域间要素流动和产业融合，推动区域一体化发展。

创新质量因对生产技术、生产效率、社会福利提升作用的大小和是否符合时代发展趋势而不同。高质量、高价值的创新不仅能够极大地推动生产发展和技术进步，所具有的外溢效应也更大（黎文靖和郑曼妮，2016）[2]，因而对区

---

[1] Rothwell, R., "Issues in User-Producer Relations in the Innovation Process: The Role of Government", *International Journal of Technology Management*, Vol.9, No.9, 1994.

[2] 黎文靖、郑曼妮：《实质性创新还是策略性创新？——宏观产业政策对微观企业创新的影响》，《经济研究》2016年第1期。

域一体化的推动作用更大。

高质量发展阶段,绿色创新对城市可持续发展具有重要意义,是高质量创新的代表。绿色创新能够将生产资料引入绿色技术先进领域,淘汰高污染、高排放的落后产能,打破旧的生产模式,推动绿色产业和新兴技术产业发展,促进发挥创新的产业梯度转移效应,从而推动城市高质量发展和区域一体化进程。

协同创新能够通过知识共享、知识互补和知识积累使创新参与主体获益,实现更高质量的创新。产学研协同创新既能发挥学校和科研机构的研发优势,又能借助企业进行商业化推广,实现创新成果落地,提高各主体创新积极性和创新质量;跨区域协同创新则有利于发挥各创新主体的比较优势,获取不同地区的市场信息,推动地区间资源要素的流动,极大地提高创新质量和区域一体化进程。

数字创新能够从市场和空间维度推动区域一体化进程,数字创新推动数字技术发展,数字基础设施不断完善,产业数字化水平不断提高,生产更能适应区域发展需要,产品在区域间的周转更加便利和快捷,推动区域市场一体化进程。数字创新还能推动人流、物流和信息流在城市和地区间的交换,缩短人与人交流的距离,提高生产资料和产品运输效率,推动信息在城市间的传播,降低城市间地理空间阻隔的影响,推动区域一体化进程。

假说3:不同的创新质量和创新类型对区域一体化的影响存在差异。

三、制度环境对创新影响区域一体化发挥调节作用

无论是创新活动还是区域一体化的推进,都是在一定的制度环境中进行的。制度环境是一个国家某产业在国际市场中占有竞争优势地位的重要原因,制度环境能够加快本国企业积累竞争优势,也有可能导致企业发展停滞不前。制度环境与资源禀赋所能产生的预期回报密切相关。良好的制度环境能够让创新在推动区域一体化方面发挥更大的作用。一方面,良好的制度环境

有利于核心地区淘汰落后产业和外围地区承接产业转移和人才流动,促进技术溢出效应的发挥,加强创新对区域一体化的推动作用;另一方面,制度环境会影响企业创新资源配置。政府通过健全市场体系和规范、引导企业有序和充分竞争,发挥市场在创新资源配置中的决定性作用,同时加强对科研、教育和基础设施的投入,引导和鼓励企业加强创新投入和合作创新。这有利于企业更加重视创新资源的配置,通过改进技术和创新管理模式提高生产效率,研发新产品以开拓新市场,加强产学研合作促进协同创新,形成良好的竞争环境,最终提高创新能力和推进区域一体化进程。而不良的制度环境会损害市场有效性,破坏公平竞争,使企业将更多的资源配置到非生产的寻租活动中,不利于创新活动以及发挥创新溢出效应。

假说4:制度环境在创新对区域一体化的影响中发挥调节作用,良好的制度环境有利于发挥创新对区域一体化的促进作用。

第三节 制度环境、创新质量与区域一体化的研究设计

一、计量模型设定

为检验城市制度环境和创新质量对区域一体化的影响,本文设定以下计量模型:

$$integra_{it} = \alpha + \beta_1 institut_{it} + \beta_2 innovat_{it} + \sum \beta_c Z_{it} + year_{it} + \mu_{it} + \varepsilon_{it}$$

$$(16-1)$$

式(16-1)中,i 代表城市,t 代表时间,$integra$ 为被解释变量,代表区域一体化水平。$institut$ 为本章主要解释变量之一,代表制度环境。$innovat$ 为另一个主要解释变量,代表创新质量。Z 为一系列控制变量,主要包括城市人口规模、经济密度、是否属于城市群城市、对外开放度、科研投入和教育投入。$year$

为时间固定效应，μ 为城市个体固定效应，ε 为随机误差项。

为检验制度环境是否在创新对区域一体化的影响中产生了调节作用，本章在式（16-1）的基础上加入制度环境和创新的交互项，即 $institute \times innovat$，得到式（16-2）。

$$integra_{it} = \alpha + \beta_1 institut_{it} + \beta_2 innovat_{it} + \beta_3 institut_{it} \times innovat_{it} + \sum \beta_c$$
$$Z_{it} + year_{it} + \mu_{it} + \varepsilon_{it} \tag{16-2}$$

二、变量选取

本章被解释变量为区域一体化，区域一体化实质为区域内商品和各种生产要素能够自由流动，表现为区域内商品和各种生产要素价格一致。大量研究利用 CPI 和价格法测算区域一体化水平（江曼琦和谢姗，2015）[1]，但 CPI 指数仅能反映城市居民购买生活消费品和服务的价格变动状况，不能代表全部商品的价格变动状况，且一些城市 CPI 指数数据缺失。本研究选用 GDP 平减指数作为全面衡量物价变动状况的指标。依据萨缪尔森（Samuelson，1954）[2] 的冰川成本模型，结合桂琦寒等（2006）[3] 的方法，本书使用价格法计算区域一体化程度，计算方法如下：

首先，对两地的 GDP 平减指数 p 的比值取自然对数，其中 p_i 和 p_j 分别为两个城市的价格水平，t 为时间：

$$Q_{ijt} = \ln \left(\frac{p_{it}}{p_{jt}} \right) \tag{16-3}$$

其次，对 Q_{ij} 进行一阶差分：

---

① 江曼琦、谢姗：《京津冀地区市场分割与整合的时空演化》，《南开学报（哲学社会科学版）》2015 年第 1 期。

② Samuelson, P. A., "Theoretical Notes on Trade Problems", *The Review of Economics and Statistics*, Vol.46, No.2, 1954.

③ 桂琦寒等：《中国国内商品市场趋于分割还是整合：基于相对价格法的分析》，《世界经济》2006 年第 2 期。

$$\Delta Q_{ijt} = \ln\left(\frac{p_{it}}{p_{jt}}\right) - \ln\left(\frac{p_{it-1}}{p_{jt-1}}\right) = \ln\left(\frac{p_{it}}{p_{it-1}}\right) - \ln\left(\frac{p_{jt}}{p_{jt-1}}\right) \tag{16-4}$$

最后,对一阶差分取绝对值得到 $|\Delta Q_{ijt}|$,并采用去均值的方法消除固定效应,城市 i 与其他城市之间分割指数与全部城市均值的方差即为 i 城市区域一体化指数:

$$\mathrm{Var}(q_{ijt}) = \mathrm{Var}(\,|\Delta Q_{ij}| - |\bar{Q_t}|\,) \tag{16-5}$$

方差越大代表区域间价格差异越大,市场分割越严重;方差越小代表区域间价格差异小,区域一体化程度较高。同时由于方差数值较小,为方便计量结果的解释本研究将该数值扩大 1000 倍。

本章主要解释变量有制度环境和城市创新质量。其中制度环境变量和数据采用王小鲁等(2019)编制的《中国分省份市场化指数报告》和樊纲等(2011)编制的《中国市场化指数——各地区市场化相对进程 2011 年报告》衡量和测算。这两个报告分别测算了全国 2008—2016 年和 1997—2009 年两套基期不同且计算所依据指标不同的数据,不能直接合并使用,本书参照张晓晶(2018)①的做法以 2008 年为基期对 2003—2007 年的数据进行了调整,使之具备一定可比性。由于最新的市场化指数数据仅公布到 2016 年,本书参照俞红海等(2010)的做法对市场化指数进行外推,根据 2008—2016 年各省份市场化指数平均增长率计算出 2017—2020 年各省份市场化指数数据,最终得到 2003—2020 年市场化指数。

城市创新质量变量的选取借鉴金培振等(2019)②和郑威、陆远权(2021)③的做法并进行完善,将创新质量分为实质性创新、绿色创新、协同创新和数字创新四个维度,采用熵值法赋权得出创新质量综合指数。

---

① 张晓晶:《扭曲、赶超与可持续增长——对政府与市场关系的重新审视》,《经济研究》2018 年第 1 期。
② 金培振、殷德生、金桩:《城市异质性、制度供给与创新质量》,《世界经济》2019 年第 11 期。
③ 郑威、陆远权:《财政压力、政府创新偏好与城市创新质量》,《财政研究》2021 年第 8 期。

实质性创新变量的选取上，根据《中华人民共和国专利法》对专利的分类和认定标准，发明专利较实用新型专利和外观专利而言具有更严格的授权条件、更高的研发成本和更严格的审查程序、更完善的专利保护。本书采用发明专利申请数占三类专利申请数的比重衡量城市实质性创新。采用专利申请数而不采用专利获得数主要是由于专利从申请到授权时间较长，专利申请数更能体现当前城市创新活力和创新成果。发明专利、实用新型专利和外观专利申请数来源于 CNRDS 数据库。

新发展理念倡导建设绿色城市，实现绿色发展。绿色创新变量的选取上，本书采用绿色专利申请数占城市专利申请总数的比重衡量城市绿色创新。绿色专利数据来源于 CNRDS 数据库，该数据库遵循世界知识产权局的绿色专利标准对国家知识产权局专利检索系统中的专利进行梳理和筛查，得出绿色专利数据。

随着现代科技的发展，创新活动越来越复杂，创新程序和主体不断增加，形成有质量的创新成果难度不断提高，对单个企业或科研单位的创新能力提出挑战。而多个创新主体的合作有利于发挥各自研究领域和实践领域的优势，提高创新质量，也更有利于创新成果的传播和应用。协同创新符合资源优化配置的要求，创新质量更高。本书根据 CNRDS 数据库中提供的企业研发联盟、校企研发联盟和高校研发联盟发明专利数据整理得到协同创新专利数量，利用协同创新专利申请数占城市专利申请总数的比重衡量城市协同创新。

国务院在 2021 年 12 月发布的《"十四五"数字经济发展规划》指出，发展数字经济是把握新一轮科技革命和产业变革新机遇的战略选择。数字经济是推动城市发展的新动能，数字创新符合科技和产业发展趋势，适应了城市高质量发展的需要是衡量城市创新质量的重要指标。本书采用数字经济专利申请数占城市专利申请总数的比重衡量城市数字创新状况。数字经济专利数据来源于 CNRDS 数据库。

在控制变量方面，结合相关文献和经济理论，本书选取了人口规模、人均

GDP、产业结构、城市对外开放度、科研投入、教育投入等指标全面反映城市社会经济状况。其中人口规模采用城市常住人口数量,是衡量城市规模的重要指标,地区的城市规模反映了地区内城市之间的关系是影响区域一体化的重要指标;人均 GDP,是衡量城市经济发展水平的重要指标,对区域一体化产生重要影响;产业结构反映了城市经济结构,产业分工影响城市分工,良好的产业结构和城市功能分工有利于推动区域一体化进程,本书采用第三产业产值与第二产业产值之比作为产业结构的代理指标。对外开放度代表了城市经济实力和开放精神,有利于推动区域一体化,同时对外开放吸引外商投资有利于打破市场分割,推进区域一体化进程,本书采用城市当年实际使用外资额与城市 GDP 的比值衡量城市对外开放程度;科研投入和教育投入体现了城市对科技和教育的重视程度,对城市人力资本形成和流动以及公共服务产生影响,并同时影响城市创新水平和区域一体化。本书对城市科研投入和教育投入数值取对数处理。

三、数据来源与变量描述性统计

本书选取了 284 个地级及以上城市 2003—2020 年数据,主要数据来源于《中国城市统计年鉴(2004—2021)》和 CNRDS 数据库。为剔除价格因素影响和缓解可能存在的异方差,本书将计算经济密度所需的城市 GDP 数据以及科研投入和教育投入采用 GDP 平减指数进行平减后取自然对数,对申请发明专利、申请实用专利、获取发明专利和获取实用专利取自然对数。表 16-1 为各变量描述性统计。

表 16-1　描述性统计结果十一

变量	观测值	均值	标准差	最小值	最大值
一体化指数	5112	12.43	14.39	0.00	97.85
制度环境	5112	4.54	1.62	0.00	8.74

续表

变量	观测值	均值	标准差	最小值	最大值
创新数量	5112	6.50	1.87	1.11	12.02
创新质量综合指数	5112	0.14	0.11	0.01	0.79
实质性创新	5112	0.27	0.14	0	1
绿色创新	5112	0.12	0.07	0	0.87
协同创新	5112	0.19	0.24	0	0.92
数字创新	5112	0.04	0.05	0	0.89
人口规模	5112	5.86	0.69	2.79	8.13
人均 GDP	5112	3.42	2.98	0.01	46.77
产业结构	5112	86.41	45.47	9.43	534.01
对外开放度	5112	0.30	0.37	0.00	6.89
科研投入	5112	9.09	1.89	3.53	15.21
教育投入	5112	12.30	1.09	6.73	16.08

第四节　制度环境、城市创新与区域一体化的实证检验

一、基准回归

本书基准回归采用固定效应模型,并控制了时间固定效应和地区固定效应。表16-2为式(16-1)的回归结果,检验制度环境和城市创新质量对区域一体化的影响。回归中还加入了创新数量指标与创新质量的回归结果进行对比。其中列(1)至列(6)分别采用创新数量、创新质量综合指数、实质性创新、绿色创新、协同创新和数字创新指数作为创新质量代理变量的回归结果。

表 16-2　2003—2020 年制度环境、城市创新与区域一体化实证结果

变量	（1）区域一体化	（2）区域一体化	（3）区域一体化	（4）区域一体化	（5）区域一体化	（6）区域一体化
制度环境	−1.220** (−2.31)	−1.301** (−2.47)	−1.287** (−2.44)	−1.270** (−2.41)	−1.317** (−2.50)	−1.275** (−2.42)
创新数量	1.079 (1.03)					
创新质量综合指数		−4.630** (−2.41)				
实质性创新			−1.242** (−2.57)			
绿色创新				−0.424 (−0.14)		
协同创新					−2.673* (−1.72)	
数字创新						−2.319** (−2.38)
人口规模	−4.742 (−1.07)	−4.659 (−1.05)	−4.124 (−0.93)	−4.330 (−0.98)	−4.681 (−1.05)	−4.353 (−0.98)
人均GDP	−0.746*** (−4.33)	−0.828*** (−4.77)	−0.786*** (−4.60)	−0.786*** (−4.60)	−0.835*** (−4.82)	−0.781*** (−4.55)
产业结构	0.010 (1.11)	0.007 (0.81)	0.009 (0.94)	0.009 (0.99)	0.007 (0.73)	0.009 (0.98)
对外开放度	−2.059** (−2.27)	−2.034** (−2.25)	−2.049** (−2.26)	−2.032** (−2.24)	−2.063** (−2.28)	−2.027** (−2.24)
科研投入	−1.140** (−2.29)	−0.750 (−1.57)	−0.802* (−1.68)	−0.839* (−1.77)	−0.701 (−1.46)	−0.820* (−1.72)
教育投入	−4.714*** (−3.11)	−4.236*** (−2.79)	−4.485*** (−2.96)	−4.418*** (−2.92)	−4.177*** (−2.75)	−4.432*** (−2.93)
时间固定效应	Yes	Yes	Yes	Yes	Yes	Yes
地区固定效应	Yes	Yes	Yes	Yes	Yes	Yes
常数项	105.374*** (4.07)	102.186*** (3.94)	103.202*** (3.98)	103.578*** (4.00)	101.436*** (3.91)	103.772*** (4.00)
观测值	5112	5112	5112	5112	5112	5112

续表

变量	（1）	（2）	（3）	（4）	（5）	（6）
	区域 一体化	区域 一体化	区域 一体化	区域 一体化	区域 一体化	区域 一体化
R^2	0.0440	0.0440	0.0430	0.0430	0.0440	0.0430
F 统计量	8.338	8.237	8.158	8.143	8.283	8.149

注：***、**、*分别表示在 1%、5%和 10%的水平下显著，括号里为 t 统计量。

表 16-2 的回归结果表明，制度环境对区域一体化的影响为负且在 5%的水平下显著，表明制度环境的改善能够提升城市区域一体化水平。制度环境的改善有利于消除阻碍各种资源要素流动的体制机制障碍，降低区域内的交易成本，促进区域内统一市场的形成和区域一体化的推进，假说 1 得到验证。

表 16-2 列（1）的回归结果表明，城市创新数量对区域一体化的影响不显著，因而城市创新数量的提升对区域一体化水平影响较小。列（2）结果表明，创新质量综合指数对区域一体化的影响为负且显著，由于区域一体化为负向指标，因此城市创新质量的提升有利于推动区域一体化进程。城市创新质量的提升、发展动能的转换，能够提高城市经济发展质量，提高城市经济辐射带动能力，且创新具有较强的外溢效应能够带动周边城市发展，提升区域一体化水平，假说 2 得到验证。列（3）至列（6）实质性创新、绿色创新、协同创新和数字创新对区域一体化的影响为负且显著，从系数上看，协同创新的回归系数最大，数字创新的回归系数次之，实质性创新的回归系数最小，绿色创新对区域一体化的影响不显著。表明创新质量的四个维度中，协同创新对区域一体化推动作用最大，协同创新需要生产资料、知识、产业和劳动力等各类生产要素的跨地区、跨领域协调，能够推动资源要素的自由流动，此外跨地区协同对区域和城市间政策的协调性和一致性要求较高，产生的示范效应能够有效推动区域一体化发展。数字创新推动数字经济发展加快信息和生产要素的地区间流动，降低地理空间对区域分割的影响。实质性创新的创新质量更高，更能推

动区域高质量发展和区域协调发展。绿色创新对区域一体化的作用较小，可能是由于绿色创新推动区域一体化发展作用的发挥存在一个阈值和时滞，绿色技术创新水平较低时，绿色技术对经济效益提升的作用较小，绿色技术扩散范围有限，且绿色创新由于发挥经济效益的作用较慢，成果转化时滞也较长，对区域一体化推动作用有限。假说3得到验证。

在控制变量方面，以列（1）为例，人口规模对区域一体化指数的影响为负，表明城市常住人口数量增加，城镇化的推进有利于实现区域一体化。人均GDP对区域一体化的影响为负且在1%的显著性水平下显著，表明城市经济发展有利于发挥城市经济外溢效应，城市之间的联系会进一步加强，进而推动区域一体化发展。对外开放度对区域一体化的影响为负且在5%的水平下显著，表明城市对外开放度的提升一方面有利于吸引外资，倒逼国内市场改革，打破市场分割，另一方面表明城市拥有较强的开放精神，有利于推动区域一体化。科研投入对区域一体化的影响为负且在5%的显著性水平下显著，表明城市财政加强科研投入，提高城市创新水平有利于推动城市发展和区域一体化。教育投入对区域一体化的影响为负且在1%的显著性水平下显著，教育投入有利于培养人才增强城市创新能力，同时城市对教育的投入也代表了城市对公共资源和服务的重视程度，能够吸引人才营造良好的创新环境，提升区域一体化水平。

二、稳健性检验

（一）改变样本量的稳健性检验

2008年后市场化指数的计算基期和计算数据指标有所调整，因而2003—2007年的市场化指数和2008—2020年的市场化指数不具有直接可比性，虽然本书对这两组数据的基期进行了调整使之统一，但不可避免存在数据质量下降的问题。本部分的稳健性检验仅使用2008年及以后数据。表16-3为

2008 年及以后制度环境、创新与区域一体化的实证结果,回归结果表明制度环境和创新对区域一体化的回归结果与主回归结果一致,结果稳健。此外,2008 年以后制度环境对区域一体化影响的系数绝对值显著增大,表明 2008 年后制度环境对区域一体化的影响变得更为重要。近年来,随着经济进入中高速增长和高质量发展阶段,改革进入深水区,推进制度改革,处理好政府与市场的关系,消除制度扭曲,协调各地经济发展战略和政策,营造良好的制度环境对推动区域一体化发挥更为重要的作用。

表 16-3 2008—2020 年改变样本量的稳健性检验回归结果

变量	（1）	（2）	（3）	（4）	（5）	（6）
	区域一体化	区域一体化	区域一体化	区域一体化	区域一体化	区域一体化
制度环境	-2.446*** (-4.29)	-2.528*** (-4.43)	-2.515*** (-4.40)	-2.476*** (-4.34)	-2.558*** (-4.48)	-2.494*** (-4.37)
创新数量	0.965 (1.35)					
创新质量综合指数		-5.912** (-2.53)				
实质性创新			-1.694*** (-2.72)			
绿色创新				-2.241 (-0.63)		
协同创新					-3.828** (-2.04)	
数字创新						-3.263** (-2.51)
控制变量	Yes	Yes	Yes	Yes	Yes	Yes
时间固定效应	Yes	Yes	Yes	Yes	Yes	Yes
地区固定效应	Yes	Yes	Yes	Yes	Yes	Yes
常数项	77.483*** (2.73)	73.432*** (2.58)	75.112*** (2.64)	75.487*** (2.66)	72.078** (2.53)	76.053*** (2.68)

续表

变量	(1)	(2)	(3)	(4)	(5)	(6)
	区域一体化	区域一体化	区域一体化	区域一体化	区域一体化	区域一体化
观测值	3692	3692	3692	3692	3692	3692
R^2	0.0380	0.0370	0.0370	0.0370	0.0380	0.0370
F 统计量	6.613	6.594	6.500	6.493	6.689	6.486

注: *** , ** , * 分别表示在 1% 、5% 和 10%的水平下显著,括号里为 t 统计量。

(二)替换关键解释变量的稳健性检验

本书主回归中采用专利申请量作为城市创新的代理变量,事实上学术界对于采用专利申请量还是获取量来衡量创新水平的问题一直存在争议。相比于专利申请量,专利获取量排除了潜在的虚假申请,更能体现创新。本书参照余泳泽和张少辉(2017)[①]的做法采用发明专利的获取量作为稳健性检验。实质性创新指标替换为发明专利获取量占专利获取量的比重,绿色创新指标替换为绿色专利获取占专利获取量的比重,协同创新替换为产学研结合专利获取占专利获取量的比重,数字创新替换为数字经济相关创新获取量占专利获取量的比重,城市创新质量指数则利用熵值法对这四个指标进行合成得出。但专利申请到获取存在一定时滞,马荣康等(2021)[②]的研究表明发明专利的申请到获得平均时长为 32.02 个月,因而本书在回归中将发明专利获取相应数据滞后三年处理。表 16-4 为替换关键解释变量的稳健性检验结果,结果与主回归一致。

---

① 余泳泽、张少辉:《城市房价、限购政策与技术创新》,《中国工业经济》2017 年第 6 期。
② 马荣康等:《专利公开时滞和授权时滞条件下的技术许可时机选择——基于中国专利制度和许可数据的研究》,《管理工程学报》2021 年第 4 期。

表 16-4 2003—2020 年替换关键解释变量的稳健性检验

变量	（1）区域一体化	（2）区域一体化	（3）区域一体化	（4）区域一体化	（5）区域一体化	（6）区域一体化
制度环境	-1.238** (-2.35)	-1.258** (-2.38)	-1.239** (-2.35)	-1.289** (-2.45)	-1.334** (-2.53)	-1.249** (-2.37)
创新数量	0.903 (1.39)					
创新质量综合指数		-3.697** (-2.00)				
实质性创新			-5.527** (-2.55)			
绿色创新				-3.451 (-0.67)		
协同创新					-5.759** (-2.21)	
数字创新						-3.654*** (-3.47)
控制变量	Yes	Yes	Yes	Yes	Yes	Yes
时间固定效应	Yes	Yes	Yes	Yes	Yes	Yes
地区固定效应	Yes	Yes	Yes	Yes	Yes	Yes
常数项	104.327*** (4.03)	103.812*** (4.01)	102.183*** (3.94)	104.041*** (4.02)	107.490*** (4.14)	102.197*** (3.95)
观测值	4260	4260	4260	4260	4260	4260
R^2	0.0440	0.0440	0.0440	0.0440	0.0450	0.0460
F 统计量	8.277	8.190	8.256	8.274	8.374	8.715

注：***、**、* 分别表示在 1%、5% 和 10%的水平下显著，括号里为 t 统计量。

（三）内生性检验

创新能够推动区域一体化，但区域一体化带来的创新要素流动和市场整合规模扩大也有利于推动创新，同时区域一体化的推进还会倒逼地方政府改革，改善城市制度环境。因此，区域一体化对制度环境和创新存在反向因果关系,可能影响估计结果的有效性。本书选用工具变量缓解内生性问题。本书选择官员任期作为制度环境的工具变量,由于官员任期对政策连续性和制度环境有重要影响(许士道和江静,2021)[①]。官员频繁变更可能破坏原有政府和企业间的诚信环境,破坏原有政策连续性,导致市场不确定性增加,制度环境恶化,但一般官员的更替和任期对整体区域一体化的影响较小,因而本书选用官员任期作为制度环境的工具变量,在具体指标选取上选择城市市委书记的任期。本书采用城市年平均气温作为创新的工具变量,城市气温作为自然环境变量具有足够的外生性。气候变化受到二氧化碳和其他温室气体排放的影响,气温上升快的国家和地区会实行更严格的环境规制政策,更重视通过技术创新实现节能减排(秦佳良等,2018)[②];另一方面,研究表明气温变化对作为创新主体的人的思维情绪变化有重要影响,气温升高会降低人类的思维活跃度,增加消极情绪,从而对创新活动产生不利影响(Noelke等,2016)[③]。本书采用官员任期和城市年平均气温的交互项作为制度环境和城市创新交互项的工具变量。考虑到地区区域一体化是逐步推进的,上一期的区域一体化程度可能对当期区域一体化产生影响,本书还考虑了上期区域一体化水平,最终选用动态面板模型系统 GMM 估计进行回归。

表 16-5 为分别使用官员任期和气温作为工具变量的制度环境和创新对区域一体化影响的动态面板系统 GMM 估计结果。扰动项自相关检验结果表明,在 5% 的显著性水平下,可以接受扰动项无自相关的原假设,萨甘过度识别检验结果显示,在 5% 的显著性水平下接受了"所有工具变量均有效"的原假设,表明工具变量的选取和估计方法选用有效。表 16-5 的回归结果表明进行内生性处理后制度环境和城市创新对区域一体化的影响依然为负且在

---

① 许士道、江静:《创业活力、创新能力与城市经济发展效率——基于 283 个地级市数据的实证检验》,《山西财经大学学报》2021 年第 3 期。

② 秦佳良等:《气候变化会影响技术创新吗?》,《科学学研究》2018 年第 12 期。

③ Noelke, C., McGovern, M., Corsi, D. J., et al., " Increasing Ambient Temperature Reduces Emotional Well-Being", *Environmental Research*, No.151, 2016.

1%或5%的显著性水平下显著,结果具有稳健性。

表 16-5　2003—2020 年制度环境、城市创新与区域
一体化的动态面板工具变量回归结果

变量	（1）区域一体化	（2）区域一体化	（3）区域一体化	（4）区域一体化	（5）区域一体化	（6）区域一体化
区域一体化滞后一期	0.257***（70.41）	0.251***（59.41）	0.249***（81.29）	0.255***（56.57）	0.259***（59.31）	0.263***（71.72）
制度环境	−0.029（−0.55）	−0.210***（−4.33）	−0.212***（−3.26）	−0.215***（−5.38）	−0.176***（−3.60）	−0.098**（−2.34）
创新数量	0.611***（6.80）					
创新质量综合指数		−7.470***（−8.70）				
实质性创新			−5.116***（−19.02）			
绿色创新				−5.457（−0.53）		
协同创新					−14.772***（−14.46）	
数字创新						−11.985***（−11.67）
常数项	46.817***（27.15）	64.050***（30.77）	60.881***（36.47）	64.101***（32.95）	63.404***（26.12）	57.549***（35.67）
控制变量	Yes	Yes	Yes	Yes	Yes	Yes
时间固定效应	Yes	Yes	Yes	Yes	Yes	Yes
地区固定效应	Yes	Yes	Yes	Yes	Yes	Yes
观测值	4828	4828	4828	4828	4828	4828
Arellano−Bond AR(1)	−6.17（0.00）	−6.19（0.00）	−6.17（0.00）	−6.17（0.00）	−6.03（0.00）	−6.12（0.00）
Arellano−Bond AR(2)	0.59（0.57）	0.51（0.56）	0.47（0.58）	0.47（0.59）	0.24（0.81）	0.44（0.66）
Sargan	264.81（0.07）	269.13（0.05）	266.37（0.07）	267.84（0.06）	219.00（0.15）	272.67（0.04）

注:***、**、*分别表示在1%、5%和10%的水平下显著,括号里为 t 统计量。

（四）异质性检验

1. 分城市群异质性检验

城市群是推动区域一体化的重要抓手,中心突出、层次合理、节点分布均衡的网络型城市群能够打破现有行政区域导致的市场分割,实现资源共享和包容发展,推动地方政府由竞争向竞合转变。这有利于提升城市的扩散效应,单个城市孤立的发展形态容易形成"中心—外围"格局,而城市群的多中心和网络化便利了资源流动,使扩散效应更容易发挥,能够极大地推动区域一体化的发展。区域一体化的推进也有利于城市群向更高级的形态迈进,区域一体化政策能够推进城市群内统一市场的形成,企业在城市群内的交易成本降低,资源和要素流动更加便捷,企业区位选择更加灵活,无法适应中心城市的产业和企业能够无障碍地流入城市群内中小城市,进一步推进网络型城市群的发展。2006 年"十一五"规划首次提出将城市群作为推动城镇化的主体形态,"十四五"规划再次强调推动城市群一体化发展。城市群建设与区域一体化关系密切,城市群的发展程度和空间结构很大程度上代表了该区域一体化水平。本书按照"十四五"规划和"2035 年远景目标纲要"中提出的 19 个城市群,依据城市群发展程度进行分样本检验。样本分为三类,首先是城市群发育趋于成熟、经济规模最大、产业协同和创新能力最强的长三角城市群、京津冀城市群和粤港澳大湾区三大城市群;其次是已经初具雏形和规模,但还处于发育或雏形阶段的长江中游城市群、成渝城市群、哈长城市群等 16 个城市群;最后是一体化程度最低的其他非城市群城市。

表 16-6 为分城市群城市制度环境和创新质量对区域一体化的回归结果。回归结果表明,制度环境方面,其他城市群和其他城市制度环境的改善能够推动区域一体化发展,但三大城市群制度环境改善对区域一体化的推动作用有限。城市创新质量方面,三大城市群和其他城市群创新质量的提升有利于推动区域一体化进程,而其他城市创新质量的提升对区域一体化的推动作

用有限。这主要是由于三大城市群城市均位于东部市场化改革开放较早、市场化程度较高,目前改革已经进入攻坚期和深水区,沿着现有路径进行小修小补作用有限。需进一步全面深化改革,进行行政权力的调整并让渡部分地方政府权力,建立综合协调机构协调地方政府行为,促进公平竞争;进一步理顺政府与市场的关系,使政府治理更为有效、市场活力进一步迸发,才能进一步推动区域一体化发展。而对于非城市群城市,其创新能力较差,制度环境急需优化,由于区域内地方政府的无序竞争和市场分割,城市创新能力提高仅能拉动自身城市的发展而无助于区域一体化水平的提高,而制度环境的改善则能大大提升区域一体化水平。

表 16-6　2003—2020 年分城市群回归结果

变量	（1）	（2）	（3）
	三大城市群	其他城市群	其他城市
制度环境	-0.853 (-0.73)	-1.894^{***} (-2.90)	-5.255^{***} (-3.89)
创新质量综合指数	-8.361^{**} (-2.20)	-5.505^{***} (-2.64)	-2.719 (-0.72)
控制变量	Yes	Yes	Yes
时间固定效应	Yes	Yes	Yes
地区固定效应	Yes	Yes	Yes
常数项	195.184^{***} (4.70)	21.057 (0.50)	41.482 (0.59)
观测值	954	2844	1314

注: *** 、** 、* 分别表示在 1%、5% 和 10%的水平下显著,括号里为 t 统计量。

2. 分城市规模异质性检验

不同规模城市经济集聚程度不同,制度环境不同,创新资源和创新能力存在差异,城市与周围城市的关系也存在差异。规模较大的城市一般为国家或区域中心城市是区域创新和发展的引擎,小城市为大城市提供配套支持,同时可以通过溢出效应分享大城市发展的成果。本书根据 2014 年 10 月国务院发布的《国务院关于调整城市规模划分标准的通知》和 2020 年第七次全国人口普查得到的城区常住人口数据,将 284 个城市分为超大和特大城市、大城市、中等城市和小城市。

表 16-7 为分城市规模回归结果。回归结果表明,制度环境的改善能够推动超大特大城市和大城市区域一体化的进程,但对中等城市和小城市区域一体化进程的作用有限。中国大城市一般也是能级较高的城市,作为省会城市和区域中心城市,制度环境改善对周边城市具有示范效应,在大城市的主导下推动区域一体化进程。而中等城市和小城市辐射范围有限,制度环境改善仅能推动本城市高质量发展,但对周边城市影响有限。创新质量提升能够推动超大和特大城市、大城市、中等城市区域一体化进程,推动作用随着城市规模的扩大而扩大。城市规模越大,经济集聚越强,集中的资源越多,在区域中的辐射能力越强,也更需要创新驱动城市和区域的高质量发展。创新质量的提升有利于大城市发挥区域发展的龙头作用,带动周边城市发展和推动区域一体化进程。

表 16-7　2003—2020 年分城市规模结果

变量	（1）超大特大城市	（2）大城市	（3）中等城市	（4）小城市
制度环境	−1.643*** (−3.51)	−2.670*** (−3.33)	−1.423 (−1.51)	0.691 (0.58)
创新质量综合指数	−12.085*** (−3.10)	−5.984** (−2.49)	−2.510** (−2.24)	1.638 (0.24)
控制变量	Yes	Yes	Yes	Yes
时间固定效应	Yes	Yes	Yes	Yes
地区固定效应	Yes	Yes	Yes	Yes

续表

变量	（1）	（2）	（3）	（4）
	超大特大城市	大城市	中等城市	小城市
常数项	71.926 （1.23）	120.463*** （3.08）	228.943*** （5.16）	−100.600 （−1.44）
观测值	378	1440	1962	1332

注：*** 、** 、* 分别表示在1%、5%和10%的水平下显著,括号里为 t 统计量。

第五节　制度环境和城市创新质量对区域一体化影响的机制分析

城市创新质量对区域一体化的影响受到制度环境的影响,制度环境相对于创新和区域一体化具有一定的外生性,可以利用调节效应模型检验制度环境在城市创新质量对区域一体化的影响中发挥的作用。计量模型见式（16-2）。

表16-8为式（16-2）的回归结果,为检验制度环境是否在创新对区域一体化的影响中发挥了调节效应,在式（16-1）的基础上加入了制度环境与创新质量各代理变量的交互项。表16-8的回归结果表明制度环境与创新质量和创新质量的各个维度的交互项均为负且在1%或10%的显著性水平下显著。表明制度环境的改善、地方政府政策的协调、统一大市场的建立有利于政府和市场相互补位,推动"有效市场"和"有为政府"更好结合,促进创新要素的流动,从而更好发挥创新对区域一体化的促进作用,假说3得到验证。绿色创新对区域一体化的影响不显著,但制度环境与绿色创新的交互项对区域一体化的影响显著,表明良好的制度环境能够发挥绿色创新对区域一体化的推动作用。

表 16-8　2003—2020 年制度环境对创新质量与区域一体化调节效应的实证结果

变量	（1）区域一体化	（2）区域一体化	（3）区域一体化	（4）区域一体化	（5）区域一体化
制度环境	−1.485** （−2.52）	−1.057* （−1.70）	−1.484** （−2.53）	−1.474*** （−2.66）	−0.974* （−1.74）
创新质量综合指数	−1.327** （−2.04）				
制度环境与创新质量综合指数交互	−0.098*** （−3.71）				
实质性创新		−3.017*** （−3.47）			
制度环境与实质性创新交互		−0.874* （−1.70）			
绿色创新			−0.209 （−0.06）		
制度环境与绿色创新交互			−0.635* （−1.95）		
协同创新				−10.489*** （−3.84）	
制度环境与协同创新交互				−3.842*** （−2.83）	
数字创新					−13.503** （−2.37）
制度环境与数字创新交互					−1.571* （−1.65）
控制变量	Yes	Yes	Yes	Yes	Yes
时间固定效应	Yes	Yes	Yes	Yes	Yes
地区固定效应	Yes	Yes	Yes	Yes	Yes
常数项	102.458*** （3.95）	102.423*** （3.95）	104.922*** （4.04）	101.503*** （3.91）	104.123*** （4.02）
观测值	5112	5112	5112	5112	5112
R^2	0.044	0.044	0.044	0.044	0.044
F 统计量	7.900	7.824	7.819	7.962	7.916

注:*** 、** 、* 分别表示在 1%、5%和 10%的水平下显著,括号里为 t 统计量。

第六节　拓展分析和进一步讨论

一、制度环境和城市创新对不同程度区域一体化的影响

分城市群的分样本研究表明,是否为城市群城市和城市群发育程度不同导致制度环境、城市创新质量和政府治理能力的差异,并进一步对区域一体化产生不同的影响。由于城市群本身发育程度的差异直接反映地区区域一体化程度,本书采用分位数回归的方法进一步检验制度环境和创新质量对不同程度区域一体化的影响。表16-9 为分位数回归结果,由于区域一体化指数为负向指标,25 分位数代表较高的区域一体化水平,75 分位数代表较低的区域一体化水平。

表 16-9　2003—2020 年分位数回归结果

变量	（1）	（2）	（3）	（4）	（5）
	创新质量综合指数	实质性创新	绿色创新	协同创新	数字创新
25 分位数					
制度环境	-0.187*** (-3.29)	-0.201*** (-3.90)	-0.183*** (-3.35)	-0.115 (-1.61)	-0.182*** (-3.35)
创新质量	-13.050*** (3.66)	-8.532*** (-3.96)	-2.983** (-2.49)	-20.525*** (-3.14)	8.214*** (5.43)
控制变量	Yes	Yes	Yes	Yes	Yes
50 分位数					
制度环境	-0.349** (-2.48)	-0.410*** (-3.09)	-0.400*** (-2.76)	-0.287** (-2.06)	-0.377*** (-2.96)
创新质量	-4.772*** (3.07)	-4.677*** (-3.71)	-2.513 (-0.66)	-12.174*** (-3.20)	3.147*** (4.12)
控制变量	Yes	Yes	Yes	Yes	Yes

续表

变量	（1）	（2）	（3）	（4）	（5）
	创新质量综合指数	实质性创新	绿色创新	协同创新	数字创新
	75 分位数				
制度环境	-0.646*** (-3.02)	-0.807*** (-3.70)	-0.656*** (-3.76)	-0.591*** (-3.18)	-0.676*** (-3.27)
创新质量	-0.351** (-2.34)	-2.945*** (-5.05)	1.771 (0.45)	-10.886*** (-5.32)	-0.941* (-1.80)
控制变量	Yes	Yes	Yes	Yes	Yes

注:***、**、*分别表示在1%、5%和10%的水平下显著,括号里为 z 值。

回归结果表明制度环境改善能够较大程度上推动低区域一体化城市的区域一体化进程。但对于一般水平一体化城市和较高水平一体化城市,制度环境的改善对区域一体化的推进作用较小。城市创新质量能够推动不同一体化程度城市的区域一体化进一步发展,创新质量对高区域一体化城市的区域一体化进程推动作用更大。高区域一体化城市更能发挥创新质量的溢出效应,特别是对绿色创新而言,绿色创新仅在高区域一体化城市中发挥作用。这表明在高水平区域一体化地区创新质量对区域一体化的推动作用大,而较小的制度环境改善,对原有体制的小修小补已经无法继续推动区域一体化的发展,这些地区和城市需要更为全面、更大力度的市场化改革,处理好政府与市场的关系才能突破藩篱,进一步推动区域一体化的进程。在低水平区域一体化地区,创新质量提升对区域一体化的推动作用较小,这些地区更需要制度环境的改善,加快推动区域一体化进程。

二、创新溢出对区域一体化的影响

由于区域一体化具有扩散效应和空间溢出效应,区域一体化首先在局部建立,并逐步向外部扩展,最终形成区域一体化。长三角和大湾区一体化的历程也证明了这一点。以长三角为例,20 世纪 80 年代在中央"横向联合"打破"条块分割"政策的背景下,上海经济区成立,江浙地区与上海迅速建立联系渠道,技术和人才在上海、苏南、浙北和浙东北地区扩散和流动,推动了这些地区民营经济的发展。1992 年长三角 14 城市协作办(委)主任联席会成立,这一阶段长三角规划扩展到 14 个城市。进入 21 世纪后,长三角一体化范围和深度进一步扩展,上海、江苏和浙江共同发起沪苏浙经济合作与发展座谈会,长三角城市经济协调会。2008 年安徽省出席长三角地区主要座谈会,到 2016 年《长江三角洲城市群发展规划》明确了上海、江苏、浙江和安徽范围内构建长三角城市群,长三角区域一体化范围不断扩展。

　　创新具有空间溢出效应,创新溢出也是推动区域一体化发展的重要机制。本部分采用空间计量模型研究创新溢出和区域一体化的空间扩散。本书采用反距离矩阵构建空间权重矩阵,并同时估计了 SAR、SEM 和 SDM 模型,并采用 LR 检验法检验 SDM 模型是否可以简化为 SAR 和 SEM 模型。在 SAR 和 SDM 模型的 LR 检验中检验值为 21.36,拒绝了 SDM 模型可以简化为 SAR 模型的原假设,在 SEM 和 SDM 模型的 LR 检验中检验值为 35.41,拒绝了 SDM 模型可以简化为 SEM 模型的原假设。最后通过豪斯曼检验选用固定效应模型。回归结果如表 16-10 所示,创新质量综合指数、实质性创新、协同创新和数字创新对区域一体化指数的影响均为负且显著,表明回归结果具有稳健性。城市创新质量的空间滞后项对区域一体化指数的影响为负且显著,表明邻近城市创新通过溢出效应推动了本地区区域一体化的发展,创新存在空间溢出效应。空间自回归系数为正且显著,表明区域一体化具有空间溢出效应,邻近地区区域一体化的提升有利于推动本地区区域一体化的发展。

表 16-10   2003—2020 年城市创新质量、制度环境与区域一体化的空间杜宾模型

变量	（1）	（2）	（3）	（4）	（5）
	区域一体化				
制度环境	−0.764*** (−3.04)	−0.668*** (−2.61)	−0.730*** (−2.91)	−0.756*** (−2.97)	−0.809*** (−3.22)
创新质量综合指数	−3.775*** (−2.26)				
实质性创新		−2.244** (−2.15)			
绿色创新			−1.216 (−0.42)		
协同创新				−1.148* (−1.79)	
数字创新					−0.896*** (−3.08)
控制变量	Yes	Yes	Yes	Yes	Yes
常数项	48.060*** (6.98)	47.307*** (7.00)	46.994*** (6.92)	47.737*** (6.85)	48.942*** (7.18)
W^*					
创新质量综合指数	−12.420* (−1.74)				
实质性创新		−16.830*** (−4.07)			
绿色创新			−20.348** (−2.40)		
协同创新				−26.042*** (−2.60)	
数字创新					−24.526*** (−3.74)
空间自回归系数	0.650*** (16.55)	0.659*** (16.93)	0.653*** (16.70)	0.642*** (16.37)	0.644*** (16.59)
观测值	5112	5112	5112	5112	5112

注:***、**、*分别表示在 1%、5% 和 10% 的水平下显著,括号里为 z 统计量。

第七节　结论与政策建议

制度环境改善和创新质量提升是推动区域经济发展和区域一体化的重要动力,本章重点关注如何改善制度环境,优化创新资源布局,畅通创新传导机制,从而推动区域一体化发展。为此,本书使用 2003—2020 年中国地级以上城市面板数据实证分析了制度环境和创新对区域一体化的影响。研究结果表明:第一,制度环境在创新对区域一体化的影响中发挥调节作用,制度环境良好的城市和地区创新对区域一体化的促进作用更大,制度环境不良的城市和地区创新对区域一体化的促进作用小。第二,城市创新质量的提升不仅能提高本地区区域一体化水平,还能通过溢出效应推动周边地区区域一体化的发展,制度环境的改善是推动区域一体化的重要因素。第三,协同创新和数字创新对区域一体化的推动作用更大。第四,城市群发育程度不同和城市区域一体化水平不同,制度环境和城市创新对区域一体化的影响存在差异,创新能推动城市群城市区域一体化发展,特别是对于东部三大城市群,创新对其区域一体化的推动较大,但非城市群城市创新水平较低,创新对其区域一体化的推动作用有限。第五,制度环境的改善能够极大地推动低区域一体化城市和非城市群城市区域一体化的发展,但对现有制度环境的小修小补对高区域一体化城市和发育程度较高的城市群城市区域一体化发展的促进作用不显著甚至会阻碍其区域一体化进程。基于这些结论,提出以下政策建议。

第一,优化制度环境,构筑鼓励创新和推动区域一体化的制度基石。处理好政府与市场的关系,充分发挥市场在资源配置中的决定性作用,更好地发挥政府作用,通过营造良好的制度环境鼓励公平竞争,激励市场主体通过创新获得超额利润。完善政府职能,规范政府活动边界,避免政府干预过多和监督不到位的问题。政府政策的制定应加强区域间和区域内的协同,打破市场分割,降低交易成本,畅通生产要素和产品区域内自由流动渠道,建设统一开放、竞争有序的市场体系,构建良好的制度环境,保障创新驱动发展战略的实施和区域一体化进程。

第二,坚持创新驱动发展,加强区域协同创新和数字创新。政府鼓励创新的同时加强区域间创新资源的区域配置,遵循创新溢出与扩散规律的基础上根据不同地区创新资源的比较优势实施差异化的创新政策,鼓励中心城市进行原始创新,外围城市进行模仿创新、集成创新和创新成果的应用,提高各城市创新效率。同时,鼓励跨区域创新主体加强交流与合作,通过跨区域的企业合作、校企合作和项目合作的协同创新实现创新资源和创新成果的共享,提升落后地区的创新能力和区域一体化水平。加强数字创新,推动城市间信息交流和传递,通过数字技术实现资源跨地区共享,推动区域一体化进程。

第三,不同区域和不同城市的发展阶段和一体化程度不同,在推动区域一体化的过程中应有所侧重。发育程度较高的城市群区域一体化程度较高,区域内创新能力较强,更应当注重区域内制度环境改善,进一步深化制度改革,消除政府不当干预市场的动机与行为,构建服务型政府。通过政府间合作,让渡部分行政权力进行集中使用,使政策和制度在协调区域发展和区域一体化中发挥更大作用,进一步提升区域一体化水平。非城市群城市和低区域一体化地区,在改善制度环境、消除市场分割和地方保护主义、构建统一市场的同时,还应积极吸引发达地区和中心城市的产业转移,加强与创新集聚区域的交流与合作,推动模仿创新和集成创新,提高区域创新水平,以缩小区域发展差距。

第十七章　创新环境与区域经济高质量发展①

区域协调发展是基于基本国情的重大举措。中国幅员辽阔、人口众多，各地区自然资源禀赋差别之大在世界上是少有的，统筹区域协调发展是一个重大议题。中国区域差异大、发展不平衡的基本国情，决定了在经济发展上，不能简单要求各地区"齐步走"，而是要发挥各地比较优势，走合理分工、优化发展的路子，构建全国高质量发展的新动力源，"在发展中促进相对平衡"。区域协调发展是实现高质量发展的题中应有之义，是紧扣中国社会主要矛盾变化解决发展不平衡不充分问题的重要举措。

随着经济的长期高速增长，中国的工业化和城市化进程持续推进，城市发展也进入快车道，城市在区域经济中所具有的辐射带动作用使其成为连接城乡经济的关键。然而，中国城市经济的快速发展主要依赖于要素驱动和投资驱动，由此产生了诸多问题，如资源利用率低、环境污染严重、生产效率低下和经济结构失衡等。城市经济是中国经济的重要组成部分，实现中国经济的高质量发展应体现在城市经济增长质量的提升上。因此，如何有效提高城市经济增长质量成为经济发展变革过程中值得关注的问题。

---

① 高波、王紫绮：《技术创新、空间溢出与城市高质量发展——来自中国 285 个城市的证据》，《河北学刊》2024 年第 4 期，编入本书时做了适当修改。

第一节 创新引领区域经济高质量发展

创新是引领城市经济发展的根本动力,城市经济高质量发展必须依靠创新驱动。熊彼特(Schumpeter,1934)[①]认为,创新是现代经济增长的核心要素,经济的持续增长离不开创新。罗默(Romer,1992)[②]的内生增长理论指出技术创新是经济增长的内生变量。菲利普·阿吉翁等(2021)[③]把创新当成创造性破坏的过程。在这一过程中,新的创新涌现,让现有技术变得过时;新的企业加入,与现有企业展开竞争;新的工作岗位与生产活动出现,取代现有的岗位与活动。塞纳等(Sener等,2011)[④]结合技术创新策略及经济增长传导机制指出,科技创新型国家拥有更持续的经济竞争力和增长力。从经济增长质量的动力和源泉来看,资本的积累和劳动力的增加只能带来经济的数量型增长,技术创新才是实现质量型增长的动力所在。党的二十大报告强调,"坚持创新在我国现代化建设全局中的核心地位""加快实现高水平科技自立自强"。地方政府纷纷重视营造良好的创新环境,引进先进人才、加强研发投入以提升地区创新能力。然而,并非所有的城市都有能力吸引创新要素,实现创新驱动发展。创新有着自身的显著特点:一是创新活动高度集聚在少数城市,比如美国的硅谷、印度的班加罗尔和北京的中关村(Crescenzi,2012)[⑤]。二是创新存在空间溢出性,由于知识的可复制性和流动性,创新存在地区间的知识溢出效

---

① [美]约瑟夫·熊彼特:《经济发展理论》,何畏等译,商务印书馆1990年版。

② Romer, P. M., "Two Strategies for Economic Development: Using Ideas and Producing Ideas", *the World Bank Economic Review*, Vol.6, No.1, 1992.

③ [法]菲利普·阿吉翁、赛利娜·安托南、西蒙·比内尔:《创造性破坏的力量》,余江、赵建航译,中信出版集团2021年版,第1页。

④ Sener, S., Sarıdoğan, E., "The Effects of Science-Technology-Innovation on Competitiveness and Economic Growth", *Procedia-Social and Behavioral Sciences*, No.24, 2011.

⑤ Crescenzi, R., RodrÍGuez-Pose, A., Storper, M., "The Territorial Dynamics of Innovation in China and India", *Journal of Economic Geography*, Vol.12, No.5, 2012.

应,而且这种效应随着地理距离的增加而削弱(王俊松等,2017)①。基于此,本章在探讨创新驱动对城市经济高质量发展影响的同时,还需要充分考虑创新活动的空间依赖性和动态特征。

城市特征既是城市经济发展的重要影响因素,又在创新活动中发挥着重要作用。城市所处地理区位的不同可能使技术创新对经济高质量发展的影响效应呈现异质性。不同城市的空间结构可能通过城市的扩张或是集聚对技术创新的质量效应起到一定的调节作用,而城市交通条件则会通过扩散机制对技术创新与城市经济高质量发展的关系产生调节作用(张勋等,2018②;郑腾飞和柯善咨等,2019③)。城市经济发展以及创新活动存在明显的空间相关性,生产、消费、贸易等经济行为的空间分离以及创新活动的空间扩散都可能使技术创新对城市经济高质量发展的影响不仅局限于本地,而且会向邻近城市溢出。基于城市空间相关性特征,设定空间权重矩阵的空间计量模型有助于测度这一溢出效应。自然条件的天然外生性有助于构造合适的工具变量,用于考察因果识别中的内生性问题。

本章基于2005—2019年中国285个城市的面板数据,检验了技术创新与城市经济高质量发展的因果关系,考察了城市区位特征、城市交通条件和空间相关性对技术创新促进经济高质量发展的调节效应,并讨论了可能存在的内生性问题。实证结果表明,技术创新对城市经济高质量发展有着显著的正向效应,且这种效应受到城市地理区位等因素的影响。基于此,本章可能的边际贡献在于:第一,中国城市经济增长存在一定的质量问题,但是目前国内关于经济增长质量的研究主要集中在国家或省级层面,以国家或省域为单位的研

① 王俊松等:《中国城市技术创新能力的空间特征及影响因素——基于空间面板数据模型的研究》,《地理科学》2017年第1期。
② 张勋等:《交通基础设施促进经济增长的一个综合框架》,《经济研究》2018年第1期。
③ 郑腾飞、柯善咨等:《交通条件、城市规模和劳动技能匹配效应》,《财经研究》2019年第11期。

究容易忽视城市发展的区域特征。本章从较小的空间尺度——城市，探讨创新环境对经济高质量发展的影响，为实施创新驱动发展战略提供了更深层次的经验支撑。第二，本章研究重点关注城市区位、空间结构和空间相关性等地理特征对技术创新质量效应的影响，并基于地理特征构造工具变量探讨内生性问题，在一定程度上弥补现有研究对地理特征因素缺乏关注的不足。第三，本章采用中国城市面板数据，通过构造空间自回归模型和空间杜宾模型进行规范的空间计量分析，提高了技术创新对城市经济高质量发展影响效应测度的准确性和可信度，并为更低层级创新机制设计提供佐证。

第二节　技术创新、溢出效应与经济增长

自 20 世纪 50 年代以来，技术创新与经济增长的关系受到了极大的关注。根据对以往研究的整理，这种关系可以概括为四种观点（Pradhan 等，2018）①。第一种观点提出供给领先假说（Supply-leading Hypothesis），认为研发和其他新的创新有助于新产品、服务、流程、产品改进和新商业模式发展，所有这些都有可能促进经济增长（Pradhan 等，2018；魏兰叶，2018②；王智毓和冯华，2020③）。第二种观点提出需求追随假说（Demand-following Hypothesis）。随着经济越来越富裕，越来越多的国家会投资于创新，以加强其经济增长战略，从而确保他们保持全球竞争力（Pradhan 等，2018）。第三种观点提出反馈假说（Feedback Hypothesis），认为创新和经济增长互为因果，相互促进（Galindo

---

①　Pradhan, R. P., Arvin, M. B., Bahmani, S., "Are Innovation and Financial Development Causative Factors in Economic Growth? Evidence from a Panel Granger Causality Test", *Technological Forecasting and Social Change*, No.132, 2018.

②　魏兰叶：《双向直接投资、自主创新与经济增长方式转变——来自中国的实证检验》，《工业技术经济》2018 年第 11 期。

③　王智毓、冯华：《科技服务业发展对中国经济增长的影响研究》，《宏观经济研究》2020 年第 6 期。

和 Mendez,2014[①];王启超等,2020[②])。部分学者研究发现,对上述三种假说的有效性取决于研究所使用的变量和样本(Pradhan 等,2018)。第四种观点则提出中立性假说(Neutrality Hypothesis),认为创新和经济增长并不存在互为因果的关系。理由是在许多经济体中创新可能处于初级阶段,因此对经济增长的影响可以忽略不计。这些经济体中,经济增长很可能是由于传统生产要素造成的,而非因为创新投入(龙小宁,2018)[③]。

随着经济发展,越来越多的学者开始关注研发创新与经济增长绩效之间的关系。经济学家们已经意识到技术落后、创新不足是经济发展的主要障碍,而研发是决定经济增长绩效的关键因素。创新能够通过技术变革带来更好的服务、产品,提高产品的生产效率,研发与经济发展之间的关系应该是正相关的。许多模型已被构建起来以考察研发在促进经济发展、企业竞争力和产业活力方面的重要作用(高波等,2012[④];Coad 等,2019[⑤];王晓祺等,2020[⑥];解学梅等,2020[⑦])。从实证方面来看,研发创新与经济发展之间的正向关系也得到了各国学者的证明(Falk,2007)[⑧]。以经济合作与发展组织成员为例,研发创新对生产率和产出产生了显著的正向影响(Zachariadis,2004)[⑨]。

---

① Galindo, M. Á., Mendez, M. T., "Entrepreneurship, Economic Growth, and Innovation: Are Feedback Effects at Work?", *Journal of Business Research*, Vol.67, No.5, 2014.

② 王启超等:《人才配置与全要素生产率——兼论中国实体经济高质量增长》,《财经研究》2020 年第 1 期。

③ 龙小宁:《科技创新与实体经济发展》,《中国经济问题》2018 年第 6 期。

④ 高波等:《区域房价差异、劳动力流动与产业升级》,《经济研究》2012 年第 1 期。

⑤ Coad, A., Grassano, N., Hall, B. H., et al., "Innovation and Industrial Dynamics", *Structural Change and Economic Dynamics*, Vol.50, 2019.

⑥ 王晓祺等:《新环保法与企业绿色创新:"倒逼"抑或"挤出"?》,《中国人口·资源与环境》2020 年第 7 期。

⑦ 解学梅等:《政府财政激励下的绿色工艺创新与企业绩效:基于内容分析法的实证研究》,《管理评论》2020 年第 5 期。

⑧ Falk, M., "R&D Spending in the High-tech Sector and Economic Growth", *Research in Economics*, Vol.61, No.3, 2007.

⑨ Zachariadis, M., "R&D-Induced Growth in the OECD?", *Review of Development Economics*, Vol.8, No.3, 2004.

这一结果得到了王智毓和冯华（2020）①的支持。他们还发现高科技部门的研发创新与人均 GDP 之间存在正向关系。在发展中国家也有类似的证据，如中国等。在韩国，研发创新对经济增长的总体贡献率约为 35%（Kim，2011）②。而中国的研发支出也对本国经济增长产生了积极的促进作用（王启超等，2020）③。

除了关注创新活动本身，很多学者还关注到了创新的正向技术溢出效应。由于专利的不完善和技术、劳动力的流动，创新知识在企业之间迅速流动（Mansfield，1981）④。因此，一些企业更倾向于免费搭乘其他企业的创新"便车"。对欠发达国家或地区来说，从外国研发中剥夺的利益高于自主创新（Coe 和 Helpman，1995⑤；雷曙光，2017⑥）。实证检验结果也基本支持上述观点（尹向飞和段文斌，2017）⑦。此外，还有学者从绿色创新角度关注技术创新对经济绩效的影响。根据严等（Yan 等，2016）⑧的观点，绿色创新可分为绿色技术创新或绿色工艺创新⑨。但绿色技

---

① 王智毓、冯华：《科技服务业发展对中国经济增长的影响研究》，《宏观经济研究》2020 年第 6 期。

② Kim，J.W.，"The Economic Growth Effect of R&D Activity in Korea"，*Korea and the World Economy*，Vol.12，No.1，2011.

③ 王启超等：《人才配置与全要素生产率——兼论中国实体经济高质量增长》，《财经研究》2020 年第 1 期。

④ Mansfield，E.，"Imitation Costs and Patents：An Empirical Study"，*The Economic Journal*，Vol.91，No.364，1981.

⑤ Coe，D.T.，Helpman，E.，"International R&D Spillovers"，*European Economic Review*，Vol.39，No.5，1995.

⑥ 雷曙光：《创新投入、产业集聚与开发区绩效——来自上海市开发区的经验证据》，《华东师范大学学报（哲学社会科学版）》2017 年第 6 期。

⑦ 尹向飞、段文斌：《中国科技创新对经济增长的支撑作用研究》，《上海经济研究》2017 年第 12 期。

⑧ Yan，W.，Cui，Z.，Gil，M.J.Á.，"Assessing the Impact of Environmental Innovation in the Airline Industry：An Empirical Study of Emerging Market Economies"，*Environmental Innovation and Societal Transitions*，Vol.21，2016.

⑨ 绿色创新指企业生产、应用或开发一种商品、服务、生产过程或管理或经营方法。这种创新对企业来说是新颖的。与相关的替代方案相比，它能减少环境风险、污染和资源使用（包括能源使用）的不利影响（Kemp Pearson，2007）。具体来说，绿色技术创新主要是采用先进的或新颖的技术，而绿色工艺创新通常是提高工艺效率，以实现更高的产能利用率，节约能源，减少运营过程中产生的废弃物。Kemp，R.，Pearson，P.，"Final Report MEI Project About Measuring Eco-Innovation"，*UM Merit，Maastricht*，Vol.10，No.2，2007.

术创新往往需要实施新的技术解决方案或对现有设备进行重新设计,而这些技术解决方案的初始投资可能非常高,企业可能无法在短期内获得足够的回报。相比之下,绿色工艺创新只需要改进现有的工艺。这通常需要较少的初始投资,并提供比绿色技术创新更短的回报期(Adner,2002)[1]。然而,无论哪种情况,绿色创新都可以帮助企业在遵守国家环境法规的基础上保证企业相对卓越的经济绩效[2],实现经济增长和环境保护的"双赢"(王晓祺等,2020)[3]。

综上所述,以往研究均认为技术创新是影响经济增长"数量"的关键因素。与以往研究不同的是,本章从"质量"角度切入,重点关注技术创新对经济增长质量的影响。具体来说,本章采用地级市数据和空间计量模型,尝试从城市层面检验技术创新对经济增长质量的影响效果,以期为创新驱动城市高质量发展提供一些经验证据。

第三节　技术创新、区位特征与高质量发展

一、研究设计

(一) 计量模型构建

基于前文的理论分析,为考察创新环境对城市经济高质量发展的影响,本章的基准回归模型设置如下:

$$Y_{it} = \gamma R\&D_{it} + X'_{it}\varphi + \alpha_i + \lambda_t + \mu_{it} \tag{17-1}$$

其中, Y_{it} 是被解释变量,表示 t 时期 i 城市经济高质量发展状况,使用全要

---

① Adner,R.,"When Are Technologies Disruptive? A Demand-Based View of The Emergence of Competition",*Strategic Management Journal*,Vol.23, No.8,2002.

② 以航运业为例企业可以通过绿色技术创新(如使用洗涤器),或通过绿色工艺创新(如慢速蒸煮)来减少排放。

③ 王晓祺等:《新环保法与企业绿色创新:"倒逼"抑或"挤出"?》,《中国人口·资源与环境》2020 年第 7 期。

素生产率（ TFP ）和产业高级化指数（ UPG ）衡量。$R\&D_{it}$ 是关键解释变量,代表 t 时期 i 城市的技术创新水平,使用研发经费投入强度衡量。γ 是解释变量技术创新水平的系数。X'_{it} 表示本章所有控制变量,包括人均 GDP（ $PGDP$ ）、政府投入（ GOV ）、人力资本水平（ HC ）、对外开放度（ OPE ）、市场化水平（ MAR ）和城市规模（ $SIZE$ ）。α_i 和 λ_t 分别表示城市固定效应和年份固定效应,μ_{it} 是误差项。

在基准回归模型基础上,本章加入城市空间特征变量与 $R\&D$ 经费投入的交叉项（ $GEO_i \times R\&D_{it}$ ）,以考察城市区位特征和空间相关性对技术创新促进高质量发展的调节作用,扩展的回归模型设置如下：

$$Y_{it} = \beta GEO_i \times R\&D_{it} + \gamma R\&D_{it} + X'_{it}\varphi + \alpha_i + \lambda_t + \mu_{it} \tag{17-2}$$

其中,GEO_i 表示各城市区位特征、空间相关性和城市交通条件的前定变量,它在样本期内不随时间的变化而变化。

（二）变量说明

本章的被解释变量包括全要素生产率（ TFP ）和产业高级化指数（ UPG ）;关键解释变量是研发经费投入强度（ $R\&D$ ）。控制变量包括人均 GDP（ $PGDP$ ）、政府投入（ GOV ）、人力资本水平（ HC ）、对外开放度（ OPE ）、市场化水平（ MAR ）和城市规模（ $SIZE$ ）。接下来,逐个介绍每个变量的测度方法。

1. 被解释变量

本章选择全要素生产率（ TFP ）和产业高级化指数（ UPG ）作为被解释变量。TFP 是反映和评价城市经济高质量发展的综合性指标,指数越高表示城市经济高质量发展越好。本章借鉴吕延方等（2020）的做法,使用基于 DEA 的非参数 Malmquist 生产率指数法测算 TFP 。UPG 指随着经济不断增长,产业结构相应地发生规律性变化的过程,主要表现为三次产业比重沿着第一、第二、第三产业的顺序不断上升（付凌晖,2010）[1]。首先根据三次产业划分将

---

[1] 付凌晖:《我国产业结构高级化与经济增长关系的实证研究》,《统计研究》2010 年第 8 期。

GDP 分为三个部分,每一个部分增加值占 GDP 的比重作为空间向量中的一个分量,从而构成一组三维向量 $X_0 = (X_{1,0}, X_{2,0}, X_{3,0})$。然后分别计算 X_0 与产业由低层次到高层次排列的向量 $X_1 = (1,0,0)$, $X_2 = (0,1,0)$, $X_3 = (0,0,1)$ 的

夹角 θ_1, θ_2, θ_3 : $\theta_j = \arccos\left(\dfrac{\sum\limits_{i=1}^{3}(X_{ij}X_{i0})}{\sum\limits_{i=1}^{3}(X_{ij}^2)^{\frac{1}{2}}\sum\limits_{i=1}^{3}(X_{i0}^2)^{\frac{1}{2}}}\right)$,其中,$j = 1,2,3$。最后,计

算 $UPG = \sum\limits_{k=1}^{3}\sum\limits_{i=1}^{k}\theta_j$。

2. 解释变量

本章使用研发经费投入强度($R\&D$)作为关键解释变量,它在某种程度上可以反映城市发展过程中对创新研发的投入力度。本章使用研发经费支出占 GDP 比重表示研发经费投入强度。另外,由于创新研发不仅包括研发投入,还包括研发产出,所以,本章还选择了代表研发产出水平的指标,即发明专利授权数(PPI)的对数值作为解释变量,增强实证结果的稳健性。

3. 控制变量

(1)人均 GDP($PGDP$)。地区生产总值反映该地区的经济规模,对其城市经济高质量发展有直接影响,本章选择人均地区生产总值作为控制变量。为剔除通货膨胀对人均 GDP 的影响,本章以 2004 年为基期,并采用人均 GDP 指数分别计算出 2005—2019 年的实际人均 GDP 水平。(2)政府投入(GOV)。这里的政府投入并非指整个政府的财政支出,只是指财政对于科技事业的投入,故而选取政府的财政科学技术支出,是对政府科技投入衡量的最优指标。同时考虑到通货膨胀,参考夏勇和钟茂初(2016)[①]的做法,选取各地级市 2005—2019 年商品零售价格指数,以上一年为 100 的环比指数换算成以 2005 年为基期的定基指数,用当年财政科学技术支出除以定基零售价格指

---

① 夏勇、钟茂初:《经济发展与环境污染脱钩理论及 EKC 假说的关系——兼论中国地级城市的脱钩划分》,《中国人口·资源与环境》2016 年第 10 期。

数,得到以 2005 年为基期的实际财政科学技术支出。采用消除物价变动的财政科学技术支出可更准确地衡量政府的科技投入。(3)人力资本水平(HC)。人力资本水平深刻影响着一个地区技术创新的同时影响着当地经济的高质量发展。本章选择控制各城市的人力资本水平,人力资本用每万劳动力拥有的普通高校在校生数表示。有个别城市的普通高校在校生数为0,取对数后的值不存在,在处理时取对数后不存在的值取为 0。(4)对外开放度(OPE)。对外开放度可以反映一个地区综合经济实力,影响当地产品的国际市场竞争力,提高城市发展质量。本章选择用进出口总额占 GDP比重衡量地区的对外开放水平。(5)市场化水平(MAR)。市场化水平可以通过提升创新要素配置效率、优化资本结构,实现创新驱动产业结构升级。本章从政府与市场的关系、非国有经济发展、产品市场发育程度、要素市场发育程度、市场服务环境五个方面,构建城市市场化水平指数。(6)城市规模($SIZE$)。城市规模用城市人口数量衡量,可以反映出一个城市的发展潜力。

(三)数据来源

本章的研究对象是 2005 2020 年中国 285 个城市,数据观测值共 4275个。首先,研发经费支出是包括用于研发活动的人员劳务费、原材料费、固定资产购建费、管理费及其他费用支出,数据来源于各省各年《科技统计公报》或《科技经费投入统计公报》。其次,城市经济社会数据来自历年的《中国城市统计年鉴》和《中国区域经济统计年鉴》,是全面反映中国城市社会经济发展情况的资料性年刊。最后,其他城市特征的数据来源于《中国城市建设统计年鉴》、Wind 数据库以及各省份的统计局、专利局、知识产权局、科学技术局、统计公报和 EPS 数据等。部分缺失数据采用插值法予以补充。所有变量的描述性统计见表 17-1。

表 17-1　描述性统计结果十二

变量	均值	标准差	最小值	最大值
被解释变量				
TFP	0.1742	9.0011	0.0012	4.1423
UPG	6.3451	0 0331	5.9133	7.2953
解释变量				
$R\&D$	0.9371	0.0211	0.0000	90.0343
控制变量				
$PGDP$	11.3824	10.2441	0.7732	47.3452
GOV	0.1443	0.0582	0.0312	0.5721
HC	7.7603	0.3040	6.9666	8.5328
OPE	0.3134	0.4058	0.0340	1.7445
MAR	2.2761	0.07023	1.2713	3.8221
$SIZE$	136.8121	177.8287	13.0982	320.0001

二、基准回归结果

技术创新对城市经济高质量发展的影响见表 17-2。实证结果分为 6 列。列(1)—列(3)的被解释变量为全要素生产率(TFP),列(4)—列(6)的被解释变量为产业高级化指数(UPG)。由列(1)和列(2)结果可见,无论是否加入控制变量,技术创新对城市经济高质量发展的正向影响均通过了 1% 的显著性水平,说明模型设定合理。考虑到技术创新活动的影响可能存在滞后效应,本章对解释变量的滞后一期($R\&D_{-1}$)进行了回归,回归结果见列(3),可以看出技术创新对经济增长质量有显著的正向作用。同理,将 UPG 作为被解释变量的结果在列(4)—列(6)中显示,结果依旧呈现显著的正向作用。以上结果说明,技术创新能够促进城市经济增长质量。

表 17-2　2005—2020 年基准回归结果

变量	TFP			UPG		
	（1）	（2）	（3）	（4）	（5）	（6）
R&D	0.0035 ** （2.0013）	0.0047 *** （4.4321）		0.0064 *** （4.0308）	0.0116 ** （2.1017）	
R&D - 1			0.0139 *** （3.3077）			0.0289 *** （3.8311）
控制变量	No	Yes	Yes	No	Yes	Yes
城市固定效应	Yes	Yes	Yes	Yes	Yes	Yes
年份固定效应	Yes	Yes	Yes	Yes	Yes	Yes
R^2	0.7315	0.7642	07257	0.6705	0.6857	0.7345
样本量	4275	4275	4275	4275	4275	4275

注:***、** 和 * 分别表示在 1%、5% 和 10% 的水平下显著,括号里为 t 统计量。

三、异质性分析

　　城市所处地理区位的不同可能使技术创新的质量效应呈现异质性。表 17-3 报告了考虑城市区位特征后,技术创新对城市经济高质量发展的差异性影响。表 17-3 列(1)结果显示,相对于西部地区而言,东部地区(east)技术创新对城市经济高质量发展有着显著的正向影响,且系数值小于中部地区(mid)。这说明东部地区和中部地区技术创新对经济增长质量均有显著的正向作用,且中部地区效应更强;而西部地区技术创新抑制了城市经济高质量发展。表 17-3 列(2)结果显示, R&D × coast 系数均显著为正,且系数大于同列 R&D 。这表明沿海城市技术创新对经济增长质量的正向作用大于内陆城市。表 17-3 列(3)显示, R&D × UA 系数在 1% 的水平下显著为正,且系数值大于同列的 R&D 。结果表明,城市群的发展能够加强技术创新对经济增长质量的正向作用。列(4)—列(6)结果与列(1)—列(3)相对应,其显著性、正负号以及大小关系都一致。由此可见,结论稳健。

表 17-3 2005—2020 年城市区位对技术创新的质量效应的影响

变量	TFP			UPG		
	（1）	（2）	（3）	（4）	（5）	（6）
$R\&D \times east$	0.0081** (2.0011)				0.0264*** (4.6799)	
$R\&D \times mid$	0.0116*** (3.7576)			0.1184*** (3.3861)		
$R\&D \times coast$		0.0305*** (3.6609)			0.3074** (2.0107)	
$R\&D \times UA$			0.1008*** (0.3582)			0.1058*** (3.5960)
$R\&D$	−0.0527 (−0.5762)	0.0050** (2.1002)	0.0170*** (4.0649)	−0.0770 (−0.6183)	0.0401*** (4.0293)	0.0370*** (5.9089)
控制变量	Yes	Yes	Yes	Yes	Yes	Yes
城市固定效应	Yes	Yes	Yes	Yes	Yes	Yes
年份固定效应	Yes	Yes	Yes	Yes	Yes	Yes
样本量	4275	4275	4275	4275	4275	4275
R^2	0.7642	0.7912	0.7523	0.6857	0.6858	0.6885

注：***、** 和 * 分别表示在 1%、5% 和 10% 的水平下显著，括号里为 t 统计量。
(1)据"七五"计划和"西部大开发"战略的划分标准确定东中西部地区。$east$ 表示东部地区城市的虚拟变量，北京、天津、上海及河北、山东、辽宁、江苏、浙江、福建、广东、海南各省份所辖城市设定为 1，其他为 0；mid 表示中部地区城市的虚拟变量，山西、黑龙江、吉林、安徽、江西、河南、湖北、湖南各省份所辖城市设定为 1，其他为 0。(2) $coast$ 表示有海岸线的城市为 1，其他为 0。(3)根据国务院批复和国家发展改革委印发资料文件确定 10 个国家级城市群。UA 表示城市群城市设定为 1，其他为 0。

第四节 技术创新、空间溢出与高质量发展

一、空间相关性分析

安瑟兰（Anselin，1988）[①]认为，任何事物都与周围环境有着千丝万缕的联

---

① Anselin，L.，*Spatial Econometrics：Methods and Models*，Berlin：Springer Science Business Media，1988.

系,空间依赖和空间溢出是一种普遍存在的现象。城市经济发展以及经济活动存在明显的地理相关性,一个城市的经济发展状况往往受周围城市发展的影响,城市的技术创新活动不仅影响本城市经济高质量发展,还可能通过技术溢出、扩散等影响邻近城市高质量发展。如果只考虑本城市技术创新对自身经济高质量发展的影响,忽视经济发展和经济活动的空间相关性,则会错误地评估出创新驱动对城市高质量发展的影响效应。因此,本部分重点从空间角度上考察技术创新对城市经济高质量发展的影响。

依据空间计量经济学的研究路径,在对样本进行空间计量回归之前需要先进行空间相关性的 Moran 值(Moran's I)检验,以判断本章选取的关键变量是否存在空间相关性。表17-4报告了2019年中国城市经济高质量发展相关性的全局 Moran's I。从表中数据可以发现,采用逆地理空间距离权重矩阵(WI)、共同边界空间权重矩阵(WO)以及经济地理距离空间权重矩阵(WE)的情况下①,无论是 TFP 还是 UPG ,其对应的 Moran's I 均为正,且均通过了1%水平的显著性检验。这说明中国城市经济高质量发展存在显著的空间正相关性,即中国各城市高质量发展呈现出了"高—高"或者"低—低"型的分布状态。由此可以判断,中国城市经济高质量发展存在显著的空间溢出现象。

---

① 考虑到空间权重矩阵的设定会影响 Moran's I,参考胡艺等(2019)的做法,本章基于城市地理特征构造了三个空间权重矩阵:①WI 是逆地理空间距离权重矩阵,矩阵中的元素记为 $\frac{1}{w_{ij}}$,其中 w_{ij} 表示城市 i 与城市 j 的地理距离。②WO 是共同边界空间权重矩阵,当城市 i 与城市 j 拥有共同边界时,令 $wo_{ij}=1$,否则 $wo_{ij}=0$。③WE 是经济地理距离空间权重矩阵,定义矩阵中的元素为 $we_{ij}=\frac{1}{|Y_i-Y_j|}$,其中 Y_i 和 Y_j 分别表示城市 i 和城市 j 的人均 GDP。本章对上述三个空间权重矩阵都进行了标准化处理,以确保所有的权重都在0—1之间,并且可以将其他城市对某城市的影响均等化。

表 17-4　2019 年中国城市经济高质量发展相关性的 Moran's I

变量	（1） *TFP—WI*	（2） *TFP—WO*	（3） *TFP—WE*	（4） *UPG—WI*	（5） *UPG—WO*	（6） *UPG—WE*
Moran's I	0.6209	0.4111	0.4518	0.4434	0.4147	0.5036
Z 统计量	14.5865	11.4108	15.1752	12.8853	12.8799	11.0379
P 值	0.0000	0.0000	0.0000	0.0000	0.0000	0.0000

表 17-5 报告了 2019 年中国城市技术创新相关性的全局 *Moran's I*。结果显示,采用各种空间权重矩阵的情况下,无论是 研发 还是 *PPI* ,样本城市技术创新相关指标对应的 *Moran's I* 均显著为正,并且其数值介于 0.2—0.4,这说明中国城市技术创新具有明显的正向空间相关性。该结论同李婧等（2010）[①]所得到的区域创新存在空间相关性的结论保持了一致性。此外,从中国各城市进行创新生产的过程来看,其创新要素的获取主要有两种途径:一是自身积累的创新资源;二是其他城市创新要素的流入。其中第二种途径反映了创新活动在地域空间上的关联效应。这种通过创新要素流动所产生的地理空间上的联接关系有助于促进知识溢出和技术扩散,增加城市创新生产的要素规模,从而对整个城市以及周边城市的创新发展产生积极影响。

表 17-5　2019 年中国城市技术创新相关性的 Moran's I

变量	（1） *R&D—WI*	（2） *R&D—WO*	（3） *R&D—WE*	（4） *PPI—WI*	（5） *PPI—WO*	（6） *PPI—WE*
Moran's I	0.3621	0.2501	0.2030	0.2081	0.2886	0.3277
Z 统计量	12.6324	10.0234	9.9208	9.1852	10.1233	11.9046
P 值	0.0000	0.0000	0.0000	0.0000	0.0000	0.0000

---

①　李婧等:《中国区域创新生产的空间计量分析——基于静态与动态空间面板模型的实证研究》,《管理世界》2010 年第 7 期。

二、空间分析方法介绍

根据 $Moran's\ I$ 指数①的结果显示，城市技术创新不仅影响本城市经济高质量发展，还可能通过技术扩散等影响邻近城市高质量发展。另外，城市之间经济高质量发展也存在空间溢出性。这一初步分析表明空间依赖性的存在，需要在实证分析中加以考虑。所以，考虑城市经济高质量发展本身的空间相关性，构造以下空间自回归模型（SAR）：

$$Y_{it} = \rho W Y_{it} + \gamma R\&D_{it} + X'_{it}\varphi + \alpha_i + \lambda_t + \mu_{it} \qquad (17-3)$$

与前面两个模型不同，空间计量经济模型在回归方程中加入了空间自回归过程（W）。WY_{it} 是因变量的空间滞后项，表示 i 市邻近城市的平均城市经济高质量发展状况，ρ 表示城市经济高质量发展的空间效应。

除了构造空间自回归模型（SAR），本章还构造了空间杜宾模型（SDM）以考察技术创新的空间相关性，即在被解释变量和解释变量中都加入空间自回归过程（W）。模型设定如下：

$$Y_{it} = \rho W Y_{it} + \gamma R\&D_{it} + \zeta W R\&D_{it} + X'_{it}\varphi + \xi W X'_{it} + \alpha_i + \lambda_t + \mu_{it}$$

$$(17-4)$$

空间杜宾模型（SDM）与空间自回归模型（SAR）的区别在于加入了解释变量的空间滞后项（ $WR\&D_{it}$ ）和控制变量的空间滞后项（ WX'_{it} ），分别表示 i 市邻近城市的平均技术水平和城市经济指标。ζ 和 ξ 分别是解释变量空间滞后项的系数和控制变量空间滞后项的系数向量。

三、空间溢出效应考察

表 17-6 报告了被解释变量为 TFP 时，不同空间权重矩阵下，技术创新质

---

① $Moran's\ I$ 指数，这一统计诊断工具可以确定某一地点的数值与相邻地点同一变量的数值之间的线性关联程度。

量效应的空间杜宾模型（SDM）和空间自回归模型（SAR）极大似然估计（MLE）结果以及模型比较结果。结果显示：（1）因变量空间滞后项 $W \times TFP$ 的系数值为正，且至少通过了5%水平的显著性检验，说明邻近城市的经济高质量发展对本城市的经济高质量发展具有显著的正向影响。（2）自变量空间滞后项 $W \times R\&D$ 系数均显著为正，说明邻近城市的技术创新也有利于本市经济高质量发展，间接验证了技术创新空间相关性对经济高质量发展的影响。（3）本章还利用 SAR 和 SDM 估计结果进行 Wald 检验和似然比（LR）检验，检验结果均在1%的水平下显著为正，说明可以拒绝 SDM 模型能简化为 SAR 模型或 SEM 模型的原假设，因而，本章可以重点关注 SDM 的估计结果。

表 17-6　2005—2020 年技术创新的质量效应空间计量结果

变量	TFP					
	SDM			SAR		
	（1）	（2）	（3）	（4）	（5）	（6）
	WI	WO	WE	WI	WO	WE
$W \times TFP$	0.1818*** (4.2716)	0.1886*** (3.9001)	0.1789*** (3.2628)	0.1427** (2.0938)	0.1316*** (3.8462)	0.1806*** (4.4075)
$W \times R\&D$	0.0128*** (3.7074)	0.0132** (1.9916)	0.0178*** (5.2748)	0.0135*** (4.8629)	0.0158*** (3.6813)	0.0124** (2.0746)
$R\&D$	0.0201*** (5.9599)	0.0786*** (4.0142)	0.0386** (2.0556)	0.0767** (2.1610)	0.0185*** (3.7811)	0.0146*** (6.9322)
控制变量	Yes	Yes	Yes	Yes	Yes	Yes
$controls \times W$	Yes	Yes	Yes	No	No	No
城市固定效应	Yes	Yes	Yes	Yes	Yes	Yes
年份固定效应	Yes	Yes	Yes	Yes	Yes	Yes
R^2	0.6469	0.7680	0.7083	0.6638	0.6304	0.6922
样本量	4275	4275	4275	4275	4275	4275

注：括号里为 t 统计量，***、** 和 * 分别表示在1%、5%和10%的水平下显著；Wald 和 LR 检验统计值下面的括号内为 P 值。

第五节　创新环境建设与区域高质量
发展的对策建议

本章利用 2005—2020 年中国 285 个城市经济发展数据,采用空间计量模型,考察了技术创新对中国经济高质量发展的影响效应及作用机制,重点关注城市特征对技术创新质量效应的异质性影响。研究发现:第一,技术创新对经济增长质量存在显著的正向影响,考虑可能的内生性问题而采用工具变量法的估计结果仍然支持这一结论。第二,技术创新的质量效应在地理区位上呈现显著异质性。具体而言,相较于东部地区而言,中部地区技术创新对经济增长的质量效应更强,而西部地区技术创新则抑制了城市经济的高质量发展;沿海城市技术创新对经济增长质量的正向作用大于内陆城市。第三,城市经济发展和经济活动的地理相关性使技术创新的质量效应产生空间溢出性,使其能够通过技术扩散等方式促进邻近城市经济的高质量发展,进一步验证了技术创新对经济高质量发展的正向影响。

首先,坚持创新驱动发展战略,将技术创新作为经济高质量发展的根本。经济发展问题归根到底是发展方式的问题,技术创新是经济社会发展的结果。在经济发展过程中,技术创新对一国经济高质量发展产生了显著的助推效应。在当前经济发展面临重大挑战的背景下,政府应重构技术创新驱动经济高质量发展的路径:一是推动创新范式演进,构建"竞合有序"的创新生态系统,实施自主可控的开放式创新。二是提高企业的生产效率,拓宽经济活动的边界,促进产业结构升级,引领行业发展趋势。三是形成与政府科技政策互动的协同机制,提高国家在全球价值链中的位置,产生积极的社会效应。

其次,改善城市交通条件,重视地理特征对技术创新和经济发展的影响。研究表明,高铁建设、城市基础设施、交通可达性以及城市道路密集度均对技术创新的质量效应产生了显著的正向调节作用。这意味着中国城市政府应该抓住机遇,不断提升对要素、企业等的服务水平,吸引更多的优质生产要素和企业流入中心城市,提升技术效率,最大化城市交通条件提升带来的极化效应和同城效应。具体而言:一是城市政府要利用城市交通条件提升带来的扩散效应,搭建平台,有效承接中心城市的技术溢出和产业溢出,更快地实现技术追赶,通过技术进步来促进全要素生产率的提升。二是城市政府要积极争取提高本城市交通枢纽站的等级,提升客货运输量和技术作业量,提供特定产业集聚及升级的硬件保障,解决落户企业人才的配套福利待遇等。

第十八章　新发展格局下弘扬企业家
精神的方略和路径选择

改革开放以来,中国对外贸易呈现出迅猛发展的态势,尤其是加入世界贸易组织之后,货物和服务贸易外贸依存度 2006 年最高时达到 71.65%,是一种典型的出口导向型经济,国际大循环对经济增长产生了举足轻重的作用。2008 年国际金融危机以来,世界经济深度衰退,复苏动力严重不足,逆全球化思潮涌动,中美贸易摩擦不断加剧,全球生产网络稳定受到严重威胁,大国之间博弈格外激烈,这些因素使国际大循环受到冲击,国际大循环的地位逐步下降,国际形势更加错综复杂。中国的货物和服务贸易外贸依存度近些年下降到 36%—40%。随着国内市场规模不断扩大,一体化程度越来越高,内循环的主体地位日益凸显(高波和袁徽文,2022)①。因此,构建以国内大循环为主体,国内国际双循环相互促进的新发展格局,可以充分发挥我国超大规模市场优势和内需潜力,使中国经济在全球经济地理重塑中提升国家竞争力和建立竞争优势。

新发展格局下,更要弘扬企业家精神,促使企业、企业家、政府和社会奋勇迎接新的挑战和机遇。企业家精神代表了企业、企业家、政府和社会所具备的创新精神、诚信精神、合作精神、敬业精神和开放精神以及承担和化解风险的

---

① 高波、袁徽文:《双循环格局下数字经济驱动消费升级的机制和路径》,《江苏行政学院学报》2022 年第 2 期。

能力,这些企业家精神元素是推动经济增长、创造就业机会和实现社会繁荣的关键要素。因此,在新发展格局下培育和弘扬企业家精神,是推进中国式现代化新实践的重要动力。

第一节 弘扬企业家精神的体制机制创新

构建以国内大循环为主体,国内国际双循环相互促进的新发展格局,是中国经济转型和高水平对外开放的核心战略,意味着中国要在新全球化过程中具备更强的创新力和竞争力。在新发展格局下,弘扬企业家精神是实现这一目标的关键因素之一。党的二十大报告强调,推动国有资本和国有企业做强做优做大,提升企业核心竞争力。优化民营企业发展环境,依法保护企业产权和企业家权益,促进民营经济发展壮大。合理缩减外资准入负面清单,依法保护外商投资权益,营造市场化、法治化、国际化一流营商环境。完善中国特色现代企业制度,弘扬企业家精神,加快建设世界一流企业。毋庸置疑,理论和实践表明,推进体制机制创新,弘扬企业家精神,促进企业发展和企业家成长,是中国经济高质量发展的重要引擎。

一、构建创新驱动的体制机制

创新精神是企业家精神的核心元素,建立创新驱动的基础性制度,是促进创新的根基和动力。这包括增加对科研和技术创新的投资,鼓励高校和研究机构与企业合作,促进政产学研用深度融合,推动科技成果的转化和应用。政府要建立创新创业孵化器,为初创企业提供融资支持和创新资源。

二、建立和完善以创新创业型人才培养为导向的教育体系

人才是推动创新创业的核心要素。大多数人的风险承受能力或者说冒险精神可以通过后天的观察、学习和训练,在行为、认知和环境三者的相互作用

下形成。因此,需要将创新创业教育融入人才培养的全过程,实现教育同经济社会、科技发展紧密结合。实施创新创业教育,重点是要培养学生的批判思维能力,打破专业壁垒,建立操作性强、内容多元以及涵盖面广的多学科交叉支撑的课程体系,鼓励并引导学生将学到的理论知识运用到实践中,突出个体的求知兴趣,形成个性鲜明的知识架构。全面探索学校之间、校企之间以及通过国际合作等方式建立协同育人机制,搭建产学研用一体化实践平台,提高服务与适应社会的能力(高波,2022)①。

三、加快要素市场化改革和全国统一大市场建设

政府要积极降低市场准入壁垒,创造公平的市场竞争环境,完善生产要素自由竞争规则和流动规则,建设高标准市场体系。这包括简化审批程序、取消不合理的行业准入限制,打破垄断和垄断行为,鼓励市场竞争。全国统一大市场建设关键在于推动制度基础设施网络建设,建立健全区域合作机制、加快数字赋能和业态创新、推动制度开放和规则统一。政府加强建立和完善监管机构,监督市场行为,确保市场的公平和透明。

四、加强知识产权保护

知识产权保护是弘扬企业家精神的关键因素之一。政府要加强和完善知识产权的法律保护,确保知识产权的产权人能够享受其合法权益。此外,政府还要加强知识产权的宣传和培训,提高企业和公众对知识产权的认知和保护意识。

五、提供创业支持和融资机会

政府通过建立创业支持体系,提供创业培训、咨询和资源支持,帮助创业者解决创业过程中的难点、痛点。此外,政府要尽可能提供融资渠道,包括创

---

① 高波:《大力培育和弘扬企业家精神》,《中国社会科学报》2022 年 8 月 9 日。

业贷款、风险投资和股权融资等方式,以帮助初创企业获得资金支持。

六、推进国际合作和市场开放

国际合作和市场开放为企业家提供更大规模的全球市场和发展机会。政府要深度参与国际合作,推动企业的国际化发展,大力吸引外国直接投资和科学技术,为本土企业提供参与国际竞争的机会。与此同时,坚持高水平对外开放,开放的大门越开越大,加快建设高水平对外开放新体制。

七、促进政策制定和落实的一体化

弘扬企业家精神,政府需要制定全面的政策,确保各个政策领域的一体化。这包括就业政策、财政政策、税收政策、金融政策、产权保护政策等。政策要相互协调,以减少政策之间的矛盾和冲突。同时,政府要推进创新驱动政策的有效实施,避免政策执行过程中的腐败和不公平现象。

第二节　弘扬企业家精神的重点策略

本节分别从个人、企业、政府和社会等层面探讨当下弘扬企业家精神,促进中国企业发展、企业家成长和经济高质量发展和可持续发展的若干策略。

一、个人层面

(一)个人主动接受教育和培训,不断提升人力资本水平

教育体系在培养企业家和企业家精神方面发挥着至关重要的作用。教育要为社会大众提供终身教育和培训的机会,把创新精神、诚信精神、合作精神、敬业精神和开放精神融入教育和培训课程设计。通过教育和培训,使受众能够接触到创新创业的核心概念、实践技巧和成功案例。培训课程涵盖创新思

维、市场分析、商业计划编制等方面的内容，可安排创业导师指导、创业者讲座以及与成功企业家的互动交流等方面。学校和社会要积极组织创新创业竞赛活动，如创业比赛、创业计划竞赛和创设创新项目孵化器。企业和政府要创设创业基金，支持大众的创业实践。企业和社会要为学员提供实践机会，让他们能够在创业过程中学习和成长。

（二）增强社会资本的积累，充分利用个人社会网络关系

社会资本是一种资源，即存在于社会结构关系中的资源，它体现为：（1）个人关系；（2）成员身份；（3）社会网络；（4）信任关系。社会资本的核心要素或基础要素是信任关系。个人社会资本和社会网络关系在促进创新创业方面具有无可比拟的价值。这种关系网络可以被看作一座通向成功的桥梁，为个体提供了宝贵的资源、信息和支持，从而成为创业的催化剂。在中国这样一个注重人际关系的社会，个人社会网络的重要性越发凸显，它不仅为创新提供了滋养，还为创业奠定了坚实的基础。个人社会网络关系可以成为创新和创业的源泉。通过社交网络，个体可以接触到各种不同领域的专业知识和经验，获取灵感和创意，这是创业的基础。此外，社交网络还可以帮助人们建立信任和合作关系，找到合适的合作伙伴和投资者。政府和社会可以采取社交创新平台、社交创业活动策略、社会认可和奖励等方式充分利用个人社会网络关系。在社交网络中，创业者可以与行业专家、成功的企业家和领域内的权威人士建立联系，分享他们的经验和见解。这有助于创业者更好地了解他们所涉及的领域，预测市场需求，发现新的商机。此外，社交网络还为创新者提供了与潜在合作伙伴和投资者建立联系的机会，从而为他们的创业项目提供资金和资源支持。

（三）培育创新创业群体中女性的企业家精神，支持女性创新创业

尽管女性在创业领域取得了显著进展，但仍存在一些挑战和机会不平等

的问题。女性在创新创业领域的参与度相对较低,主要原因包括社会和文化因素、家庭责任以及融资难题。一是社会和文化因素导致女性面临创业障碍,如刻板印象和性别歧视,使她们更难获得资源和支持。二是女性通常承担家庭和育儿责任,时间分配上面临挑战,限制了她们投入创业。三是融资问题成为一个重要障碍,女性创业者在融资市场上往往面临更大的挑战。因此,政府和社会要鼓励和支持女性创新创业,提高女性创新创业的比例,鼓励家庭分享家务和育儿责任,以减轻女性创业者的家庭负担,使她们更有时间和精力投入创业。制定政策以确保女性创业者能够获得公平的融资机会,包括鼓励银行和风险投资者提供更多的女性友好型融资选择。建立和完善女性创新创业生态系统,包括创业孵化器、共享办公空间和创业竞赛,为女性提供更多的资源和支持。此外,通过宣传活动和社会教育,消除性别刻板印象和歧视,提升社会对女性创业者的认可和尊重。

二、企业层面

(一)完善公司领导人选择机制

公司领导人的选择机制直接关系企业的发展方向和长期目标。在公司领导人的选拔过程中,要赋予更多创新创业经验的权重,促使公司领导者引领企业朝着创新和创业的方向迈进。因此,公司在选拔领导人时,要明确将创新创业经验作为重要标准之一,并将这一标准融入选拔程序中。公司领导人的背景和经验对风险承担能力和冒险精神的培养至关重要。拥有创业经验或者在创新领域积累丰富经验的领导者,更有可能鼓励员工采取创新行动,并愿意承担一定的风险。因此,政府要鼓励企业在高级管理层中引入具备创新创业经验的领导者,或者提供培训计划,帮助现有领导者培养企业家精神。公司领导人的选择机制也应考虑领导者的长期愿景和可持续发展意识。鼓励领导者注重公司的长期可持续发展,而不仅仅是短期利润,有助于培养企业的创新创业精神,因为企业家精神需要在长期视野下才能得以实现。中小企业在领导人选任和接班人培养制度上可以借鉴阿里巴巴集团,其合伙人制度解决了企业内部的领导人选择和接班人培养问题,华为公司的"轮值制"的选聘和任职方式可以分散相关风险。这些经验值得推广和其他企业借鉴。

(二)健全公司内部激励和约束机制

在公司内部设置完善的激励和约束机制,既满足员工在创新层面上的不同需求,又对不当行为加以制约。首先,公司内部激励和约束机制有助于激发创新创业动力。员工在知道他们的创新创业努力将受到认可和奖励的情况下,更有动力提出新的创意、参与创新项目,以及追求卓越。这种内部激励可以创造积极的工作氛围,鼓励员工充分发挥创造力。其次,内部激励和约束机制可以降低员工参与创新创业活动的风险。对于有创业愿望的员工来说,外部创业往往伴随着高风险。通过在公司内部开展创新项目,员工可以借助公司资源和支持,降低创业的风险,从而更有信心和勇气去实践他们的创业梦想。最后,完善的公司内部激励和约束机制可以吸引和留住有潜力的人才。在竞争激烈的市场中,吸引和保留优秀的员工至关重要。通过提供内部创新创业机会,公司可以留住那些有创新潜力的员工,提高组织的竞争力。因此,公司可以通过设立内部创业计划,鼓励员工提出新的创意和项目,帮助员工将创意付诸实践。公司也可以实施股权激励计划,使员工分享企业的成功。这种激励建立起员工与公司的紧密联系,激发他们的创新创业精神。

(三)建立科学的决策机制

建立科学的决策机制是弘扬企业家精神的关键策略。这一策略的核心在于确保企业内部的决策过程透明、公平、有效,以鼓励员工积极参与创新创业活动,并保护他们的权益。企业家精神是推动经济增长和社会创新的驱动力之一。然而,员工可能因为担心不公平的决策、风险高或不确定性大而望而却步。因此,建立科学决策机制有助于解决这些问题。(1)透明的决策过程使员工更有信心提出新的创意和项目,因为他们知道这些提案将受到公正评估。(2)科学的决策机制降低了员工参与创新创业活动的风险感。员工在决策过程中了解项目的风险和潜在回报,这有助于减轻他们的不确定性,使他们更愿意积极参与创业活动。(3)公平的决策机制激发员工的积极性和努力程度。员工感到他们的工作和创新受到公正评估,因此更有动力为公司的成功努力。公司需要明确创新创业项目的申请程序、决策标准和评审委员会,建立公平的评估和奖励制度,确保员工的创新创业项目得到公正待遇。奖励可以包括金钱奖励、晋升机会和其他激励措施。此外,公司应提供风险管理和支持,帮助员工理解和应对创新创业项目的风险。这包括提供培训、咨询和资源支持。定期审查和改进决策机制也是必要的。

三、政府层面

(一)政府主动简政放权

简政放权的核心在于减少政府对市场经济的不当干预,为企业家提供更大的自主权和发展空间,以促进创新创业。政府干预可能限制市场潜力,而简政放权有助于释放市场潜力,提高政策执行效率,减少腐败风险,鼓励更多人积极投身创新创业。简化和减少政府的行政审批程序,放宽市场准入限制,制定和实施简单明了的税收政策,实行更有效的市场监管。这些政策措施更有利于创造一个企业家精神蓬勃发展的社会环境。简政放权不仅为企业家提供更多自由,也有助于塑造更加健康、公平和有竞争力的市场环境,为中国经济的可持续增长奠定坚实的基础。

(二)健全容错免责机制和社会保障体系

创业常伴随风险和不确定性,而缺乏容错机制和社会保障可能令创业者胆怯。因此,建立容错机制和健全社会保障体系至关重要。创业风险与压力常令许多人望而却步。容错机制可以为创业者提供一定的安全感,允许他们在失败后有机会重新尝试,降低了创业的心理和经济压力。同时,容错机制激发了创新创业精神,因为创业者知道即使失败,也不会失去一切。此外,健全社会保障体系为创业者提供了必要的保障,包括医疗、失业和退休等,降低了因创业失败而陷入贫困的风险。这不仅有助于创业者和他们的家庭,也减轻了社会的负担。为实现这一策略,政府可以采取一系列政策措施,提供创业培训和咨询,加强企业家精神教育,减轻税收负担等。这些举措有助于降低创新创业风险,提高创新创业者的信心,促进更多人积极参与创新创业。

（三）加强创新创业的法治建设

法治环境和知识产权保护是培植企业家精神的关键因素。创业者需要确信他们的知识产权受到法律保护,否则他们可能不愿意进行创新和投资。政府的法治建设应包括制定和执行知识产权法律,加强执法力度,确保知识产权得到充分保护。营造公平竞争的环境至关重要。政府要加强市场监管,打击不正当竞争行为,确保市场的公平竞争。同时,放宽市场准入,鼓励竞争,提高市场效率。这将为创新创业者提供更多的市场机会,降低市场进入门槛,激发创新创业的积极性。

四、社会层面

（一）持续改善营商环境

企业和经济良好的运行,需要一个稳定的营商环境,而这就需要制定相关政策,塑造公平的市场竞争机制。防止因公平性竞争的市场机制与企业家利益保护制度的匮乏,导致企业家缺乏安全感,热情不高,从而制约企业家精神的发挥。营造更为公平的市场竞争环境,就要给市场各微观主体以平等的待遇,保证市场中每一位经营者的合法权益,保证各种所有制的不同规模的企业依法平等地使用生产要素、在受到同等法律保护前提下参与市场竞争。简化创新创业所需要的审批程序,把经营管理权下放给企业,减少对企业的过度管制、增强企业活力,扩大企业经营自主权。严格执行相关制度,强化相关监察机关的作用,加大贪污腐败的惩罚力度,为弘扬企业家精神营造规范的制度氛围。构建一个完备的信用体系,使诚信与否有据可查、公开透明,降低社会交易与运行成本,促使企业家能够安心创新创业(高波,2022)。

（二）营造创新创业的文化氛围

培育企业家精神关键在于营造一种弘扬企业家精神的创新创业文化氛围。创新创业文化就是尊重知识创新和创造、尊重兴业干事、鼓励并支持企业家创新创业的文化。(1)树立一批优秀企业家、科学家典型,倡导青少年向优秀企业家学习。近年来,我国涌现出一批优秀企业家,要通过各种媒体、采取多种手段宣传他们的先进事迹和创新创业故事,对于诋毁优秀企业家的舆论要予以引导和适度管控。(2)要对创业失败的企业家给予应有的关心和支持,营造敢闯敢试、锐意进取的社会氛围。社会应努力避免出现"胜者王侯败者寇"的氛围。(3)要对弄虚作假、不守诚信、投机取巧者予以惩戒或制约。创业文化的建设并非一朝一夕之事,政府的公平和善治对营造良好的创新创业文化环境尤为重要。(4)对社会大众持续灌输创新创业的文化价值观,在全社会范围内鼓励创新创业(高波,2022)。

第三节　企业家精神赋能高质量发展的路径选择

企业家精神是驱动经济发展、促进经济繁荣和实现社会进步的重要引擎。企业家精神内涵于创新精神、诚信精神、合作精神、敬业精神和开放精神,是一个整体,而创新精神是核心。弘扬企业家精神,将对发展新质生产力产生强大动能。所谓新质生产力,指在颠覆性科技和前沿科技的科技创新驱动下,培育和形成新一代信息技术、生物技术、新材料、新能源、高端装备、新能源汽车、绿色环保以及航空航天、海洋装备等战略性新兴产业和未来产业,实质指向的是在全球范围内掀起的一场从旧技术范式到"信息化、智能化、低碳化"新技术范式的新科技革命,进而大幅提升全要素生产率,是生产力发展的一种新质态。发展新质生产力,是加快实施创新驱动发展战略、着力推动高质量发展的重要抓手。

一、企业家创新行为的路径选择

创新指新工艺或新产品在世界上的某个地方成为新的生产实践(Phelps,2013)①。企业家创新是实现高质量发展的重要动力之一。企业家创新行为主要通过科技创新机制、产业创新机制和组织创新机制来提升经济发展质量。

(一)培植科技创新机制

企业家创新行为将诱发科技创新动能,进而发明或发现新的生产要素,并提高生产要素的效率。国家着力推动高水平科技自立自强,强化企业科技创新主体地位,加强企业主导的产学研深度融合。通过科技创新活动,企业家致力于转化科技创新的成果,开发出新工艺和新产品,从而提高生产要素的投入产出效率。这将对大幅度降低成本、促进规模经济和范围经济、提高全要素生产率、培育经济发展新动能和新优势发挥核心功能。在新发展理念引导下的科技创新,可降减污染排放,推动绿色发展,提高经济增长的环境质量。而且,企业家的学习效应和示范效应,将对促进城乡融合发展和区域协调发展产生空间溢出效应。

(二)健全产业创新机制

企业家创新行为将引领产业创新。培育和发展战略性新兴产业和绿色低

---

① [美]埃德蒙·费尔普斯:《大繁荣》,余江译,中信出版社2013年版,第22页。

碳产业等未来产业要靠企业家和企业家精神推动。企业家主导的产业创新活动,把新要素、新模式、新业态、新产业引入新的生产函数,将推进新兴产业发展和产业结构升级,进而大幅提升经济发展质量。战略性新兴产业和未来产业的发展,对于提高经济的韧性、降低经济波动风险、增强经济增长的稳定性和可持续性至关重要。

(三)完善组织创新机制

企业家创新行为推进组织创新,进而提高公司内部运作效率和公司治理水平。作为资源要素的配置者,企业家擅长引入适合企业发展的资源要素并进行高效配置。企业家根据外部市场环境的变化和新生产要素的发展,围绕提高资源配置效率的宗旨,植根和推广现代价值观和企业创新文化,推进企业制度创新和组织创新。组织创新通过改变组织结构和管理模式,提升组织的学习和适应能力,提高资源配置效率,进而提高经济发展质量。

二、企业家创业行为的路径选择

企业家和大众的创业活动是现代经济的活力之源。通常来说,企业家会把自己的一些资本投入新事业,而不仅仅是生产成熟产品的生产商(Phelps,2013)①。企业家主要通过模仿型创业和冒险型创业活动,企业家的创业行为还会产生溢出效应,引致开发新产品、开拓新市场的一系列经济循环,推动经济高质量发展。

(一)模仿型创业渠道

模仿型创业活动通过效仿领先企业的成功经营模式,建立新企业来获取超额利润。这种创业活动成本较低,有助于增强市场竞争,促进企业学习和变

---

① [美]埃德蒙·费尔普斯:《大繁荣》,余江译,中信出版社2013年版,第27页。

革,提高产品质量,从而在经济增长效益和经济增长结构等方面实现提升。企业家模仿型创业,还能够提供大量的就业机会,提高社会福利水平。

(二)冒险型创业渠道

冒险型创业活动指企业家在市场上进行全新创业活动,创造新工艺,开发新产品。企业家冒险型创业行为,并非指企业家盲目冒险,而是拥有企业家才能的企业家敢于承担风险、擅长化解风险,投入新事业的风险恰恰是最小的。冒险型创业活动意味着开拓和发现新的市场机会,并将其转化为生产力,推动科技成果的转化,创造全新的市场需求,引发产业升级和消费升级,促使经济发展跨入新阶段。

(三)创业溢出效应渠道

创业行为将产生正向溢出效应,促进市场资源配置向更高效的方向发展,推动市场均衡。企业家创业的溢出效应表现在,推广新工艺、开发新产品,引发技术扩散和技术进步,扩大市场规模,激发市场活力,提高全要素生产率,推动经济高质量发展。在正确的导向下,企业家创业活动主动推广绿色技术和数字技术,促使企业向绿色低碳和智能化转型,进而提高经济增长的环境质量和效率。

三、政府支持路径

政府在弘扬企业家精神、推动创新创业活动方面发挥着关键作用。政府制定和实施一系列政策和制度,激励和支持创新创业,激发市场活力,推动经济高质量发展。

(一)完善市场监管,优化创新创业环境

政府加强市场监管,确保公平竞争,打击不正当竞争行为;制定和实施支

持竞争的政策,鼓励新进入者和创新者。政府着力改善创新创业环境,降低创新创业壁垒。政府简化企业注册程序、减少开办新业务的成本、建立创新创业负面清单制度,加强知识产权保护。政府致力于完善创新创业生态系统,包括孵化器、加速器、科技园区和创投机构,以提供资源和支持创新创业者的成长。

(二) 提供财税政策支持,加强法律和法规保障

政府采取财税政策来支持企业家创新创业,包括税收减免、创投税收优惠和小企业税收优惠,降低企业的财务压力,鼓励企业投资和扩张。同时,制定和完善支持企业家创新创业的法律法规,包括合同法、公司法和知识产权法,切实保护企业家的权益,鼓励企业家投资创业。

(三) 重塑金融服务实体经济的金融体系,大力发展科技金融

构建全方位、多层次金融体系,服务实体经济和创新创业。(1)政府推动金融机构改革,优化金融机构布局,提升金融服务实体经济能力,最大限度地满足企业的合理融资需求。有效降低企业的综合融资成本,使市场主体切身感受到融资便利度提升和综合融资成本实实在在下降。(2)充分发挥资本市场枢纽功能,推动股票发行注册制走深走实,发展多元化股权融资,大力提高上市公司质量,培育一流投资银行和投资机构,着力促进债券市场高质量发展。(3)大力发展科技金融,支持双创示范基地与金融机构建立长期稳定合作关系,共同参与孵化园区、科技企业孵化器、专业化众创空间等创新创业服务载体建设。着力发展风险投资(Venture Capital,VC)和私募股权投资(Private Equity,PE),大力支持科技创新和产业创新。(4)构建并完善投早投小投科技的政策体系,包括完善基于总体收益的国有资本考核体系,对于优质科创企业在IPO、减持限制方面给予优待等。(5)明确政府引导基金角色定位,包括坚持市场化运作等,明晰各类政府引导基金的职能和定位,继续出台并优化政府引导基金的规范指引。

参 考 文 献

1．[美]埃德蒙·费尔普斯:《大繁荣》,余江译,中信出版社 2013 年版。

2．安同良、杨晨:《互联网重塑中国经济地理格局:微观机制与宏观效应》,《经济研究》2020 年第 2 期。

3．[美]彼得·德鲁克:《创新与企业家精神》,蔡文燕译,机械工业出版社 2018 年版。

4．白俊红、王林东:《创新驱动对中国地区经济差距的影响:收敛还是发散?》,《经济科学》2016 年第 2 期。

5．白俊红等:《研发要素流动、空间知识溢出与经济增长》,《经济研究》2017 年第 7 期。

6．蔡冬青、周经:《东道国人力资本、研发投入与我国 OFDI 的反向技术溢出》,《世界经济研究》2012 年第 4 期。

7．曹毅、陈虹:《外商直接投资、全要素生产率与出口产品质量升级——基于中国企业层面微观数据的研究》,《宏观经济研究》2021 年第 7 期。

8．钞小静、任保平:《中国的经济转型与经济增长质量:基于 TFP 贡献的考察》,《当代经济科学》2008 年第 4 期。

9．陈波、杨庆:《双向 FDI 如何影响了中国出口技术含量——基于动态空间面板模型的分析》,《国际经贸探索》2020 年第 4 期。

10．陈贵富等:《城市数字经济发展、技能偏向型技术进步与劳动力不充分就业》,《中国工业经济》2022 年第 8 期。

11．陈欢等:《市场化改革、企业家精神与经济高质量发展》,《统计与决策》2022 年第 7 期。

12．陈俊聪：《对外直接投资对服务出口技术复杂度的影响——基于跨国动态面板数据模型的实证研究》，《国际贸易问题》2015 年第 12 期。

13．陈坤、武立：《基于相对价格法的长三角经济一体化研究》，《上海经济研究》2013 年第 12 期。

14．陈庆江等：《信息化、市场分割与产业结构合理化》，《经济问题》2018 年第 6 期。

15．陈修颖、汤放华：《城乡一体化背景下地方府际关系重构与政府职能转型》，《经济地理》2014 年第 12 期。

16．陈永伟、胡伟民：《价格扭曲、要素错配和效率损失：理论和应用》，《经济学（季刊）》2011 年第 4 期。

17．陈钊等：《中国人力资本和教育发展的区域差异：对于面板数据的估算》，《世界经济》2004 年第 12 期。

18．程风雨：《粤港澳大湾区都市圈科技创新空间差异及收敛性研究》，《数量经济技术经济研究》2020 年第 12 期。

19．程俊杰：《制度变迁、企业家精神与民营经济发展》，《经济管理》2016 年第 8 期。

20．程锐：《市场化进程、企业家精神与地区发展差距》，《经济学家》2016 年第 8 期。

21．褚敏、靳涛：《为什么中国产业结构升级步履迟缓——基于地方政府行为与国有企业垄断双重影响的探究》，《财贸经济》2013 年第 3 期。

22．［美］达龙·阿西莫格鲁：《现代经济增长导论》，唐志军、徐浩庆、谌莹译，中信出版社 2019 年版。

23．［美］戴维·兰德斯、乔尔·莫克尔、威廉·鲍莫尔：《历史上的企业家精神：从古代美索不达米亚到现代》，姜井勇译，中信出版社 2021 年版。

24．［美］道格拉斯·C.诺斯：《制度、制度变迁与经济绩效》，刘守英译，上海三联书店 1994 年版。

25．［美］蒂莫西·耶格尔：《制度、转型与经济发展》，陈宇峰译，华夏出版社 2010 年版。

26．杜威剑、李梦洁：《对外直接投资会提高企业出口产品质量吗——基于倾向得分匹配的变权估计》，《国际贸易问题》2015 年第 8 期。

27．段德忠等：《上海和北京城市创新空间结构的时空演化模式》，《地理学报》2015 年第 12 期。

28.[以]E.赫尔普曼:《经济增长的秘密》,王世华、吴筱译,中国人民大学出版社2007年版。

29.[法]菲利普·阿吉翁、赛利娜·安托南、西蒙·比内尔:《创造性破坏的力量》,余江、赵建航译,中信出版集团2021年版。

30.[美]福山:《信任:社会道德和繁荣的创造》,郭华译,远方出版社1998年版。

31.樊纲、王小鲁、朱恒鹏:《中国市场化指数——各地区市场化相对进程2011年报告》,经济科学出版社2011年版。

32.樊海潮等:《进口产品种类、质量与企业出口产品价格》,《世界经济》2020年第5期。

33.樊杰、刘汉初:《"十三五"时期科技创新驱动对我国区域发展格局变化的影响与适应》,《经济地理》2016年第1期。

34.范剑勇:《市场整合、地区专业化与产业集聚趋势——兼谈对地区差距的影响》,《中国社会科学》2004年第6期。

35.范欣等:《基础设施建设打破了国内市场分割吗?》,《经济研究》2017年第2期。

36.范鑫:《数字经济发展、国际贸易效率与贸易不确定性》,《财贸经济》2020年第8期。

37.范子英、张军:《粘纸效应:对地方政府规模膨胀的一种解释》,《中国工业经济》2010年第12期。

38.冯根福等:《中国工业部门研发效率及其影响因素实证分析》,《中国工业经济》2006年第11期。

39.付宏等:《创新对产业结构高级化影响的实证研究——基于2000—2011年的省际面板数据》,《中国工业经济》2013年第9期。

40.付凌晖:《我国产业结构高级化与经济增长关系的实证研究》,《统计研究》2010年第8期。

41.傅京燕、李丽莎:《FDI、环境规制与污染避难所效应——基于中国省级数据的经验分析》,《公共管理学报》2010年第3期。

42.傅勇、张晏:《中国式分权与财政支出结构偏向:为增长而竞争的代价》,《管理世界》2007年第3期。

43.干春晖等:《中国产业结构变迁对经济增长和波动的影响》,《经济研究》2011年第5期。

44.高波:《文化、文化资本与企业家精神的区域差异》,《南京大学学报(哲学·人文科学・社会科学版)》2007年第5期。

45．高波、李祥:《浙粤地方政府的制度创新、行政效率与企业家精神》,《广东社会科学》2011年第6期。

46．高波等:《区域房价差异、劳动力流动与产业升级》,《经济研究》2012年第1期。

47．高波:《全球化时代的经济发展理论创新》,《南京大学学报(哲学・人文科学・社会科学版)》2013年第1期。

48．高波:《创新驱动消费主导型经济增长的机制和路径》,《河北学刊》2020年第1期。

49．高波、王紫绮:《高铁开通提高了中国城市经济增长质量吗? ——基于劳动力流动视角的解释》,《产业经济研究》2021年第4期。

50．高波、袁徽文:《双循环格局下数字经济驱动消费升级的机制和路径》,《江苏行政学院学报》2022年第2期。

51．高波:《大力培育和弘扬企业家精神》,《中国社会科学报》2022年8月9日。

52．高培勇等:《高质量发展的动力、机制与治理》,《经济研究》2020年第4期。

53．宫汝凯:《财政不平衡和房价上涨:中国的证据》,《金融研究》2015年第4期。

54．龚海林:《环境规制促进产业结构优化升级的绩效分析》,《财经理论与实践》2013年第5期。

55．龚梦琪、刘海云:《中国双向FDI协调发展、产业结构演进与环境污染》,《国际贸易问题》2020年第2期。

56．龚梦琪等:《中国工业行业双向FDI如何影响全要素减排效率》,《产业经济研究》2019年第3期。

57．桂琦寒等:《中国国内商品市场趋于分割还是整合:基于相对价格法的分析》,《世界经济》2006年第2期。

58．郭峰等:《测度中国数字普惠金融发展:指数编制与空间特征》,《经济学(季刊)》2020年第4期。

59．郭其友、芦丽静:《经济持续增长动力的转变——消费主导型增长的国际经验与借鉴》,《中山大学学报(社会科学版)》2009年第2期。

60．韩峰等:《土地资源错配如何影响雾霾污染? ——基于土地市场交易价格和PM2.5数据的空间计量分析》,《经济科学》2021年第4期。

61．韩先锋等:《互联网能成为中国区域创新效率提升的新动能吗?》,《中国工业经济》2019年第7期。

62．韩玉军等:《服务业 FDI 对出口技术复杂度的影响研究——基于 OECD 国家和中国的经验数据考察》,《国际商务(对外经济贸易大学学报)》2016 年第 3 期。

63．何瑛、杨琳:《改革开放以来国有企业混合所有制改革:历程、成效与展望》,《管理世界》2021 年第 7 期。

64．洪名勇:《制度经济学》,中国经济出版社 2012 年版。

65．洪银兴、曲福田等:《可持续发展经济学》第二版,商务印书馆 2023 年版。

66．胡金焱、张博:《社会网络、民间融资与家庭创业——基于中国城乡差异的实证分析》,《金融研究》2014 年第 10 期。

67．胡希:《创业公共政策研究》,经济科学出版社 2010 年版。

68．胡永刚、石崇:《扭曲、企业家精神与中国经济增长》,《经济研究》2016 年第 7 期。

69．黄玖立、李坤望:《出口开放、地区市场规模和经济增长》,《经济研究》2006 年第 6 期。

70．黄凌云等:《对外投资和引进外资的双向协调发展研究》,《中国工业经济》2018 年第 3 期。

71．黄群慧:《改革开放 40 年中国的产业发展与工业化进程》,《中国工业经济》2018 年第 9 期。

72．黄群慧等:《互联网发展与制造业生产率提升:内在机制与中国经验》,《中国工业经济》2019 年第 4 期。

73．黄夏岚等:《税收能力、税收努力与地区税负差异》,《经济科学》2012 年第 4 期。

74．黄先海等:《出口、创新与企业加成率:基于要素密集度的考量》,《世界经济》2018 年第 5 期。

75．黄张凯等:《地理位置、高铁与信息:来自中国 IPO 市场的证据》,《世界经济》2016 年第 10 期。

76．霍国庆等:《新常态背景下中国区域创新驱动发展理论模型的构建研究》,《科学学与科学技术管理》2017 年第 6 期。

77．[美]贾雷德·戴蒙德:《为什么有的国家富裕,有的国家贫穷》,栾奇译,中信出版社 2017 年版。

78．贾俊生、刘玉婷:《数字金融、高管背景与企业创新——来自中小板和创业板上市公司的经验证据》,《财贸研究》2021 年第 2 期。

79．贾妮莎、韩永辉:《外商直接投资、对外直接投资与产业结构升级——基于非参数面板模型的分析》,《经济问题探索》2018 年第 2 期。

80．贾妮莎等:《中国双向 FDI 的产业结构升级效应:理论机制与实证检验》,《国际贸易问题》2014 年第 11 期。

81．纪祥裕、顾乃华:《知识产权示范城市的设立会影响创新质量吗?》,《财经研究》2021 年第 5 期。

82．简泽等:《市场竞争的创造性、破坏性与技术升级》,《中国工业经济》2017 年第 5 期。

83．江春等:《中国企业家精神的动态变化与政策支持》,《财政研究》2012 年第 5 期。

84．江曼琦、谢姗:《京津冀地区市场分割与整合的时空演化》,《南开学报(哲学社会科学版)》2015 年第 1 期。

85．江小涓:《新中国对外开放 70 年:赋能增长与改革》,《管理世界》2019 年第 12 期。

86．金刚、沈坤荣:《以邻为壑还是以邻为伴? ——环境规制执行互动与城市生产率增长》,《管理世界》2018 年第 12 期。

87．金培振、殷德生、金桩:《城市异质性、制度供给与创新质量》,《世界经济》2019 年第 11 期。

88．金煜等:《中国的地区工业集聚:经济地理、新经济地理与经济政策》,《经济研究》2006 年第 4 期。

89．荆文君、孙宝文:《数字经济促进经济高质量发展:一个理论分析框架》,《经济学家》2019 年第 4 期。

90．景光正、李平:《OFDI 是否提升了中国的出口产品质量》,《国际贸易问题》2016 年第 8 期。

91．[英]卡萝塔·佩蕾丝:《技术革命与金融资本》,田方萌译,中国人民大学出版社 2007 年版。

92．孔令池、张智:《基础设施升级能够促进企业家精神成长吗? ——来自高铁开通和智慧城市建设的证据》,《外国经济与管理》2020 年第 10 期。

93．孔令池:《国内市场分割的测度及其影响因素分析》,《郑州大学学报(哲学社会科学版)》2019 年第 1 期。

94．孔令池:《制度环境、企业家精神与高技术产业集聚》,《中国经济问题》2020 年第 2 期。

95．[美]雷蒙德·W.戈德史密斯,《金融结构与金融发展》,周朔、郝金城、肖远企、谢德麟译，上海三联书店、上海人民出版社 1994 年版。

96．雷曙光：《创新投入、产业集聚与开发区绩效——来自上海市开发区的经验证据》，《华东师范大学学报（哲学社会科学版）》2017 年第 6 期。

97．［美］罗伯特·J.巴罗、夏威尔·萨拉—伊—马丁：《经济增长（第二版）》，夏俊译，格致出版社 2013 年版。

98．［美］罗纳德·科斯、王宁：《变革中国：市场经济的中国之路》，徐尧、李哲民译，中信出版社 2013 年版。

99．罗军：《生产性服务 FDI 对制造业出口技术复杂度的影响研究》，《中国管理科学》2020 年第 9 期。

100．罗伟、顺奇：《跨国公司进入与中国的自主研发：来自制造业企业的证据》，《世界经济》2015 年第 12 期。

101．黎文靖、郑曼妮：《实质性创新还是策略性创新？——宏观产业政策对微观企业创新的影响》，《经济研究》2016 年第 1 期。

102．黎文靖、李茫茫：《"实体+金融"：融资约束、政策迎合还是市场竞争？——基于不同产权性质视角》，《经济研究》2017 年第 8 期。

103．李斌等：《环境规制、绿色全要素生产率与中国工业发展方式转变——基于 36 个工业行业数据的实证研究》，《中国工业经济》2013 年第 4 期。

104．李琛等：《双向 FDI 协同与制造业出口竞争力升级：理论机制与中国经验》，《产业经济研究》2020 年第 2 期。

105．李东坤、邓敏：《中国省际 OFDI、空间溢出与产业结构升级——基于空间面板杜宾模型的实证分析》，《国际贸易问题》2016 年第 1 期。

106．李冬梅、李庆海：《平均受教育年限、城镇化率与生产率红利》，《中国特色社会主义研究》2021 年第 5 期。

107．李宏彬等：《企业家的创业与创新精神对中国经济增长的影响》，《经济研究》2009 年第 10 期。

108．李洪涛、王丽丽：《城市群发展规划对要素流动与高效集聚的影响研究》，《经济学家》2020 年第 12 期。

109．李后建：《市场化、腐败与企业家精神》，《经济科学》2013 年第 1 期。

110．李婧等：《中国区域创新生产的空间计量分析——基于静态与动态空间面板模型的实证研究》，《管理世界》2010 年第 7 期。

111．李坤望、王有鑫：《FDI 促进了中国出口产品质量升级吗？——基于动态面板系统 GMM 方法的研究》，《世界经济研究》2013 年第 5 期。

112．李兰冰：《中国区域协调发展的逻辑框架与理论解释》，《经济学动态》2020年第1期。

113．李梅：《金融发展、对外直接投资与母国生产率增长》，《中国软科学》2014年第11期。

114．李平等：《基础设施与经济发展的文献综述》，《世界经济》2011年第5期。

115．李强：《产业升级促进了生态环境优化吗——基于长江经济带108个城市面板数据的分析》，《财贸研究》2018年第12期。

116．李瑞琴等：《FDI与中国企业出口产品质量升级——基于上下游产业关联的微观检验》，《金融研究》2018年第6期。

117．李眺：《环境规制、服务业发展与我国的产业结构调整》，《经济管理》2013年第8期。

118．李伟、路惠雯：《FDI对我国出口产品质量的影响分析——基于企业异质性理论的视角》，《经济问题探索》2019年第10期。

119．李文贵、余明桂：《民营化企业的股权结构与企业创新》，《管理世界》2015年第4期。

120．李雪松、孙博文：《密度、距离、分割与区域市场一体化——来自长江经济带的实证》，《宏观经济研究》2015年第6期。

121．李政、陆寅宏：《国有企业真的缺乏创新能力吗——基于上市公司所有权性质与创新绩效的实证分析与比较》，《经济理论与经济管理》2014年第2期。

122．连玉君等：《现金—现金流敏感性能检验融资约束假说吗?》，《统计研究》2008年第10期。

123．林秀梅、孙海波：《中国制造业出口产品质量升级研究——基于知识产权保护视角》，《产业经济研究》2016年第3期。

124．林斐：《共建共治共享：创新经济视域下的区域一体化——以长三角一体化发展为例》，《西部论坛》2020年第3期。

125．刘刚等：《中国企业文化70年：实践发展与理论构建》，《经济管理》2019年第10期。

126．刘宏等：《对外直接投资、创新与出口产品质量升级——基于中国微观企业的实证研究》，《国际商务(对外经济贸易大学学报)》2020年第3期。

127．刘洪铎：《金融发展、企业研发融资约束缓解与全要素生产率增长——来自中国工业企业层面的经验证据》，《南方金融》2014年第1期。

128．刘晴等：《融资约束、出口模式与外贸转型升级》，《经济研究》2017年第

5 期。

129．刘胜等：《制度环境、政策不连续性与服务业可持续性增长——基于中国地方官员更替的视角》，《财贸经济》2016 年第 10 期。

130．刘小鲁：《知识产权保护、自主研发比重与后发国家的技术进步》，《管理世界》2011 年第 10 期。

131．刘晓宁、刘磊：《贸易自由化对出口产品质量的影响效应——基于中国微观制造业企业的实证研究》，《国际贸易问题》2015 年第 8 期。

132．刘友金、吕政：《梯度陷阱、升级阻滞与承接产业转移模式创新》，《经济学动态》2012 年第 11 期。

133．刘志彪：《长三角区域高质量一体化发展的制度基石》，《人民论坛·学术前沿》2019 年第 4 期。

134．刘志彪：《全国统一大市场》，《经济研究》2022 年第 5 期。

135．龙小宁：《科技创新与实体经济发展》，《中国经济问题》2018 年第 6 期。

136．龙玉等：《时空压缩下的风险投资——高铁通车与风险投资区域变化》，《经济研究》2017 年第 4 期。

137．卢盛峰等：《"一带一路"倡议促进了中国高质量出口吗？——来自微观企业的证据》，《中国工业经济》2021 年第 3 期。

138．陆铭：《中国区域经济发展：回顾与展望》，格致出版社 2011 年版。

139．吕冰洋、郭庆旺：《中国税收高速增长的源泉：税收能力和税收努力框架下的解释》，《中国社会科学》2011 年第 2 期。

140．吕延方等：《中国服务贸易融入数字全球价值链的测度构建及特征研究》，《数量经济技术经济研究》2020 年第 12 期。

141．吕越等：《市场分割会抑制企业高质量创新吗?》，《宏观质量研究》2021 年第 1 期。

142．[日]名和太郎：《经济与文化》，高增杰、郝玉珍译，中国经济出版社 1987 年版。

143．马丹等：《双重价值链、经济不确定性与区域贸易竞争力——"一带一路"建设的视角》，《中国工业经济》2021 年第 4 期。

144．马克思、恩格斯：《共产党宣言》，人民出版社 2018 年版。

145．马荣等：《新时代我国新型基础设施建设模式及路径研究》，《经济学家》2019 年第 10 期。

146．马荣康等：《专利公开时滞和授权时滞条件下的技术许可时机选择——基于中国专利制度和许可数据的研究》,《管理工程学报》2021 年第 4 期。

147．马忠新、陶一桃:《企业家精神对经济增长的影响》,《经济学动态》2019 年第 8 期。

148．毛海欧、刘海云:《中国 OFDI 如何影响出口技术含量——基于世界投入产出数据的研究》,《数量经济技术经济研究》2018 年第 7 期。

149．毛其淋:《要素市场扭曲与中国工业企业生产率——基于贸易自由化视角的分析》,《金融研究》2013 年第 2 期。

150．毛其淋、许家云:《中国企业对外直接投资是否促进了企业创新》,《世界经济》2014 年第 8 期。

151．毛日昇、陈瑶雯:《汇率变动、产品再配置与行业出口质量》,《经济研究》2021 年第 2 期。

152．毛艳华、杨思维:《粤港澳大湾区建设的理论基础与制度创新》,《中山大学学报(社会科学版)》2019 年第 2 期。

153．聂飞等:《中国利用外资促进了对外直接投资吗——基于集聚经济效应的实证研究》,《国际贸易问题》2016 年第 10 期。

154．聂长飞、简新华:《中国高质量发展的测度及省际现状的分析比较》,《数量经济技术经济研究》2020 年第 2 期。

155．欧雪银:《企业家精神与产业集聚关系研究新进展》,《经济学动态》2013 年第 6 期。

156．潘少奇等:《产业转移技术溢出效应研究进展与展望》,《地理科学进展》2015 年第 5 期。

157．潘文卿等:《吸引外资影响对外投资吗?——基于全球层面数据的研究》,《经济学报》2015 年第 3 期。

158．秦佳良等:《气候变化会影响技术创新吗?》,《科学学研究》2018 年第 12 期。

159．乔虹:《产业创新能力的测度与评价》,《统计与决策》2016 年第 23 期。

160．邱士雷等:《高技术产业创新能力的空间集聚效应分析》,《研究与发展管理》2018 年第 6 期。

161．任广乾等:《国有控股、高管激励与企业创新效率》,《经济体制改革》2022 年第 2 期。

162．[日]速水佑次郎等:《发展经济学:从贫困到富裕》第三版,李周译,社会科学文献出版社 2009 年版。

163．[美]沙伦·奥斯特:《现代竞争分析》,张志奇译,中国人民大学出版社 2004

年版。

164．邵朝对等:《房价、土地财政与城市集聚特征:中国式城市发展之路》,《管理世界》2016 年第 2 期。

165．邵玉君等:《FDI、OFDI 与国内技术进步》,《数量经济技术经济研究》2017 年第 9 期。

166．沈红波等:《金融发展、融资约束与企业投资的实证研究》,《中国工业经济》2010 年第 6 期。

167．盛斌、毛其淋:《贸易开放、国内市场整合与中国省际经济增长:1985—2008 年》,《世界经济》2011 年第 11 期。

168．施炳展、邵文波:《中国企业出口产品质量测算及其决定因素——培育出口竞争新优势的微观视角》,《管理世界》2014 年第 9 期。

169．施炳展:《中国企业出口产品质量异质性:测度与事实》,《经济学(季刊)》2014 年第 1 期。

170．石大千等:《智慧城市建设能否降低环境污染》,《中国工业经济》2018 年第 6 期。

171．宋马林、金培振:《地方保护、资源错配与环境福利绩效》,《经济研究》2016 年第 12 期。

172．苏丹妮等:《产业集聚与企业出口产品质量升级》,《中国工业经济》2018 年第 11 期。

173．苏理梅等:《贸易自由化是如何影响我国出口产品质量的?——基于贸易政策不确定性下降的视角》,《财经研究》2016 年第 4 期。

174．苏乃芳等:《有关 GDP 平减指数的再认识》,《经济学动态》2016 年第 5 期。

175．孙凯:《研发投入对区域创新能力的影响》,《现代经济探讨》2019 年第 6 期。

176．孙黎等:《企业家精神:基于制度和历史的比较视角》,《外国经济与管理》2019 年第 9 期。

177．孙浦阳、张蕊:《金融创新是促进还是阻碍了经济增长——基于技术进步视角的面板分析》,《当代经济科学》2012 年第 3 期。

178．孙晓华、王昀:《企业所有制与技术创新效率》,《管理学报》2013 年第 7 期。

179．汤铎铎等:《全球经济大变局、中国潜在增长率与后疫情时期高质量发展》,《经济研究》2020 年第 8 期。

180．汤放华等:《长株潭城市群一体化程度测度与评价》,《经济地理》2018 年第 2 期。

181．汤光平、何樟勇：《意识的形成与演进：经济学的观点——兼论浙江地区市场经济意识的形成》，《学术月刊》2004 年第 3 期。

182．唐宜红、王明荣：《FDI、出口相似度与我国出口商品结构优化》，《国际经贸探索》2010 年第 4 期。

183．唐智鑫、管勇：《物联网技术与我国银行业的金融创新》，《金融科技时代》2011 年第 9 期。

184．陶爱萍等：《双向 FDI 能否提升出口技术复杂度？——兼论知识产权保护的"自锁陷阱"》，《财经问题研究》2022 年第 10 期。

185．童长凤：《高投资与中国经济增长：资本生产率的考察》，《兰州大学学报（社会科学版）》2012 年第 3 期。

186．田友春等：《方法、数据与全要素生产率测算差异》，《数量经济技术经济研究》2017 年第 12 期。

187．汪伟等：《人口老龄化的产业结构升级效应研究》，《中国工业经济》2015 年第 11 期。

188．王洪庆、侯毅：《中国高技术产业技术创新能力评价研究》，《中国科技论坛》2017 年第 3 期。

189．王静：《FDI 促进中国各地区产业结构优化的门限效应研究》，《世界经济研究》2014 年第 3 期。

190．王娟：《对外开放与技术创新——基于改革开放四十年的经验》，《经济体制改革》2018 年第 5 期。

191．王俊松等：《中国城市技术创新能力的空间特征及影响因素——基于空间面板数据模型的研究》，《地理科学》2017 年第 1 期。

192．王启超等：《人才配置与全要素生产率——兼论中国实体经济高质量增长》，《财经研究》2020 年第 1 期。

193．王薇、任保平：《我国经济增长数量与质量阶段性特征：1978—2014 年》，《改革》2015 年第 8 期。

194．王文：《数字经济时代下工业智能化促进了高质量就业吗》，《经济学家》2020 年第 4 期。

195．王小鲁等：《中国分省份市场化指数报告（2017）》，社会科学文献出版社2017 年版。

196．王小鲁等：《中国分省份市场化指数报告（2019）》，社会科学文献出版社2019 年版。

197．王小鲁等:《中国分省份市场化指数报告 2021》,社会科学文献出版社 2021 年版。

198．王晓祺等:《新环保法与企业绿色创新:"倒逼"抑或"挤出"?》,《中国人口·资源与环境》2020 年第 7 期。

199．王孝松等:《中国出口产品技术含量的影响因素探究》,《数量经济技术经济研究》2014 年第 11 期。

200．王雅琦等:《汇率、产品质量与出口价格》,《世界经济》2015 年第 5 期。

201．王业强等:《科技创新驱动区域协调发展:理论基础与中国实践》,《中国软科学》2017 年第 11 期。

202．王艺明等:《财政支出结构与环境污染:碳排放的视角》,《财政研究》2014 年第 9 期。

203．王永进、施炳展:《上游垄断与中国企业产品质量升级》,《经济研究》2014 年第 4 期。

204．王永进等:《契约制度与产业集聚:基于中国的理论及经验研究》,《世界经济》2010 年第 1 期。

205．王雨飞、倪鹏飞:《高速铁路影响下的经济增长溢出与区域空间优化》,《中国工业经济》2016 年第 2 期。

206．王越、王承云:《长三角城市创新联系网络及辐射能力》,《经济地理》2018 年第 9 期。

207．王振华等:《交通可达性对城市经济高质量发展的异质性影响》,《经济与管理研究》2020 年第 2 期。

208．王智毓、冯华:《科技服务业发展对中国经济增长的影响研究》,《宏观经济研究》2020 年第 6 期。

209．魏浩、巫俊:《知识产权保护与中国工业企业进口》,《经济学动态》2018 年第 3 期。

210．魏兰叶:《双向直接投资、自主创新与经济增长方式转变——来自中国的实证检验》,《工业技术经济》2018 年第 11 期。

211．魏守华、吴贵生、吕新雷:《区域创新能力的影响因素——兼评我国创新能力的地区差距》,《中国软科学》2010 年第 9 期。

212．魏志华、曾爱民、李博:《金融生态环境与企业融资约束——基于中国上市公司的实证研究》,《会计研究》2014 年第 5 期。

213．温忠麟、叶宝娟:《中介效应分析:方法和模型发展》,《心理科学进展》2014

年第 5 期。

214．文东伟等：《FDI、产业结构变迁与中国的出口竞争力》，《管理世界》2009 年第 4 期。

215．吴楚豪、王恕立：《省际经济融合、省际产品出口技术复杂度与区域协调发展》，《数量经济技术经济研究》2019 年第 11 期。

216．吴非等：《地方税收真的会抑制区域创新吗？——基于政府行为视角下的非线性门槛效应研究》，《经济评论》2018 年第 4 期。

217．吴敬琏：《中国增长模式抉择》，上海远东出版社 2006 年版。

218．吴延兵：《R&D 存量、知识函数与生产效率》，《经济学（季刊）》2006 年第 3 期。

219．吴延兵：《市场结构、产权结构与 R&D——中国制造业的实证分析》，《统计研究》2007 年第 5 期。

220．吴一平、王健：《制度环境、政治网络与创业：来自转型国家的证据》，《经济研究》2015 年第 8 期。

221．解维敏：《市场化进程对企业家创新精神的影响研究——基于我国非金融类上市公司的经验证据》，《财经问题研究》2016 年第 12 期。

222．解学梅等：《政府财政激励下的绿色工艺创新与企业绩效：基于内容分析法的实证研究》，《管理评论》2020 年第 5 期。

223．夏勇、钟茂初：《经济发展与环境污染脱钩理论及 EKC 假说的关系——兼论中国地级城市的脱钩划分》，《中国人口·资源与环境》2016 年第 10 期。

224．肖兴志、李少林：《环境规制对产业升级路径的动态影响研究》，《经济理论与经济管理》2013 年第 6 期。

225．谢里、张敬斌：《中国制造业集聚的空间技术溢出效应：引入制度环境差异的研究》，《地理研究》2016 年第 5 期。

226．谢雪燕、朱晓阳：《数字金融与中小企业技术创新——来自新三板企业的证据》，《国际金融研究》2021 年第 4 期。

227．徐淑英等：《企业家对人性的看法、管理实践及与综合绩效的关系——2012·中国企业家成长与发展专题调查报告》，《管理世界》2012 年第 6 期。

228．徐现祥、李郇：《市场整合与区域协调发展》，《经济研究》2005 年第 12 期。

229．许春明、单晓光：《中国知识产权保护强度指标体系的构建及验证》，《科学学研究》2008 年第 4 期。

230．许和连、王海成：《最低工资标准对企业出口产品质量的影响研究》，《世界经济》2016 年第 7 期。

231．许家云等：《中间品进口与企业出口产品质量升级：基于中国证据的研究》，《世界经济》2017 年第 3 期。

232．许士道、江静：《创业活力、创新能力与城市经济发展效率——基于 283 个地级市数据的实证检验》，《山西财经大学学报》2021 年第 3 期。

233．许宪春、张美慧：《中国数字经济规模测算研究——基于国际比较的视角》，《中国工业经济》2020 年第 5 期。

234．[美]亚当·斯密：《国民财富的性质和原因的研究》上卷，郭大力、王亚南译，商务印书馆 1972 年版。

235．[美]约翰·奈斯比特、帕特丽夏·阿伯丹：《2000 年大趋势：90 年代十大新趋向》，中国人民大学出版社 1991 年版。

236．[美]约翰·斯图尔特·穆勒：《政治经济学原理及其在社会哲学上的若干应用》，朱泱等译，商务印书馆 1991 年版。

237．[美]约瑟夫·熊彼特：《经济发展理论》，何畏等译，商务印书馆 1990 年版。

238．[以]Y.巴泽尔：《产权的经济分析》，费方域、段毅才译，上海三联书店、上海人民出版社 1997 年版。

239．杨朝峰等：《区域创新能力与经济收敛实证研究》，《中国软科学》2015 年第 1 期。

240．杨连星、刘晓光等：《中国 OFDI 逆向技术溢出与出口技术复杂度提升》，《财贸经济》2016 年第 6 期。

241．杨汝岱：《中国制造业企业全要素生产率研究》，《经济研究》2015 年第 2 期。

242．杨万平、李冬：《中国生态全要素生产率的区域差异与空间收敛》，《数量经济技术经济研究》2020 年第 9 期。

243．杨耀武、张平：《中国经济高质量发展的逻辑、测度与治理》，《经济研究》2021 年第 1 期。

244．姚昕、刘希颖：《基于增长视角的中国最优碳税研究》，《经济研究》2010 年第 11 期。

245．叶文平等：《流动人口对城市创业活跃度的影响：机制与证据》，《经济研究》2018 年第 6 期。

246．尹向飞、段文斌：《中国科技创新对经济增长的支撑作用研究》，《上海经济研究》2017 年第 12 期。

247．尤济红、陈喜强：《区域一体化合作是否导致污染转移——来自长三角城市群扩容的证据》,《中国人口·资源与环境》2019 年第 6 期。

248．于斌斌:《产业结构调整与生产率提升的经济增长效应——基于中国城市动态空间面板模型的分析》,《中国工业经济》2015 年第 12 期。

249．余东华、张昆:《要素市场分割、产业结构趋同与制造业高级化》,《经济与管理研究》2020 年第 1 期。

250．余明桂、钟慧洁、范蕊:《民营化、融资约束与企业创新——来自中国工业企业的证据》,《金融研究》2019 年第 4 期。

251．余静文等:《对外直接投资与出口产品质量升级:来自中国的经验证据》,《世界经济》2021 年第 1 期。

252．余泳泽、张少辉:《城市房价、限购政策与技术创新》,《中国工业经济》2017 年第 6 期。

253．余泳泽等:《税收负担与"大众创业、万众创新"——来自跨国的经验证据》,《经济管理》2017 年第 6 期。

254．俞红海等:《终极控股股东控制权与自由现金流过度投资》,《经济研究》2010 年第 8 期。

255．袁富华:《供给主导转向消费需求主导:长期增长过程的调整与效率模式取向》,《学术研究》2016 年第 10 期。

256．袁徽文、高波:《数字经济发展与高技术产业创新效率提升——基于中国省级面板数据的实证检验》,《科技进步与对策》2022 年第 10 期。

257．原毅军、谢荣辉:《环境规制的产业结构调整效应研究——基于中国省际面板数据的实证检验》,《中国工业经济》2014 年第 8 期。

258．张玉明、迟冬梅:《互联网金融、企业家异质性与小微企业创新》,《外国经济与管理》2018 年第 9 期。

259．张萃:《什么使城市更有利于创业》,《经济研究》2018 年第 4 期。

260．张辉等:《金融空间分布、异质性与产业布局》,《中国工业经济》2016 年第 12 期。

261．张杰等:《专利能否促进中国经济增长——基于中国专利资助政策视角的一个解释》,《中国工业经济》2016 年第 1 期。

262．张杰、高德步:《金融发展与创新:来自中国的证据与解释》,《产业经济研究》2017 年第 3 期。

263．张军等:《中国省际物质资本存量估算:1952—2000》,《经济研究》2004 年第 10 期。

264．张可:《区域一体化有利于减排吗?》,《金融研究》2018 年第 1 期。

265．张莉、刘紫月:《OFDI 促进了中国出口产品质量的提升吗? ——基于省际面板数据的实证检验》,《广西财经学院学报》2019 年第 6 期。

266．张林:《中国双向 FDI、金融发展与产业结构优化》,《世界经济研究》2016 年第 10 期。

267．张琴:《国际产业转移对我国产业结构的影响研究——基于 1983—2007 年外商直接投资的实证分析》,《国际贸易问题》2012 年第 4 期。

268．张曦如等:《风险投资研究:综述与展望》,《外国经济与管理》2019 年第 4 期。

269．张晓晶:《扭曲、赶超与可持续增长——对政府与市场关系的重新审视》,《经济研究》2018 年第 1 期。

270．张勋等:《交通基础设施促进经济增长的一个综合框架》,《经济研究》2018 年第 1 期。

271．张勋等:《数字经济、普惠金融与包容性增长》,《经济研究》2019 年第 8 期。

272．张宇、蒋殿春:《FDI、政府监管与中国水污染——基于产业结构与技术进步分解指标的实证检验》,《经济学(季刊)》2014 年第 2 期。

273．赵峰等:《社会主义基本经济制度与中国经济的长期增长奇迹》,《学习与探索》2022 年第 2 期。

274．赵领娣、徐乐等:《投入产出视角下工业技术创新的环境规制协同效应》,《北京理工大学学报(社会科学版)》2019 年第 4 期。

275．赵庆:《产业结构优化升级能否促进技术创新效率?》,《科学学研究》2018 年第 2 期。

276．郑风田、傅晋华:《创业型经济的兴起与我国创业政策面临的挑战》,《经济理论与经济管理》2007 年第 6 期。

277．郑强、冉光和:《中国双向 FDI 的绿色生产率溢出效应——基于动态面板模型的实证检验》,《统计与信息论坛》2018 年第 6 期。

278．郑世林等:《电信基础设施与中国经济增长》,《经济研究》2014 年第 5 期。

279．郑腾飞、柯善咨等:《交通条件、城市规模和劳动技能匹配效应》,《财经研究》2019 年第 11 期。

280．郑威、陆远权:《财政压力、政府创新偏好与城市创新质量》,《财政研究》2021 年第 8 期。

281．郑辛迎等:《市场范围、制度质量和企业一体化:来自中国制造业的证据》,

《南开经济研究》2014 年第 1 期。

282．郑馨等:《社会规范与创业——基于 62 个国家创业数据的分析》,《经济研究》2017 年第 11 期。

283．中国社会科学院经济研究所:《现代经济词典》,凤凰出版社、江苏人民出版社 2005 年版。

284．钟茂初等:《环境规制能否倒逼产业结构调整——基于中国省际面板数据的实证检验》,《中国人口·资源与环境》2015 年第 8 期。

285．周黎安、陶婧:《官员晋升竞争与边界效应:以省区交界地带的经济发展为例》,《金融研究》2011 年第 3 期。

286．周茂等:《开发区设立与地区制造业升级》,《中国工业经济》2018 年第 3 期。

287．周其仁:《体制成本与中国经济》,《经济学(季刊)》2017 年第 3 期。

288．周锐波、石思文:《中国产业集聚与环境污染互动机制研究》,《软科学》2018 年第 2 期。

289．周小亮、吴武林:《中国包容性绿色增长的测度及分析》,《数量经济技术经济研究》2018 年第 8 期。

290．周燕、王传雨:《我国外商直接投资产业结构转变效应实证分析》,《中国软科学》2008 年第 3 期。

291．周业安、宋紫峰:《中国地方政府竞争 30 年》,《教学与研究》2009 年第 11 期。

292．周勇:《区域创新体系中行为主体的协同关系研究——基于政府主导视角》,《中国特色社会主义研究》2016 年第 5 期。

293．邹林全:《科技创新政策绩效评估指标体系的设计》,《中国管理信息化》2010 年第 1 期。

294．朱绍文:《〈国富论〉中"经济人"的属性及其品德问题》,《经济研究》1987 年第 7 期。

295．朱有为、徐康宁:《中国高技术产业研发效率的实证研究》,《中国工业经济》2006 年第 11 期。

296．祝树金等:《制造业服务化、技术创新与企业出口产品质量》,《经济评论》2019 年第 6 期。

297．庄子银:《南方模仿、企业家精神和长期增长》,《经济研究》2003 年第 1 期。

298．踪家峰、周亮:《市场分割、要素扭曲与产业升级——来自中国的证据(1998—2007)》,《经济管理》2013 年第 1 期。

299．Abramovitz, M., "Catching Up, Forging Ahead, and Falling Behind", *The Journal of Economic History*, Vol.46, No.2, 1968.

300 . Acemoglu, D., Cao, D., "Innovation by Entrants and Incumbents", *Journal of Economic Theory*, Vol.157, 2015.

301 . Acs, Z. J., Braunerhjelm, P., Audretsch, D. B., et al., "The Knowledge Spillover Theory of Entrepreneurship", *Small Business Economics*, Vol.32, No.1, 2009.

302 . Adner, R., "When Are Technologies Disruptive? A Demand-Based View of the Emergence of Competition", *Strategic Management Journal*, Vol.23, No.8, 2002.

303 . Aghion, P., Howitt, P., "A Model of Growth through Creative Destruction", *Econometrica*, Vol.60, 1992.

304 . Aghion, P., Howit P., Mayer-Foulkes D., "The Effect of Financial Development on Convergence: Theory and Evidence", *Quarterly Journal of Economics*, Vol.120, No.1, 2005.

305 . Aigner, D. J., Chu, S. F., "On Estimating the Industry Production Function", *American Economic Review*, Vol.58, No.4, 1968.

306 . Allen, R.C., "Collective Invention", *Journal of Economic Behavior Organization*, Vol.4, No.1, 1983.

307 . Amiti, M., Khandelwal, A.K., "Import Competition and Quality Upgrading", *Review of Economics and Statistics*, Vol.95, No.2, 2013.

308 . Amore, M. D., Schneider, C., Zaldokas, A., "Credit Supply and Corporate Innovation", *Journal of Financial Economics*, Vol.109, No.3, 2013.

309 . Ang, J.B., "Financial Reforms, Patent Protection, and Knowledge Accumulation in India", *World Development*, Vol.38, No.8, 2010.

310 . Angulo-Guerrero, M.J., PÉRez-Moreno, S., Abad-Guerrero, I.M., "How Economic Freedom Affects Opportunity and Necessity Entrepreneurship in the OECD Countries", *Journal of Business Research*, Vol.73, 2017.

311 . Anselin, L., *Spatial Econometrics: Methods and Models*, Berlin: Springer Science Business Media, 1988.

312 . Arellano, M., Bover, O., "Another Look at the Instrumental Variable Estimation of Error-Components Models", *Journal of Econometrics*, Vol.68, No.1, 1995.

313 . Arora, A., Rosenberg, N., "Chemicals: A U.S.Success Story", In: A.Arora et al. (Eds), *Chemicals and Long-Term Economic Growth: Insights from the Chemical Industry*, New York: Wiley, 1998.

314 . Arrow, K.J., "The Economic Implications of Learning by Doing", *The Review of*

Economic Studies, Vol.29, No.3, 1962.

315 . Audretsch, D. B., Heger, D., Veith, T., " Infrastructure and Entrepreneurship ", *Small Business Economics*, Vol.44, No.2, 2015.

316 . Audretsch D. B., Keilbach M., " Entrepreneurship and Regional Growth: An Evolutionary Interpretation ", *Journal of Evolutionary Economics*, Vol.14, 2004.

317 . Audretsch D.B., Keilbach M., " Entrepreneurship Capital and Regional Growth ", *The Annals of Regional Science*, Vol.39, 2005.

318 . Balassa, B., " The Theory of Economic Integration ", *Kyklos*, Vol.14, No.1, 1994.

319 . Barney, J. B., Hansen, M. H., " Trustworthiness as a Source of Competitive Advantage ", *Strategic Management Journal*, Vol.15, No.S1, 1994.

320 . Barrios, S., Görg, H., Strobl, E., " Foreign Direct Investment, Competition and Industrial Development in The Host Country ", *European Economic Review*, Vol. 49, No.7, 2005.

321 . Barro, R. J., Lee, J. W., " International Comparisons of Educational Attainment ", *Journal of Monetary Economics*, Vol.32, No.3 1993.

322 . Baumol, W., " Entrepreneurship: Productive, Unproductive, and Destructive ", *Journal of Political Economy*, Vol.98, No.5, 1990.

323 . Beck, T., Levine, R., Levkov, A., " Big Bad Banks the Winners and Losers from Bank Deregulation in The United States ", *Journal of Finance*, Vol.65, No.5, 2010.

324 . Becker, G. S., Murphy, K. M., " The Division of Labor, Coordination Costs, and Knowledge ", *The Quarterly Journal of Economics*, Vol.107, No.4, 1992.

325 . Bennett, D.L., " Infrastructure Investments and Entrepreneurial Dynamism in The U.S. ", *Journal of Business Venturing*, Vol.34, No.5, 2019.

326 . Bennett, D.L., " Local Economic Freedom and Creative Destruction in America ", *Small Business Economics*, Vol.56, 2021.

327 . Beugelsdijk, S., Noorderhaven, N., " Entrepreneurial Attitude and Economic Growth: A Cross-Section of 54 Regions ", *The Annals of Regional Science*, Vol.38, No.2, 2004.

328 . Bjørnskov, B., Foss, M.J., " Economic Freedom and Entrepreneurial Activity: Some Cross-Country Evidence ", *Public Choice*, Vol.134, No.3, 2008.

329 . Bloom, N., Draca, M., Reenen, J. V., " Trade Induced Technical Change? The Impact of Chinese Imports on Innovation, IT and Productivity ", *The Review of Economic Studies*, Vol.83, No.1, 2016.

330 . Bo, C., David, A., Pontus, B., et al., "Growth and Entrepreneurship", *Small Business Economics*, Vol.39, No.2, 2012.

331 . Boldrin, M., Levine, D K., "Rent Seeking and Innovation", *Journal of Monetary Economics*, Vol.51, No.1, 2004.

332 . Boudreaux, C. J., Nikolaev, B. N., Klein, P., "Socio-Cognitive Traits and Entrepreneurship: The Moderating Role of Economic Institutions", *Journal of Business Venturing*, Vol.33, No.6, 2019.

333 . Bradach, J.L., Eccles, R.G., "Price, Authority, and Trust: From Ideal Types to Plural Forms", *Annual Review of Sociology*, Vol.15, No.1, 1989.

334 . Breton, A., "Competitive Governments: An Economic Theory of Politics and Public Finance", *Public Choice*, Vol.67, No.2, 1996.

335 . Bridge, S., O' Neill, K., *Understanding Enterprise: Entrepreneurship and Small Business*, New York: Palgrave Macmillan, 2012.

336 . Broda, C., Weinstein, D. E., "Globalization and The Gains from Variety", *The Quarterly Journal of Economics*, Vol.121, No.2, 2006.

337 . Bromley, D.W., *Economic Interests and Institutions the Conceptual Foundations of Public Policy*, Oxford: Basil Blackwell, 1989.

338 . Brown, C., Thornton, M., "How Entrepreneurship Theory Created Economics", *Quarterly Journal of Austrian Economics*, Vol.16, No.4, 2013.

339 . Brown, J.R., Fazzari, S.M., Petersen B C., "Financing Innovation and Growth Cash Flow, External Equity, and the 1990s R&D Boom", *Journal of Finance*, Vol.64, No.1, 2009.

340 . Burt, S., "Temporal Trends in The Internationalization of British Retailing", *International Review of Retail, Distribution and Consumer Research*, Vol.3, No.4, 1993.

341 . Calderon, C., Liu, L., "The Direction of Causality Between Financial Development and Economic Growth", *Journal of Development Economics*, Vol.72, No.1, 2003.

342 . Campi, M., Nuvolari, A., "Intellectual Property Protection in Plant Varieties: A Worldwide Index(1961-2011)", *Research Policy*, Vol.44, No.4, 2015.

343 . Cantillon, R., *Essai Sur La Nature Du Commerce En GÉNÉRal*, London: Macmillan Publishers Limited, 1931.

344 . Carson, R., Lear, L., Wilson, E. O., *Silent Spring*, Boston: Houghton, Mifflin Company, 2003.

345 . Chen H., Swenson D. L., "Multinational Firms and New Chinese Export

Transactions", *Canadian Journal of Economics*, Vol.41, No.2, 2007.

346 . Chong, Z., Qin, C., Ye, X., "Environmental Regulation and Industrial Structure Change in China: Integrating Spatial and Social Network Analysis", *Sustainability*, Vol.9, No.8, 2017.

347 . Claessens, S., Laeven, L., "Financial Development, Property Rights, and Growth", *The Journal of Finance*, Vol.58, No.6, 2003.

348 . Coad, A., Grassano, N., Hall, B.H., et al., "Innovation and Industrial Dynamics", *Structural Change and Economic Dynamics*, Vol.50, 2019.

349 . Coe, D. T., Helpman, E., "International R&D Spillovers", *European Economic Review*, Vol.39, No.5, 1995.

350 . Condliffe, S., Morgan, O. A., "The Effects of Air Quality Regulations on the Location Decisions of Pollution-Intensive Manufacturing Plants", *Journal of Regulatory Economics*, Vol.36, No.1, 2009.

351 . Crescenzi, R., RodrÍGuez-Pose, A., Storper, M., "The Territorial Dynamics of Innovation in China and India", *Journal of Economic Geography*, Vol.12, No.5, 2012.

352 . Dachs, B., Ebersberger, B., Lööf, H., "The Innovative Performance of Foreign-Owned Enterprises in Small Open Economies", *The Journal of Technology Transfer*, Vol.33, No.4, 2008.

353 . David, J. M., "Competition, Innovation, and the Sources of Product Quality and Productivity Growth", Mimeo, 2011.

354 . Delgado, M., Porter, M.E., Stern, S., "Clusters and Entrepreneurship", *Journal of Economic Geography*, Vol.10, No.4, 2010.

355 . Desai, M. A., Foley, C. F., Hines, J. R., "Foreign Direct Investment and the Domestic Capital Stock", *American Economic Review*, Vol.95, No.2, 2005.

356 . Desoto, A. M., *Chicana/O Intellectuals: Politics, Polemics, and Paradigms*, Santa Cruz: University of California, 2000.

357 . Diamond, D.W., "Financial Intermediation and Delegated Monitoring", *Review of Economic Studies*, Vol.51, No.2, 1984.

358 . Díaz-Chao, Á., Sainz-Gonzalez, J., Torrent-Sellens, J., "ICT, Innovation, and Firm Productivity: New Evidence From Small Local Firms", *Journal of Business Research*, Vol.68, No.7, 2015.

359 . Douhan, R., Henrekson, M., "The Political Economy of Entrepreneurship: An

Introduction", *Social Science Electronic Publishing*, *Working Paper*, No.688, 2007.

360 . Driscoll, J. C., Kraay, A. C., " Consistent Covariance Matrix Estimation With Spatially Dependent Panel Data", *Review of Economics and Statistics*, Vol.80, No.4, 1998.

361 . Edmonds, E.V., Pavcnik, N., Topalova, P., "Trade Adjustment and Human Capital Investments: Evidence from Indian Tariff Reform", *American Economic Journal: Applied Economics*, Vol.2, No.4, 2010.

362 . Edwin M., "Imitation Costs and Patents: An Empirical Study", *The Economic Journal*, Vol.91, No.364, 1981.

363 . Eicher, T. S., GarcÍA-Peñalosa, C., " Growth with Endogenous Institutions ", *Working Paper*, University of Washington, 2003.

364 . Evans, D. S., Leighton, L. S., "Some Empirical Aspects of Entrepreneurship", *American Economic Review*, Vol.79, No.3, 1989.

365 . Falk M., "R&D Spending in the High-tech Sector and Economic Growth", *Research in Economics*, Vol.61, No.3, 2007.

366 . Farrell, M.J., "The Measurement of Productive Efficiency", *Journal of the Royal Statistical Society*, Vol.120, No.3, 1957.

367 . Fazzari S.M., Hubbard R.G., Petersen B.C., Financing Constraints and Corporate Investment", *Brookings Papers on Economic Activity*, Vol.1, 1988.

368 . Feder, G., " On Exports and Economic Growth ", *Journal of Development Economics*, Vol.12, No.1-2, 1983.

369 . Feng, P., Ke, S., "Self-Selection and Performance of R&D Input of Heterogeneous Firms: Evidence from China's Manufacturing Industries", *China Economic Review*, Vol.41, No.C, 2016.

370 . Ferreira A., Santoso A., "Do Students' Perceptions Matter? A Study of the Effect of Students' Perceptions on Academic Performance", *Accounting Finance*, Vol.48, No.2, 2014.

371 . Flannery, T., *The Weather Makers*, New York: Grove Press, 2005.

372 . Fleisher, B., Li, H., Zhao, M., "Human Capital, Economic Growth and Regional Inequality in China", *Journal of Development Economics*, Vol.92, No.2, 2010.

373 . Frankel, J. A., Romer, D. H., "Does Trade Cause Growth?", *American Economic Review*, Vol.89, No.3, 1999.

374 . Frenken, K., Boschma, R.A., "A Theoretical Framework for Evolutionary Economic Geography", *Journal of Economics Geography*, Vol.7, No.5, 2007.

375 . Fritsch, M., Storey, D. J., "Entrepreneurship in A Regional Context: Historical Roots, Recent Developments and Future Challenges", *Regional Studies*, Vol.48, No.6, 2014.

376 . Fuchs, G., Shapira P., *Rethinking Regional Innovation and Change: Path Dependency or Regional Breakthrough?* New York: Springer, 2005.

377 . Furubotn, E., Richter, R., Lozano, J., *Institutions Economic Theory-The Contribution of The New Institutional Economics*, Ann Arbor: University of Michigan Press, 1997.

378 . Galindo, M. Á., MÉNdez, M. T., "Entrepreneurship, Economic Growth, and Innovation: Are Feedback Effects at Work?", *Journal of Business Research*, Vol. 67, No.5, 2014.

379 . Gary, H., Volker, W., Ulrich, V., "The Process of Chinese Manufacturing Upgrading: Transitioning from Unilateral to Recursive Mutual Learning Elations", *Global Strategy Journal*, Vol.3, No.1, 2013.

380 . Gazaniol, A., FrÉDÉRic, P., "Outward FDI, Performance and Group Affiliation: Evidence from French Matched Firms", *Economics Bulletin*, Vol.33, No.2, 2013.

381 . Gelbach, J.B., "When Do Covariates Matter? and Which Ones and How Much?", *Journal of Labor Economics*, Vol.34, No.2, 2016.

382 . Gervais, A., "Product Quality and Firm Heterogeneity in International Trade", *Canadian Journal of Economics/Revue Canadienne D'ÉConomique*, Vol.48, No.3, 2015.

383 . Ghodeswar, B., Vaidyanathan, J., "Business Process Outsourcing: An Approach to Gain Access to World class Capabilities", *Business Process Management Journal*, Vol. 14, No.1, 2008.

384 . Gilbert, B.A., Mcdougall, P.P., Audretsch, D.B., "New Venture Growth: A Review and Extension", *Journal of Management*, Vol.32, No.6, 2006.

385 . Ginarte, J. C., Park, W. G., "Determinants of Patent Rights: A Cross-National Study", *Research Policy*, Vol.26, No.3, 1997.

386 . Glaeser, E. L., Rosenthal, S. S., Strange, W. C., "Urban Economics and Entrepreneurship", *Journal of Urban Economics*, Vol.67, No.1, 2010.

387 . Goldsmitch, R.W., *Financial Structure and Development*, New Haven, CT: Yale University Press, 1969.

388 . Granovetter, M.S., "The Strength of Weak Ties", *American Journal of Sociology*, Vol.78, No.6, 1973.

389 . Greenwood, J., Jovanovic, B., "Financial Development, Growth, and The

Distribution of Income", *Journal of Political Economy*, Vol.98, No.5, 1990.

390 . Hadlock C.J., Pierce J.R., "New Evidence on Measuring Financial Constraints: Moving beyond the KZ Index", *The Review of Financial Studies*, Vol.23, No.5, 2010.

391 . Hall, R.E., Jones, C.I., "Why Do Some Countries Produce so much more Output per Worker than Others?", *The Quarterly Journal of Economics*, Vol.114, No.1, 1999.

392 . Hallak, J.C., Sivadasan, J., "Productivity, Quality and Exporting Behavior Under Minimum Quality Requirements", *NBER Working Paper*, No.14928, 2009.

393 . Harris, C.D., "The Market as A Factor in the Localization of Industry in the United States", *Annals of the Association of American Geographers*, Vol.44, No.1, 1995.

394 . Hayek, F.A., *Individualism and Economic Order*, Chicago: University of Chicago Press, 1980.

395 . Helpman, E., "Innovation, Imitation, and Intellectual Property Rights", *NBER Working Papers*, 1992.

396 . Herrigel, G., Wittke, V., Voskamp, U., "The Process of Chinese Manufacturing Upgrading: Transitioning from Unilateral to Recursive Mutual Learning Relations", *Global Strategy Journal*, Vol.3, No.1, 2013.

397 . Hébert, R.F., Link, A.N., "In Search of the Meaning of Entrepreneurship", *Small Business Economics*, Vol.1, No.1, 1989.

398 . Hsieh, C.T., Klenow, P.J., "Misallocation and Manufacturing TFP in China and India", *Quarterly Journal of Economics*, Vol.124, No.4, 2009.

399 . Hsu, P.H., Tian, X., Xu, Y., "Financial Development and Innovation: Cross-country Evidence", *Journal of Financial Economics*, Vol.112, No.1, 2014.

400 . Huang Y, Zhang Y., "How does Outward Foreign Direct Investment Enhance Firm Productivity? A Heterogeneous Empirical Analysis from Chinese Manufacturing", *China Economic Review*, Vol.44, 2017.

401 . Huang, H., Xu, C., "Soft Budget Constraint and the Optimal Choices of Research and Development Projects Financing", *Journal of Comparative Economics*, Vol. 26, No.1, 1998.

402 . Huang, Y., Zhang, Y., "How Does Outward Foreign Direct Investment Enhance Firm Productivity? A Heterogeneous Empirical Analysis from Chinese Manufacturing", *China Economic Review*, Vol.44, 2017.

403 . Ingram, P., Clay, K., "The Choice-Within-Constraints New Institutionalism and

Implications for Sociology", *Annual Review of Sociology*, Vol.26, No.1, 2000.

404．Jefferson, G. H., Bai, H. M., Guan, X. J., et al., "R&D Performance in Chinese Industry", *Economics of Innovation and New Technology*, Vol.15, No.4−5, 2006.

405．Joel, M. D., *Competition, Innovation, and The Sources of Product Quality and Productivity Growth*, Mimeo, 2011.

406．Johnson, T. J., Kaye, B. K., "In Blog We Trust? Deciphering Credibility of Components of The Internet Among Politically Interested Internet Users", *Computers in Human Behavior*, Vol.25, No.1, 2009.

407．Kaplan, S., Zngales, L., "Do Financing Constraints Explain Why Investment Is Correlated with Cash Flow", *Quarterly Journal of Economics*, Vol.112, No.2, 1997.

408．Kemp, R., Pearson, P., "Final Report MEI Project About Measuring Eco-Innovation", *UM Merit, Maastricht*, Vol.10, No.2, 2007.

409．Kemper, J., Engelen, A., Brettel, M., "How Top Management's Social Capital Fosters the Development of Specialized Marketing Capabilities: A Cross-Cultural Comparison", *Journal of International Marketing*, Vol.19, No.3, 2011.

410．Khandelwal, A., "The Long and Short (of) Quality Ladders", *The Review of Economic Studies*, Vol.77, No.4, 2010.

411．Kim, J.W., "The Economic Growth Effect of R&D Activity in Korea", *Korea and The World Economy*, Vol.12, No., 2011.

412．Kim, P. H., Li, M., "Seeking Assurances When Taking Action: Legal Systems, Social Trust, and Starting Businesses in Emerging Economies", *Organization Studies*, Vol.35, No.3, 2014.

413．King, R. G., Levine, R., "Finance, Entrepreneurship, and Growth: Theory and Evidence", *Journal of Monetary Economics*, Vol.32, No.3, 1993.

414．Kirzner, I. M., *Competition and Entrepreneurship*, Chicago: University of Chicago Press, 1973.

415．Kirzner, I. M., *Perception Opportunity and Profit: Studies in the Theory of Entrepreneurship*, Chicago and London: University of Chicago Press, 1979.

416．Kirzner, I. M., "The Alert and Creative Entrepreneur: A Clarification", *Small Business Economics*, Vol.32, No.2, 2009.

417．Knight, F.H., *Risk, Uncertainty and Profit*, Boston: Houghton Mifflin, 1921.

418．Kohpaiboon, A., Jongwanich, J., "International Production Networks, Clusters, and

Industrial Upgrading: Evidence from Automotive and Hard Disk Drive Industries in Thailand", *Review of Policy Research*, Vol.30, No.2, 2013.

419 . Kreft, S. F., Sobel, R. S., " Public Policy, Entrepreneurship, and Economic Freedom", *Cato Journal*, Vol.25, No.3, 2005.

420 . Kroeber, A. L., Kluckhohn, C., *Culture: A Critical Review of Concepts and Definitions*, Cambridge Mass: Harvard University, 1952.

421 . Krugman, P., Venables, A. J., " Globalization and the Inequality of Nations ", *Quarterly Journal of Economics*, Vol.110, No.4, 1995.

422 . Kurt, S., " Investigation of the Relationship between Brand Value and R&D Activities: Fortune 500 Companies Analysis", *Procedia Computer Science*, Vol.158, 2019.

423 . Kwon, S-W., Arenius, P., " Nations of Entrepreneurs: A Social Capital Perspective", *Journal of Business Venturing*, Vol.25, No.3, 2010.

424 . Lachmann, L.M., "Capital and its Structure", Ludwig Von Mises Institute, 1956.

425 . Lafuente, E., Szerb, L., Acs, Z.J., "Country Level Efficiency and National Systems of Entrepreneurship: A Data Envelopment Analysis Approach", *The Journal of Technology Transfer*, Vol.41, No.6, 2016.

426 . Lakwete, A., " Inventing the Cotton Gin: Machine and Myth in Antebellum America", JHU Press, 2005.

427 . Lampe, R., Moser, P., "Patent Pools and Innovation in Substitute Technologies— Evidence from the 19th-Century Sewing Machine Industry", *The RAND Journal of Economics*, Vol.44, No.4, 2013.

428 . Landes, D.S., " *The Unbound Prometheus: Technological Change and Industrial Development in Western Europe from* 1750 *to the Present*", Cambridge University Press, 2003.

429 . Lesage, J., " An Introduction to Spatial Econometrics ", *Revue D'ÉConomie Industrielle*, No.3, 2008.

430 . Li, D., Chen, Y., Miao, J., " Does ICT Create a New Driving Force for Manufacturing? ——Evidence from Chinese Manufacturing Firms ", *Telecommunications Policy*, No.102229, 2021.

431 . Li, K., Kim, D.J., Lang, K.R., et al., "How should We Understand the Digital Economy in Asia? Critical Assessment and Research Agenda", *Electronic Commerce Research and Applications*, Vol.44, No.5, 2020.

432 . Liargovas, P., Repousis, S., " Development Paths in the Knowledge Economy:

Innovation and Entrepreneurship in Greece", *Journal of the Knowledge Economy*, Vol.6, No.4,2015.

433 . Lin,S.,Lin,R.,Sun,J.,et al.,"Dynamically Evaluating Technological Innovation Efficiency of High-Tech Industry in China: Provincial,Regional and Industrial Perspective", *Socio-Economic Planning Sciences*,Vol.74, No.100939,2021.

434 . Linder, S. B., " An Essay on Trade and Transformation ", *Almqvist Wiksell*, *Stockholm*,1961.

435 . Liu,M.,La,Croix.S.,"A Cross-Country Index of Intellectual Property Rights in Pharmaceutical Inventions", *Research Policy* ,Vol.44, No.1,2015.

436 . Loeb,P.,V.Lin.,"Research and Development in the Pharmaceutical Industry: A Specification error Approach", *Journal of Industrial Economics*,Vol.26, No.1,1977.

437 . Lola,I.S.,Bakeev,M.," Measurement of Digital Activity in Medium,High-Tech and Low-Tech Manufacturing Industries", *HSE Working Papers*,2019.

438 . Love I.,"Financial Development and Financing Constraints: Internation Evidenve from the structural", *Review of Financial Studies*,Vol.16, No.3,2003.

439 . Lu, Y.,Tao,Z.,Zhu, L., " Identifying FDI Spillovers", *Journal of International Economics*,No.107,2017.

440 . Lundstrom,A.,Stevenson,L.A.,"Entrepreneurship Policy:Theory and Practice", *Springer Science Business Media* ,2006.

441 . Lynn,R.," The Secret of the Miracle Economy: Different National Attitudes to Competitiveness and Money", *Social Affairs Unit*,1991.

442 . Machlup, F., " The History of Thought on Economic Integration ", *Journal of Economic History*,Vol.38, No.1,1977.

443 . Magnus,B.,Ari,K.," Foreign Direct Investment and Spillovers of Technology", *Int.J.of Technology Management*,Vol.22, No.5-6,2001.

444 . Manova,K.,Wei,S.,Zhang,Z.,"Firm Exports and Multinational Activity Under Credit Constraints", *Review of Economics and Statistics*,Vol.97, No.3,2015.

445 . Mansfield,E.,"Imitation Costs and Patents: An Empirical Study", *The Economic Journal*,Vol.91, No.364,1981.

446 . Manso G.,"Motivating Innovation", *The Journal of Finance*,Vol.66, No.5,2011.

447 . Marshall, A., " Principles of Economics: an Introductory Volume ", *Journal of Economic Literature*,Vol.20, No.4,1982.

448 . Martin, K. C. J., Johnson, J., Parboteeah, K., "Deciding to Bribe. A Cross-Level Analysis of Firm and Home Country Influences on Bribery Activity", *Academy of Management Journal*, Vol.50, No.6,2007.

449 . Matejovsky, L., Mohapatra, S., Steiner, B., "The Dynamic Effects of Entrepreneurship on Regional Economic Growth: Evidence from Canada", *Growth and Change*, Vol.45, No.4,2014.

450 . Maxwell, A.L., Jeffrey, S.A., LÉVesque, M., "Business Angel Early Stage Decision Making", *Journal of Business Venturing*, Vol.26, No.2,2011.

451 . Mayer, R. C., Davis, J. H., Schoorman, F. D., "An Integrative Model of Organizational Trust", *Academy of Management Review*, Vol.20, No.3,1995.

452 . Mckinnon, R., *Money and Capital in Economic Development*, Washington, D.C.: Brookings Institution,1973.

453 . Mcmullen, J. S., Shepherd, D A., "Entrepreneurial Action and the Role of Uncertainty in the Theory of the Entrepreneur", *Academy Management Review*, Vol.31, No. 1,2006.

454 . Michael, E. P., "Competitive Advantage : Creating and Sustaining Superior Performance", Free Press,1985.

455 . Michael, S. C., Pearce, J. A., "The Need for Innovation as a Rationale for Government Involvement in Entrepreneurship", *Entrepreneurship and Regional Development*, Vol.21, No.3,2009.

456 . Michalopoulos, S., Levine, R., Laeven, L. A., "Financial Innovation and Endogenous Growth", *Journal of Financial Intermediation*, Vol.28, No.4,2015.

457 . Mises, L.V., "Profit and Loss", *Planning For Freedom*, No.150,1951.

458 . Misès, R., "De Quelques PrÉAlables Au Changement Dans Les Pathologies Limites L'enfant", *Revue Française De Psychanalyse*, Vol.60, No.4,1996.

459 . Montesquieu, D. S., Nugent, T., Nourse, J., et al., *The Spirit of Laws*, the Commercial Press, Limited,1933.

460 . Moser, P., "Patents and Innovation in Economic History", *Annual Review of Economics*, No.8,2016.

461 . Mumford, L., *The City in History: Its Origins, Its Transformations, and Its Prospects*, 1961, San Diego and New York: Harcourt, Brace Co.,1989.

462 . Naghavi, A., Strozzi, C., "Intellectual Property Rights, Diasporas, and Domestic

Innovation", *Journal of International Economics*, Vol.96, No.1, 2015.

463 . Nanda, R., M.Rhodes-Kropf, "Investment Cycles and Startup Innovation", *Journal of Financial Economics*, Vol.110, No.2, 2013.

464 . Nanda, R., Nicholas T., "Did Bank Distress Stifle Innovation during the Great Depression?", *Journal of Financial Economics*, No.114, 2014.

465 . Naud É, W., "Entrepreneurship and Economic Development: Theory, Evidence and Policy", *IZA Discussion Paper*, No.7507, 2013.

466 . Noelke, C., McGovern, M., Corsi, D.J., et al., "Increasing Ambient Temperature Reduces Emotional Well-Being", *Environmental Research*, No.151, 2016.

467 . North, D. C., "Economic Performance through Time", *The American Economic Review*, Vol.84, No.3, 1994.

468 . Nunn, N., Qian, N., "US Food Aid and Civil Conflict", *American Economic Review*, Vol.104, No.6, 2014.

469 . Nuvolari, A., "Collective Invention During the British Industrial Revolution: The Case of the Cornish Pumping Engine", *Cambridge Journal of Economics*, Vol. 28, No. 3, 2004.

470 . O'Gorman, C., Kautonen, M., "Policies to Promote New Knowledge-Intensive Industrial Agglomerations", *Entrepreneurship Regional Development*, Vol.16, No.6, 2004.

471 . Oates, Wallace, E., "An Essay on Fiscal Federalism", *Journal of Economic Literature*, Vol.37, No.3, 1999.

472 . Olley, G.S., Pakes, A., "The Dynamics of Productivity in the Telecommunications Equipment Industry", *Econometrica*, Vol.64, No.6, 1996.

473 . Ortega-Argilés, R., Moreno, R., Caralt, J.S., "Ownership Structure and Innovation: Is there a Real Link?", *The Annals of Regional Science*, Vol.39, No.4, 2005.

474 . Oster, S. M., Garstka, S., Dong, J., et al., "Profits and Principles: Benhaven Learning Network", *Yale School of Management*, 2004.

475 . Ottaviano, G., Tabuchi, T., Thisse, J., "Agglomeration and Trade Revisited", *International Economic Review*, Vol.43, No.2, 2002.

476 . Paine, L.S., Weber, J., "The Sarbanes-Oxley Act", *Case Study*, 2004.

477 . Park, W.G., Lippoldt, D.C., *Technology Transfer and the Economic Implications of the Strengthening of Intellectual Property Rights in Developing Countries*, OECD Publishing, 2008.

478 . Parsley, D., Wei, S-J., "Convergence to the Law of One Price without Trade Barrers or Currency Fluctuations", *Quarterly Journal of Economics*, No.111, 1996.

479 . Patrick, K., Enrico, M., "Local Economic Development, Agglomeration Economies, and the Big Push: 100 Years of Evidence from the Tennessee Valley Authority", *The Quarterly Journal of Economics*, Vol.129, No.1, 2014.

480 . Paul, K., Venables, A.J., "Globalization and the Inequality of Nations", *Quarterly Journal of Economics*, Vol.110, No.4, 1995.

481 . Persson, T., Tabellini, G., "Democracy and Development: The Devil in the Details", *American Economic Review*, Vol.96, No.2, 2006.

482 . Porter, Michael, E., "The Competitive Advantage of Nations", *Free Press*, 1990.

483 . Pradhan, R. P., Arvin, M. B., Bahmani, S., "Are Innovation and Financial Development Causative Factors in Economic Growth? Evidence from a Panel Granger Causality Test", *Technological Forecasting and Social Change*, No.132, 2018.

484 . Preacher, K.J., Hayes, A.F., "Asymptotic and Resampling Strategies for Assessing and Comparing Indirect Effects in Multiple Mediator Models", *Behavior Research Methods*, Vol.40, No.3, 2008.

485 . Puffer, S.M., McCarthy, D.J., Boisot, M., "Entrepreneurship in Russia and China: the Impact of Formal Institutional Voids", *Entrepreneurship Theory and Practice*, Vol. 34, No.3, 2010.

486 . Putman Briton, D., Noor, M.C., "The Somalis. Their History and Culture", *CAL Refugee Fact Sheet*, 1993.

487 . Putnam, R., "The Prosperous Community: Social Capital and Public Life", *The American Prospect*, Vol.13, No.4, 1993.

488 . Rahman, Q. I., "On the Maximum Modulus and the Coefficients of an Entire Dirichlet Series", *Tohoku Mathematical Journal, Second Series*, Vol.8, No.1, 1956.

489 . Rajan, Raghuram, G., Luigi Zingales, "The Great Reversals: The Politics of Financial Development in the Twentieth Century", *Journal of Financial Economics*, Vol.69, No.1, 2003.

490 . Rapp, R.T., Rozek, R.P., "Benefits and Costs of Intellectual Property Protection in Developing Countries", *J. World Trade*, Vol.24, 1990.

491 . Restuccia, D., Rogerson, R., "The Causes and Costs of Misallocation", *The Journal of Economic Perspectives*, Vol.31, No.3, 2017.

492 . Revilla, E., Villena, V. H., "Knowledge Integration Taxonomy in Buyer-supplier Relationships: Trade-offs between Efficiency and Innovation", *International Journal of Production Economics*, Vol.140, No.2, 2012.

493 . Ritchie, B. K., "Economic Upgrading in a State-Coordinated, Liberal Market Economy", *Asia Pacific Journal of Management*, Vol.26, No.3, 2009.

494 . Roelandt, J., Andries, P., Knockaert, M., "The Contribution of Board Experience to Opportunity Development in High-Tech Ventures", *Small Business Economics*, Vol.58, No.3, 2021.

495 . Román, C., Congregado, E., Millán, J. M., "Start-Up Incentives: Entrepreneurship Policy or Active Labour Market Programme?", *Journal of Business Venturing*, Vol.28, No.1, 2013.

496 . Romer, P. M., "Two Strategies for Economic Development: Using Ideas and Producing Ideas", *The World Bank Economic Review*, Vol.6, No.1, 1992.

497 . Romp, W., De Haan, J., "Public Capital and Economic Growth: A Critical Survey", *Perspektiven Der Wirtschaftspolitik*, Vol.8, No.S1, 2007.

498 . Rostow, W.W., "The Stages of Economic Growth", *The Economic History Review*, Vol.12, No.1, 1959.

499 . Rothwell, R., "Issues in User-Producer Relations in the Innovation Process: The Role of Government", *International Journal of Technology Management*, Vol.9, No.9, 1994.

500 . Salgado-Banda, H., "Entrepreneurship and Economic Growth: An Empirical Analysis", *Journal of Developmental Entrepreneurship*, Vol.12, No.1, 2007.

501 . Sambharya, R., Musteen, M., "Institutional Environment and Entrepreneurship: An Empirical Study across Countries", *Journal of International Entrepreneurship*, Vol.12, No.4, 2014.

502 . Samila, S., Sorenson, O., "Venture Capital, Entrepreneurship and Economic Growth", *Review of Economics and Statistics*, Vol.93, No.1, 2011.

503 . Samuelson, P.A., "Theoretical Notes on Trade Problems", *The Review of Economics and Statistics*, Vol.46, No.2, 1954.

504 . Sato, Y., Tabuchi, T., Yamamoto, K., "Market Size and Entrepreneurship", *Journal of Economic Geography*, Vol.12, 2012.

505 . Schmookler, J., *Invention and Economic Growth*, Harvard University Press, 2013.

506 . Schott, P.K., "Across-product versus Within-product Specialization in International

Trade", *The Quarterly Journal of Economics*, Vol.119, No.2, 2001.

507 . Schott, P., "Across-Product Versus Within-Product Specialization in International Trade", *Quarterly Journal of Economics*, Vol.119, No.2, 2004.

508 . Schultz, T.W., "Investment in Entrepreneurial Ability", *The Scandinavian Journal of Economics*, 1980.

509 . Schumpeter, J.A., *The Theory of Economic Development*, Cambridge, MA: Harvard University Press, 1934.

510 . Segerstrom, P.S., "Endogenous Growth without Scale Effects", *American Economic Review*, Vol.88, No.5, 1998.

511 . Seligman, A.B., "Trust and Civil Society", *Trust and Civil Society*, Springer, 2000.

512 . Sener, S., Sarıdoğan, E., "The Effects of Science-Technology—Innovation on Competitiveness and Economic Growth", *Procedia-Social and Behavioral Sciences*, No.24, 2011.

513 . Seyoum, B., "The Impact of Intellectual Property Rights on Foreign Direct Investment", *The Columbia Journal of World Business*, Vol.31, No.1, 1996.

514 . Shane, S., "Prior Knowledge and the Discovery of Entrepreneurial Opportunities", *Organization Science*, Vol.11, No.4, 2000.

515 . Shane, S., "Why Encouraging More People to Become Entrepreneurs is Bad Public Policy", *Small Business Economics*, Vol.33, No.2, 2009.

516 . Shaw, E.S., "Financial Deepening in Economic Development", New York: Oxford University Press, 1973.

517 . Sherwood, R.M., "Intellectual Property Systems and Investment Stimulation: The Rating of Systems in Eighteen Developing Countries", *Idea*, Vol.37, 1996.

518 . Solow, R.M., "Technical Change and the Aggregate Production Function", *Review of Economics Statistics*, Vol.39, No.3, 1957.

519 . Song, Y., Yu, C., Hao, L., et al., "Path for China's High-Tech Industry to Participate in the Reconstruction of Global Value Chains", *Technology in Society*, Vol.65, No.5, 2021.

520 . Sorensen, O., "Social Networks and Industrial Geography", *Journal of Evolutionary Economics*, Vol.13, No.5, 2003.

521 . Stam, E., "Entrepreneurship, Evolution and Geography", *Papers in Evolutionary and Economic Geography*, 2009.

522 . Stephens, H. M., Partridge, M. D., Faggian, A., "Innovation, Entrepreneurship and Economic Growth in Lagging Regions", *Journal of Regional Science*, Vol.53, No.5, 2013.

523 . Stopford, J. M., Baden-Fuller, C. W., "Creating Corporate Entrepreneurship", *Strategic Management Journal*, Vol.15, No.7, 1994.

524 . Storper, M., Venables, A. J., "Buzz: Face-to-Face Contact and the Urban Economy", *Journal of Economic Geography*, Vol.4, No.4, 2004.

525 . Sweet, C. M., Maggio, D. S. E., "Do Stronger Intellectual Property Rights Increase Innovation?", *World Development*, Vol.66, 2015.

526 . Sweidan, O. D., "Economic Freedom and Entrepreneurship Rate: Evidence From the U.S.States after the Great Recession", *Journal of the Knowledge Economy*, Vol.13, No.1, 2022.

527 . Thünen, J. H. V., "Der Isolierte Staat in Beziehung auf Landwirtschaft und Nationalökonomie", Wirtschaft and Finan, 1826.

528 . Tiebout, C. M., "A Pure Theory of Local Expenditures", *Journal of Political Economy*, Vol.64, No.5, 1956.

529 . Tornell, A., "Economic Growth and Decline with Endogenous Property Rights", *Journal of Economic Growth*, Vol.2, No.3, 1997.

530 . Tuan, C., Ng, L.F.Y., "Manufacturing Agglomeration as Incentives to Asian FDI in China after WTO", *Journal of Asian Economics*, Vol.15, No.4, 2004.

531 . Uzawa, H., "Optimum Technical Change in an Aggregative Model of Economic Growth", *International Economic Review*, Vol.6, No.1, 1965.

532 . Vaillant, Y., Lafuente, E., "Do Different Institutional Frameworks Condition the Influence of Local Fear of Failure and Entrepreneurial Examples over Entrepreneurial Activity?", *Entrepreneurship and Regional Development*, Vol.19, No.4, 2007.

533 . Vernon, R., "International Investment and International Trade in the Product Cycle", *Quarterly Journal of Economics*, Vol.80, No.2, 1966.

534 . Veugelers, R., "Which Policy Instruments to Induce Clean Innovating?", *Research Policy*, Vol.41, No.10, 2012.

535 . Von Thünen, J., "*Isolated State*", Translated by Carla M. Wartenberg Pergamon, Oxford, 1862.

536 . Weng, Y., Yang, C. H., Huang, Y. J., "Intellectual Property Rights and US Information Goods Exports: The Role of Imitation Threat", *Journal of Cultural Economics*,

Vol.33, No.2,2009.

537. Wennekers, S., Thurik, R., "Linking Entrepreneurship and Economic Growth", *Small Business Economics*, Vol.13, No.1,1999.

538. Westlund, H., Bolton, R., "Local Social Capital and Entrepreneurship", *Small Business Economics*, Vol.21, No.2,2003.

539. Wong, P. K., Ho, Y. P., Autio, E., "Entrepreneurship, Innovation and Economic Growth: Evidence from GEM Data", *Small Business Economics*, Vol.24, No.3,2005.

540. Wu, J., Wu, Z., Si, S., "The Influences of Internet-Based Collaboration and Intimate Interactions in Buyer-Supplier Relationship on Product Innovation", *Journal of Business Research*, Vol.69, No.9,2016.

541. Yan, W., Cui, Z., Gil, M.J.Á., "Assessing the Impact of Environmental Innovation in the Airline Industry: An Empirical Study of Emerging Market Economies", *Environmental Innovation and Societal Transitions*, Vol.21,2016.

542. Yeager, T. J., "*Institutions, Transition Economies, and Economic Development*", Westview Press,1999.

543. Yin, J., Su, Y., "Study on Evaluating Innovation Ability of High-Tech Industry Based on Particle Swarm Synthesis Optimization", *Tehnički Vjesnik*, Vol.28, No.2,2021.

544. Yunis, M., Tarhini, A., Kassar, A., "The Role of ICT and Innovation in Enhancing Organizational Performance: The Catalysing Effect of Corporate Entrepreneurship", *Journal of Business Research*, No.88,2018.

545. Zachariadis, M., "R&D-Induced Growth in the OECD?", *Review of Development Economics*, Vol.8, No.3,2004.

后　记

　　本书是我主持完成的国家社会科学基金项目"新时代激发和保护企业家精神的制度环境演化及对策研究"（项目批准号：18BJY112）研究报告基础上修改而成的专著。这是我 30 多年来从事全球化和中国经济发展、创新与企业家精神等领域研究的又一个阶段性收获。

　　这项研究成果是我 2006 年主持的国家自然科学基金项目"文化资本、企业家精神与经济增长：浙商与粤商成长经验的研究"（项目批准号：70672016）的延展研究。该项研究成果于 2011 年在人民出版社出版了专著《文化资本、企业家精神与经济增长：浙商与粤商成长经验的研究》，并获得了江苏省哲学社会科学优秀成果奖。

　　非常幸运的是，2018 年我向全国哲学社会科学工作办公室申报的国家社会科学基金项目"新时代激发和保护企业家精神的制度环境演化及对策研究"，成功获得立项。我在主持该课题过程中，对企业家精神有了一些新的认识，进而深化了本课题研究。

　　一是中国经济发展的情景发生了重大转型。21 世纪初，中国经济增长处于高速增长期，人均国民总收入达到 1000 美元左右，经济增长的态势充满生机和活力。这促使我的研究视野从自然资源、物质资本、人力资本、知识资本、金融深化和制度资本等因素延伸到文化、文化资本与企业家精神因素对经济发展的影响研究。经验告诉人们:文化资本和企业家精神对经济增长和经济发展具有一定的促进作用。2010 年,中国人均国民总收入达到 4340 美元,跻身上中等收入国家行列,并稳居世界第二大经济体。2012 年中国经济增长速度从 9% 以上下降到 8% 以下,近期再下降到 4%—5%,潜在经济增长率进入中高速增长期,2019 年以来人均国民总收入连续 5 年超过 10000 美元,转向高质量发展阶段。与此同时,当前世界百年未有之大变局加速演进,国际环境的复杂性、严峻性、不确定性上升。站在新的历史起点上,开启中国式现代化新征程,贯彻新发展理念,构建新发展格局,提升全要素生产率,更加需要企业家和大众的企业家精神的迸发。

二是在不同的历史条件下企业家精神的内涵发生了重要变化。21 世纪初,开展企业家精神与经济增长的研究,对企业家精神的理解是企业家具有创新精神、敬业精神和合作精神,企业家精神实质上是企业家价值观体系的不断扩展和创新,或者说是企业家文化资本的持续积累。到了 21 世纪 20 年代,我们对企业家精神的理解是企业家具有创新精神、诚信精神、合作精神、敬业精神和开放精神。创新精神是企业家精神的核心元素,诚信精神、合作精神、敬业精神和开放精神是企业家精神的基本元素。基于此,我们大胆创新,小心求证,从企业家"1+4"的精神元素视域,展开对本课题的理论和实践研究。

三是弘扬企业家精神,对于公有制企业和非公有制企业同等重要。改革开放以来,各类所有制企业的创新创业行为,都对中国经济发展作出了重要贡献。当下,必须始终坚持两个"毫不动摇",着力打造市场化、法治化、国际化一流营商环境,切实保障各类所有制企业公平参与竞争,持续激发市场活力和社会创造力。作为市场主体,各类所有制企业、不同规模和不同行业的企业,都是创新创业的行动者,并具有与之匹配的企业家精神。弘扬全社会企业家和公众的企业家精神,是中国经济长期繁荣的动力源泉。

按照课题工作计划,2022 年 12 月本课题向全国哲学社会科学工作办公室提出结项申请,并予以结项,结项等级获得优秀。课题结项后,我们没有放松对这一领域的研究,除了后续研究成果陆续在相关学术刊物上发表外,我花了大量时间将研究成果进行系统整理和深化研究,并撰写成书。

本书由绪论和十八章构成,逻辑上的安排是:第一章至第三章,为总论,涉及企业家精神的演变、度量,高质量发展的内涵、测度,制度演化视角下企业家精神促进高质量发展的内生机制。第四章至第八章,是制度演化与企业家精神的相互影响,涉及市场化转型、地方政府税收努力、金融发展、基础设施升级和文化创新,探索企业家成长和成功的奥秘。第九章至第十七章,是制度环境变化与转向高质量发展的相互促进,涉及知识产权保护、双向直接投资协调发展、所有制结构变革、数字经济生态、制度环境、环境规制、国内统一大市场建设、创新环境等因素。第十八章,是弘扬企业家精神的方略和路径选择。

本课题的研究人员主要有:樊学瑞博士、孔令池博士、李言博士、王紫绮博士、雷红博士、黄婷婷博士、吕有金博士、袁徽文博士、陈诚博士和博士研究生苗真子。本书由我策划并设计写作提纲。全书的分工如下:绪论:高波;第一章:高波、黄婷婷;第二章:李言;第三章:高波、陈诚;第四章:雷红、高波;第五章:李言;第六章:黄婷婷;第七章:孔令池;第八章:高波、王紫绮;第九章:樊学瑞;第十章:高波、苗真子;第十一章:高波、陈诚、雷红;第十二章:袁徽文、高波;第十三章:孔令池;第十四章:吕有金、高波;第十五章:吕有金;第十六章:高波;第十七章:高波、王紫绮;第十八章:高波。初稿提交后,我对全书做了大量的修改、统稿和定稿工作。在本书的撰写过程中,博士研究生郝少博等做了大量查找文献和绘制图表的具体工作。

在课题研究过程中,我们先后到四川、重庆、湖北、湖南、山西、甘肃、广东、上海、浙江、安徽、江苏等地进行调研。很多单位和个人给我们提供了非常热情和慷慨的帮助。南京大学商学院的领导、同事和学生为本书的写作给予了长期的支持,特别是大家创造的良好学术氛围,对我既是一种激励也是一种鞭策。南京大学原党委书记、文科资深教授洪银兴教授,江苏省人大常委会副主任、江苏省社会科学界联合会主席曲福田教授对课题研究和本书的出版给予极大的关心和支持。在此，我要对给予本课题研究和对我本人长期帮助和鼓励的人们致以深深的谢意。

人民出版社经济与管理编辑部主任郑海燕编审，为本书的出版付出了大量的心血和辛勤的劳动，表现出了出色的专业精神和高度的责任心，使本书增色不少，也使我们受益良多。在此，我和本课题组对她深表敬意和衷心的感谢。

尽管我们做了不少努力，但由于水平和时间的限制，课题研究和本书还存在很多不完善的地方，欢迎学术界和相关部门的同志批评指正。我长期从事全球化和中国经济发展、创新与企业家精神的研究，在本书的写作和修改过程中也付出了大量劳动，深刻领悟到对创新与企业家精神的研究意义深远，百尺竿头更进一步。

高　波

2024 年元旦于南京大学